# 戲曲人情

王志健編著

陳奇祿題

民間文學

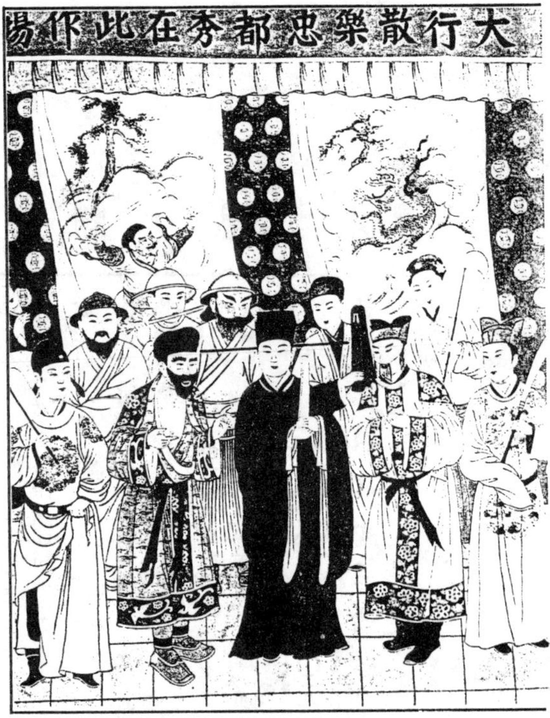


文史哲出版社印行

國立中央圖書館出版品預行編目資料

戲曲人情 / 王志健編著. -- 初版. -- 臺北市
: 文史哲, 民８４
面 ; 公分. -- (民間文學 ; 4)
ISBN 957-547-932-7(平裝)

1. 中國戲曲 - 歷史

820.94 84002085

民間文學 ④

# 戲曲人情

編著者：王志健
出版者：文史哲出版社
登記證字號：行政院新聞局局版臺業字五三三七號
發行人：彭正雄
發行所：文史哲出版社
印刷者：文史哲出版社
台北市羅斯福路一段七十二巷四號
郵撥○五一二八八一二彭正雄帳戶
電話：三五一一○二八
實價新台幣四六○元
中華民國八十四年七月初版


ISBN 957-547-932-7

# 戲曲人情 目錄

# 戲曲源流

## 戲與曲

戲這個字從字形來看，一面是頗具畫意的䖒字，另一面則是屹然矗立的戈字。䖒的上面是虍字，下面是豆字，「說文」解釋作古民的陶器，「從豆，虍聲，虍，虎文也。」意思是陶器上刊有虎文，有些近乎饕餮的模樣。瓦豆作爲黎明的家用器皿，是與民食有密不分的關係的。虎文是出於匠心的藝術手法，浮現在瓦豆上，增加了視覺上與心靈上的美感。但另一面的戈字，則使人不期然聽到殺代之聲。戈是將士們手持的武器，說文上解釋是「三軍之偏也。一曰兵也，䖒聲」。兵是戰士，戈是兵士手持的武器，這與戰爭有關。戲下等於部下，也就是麾下，史記淮陰傳：「項梁度淮，信仗劍從之，居戲下」。麾是指揮部下作戰的旗幟。從字形上看，䖒代表了黎民素常生活的一面，戈也突顯出生活中另一面的凶險不平。戲亦有戲謔嘲弄的意思，如詩經衛風淇奧「善戲謔兮，不爲我虐兮。」大雅板：「敬天之怒，無敢戲豫。」史記司馬遷報任少卿書：「圖主上之所以戲弄，倡優所畜。」戲謔不可爲虐，戲豫則求其安樂。至於主上的戲弄，豈可倡優看待，所以，戲弄的意思也是應該各有不同的。逾份的戲謔，以至於殘人爲虐，已超過戲弄的界限，那是暴戾的手法，而非戲弄。盧冀野「中國戲劇論—戲曲之起原」中舉姚范文之言說：「戲始鬥兵，廣於鬥力，而泛濫於鬥智，極於鬥口，是從戈之意也。」用戲劇中高潮的用語說，解釋爲「衝突」，似乎極爲合適。衝突爲戲劇集中迸發出來的火燄，鬥口不如鬥智，鬥智不如鬥力，鬥力不如鬥兵。鬥兵在戲劇中不是戰爭，較戰爭更能催動萬兵馬的劇情，可攻人心肝，襲人肺腑，此處所說的衝突，可概括戲這個字的意念。清段玉生裁截說：「兵杖可玩弄也，故相狎亦曰戲謔。」這是跳出干戈的範疇，而作可玩弄相狎的戲謔，是戲而非兵，是表演而不是虎立而爭的打鬥，廣義的戲是有劇情的，所以叫做戲劇，用戲劇來表演人物故事。戲加上了有節奏，有抑揚頓挫的曲，用音色聲調來歌唱，注入大量的藝術的質素來感動聽衆，戲曲乃成爲人類心靈的守護神，娛樂的風采圖。

曲不是直觀淺露的形象，是委婉細緻的旋律。有層次，有周折，有過程，有內涵；「山窮水覆疑無路，柳暗花明又一村」，陸游的詩境庶幾近之。以是，表演故事的歌舞稱之爲戲曲。這戲曲中有劇情人物，有歌舞對白，用動人的音樂伴奏著。戲曲由初起單純的歌謠，逐漸進入到樂舞，然後有表演，也由單純進入複雜，通過時間的考驗與鍛練，而成爲一種綜合的藝術，達到表演的巔峰。說文：「曲，象器曲受物之形。」曲可說就是樂的變形，音的變奏。一言不能說盡。樂記：「歌者上如抗，下如墜，曲如折。」這「抗、墜、折」的婉轉重輕，實在比喻巧妙，彷彿天籟之音。

戲曲的起原，非僅一端，依據人類生命的歷程來看，人之初生的一聲啼哭，已充滿了向人世抗爭的戲劇性，初生兒的動作，「手之舞之，足之蹈之」，豈非也合於舞蹈的一些節奏。生命開始，戲曲即已上場，人言：「人生如戲」，悲歡離合，七情六慾，皆在酸甜苦辣中，戲曲的起原，應是與人生俱來。戲曲的涵容性，基礎於中國的民族性，溫柔敦厚外，又奇巧絕妙。食色男女外，又忠孝節義。老子言：「合抱之木，生於毫末；九層之臺，起於累土，千里之行，始於足下。」戲曲輔萬物之自然，其起原與人生的道理相同。

# 源流說

## 歌謠

歌謠是戲曲最初的聲口形態，歌謠不是只有徒歌，而在神情激動時，止不住手舞足蹈，正似小兒初生時的啼喚。毛詩正義序說：「若夫哀縣之起，冥於自然，喜怒之端，非由人事。故燕雀表啁噍之感，鸞鳳有歌舞之容。然則詩理之先，同夫開闢；詩跡所運，隨運而移；上皇道質，故諷諭之情寡；中古政繁，亦謳歌之理切。」這裡說的詩理，不如說詩情，詩理接近上皇與政繁之音，而詩情較與「歌詠所興，自生民始。」（沈約宋書謝靈運傳論）之語相合。至若「燕雀表啁噍之感，鸞鳳有歌舞之容」則皆「冥於自然，喜怒之端。」如此則戲曲的起源也與歌謠相同。沒有文字以前，情感的抒發，自然生於歌謠，這與「擊壤歌」民謠風的樸素，出之於民間是值得看重的。

吾日出而作，日入而息，鑿井而飲，耕田而食；堯何等力！這首歌是個人的創造，而又經過改造的，如「堯何等力」的歌詞有些咬文嚼字，就不如「帝力於我何有哉！」來的爽快直接。詩經中的風謠，也是經過刪述的。但像「野有死麕」述獵人與村姑的相遇與相愛，語言雖然是經過潤飾的賦體，但男女相悅調情的行爲卻是含有戲劇性的；我們在這裡用了靡文開氏的散文白譯與注釋：

## 野有死麕

森林裡的獵人，用獵獲的獐和鹿爲禮，結識了綺年玉貌的漂亮姑娘。

| 原詩 | 今譯 |
| --- | --- |
| 野有死麕，白茅包之； | 野地裡有隻死獐，白茅草包得很像樣； |
| 有女懷春，吉士誘之。 | 有個姑娘正懷春，年輕男子誘她做情人。 |
| 林有樸樕，野有死鹿； | 森林裡有些小樹，野地裡有隻死鹿； |
| 白茅純束，有女如玉。 | 用茅草細做一束，姑娘啊嬌美似玉。 |
| 「舒而脫脫兮！ | 「別著急慢慢兒來喲！ |
| 無感我帨兮！ | 別拉我圍裙我自己來喲！ |
| 無使尨也吠！」 | 別驚動狗兒叫起來！」 |

「將仲子」是不同風味的歌謠，內裡有一個「家」作爲訴說的背景；告訴我們「家」構成長幼尊下的地位和關係；我們依然用了靡文開式的白譯與注釋：

## 將仲子

男女相悅，女子能自制，勸他不要用越軌的舉動來求愛。

### 原詩

將仲子兮，
無踰我里，
無折我樹杞。
豈敢愛之？
畏我父母。
仲可懷也，
父母之言，
亦可畏也。

將仲子兮，
無踰我牆，
無折我樹桑。
豈敢愛之？
畏我諸兄。

### 今譯

叫一聲二哥喲心上人，
不要爬過我里門，
也別爬上杞柳來談心。
杞柳踩斷不要緊，
就是怕我父母親。
二哥二哥我情也深，
可是父母的話呀，
卻也眞怕人。

叫一聲二哥喲我情郎，
不要爬過我的牆，
也別爬上桑樹來張望。
桑樹折壞沒話講，
怕我兄弟們亂嚷嚷。

仲可懷也，　　我也想你想得心發慌，
諸兄之言，　　兄弟們的話呀，
亦可畏也。　　卻也眞難當。

將仲子兮，　　叫一聲二哥喲你聽好，
無踰我園，　　不要偷偷往我園裡跑，
無折我樹檀。　也別攀著檀樹來胡鬧。
豈敢愛之？　　檀樹折斷沒人找，
畏人之多言。　怕的是人們會恥笑。
仲可懷也，　　我也想你想得夠苦惱，
人之多言，　　人們的閒言閒語啊，
亦可畏也。　　可也眞受不了。

「無羊」是小雅中的一篇美麗的田野圖，糜文開氏說：

## 無羊

這是一幅令人激賞的牛羊放牧圖。詩中描寫人畜的動態，十分靈活而深刻，美妙得簡直像法國米勒筆下的名畫。所不同者，無羊篇在美麗的畫面上，又浮現出一個美麗的夢境來。我們透過夢境的幻象，不難體味到詩人在無意間透露出來的牧人之悲辛。

## 原詩

誰謂爾無羊？
三百維群。
誰謂爾無牛？
九十其犉。
爾羊來思，
其角濈濈；
爾牛來思，
其耳濕濕。

或降于阿，
或飲于池，
或寢或訛。
爾牧來思，
何簑何笠，
或負其餱，

## 今譯

誰說你羊兒沒一個？
一群數來就有三百多。
誰說你牛兒一條也沒有？
七尺的肥牛就有九十頭。
你的羊群來到時，
羊兒的觭角聚一起；
你的牛群都來到，
牛兒的耳朵光閃耀。

有些牛羊下山坡，
有些池邊去飲水，
有的呼同類，有的靜靜睡。
看喲，你的牧人來到了！
揹著簑衣斗笠帽，
有的把乾糧也揹好。

三十維物，　牛羊的毛色三十種，
牧人乃夢，　牧人做夢眞稀奇，
衆維魚矣，　夢到大群的魚兒好歡喜，
旐維旟矣。　夢到龜蛇旗子和鷹旗。
大人占之：　占夢先生來推算：
「衆維魚矣，　「大群的魚兒好喜歡，
實維豐年；　是要有個大豐年；
旐維旟矣，　龜蛇旗子和鷹旗，
室家溱溱。」　人丁旺盛子孫繁。」

詩經中顯示出來的歌謠風格，已從單純的個人徒歌轉變爲可以入樂的和歌，形式與內容都變的較爲複雜。因爲這些歌謠有頭有尾，有抒情，叙事，有歌樂的特色。我們選這三首，只是說明它有民間文學的色彩，情之所至，可以產生這等的作品。

在「野有死麕」中，我們看見敘事言情，寫景造物，以對話動作的活潑佻達。在「將仲子」中，又見妙齡女郎以代言人的身份，委婉表達其心境，並介紹其家庭鄰里，父母兄弟的情況，不啻一幅融情入景的寫眞圖。在「無羊」中的田野風光，牛羊成群，人聲歡騰，在牧人的夢境中，又出現了奇異的景像，大群的魚兒入網，而龜蛇鷹鷂的彩色旗子飄揚著，由此，我們似乎看到人們從田野湧來，歌舞跳躍，家家欣慶豐年的佳節開始，這正是一曲戲劇上演的開始，也是祭神祀天活動的開始，我說這祭神祀天的話，是不違背孔子畏天命的說法的。

## 神話

神話是戲曲起源不可忽略的主要一環，我們在此必須要重視。在楚辭中我們淸楚看到了「九歌」裡的衆神，在九天之上，降臨人間，申訴他們綿綿不絕的愛情。神是人的最高祈望。神是高不可及的，神是萬能的，神是有情有義，知善懲惡的，神是救苦救難，靈感廣大的。神是無憂無慮，不死不老，不朽不腐的。神是可以爲我們解除一切的煩惱，掃除戰爭、疾病，自然的災害，能護佑子孫，繁衍牲畜，五穀豐收，風調雨順，且在黑暗中帶來光明，化地獄爲天堂。種種大能，非人世所有。但在「九歌」中，神是可以與人接近的，甚至，屈原創造了神的感情，也幾乎是人的感情，東皇泰一不就是人間的聖德賢君？先民所崇拜的伏羲女媧，黃帝嫘祖，堯舜禹不就是神的化身？這是與東皇泰一至高無上是相同的。東君是太陽，雲中君是霓虹，太司命少司命主宰陰陽福禍，河伯，是江河的統領，桀驁不馴而又咆哮狂放。其中開章有：「與女游兮九河」及「送美人兮南浦」。說的卻是男女之間的愛情。山鬼是山林之神，牠的柔媚是何等的令人爲之消魂，牠爲什麼要在黃昏月夜出現：「若有人兮山之阿」，讓人引起無限的遐思。這與詩經子衿之言：「佻兮達兮，在城闕兮」。有些相似，子衿中的女孩，躑躅徘徊等待情人來，王風采葛：「一日不見，如三月兮」其情之切，又是一樣的表露。山鬼隱隱約約，靜靜的竚守，是情思綿綿的等待，神與人兩者性格不同，但等待情人來的心願，則是相似的。人的情與神的情是相同的。特別是湘君湘夫人顯示了相思不絕的愛情的堅貞：

例如湘君一段云：

「望夫君兮未來，吹參差兮誰思？」

「揚靈兮未極，女嬋媛兮爲余太息。橫流涕兮潺湲，隱思君兮悱惻。」

「心不同兮媒勞，恩不甚兮輕絕。交不忠兮怨長，期不信兮告余以不閒。」

又如湘夫人曰：

「登白蘋兮騁望，與佳期兮夕張。」

「沅有芷兮澧有蘭，思公子兮未敢言。」

「聞佳人兮召予，將騰駕兮偕逝。」

「時不可兮驟得，聊逍遙兮容與。」

湘君中所指「夫君」爲誰？何人爲「媒勞」，湘夫人中「佳人」是誰，將「偕逝」者到那裡？如果神自然無需如此周折，如果是神與人間的愛情，這眞是美麗的神話。「媒勞」指的是祭神嗎？「偕逝」指的是「人祭」嗎？愛到「偕逝」在人間是同生共死，生爲連理枝，死作鴛鴦鳥。在不出宗教（祭祀）範圍，我們把「九歌」中言情的章節仔細看一看；便知道他們是含有濃厚的戲劇性的：

「君不行兮夷猶，蹇誰留兮中洲？美要眇兮宜修。沛吾乘兮桂舟；令沅湘兮無波，使江水兮安流。望夫君兮未來，吹參差兮誰思？駕飛龍兮北征，邅吾道兮洞庭。薜荔拍兮蕙綢，蓀橈兮蘭旌，望涔陽兮極浦，橫大江兮揚靈。揚靈兮未極，女嬋媛兮爲余太息。橫流涕兮潺湲，隱思君兮陫側。桂櫂兮蘭枻，斲冰兮積雪。采薜荔兮水中，搴芙蓉兮木末；心不同兮媒勞，恩不甚兮輕絕。石瀨兮淺淺，飛龍兮翩翩。交不忠兮怨長，期不信兮告余以不閒。朝騁騖兮江皋，夕弭節兮北渚；鳥次兮屋上，水周兮堂下。捐余玦兮江中，遺余佩兮澧浦，采芳洲兮杜若，將以遺兮下女。時不可兮再得，聊逍遙兮容與。」（湘君）

「帝子降兮北渚，目眇眇兮愁予。嫋嫋兮秋風，洞庭波兮木葉下。登白薠兮騁望，與佳期兮夕張。鳥何萃兮蘋中？罾何爲兮木上？湘有芷兮沅有蘭；思公子兮未敢言。荒忽兮遠望，觀流水兮潺湲。麋何食兮庭中？蛟何爲兮水裔？朝馳騁兮江皋，夕濟兮西澨。聞佳人兮召予，將騰駕兮偕逝。築室兮水中，葺之兮荷蓋，蓀壁兮紫壇，播芳椒兮成堂，桂棟兮蘭橑，辛夷楣兮藥房，罔薜荔兮爲帷，擗蕙櫋兮既張，白玉兮爲鎮，疏石蘭兮爲芳，芷葺兮荷屋，繚之兮杜衡，合百草兮實庭，建芳馨兮廡門。九疑繽兮並迎，靈之來兮如雲。捐余袂兮江中，遺余褋兮澧浦；搴汀洲兮杜若，將以遺兮遠者。時不可以兮驟得，聊逍遙兮容與。」（湘夫人）

「秋蘭兮麋蕪，羅生兮堂下；綠葉兮素枝，芳菲菲兮襲予，夫人兮自有美子，蓀何以兮愁苦？秋蘭兮青青，綠葉兮紫莖。滿堂兮美人，忽獨與余兮目成：入不言兮出不辭，乘回風兮載雲旗。悲莫悲兮生別離！樂莫樂兮新相知！荷衣兮蕙帶，倏而來兮忽而逝。夕宿兮帝郊，君誰須兮雲之際？與女沐兮咸池，晞女髮兮陽之阿。望媺人兮未來，臨風怳兮浩歌。孔蓋兮翠旌，登九天兮撫彗星，竦長劍兮擁幼艾，蓀獨宜兮爲民正。」（少司命）

「與女遊兮九河，衝風起兮横波；乘水車兮荷蓋，駕兩龍兮驂螭。登崑崙兮四望，心飛揚兮浩蕩。日將暮兮悵忘歸，惟極浦兮寤懷。角鱗屋兮龍堂，紫貝闕兮朱宮。靈何爲兮水中？乘白黿兮逐文魚，與女遊兮河之渚，流澌紛兮將來下。子交手兮東行，送美人兮南浦。波滔滔兮來迎！魚鄰鄰兮媵予。」（河伯）

在這裡我們看到，神是不會在人間逗留的：「君不行兮夷猶，蹇誰留兮中洲？」「時不可兮再得，聊逍遙兮容與。」（湘君）「九疑繽兮並迎，靈之來兮如雲。」「搴汀洲兮杜若，將以遺兮遠者。」（湘夫人）「入不言兮出不辭，乘回風兮載雲旗。」「荷衣兮蕙帶，倏而來兮忽而逝。」「夕宿兮帝郊，君誰須兮雲之際？」（少司命）「乘水車兮荷蓋，駕兩龍兮驂螭。」「波滔滔兮來迎！魚鄰鄰兮媵予。」（河伯）從上面所引來看，神倏忽而來，即將離去。那麼，敬愛戀慕神的人，在祭祀中將如何奉獻自己的忠貞給神。既然以自己做神的祭品，隨神而去，則已做了至高的選擇。神既主宰人的生命，宇宙中的神，日月星辰，風雨雷電，河海山林，物象變易，無不是神的形相。九歌是人對神祈慕的歌詠，至誠的祭祀，人神之戀乃成爲九歌的主體。寶卷中說孟姜女、萬杞良、梁山伯、祝英台是金童玉女，牛郎織女下凡；自然也是神話影響戲曲的一種原由。

## 戰　爭

戰爭爲人間浩劫，似乎與戲曲無關，其實不然，九歌「國殤」一章，歌頌楚國將士守土衛民，壯烈犧牲精神，可說是驚天地、泣鬼神，浩氣凌霄漢，魂魄毅萬古。我們看屈子描寫「國殤」的情景：

操吳戈兮被犀甲①，車錯轂兮短兵接②。旌蔽日兮敵若雲③，失交墜兮士爭先④。凌余陣兮躐余行⑤，左驂殪兮右刃傷⑥。霾兩輪兮縶四馬⑦，援玉枹兮擊鳴鼓⑧。天時墜兮威靈怒⑨，嚴殺盡兮棄原野⑩。出不入兮往不反⑪，平原忽兮路超遠⑫。帶長劍兮挾秦弓⑬，首身離兮心不懲⑭。誠既勇兮又以武⑮，終剛強兮不可凌⑯。身既死兮神以靈⑰，魂魄毅兮爲鬼雄⑱。

①將軍持長矛，穿鎧甲，其裝扮，極像戲裡主將的形相。②車騎接錯雙方衝鋒攻擊，怒馬刀槍碰撞猛馳而過。③旗旌像烏雲遮住太陽，戰地塵揚，敵騎縱橫如螞蟻雄兵。④強弩急箭如驟雨。⑤敵人衝過來，衝犯陣勢，踐踏隊伍。⑥左邊的馬被絆住，右邊的馬受了傷。⑦車輪陷進坑洞，不能轉動。⑧情勢危急，鼓聲隆隆，指揮進攻。⑨天昏地暗，戰鬥進入最慘烈的地步。⑩爲國犧牲的將士，倒在沙場上。⑪這是抱了必死的決心的情況。⑫平原漫漫，歸路遼遠而渺茫。⑬來的時候帶著

鋒利的長劍和烏號一樣的弓箭。⑭現在爲國捐軀，但心是不死的。⑮因爲誠心衛國，是英雄一般的死去。⑯這種剛毅強大的精神，永遠屹立。⑰所以人雖死，但神靈不死。⑱死爲國殤，神靈萬歲。

以上的注釋，說明戰爭中的將士形相，戰鬥的壯烈，戰爭的結局與死的莊嚴偉大，以及死去的將士英靈受萬民崇拜、祭祀。「國殤」的描寫成爲戲曲中典範的戰爭場面，鼓聲也成爲戰鬥場面的打擊主樂，再加上嗩吶、鐃鈸等的馬嘶人喊。這場面，觀衆不都在「甯武關」這齣戲中見過嗎？

自古以來，戰爭是隨著人類生活的。人類初與洪水、禽獸戰鬥，繼而人與人，國與國發生戰鬥。黃帝與蚩尤戰，武王與紂王戰，春秋五霸戰國七雄爭戰不息。劉邦與項羽爭天下而戰。說三國說五代不都有戲劇在舞台上表演嗎，伍員吹簫，呂布射戟，沈香劈山救母，孫悟空大鬧天宮，都是把戰爭的場面，戲劇化以求演出歷史作明鑑。對於戰爭與戲曲的結合，最貼切與傳神的，可見之於劉寶全京韻大鼓「戰長沙」的這一段：

關公勒馬看分明，見長沙府衆三軍撒隊列西東，眞是明盔亮甲人人勇，劍戟刀槍放光明，甲葉鑾鈴聲震耳，在紅旗的腳下閃出了湖南黃漢升。

只見他風擺胸前的白鬚動，蒼眉直立瞪雙睛，面如古月精神滿，雖然年邁甚英雄，鳳翅盔朱纓罩，麒麟甲玉玲瓏，大紅袍花千朵，全珠帶束腰中，龍角弓箭雕翎，虎頭靴把鐙登，黃驃馬急如電，金背刀半盤冰，老爺看罷將頭點，暗暗的誇獎也不絕聲。可見漢室洪福鉅，埋沒多少將英雄，我若收服他同到武陵去，我大哥一定必要愛黃忠。

老爺想罷用刀一指，氣貫在丹田那就喊了一聲。

我們看關公眼中黃忠的裝扮穿戴，就是戲臺上戰將的裝束，這戲曲中的裝扮，做了大鼓書中的演唱。再看二人的對刀：

黃忠……一磕座下黃驃馬，這口刀轉前投後當槍靈。老爺一見心歡喜，暗暗的叫道老黃忠，關某自幼把春秋看，什麼兵法我不明。你這路刀法出在左傳，有一個大鬧周朝劉展雄，一馬三刀他留下，唯有某家見到的通。聖賢爺回首提刀懷中抱，黃忠的利刀刺前胸，刀轉一磕兵刃響，二馬一錯黃忠在馬上把刀橫，順風擺柳攔腰鋸，聖賢爺雙手把刀往上碰。青龍偃月推出去，黃忠在馬上扭轉身形，掃葉一刀當頭剁，聖賢爺雙手把刀往上迎，這刀剁刀砍只聽得嘎得登一聲響，拍拍疆場以上冒火星，兩匹坐驥分爲了南北，好不得怔了湖南的老將勇黃忠。暗說道：自幼兒在湖南稱爲好漢，全仗著一馬三刀立大功。今天遇見蒲州將，怕只怕久戰疆場也難保我的贏，我不言黃忠加了防備，聖賢爺帶轉馬能行。青龍偃月往右邊一擺，名曰勒馬浩停弓，黃忠一見呆呆怔，好奇怪怎麼他的刀法會與我一般同。屢順鋼刀忙預備，老爺起刀放光明。探背腰刀橫輪折下，老黃忠使了個蹬裡藏身形，馬鞍橋嗖的一聲寒光過，這青龍偃月竟會削空，二馬一衝轉過去，各戰龍潭虎穴坑。

這對刀一路的描述，正是戲台上二人在沙場上的戰鬥。劉寶全早年是京劇科班出身，熟悉戰台上的動作，故而說唱起來，使人聽了如歷其境，如見其人，這是戲劇的功勞，也是戰爭與戲曲結合的藝術。我們再看「馬失前蹄」這一段：

咕咚咚未開營門先響三聲炮，夫子爺翻身上馬手提刀，兒郎吶喊如虎嘯，魚貫三軍似海潮，門旗一閃分爲兩哨，排開隊伍各丁個亮槍刀，周倉、關平二人壓陣角，夫子爺哧滴滴吧啦啦催開馬龍蛟，再表那長沙府的黃忠高聲大叫：「關公啊極是英豪，昨日言講早來到，你看看太陽有多高，分明怕死膽量小，即早回營把你饒。」關公聞聽哈哈笑，「黃忠老兒莫狂驕，昨日念你年紀老，今日定叫你回陰曹。」黃忠聞聽心好惱，拍馬掄刀望橫著削，名曰攔腰刀，關夫子懷中抱月磕開了，大戰疆場誰肯輕饒，老黃忠金盔金鎧白面銀髯坐騎黃驃黃甲黃靠，夫子爺綠袍金鎧赤面長髯坐騎赤兔提青龍偃月刀。二豪傑甚可瞧，神威抖，煞氣高，圈赤兔領黃驃，你好漢我英豪，滴滴溜溜坐騎橫衝來回跑，嘎噔噔火星亂冒刀碰刀，唏淋淋戰馬嘶鳴如虎嘯，咕咚咚戰鼓震天曹，恰好似惡虎急鬥金錢豹，又好比蒼龍欲擒鬧海蛟，二英雄戰夠多時沒分強弱，夫子爺要使托刀這一招，虛剁一刀撥馬敗了，黃忠勒馬仔細瞧，想關公昨日越殺性越熱，今日臨陣就脫逃，不用人說我就知道，他定然敗中取勝計籠牢，大略你也無法寶，不是槍就是刀，再不然是弓箭流星回馬鏢，那都是某家使剩下了，費盡了心機枉操勞，這就是不防失了韜略，藝高膽大輸一招，老黃忠滴滴溜溜緊磕征駒追上了，照定關公後腦就是一刀，夫子爺早就安排好，右腳踹鐙馬往左邊靠，使了個臥看巧雲就橫在馬鞍橋，黃忠一刀剁空了，夫子爺一長身回手還了他一托刀，黃忠哎呀說不好，想不到中了他的計籠牢，眼睜睜人頭掉，夫子爺心內暫轉撐住偃月刀，我有心今天將他殺了，可惜黃忠是英豪，如不殺也不好，怎能夠奪取長沙立功勞，正自爲難眞湊巧，老黃忠急勒坐騎要脫逃，歘歘啪啪前蹄一滑戰馬跌倒，噗通通將黃忠跌下馬鞍橋，老爺一見哈哈笑，「黃忠莫發毛，關某我一生不斬落馬之將，況你又年老，我放你回營換馬再比低高。」夫子爺說罷擺刀回營哨，老黃忠爬將起來好心焦，說戰馬每日能竄又能跳，怎麼今日平地就跌跤，馬失前蹄不緊要，將我這蓋世的英名一筆消，無奈何抖抖征塵跺跺腳，嗖的一聲飛身上了馬黃驃，這一回馬失前蹄黃忠失了韜略，感恩義箭射盔纓好漢愛英豪，留下千秋把美名標。

把戲曲中的動作，搬到說唱中，效果雖然不是目之所見，且也是耳之所聽，也有如老戲迷之擊節「聽戲」，情味自在其中。戰爭的動作在戲曲中佔有極重要地位，而背旗帶靠，舞槍弄刀的裝扮，自然也是文武生坐科鍊功日夜不可少的學業，與練嗓子一樣的重要。以戰爭的動作與場面入戲，自古以來，是戲劇樂曲中不可或缺的要素，且也是主要的要素，不僅活潑了戲劇的人生，也掀動了樂曲的高潮，聞鼓樂而起舞，正是戲曲的起源之一。

## 祈頌

祈就是祈頌，是祈福禱頌。頌在詩經中是祭祀的儀式，是由民間進入到廟堂，是嚴肅的像八佾舞之類的形式。八音克諧而以頌爲主，尊祖敬宗，歌功頌德。詩大序：「頌者，」美盛德之形容，以其成功告於神明者也。詩經說：「頌之言容也」。易經：「君子以容民畜衆。」所謂容民畜衆就是有容乃大，庇護衆民。朱熹說：

「頌者，宗廟之樂歌，大序所謂美盛德之形容，以其成功告於神明者也。蓋頌與容，古字通用，故序以此言之。周頌三十篇，多周公所定，而亦或有康王以後之詩。魯頌四篇，商頌五篇，因亦以類附焉。」

宗廟的樂歌，是超乎於風、雅之上的形式，風可以是徒歌，是里巷市井之歌，是桑田壟上之歌。雅可以進入王侯之家，貴族之庭除。頌則爲公伯朝會，帝王祭祖、祭神、祭天極爲莊嚴隆重的宗教儀典。它是以頌爲主加入了樂舞的形式，與巫覡的祭祀不同。巫覡是民間信奉鬼神的祭祀，不能登大雅之堂。頌則是有樂有舞的儀典，周頌三十一篇所載的頌詞，都是短章，是頌歌的口語，也就是散文式的自由詩，上自郊社明堂，下至桑田畜牲，並及於岳瀆星辰之祭，周頌中首篇「清廟」是祭文王宗廟的頌歌；今就其原詞，並將大意釋出：

於穆清廟，　肅穆的清廟，
肅雝顯相。　祭祀的人們靜立。
濟濟多士，　他們都是俊彥之士，
秉文之德。　有守有爲。
對越在天，　繼承著文王的旨意，
駿奔走在廟。　鞠躬盡瘁於明德親民的國事。

不顯不承，　不懈不怠，

無射於人斯。　不會違背文王的美德。

詩經有六義四始，六義大家都知道是：風、雅、頌、賦、比、興，四始是指國風的關雎，小雅的鹿鳴，大雅的文王，頌的清廟。清廟是頌的開篇，是宗廟之祭，說的是克尊祖訓，聖德賢明，政通人和，順乎天理之事。風不限於用樂，但可歌可誦。小雅大雅入樂而歌，亦有燕饗朝會的儀式。頌是宗教的典禮、音樂，歌頌中，又配合有舞誦，這是除語言之外，又加多了內容形式的豐富，可以稱之爲結構上遂漸融和的綜合藝術，也是經過整理刪述使之合於典禮的篇章。「清廟」一章的歌頌者，是否有司儀的人來擔任，用的是什麼樂器，舞的是什麼舞？禮記樂記說：「清廟之瑟，朱弦而疏越，一唱而三歎，有遺音者矣。」清廟之樂器用的瑟，樂工彈起來琤琤琮琮，琳琅如玉環相扣，清音不絕，所以說朱弦而疏越，迴環撫撚，遂有一唱三歎之音，這遺音自然是古樂。禮記明堂位說：「升歌清廟，下管象，朱干玉戚，冕而舞大武。皮弁素積，裼而舞大夏。」

大夏就是「夏籥」，是大禹治水功成「命皋陶作夏籥九成以昭其功。」(呂氏春秋古芳篇)九成是頌揚禹的九大功績，「大夏」有樂有舞，吳季札觀周樂至「大夏」贊美說：

美哉！勤而不德，非禹其誰能修之。

「皮弁素積，裼而舞大夏」，皮弁素積是夏服，裼是卷服作稼耕的動作。白虎通說：「大夏者，言禹能順二聖之道而行之，故曰大夏。」

大武是表現武王伐殷功成之舞，所謂「朱干玉戚，冕而舞大武，」就舞者冠冕，手持「朱干玉戚」而舞。這是動作比較強大的舞，「大夏」是雅舞，動作較爲柔和。在周頌中大夏和大武都是就其內容配合應用，以求樂、頌、舞各得其位，以便有怎樣的內容，便舞怎樣的舞。

魯頌載歌載舞，以情節而言較周頌的禮教爲自由活潑，氣勢也酣暢的多，如「有駜」一篇是魯僖公慶豐年喜宴的頌禱之歌，舞者拿著白色的鷺羽，踏著鼓聲的節拍舞蹈，這是一個群舞的場面，歌聲高揚，情景歡暢；因此，舞場也不必囿於廟堂：

**有駜**

有駜，有駜，駜彼乘黃。夙夜在公，在公明明。
振振鷺，鷺于下。鼓咽咽，醉言舞，于胥樂兮！

有駜，有駜，駜彼乘牡。夙夜在公，在公飲酒。
振振鷺，鷺于飛。鼓咽咽，醉言歸。于胥樂兮！

有駜，有駜，駜彼乘駽。夙夜在公，在公載燕。
自今以始，歲其有。君子有穀，詒孫子。于胥樂兮！

三段式的頌歌，有似風雅的形式，有駜有駜，歌的是：馬兒一般強壯，一般色彩，爲了國事而馳騁，爲了慶豐年而飲酒歌舞，鼓聲咚咚，舞姿曼妙，大家來歌頌，祈禱子孫厚祿，安享太平。鼓是舞頌的主樂。

朱熹集傳說：

> 成王以周公有大勳勞於天下，故賜伯禽以天子之禮樂，魯於是乎有頌，以爲廟樂，其後又自作詩以美其君，亦謂之頌。舊說皆以爲伯禽十九世孫僖公申之詩。」又曰：「魯之無風，何也？先儒以爲時王褒周公之後，比於先代，故巡宋不陳其詩，而其篇序，不列於太師之職，是以宋魯無風。

從這裡我們知道魯之有頌，是成王因周公有大功於天下，故賜伯禽以天子禮樂。宋魯之無風，不是沒有，也因魯爲周公之後，所以才不陳其詩的。「有駜」一篇有馬兒在場，顯然是走出廟堂，與民共樂的頌歌，是值的重視的舉措。

商頌，宋之有商頌，也是因爲成王封微子於殷故都商邱以存湯祀，才沿用殷代禮樂，商頌中的「那」篇是宋祀成湯的宗廟之樂歌，是完全合於禮法的。在樂器方面，樂工用了鐘鼓與磬管，擴大了伴奏的效果，也豐富了舞容，可見商頌的內容和儀式是進一步擴大了聲色氣質，精緻了儀禮的。除了主祭的，執事的人外，又有嘉賓來陪祭，所以，開始就唱出了猗與那與的讚頌。

**那**

猗與那與！置我鞉鼓，奏鼓簡簡，衎我烈祖。

湯孫奏假，綏我思成；鞉鼓淵淵，嘒嘒管聲；
既和且平，依我磬聲。於赫湯孫，穆穆厥聲；
庸鼓有斁，萬舞有奕；我有嘉客，亦不夷懌？
自古在昔，先民有作；溫恭朝夕，執事有恪。
顧予烝嘗，湯孫之將。

詩序言：

微子至于戴公，其間禮樂廢壞。有正考甫者，得商頌十二篇於周之大師，以那爲首。

現在十二篇，亡佚七篇，僅存五篇。「那」篇一章二十二句，合著樂器舞頌。樂器中說出鞉鼓、磬、管。周代樂器有八音，分別爲一金（鐘）二石（磬）三絲（琴瑟）四竹（簫笛）五匏（列入笙竽）六土（壎缶）七革（鼓）八木（柷敔）。孟子言：「金聲德振」，鐘聲於先，衆聲齊奏，磬收於後。八音克諧，指合音之美妙。「那」篇使人想到以農立國的社會，獨樂不如衆樂，以「擊壤歌」而言，是老農自得的徒歌，或以缶爲伴，自得其樂。而如「那」篇則是大家來歌頌舞唱，掀起一番和融的氣象，把歌頌更向圓熟推進一步。在戲曲中，祈頌也是人情自有的一環。

## 巫風

巫風王國維氏說：「歌舞之興，其始於古之巫乎？」盧冀野就此說，在「中國戲劇論」

戲劇之起原中加以引申；他說：

王氏所謂始於古之巫。巫的起原卻很早。楚語上說：『古者民神不雜，民之精爽不攜貳。而又能齊肅衷正。』又說：『如此則明神降之。在男曰覡，在女曰巫。』『及少皞之衰，九黎亂德；民神雜糅，不可方物。夫人作享，家爲巫史。』巫事神是必用歌舞的。說文說：『巫，祝也。女能事無形以舞降神者也。象人兩褎舞形，與工同意。』商書：『恆舞於宮，酣歌於室，時謂巫風。』漢書地理志：『陳太姬婦人尊貴，好祭祀，用史巫，故其俗巫鬼。』足見古代的巫，本以歌舞爲職，以樂神人的。商俗好鬼，所以伊尹有巫風之戒。等到周公制禮，定祀典，官有常職，禮有常教，樂有常節，巫風才稍殺。然而後代還見其餘習，如方相氏之毆疫，大蜡之索萬物。子貢觀於蜡，而曰：『一國之人皆若狂，』孔子告以張而不弛，文武不能。後來東坡志林上還有以八蜡爲三代之戲禮的話。周禮廢後，巫風又盛起來，尤其是在楚越之間。王逸楚辭章句：『楚國南部之邑，沅湘之間，其俗信鬼而好祠。其祠必作歌樂鼓舞，以樂諸神。屈原見俗人祭祀之禮，歌舞之樂，其詞鄙俚，因爲作九歌之曲。』古來所謂巫，楚人叫做靈。東皇太一上說：『靈偃蹇兮姣服，』雲中君上說：『靈連蜷兮既留，』這兩個靈字，王逸都訓做巫。其餘靈字訓做神。說文：『靈巫也。』屈巫就字子靈，楚人叫巫爲靈，不是戰國才有。於此也可知道了古祭必有尸，宗廟之尸，以子弟爲之。據晉語上『晉祀夏；郊以董伯爲尸』的話看來，非宗廟之祀，也是用尸的。王氏以爲楚辭之靈就是『巫而尸。』他說：『其詞謂巫曰靈，謂神亦曰靈，蓋群巫之中，必有象神之衣服形貌動作者，而視爲神之所凴依故謂之曰靈，或謂之曰靈保。東君曰：「思靈保兮賢姱。」王逸章句，訓保爲安。余疑楚辭之靈保，與詩之神保，皆尸之異名。詩楚茨云：「神保是饗。」又云：「神保是格。」又云：「鼓鐘送尸，神保聿歸。」毛傳云：「保，安也。」鄭箋亦云：「神安而饗其祭杞。」又云：「神安歸者歸於天也。」然如毛鄭之說，則謂神安是饗，神安是格，神安聿歸者，於辭爲不文。楚茨一詩，鄭孔二君皆以爲述繹祭賓尸之事，其禮亦與古禮有司徹一篇相合，則所謂神保，殆謂尸也。其曰：「鼓鐘送尸，神保聿歸，」蓋參互言之，以避複耳。知詩之神保爲尸，則楚辭之靈保可知矣。至於浴蘭沐芳，華衣若英，衣服之麗也；緩節安歌，竽瑟浩倡，歌舞之盛也；乘風載雲之詞，生別新知之語，荒淫之意也。是則靈之爲職，或偃蹇以象神，或婆娑以樂神，蓋後世戲劇之萌芽已有存焉者矣。』

前面談到子貢觀於蜡，蜡是周朝年終的祭祀。禮記郊特牲：「八蜡以記四方。」八蜡祭八神。古人迎神驅逐瘟疫的祭典，也叫故儺。同時禳災祈祥，方相打鬼，舞方相，有似後來鍾馗的模樣。王逸說：「楚國南部之邑，沅湘之間，其俗信鬼而好祠，其祠必做歌樂鼓舞。」信鬼好祠，是民間的習俗。歌樂鼓舞，說明了信鬼好祠的形式，這形式顯示了戲曲萌芽的必要條件。由儺祭而有儺戲，是民間的而非宮庭的，是市野的而非廟堂的。「九歌」是屈原的創作，將自然界的神靈賦予高貴的人格，因此，神的靈性都有高貴的氣質，是進入俗文學的天地，跳出精緻的純文學的結構，本質上，屈原是「見俗人祭祀之禮，歌舞之樂，其詞鄙俚而作『九歌』之曲」。所以「九歌」雖然是祭神之曲，但卻是超越巫鬼的「鄙俚」的粗糙，做了風格上的改變。因此，蘇雪林氏認爲「九歌」是神與人的戀愛。人祭的聖潔性亦依此而產生，但巫風的盛行與八蜡的儺祭，方相的毆疫是聲息相關的。儺祭的由來，必須要在古文化中去發現，在民衆的生活中找出來。堯舜禹建都於三晉之地，黃帝陵是炎黃子孫宗族敬祖追遠的禮節中，歷代帝王祭掃的聖地。在儺祭中「黃帝戰蚩尤」或「軒轅戰蚩尤」的歌舞盛典，其意義之深遠，由此可見。黃帝與蚩尤之戰，乃是我中華民族絕續存亡之戰，黃帝先敗蚩尤於阪泉，再斬其首級於涿鹿。軒轅廟的地位在所有廟宇之上。每逢軒轅生日（陰曆七月十三日）百姓的儺祭，用二十四神將以戰蚩尤的表演，連綿數日不絕，此種祭祀由雁北縱橫晉中與晉南，盛行於各地。這就是由儺祭到儺戲的一個源頭。後漢書、禮儀志說到驅鬼的方相氏：「方相氏黃金四目，蒙獸皮，玄衣朱裳，執戈揚盾，十二獸有衣毛角，中黃門行之。」方相氏彷彿神話人物，黃金四目指他能洞見鬼魅的原形，玄衣朱裳，是農牧人家的穿著，執戈揚盾是戰士裝扮，十二獸紅褲黑衫，乃是他的隨從，由此而形成祭祀的先頭隊伍。方相與十二獸舞，便由此而來。其他迎神賽會，驅疫祈雨，祭祀的有披枷帶鎖，坦胸赤足，摩頂放踵，跪拜、歌舞，求神降福，以至誠感應天地。「關公斬蚩尤」乃是百姓將軒轅與關帝合併爲聖雄來紀念，黃河地帶的祭祀不僅如此，就是川、康、雲、貴、楚、湘、粵、閩全國各地亦莫不如此。像西藏寺廟的祭典，神頭鬼面，奇異裝扮與古怪面具，長號鑼鼓，信徒萬家，旌旗蔽空，尤令人魄移魂飛。唐宋之間，儺戲逐漸形成，我們看東京夢華錄：

「六月六日崔府君生日二十四日神保觀神生日」兩說法：

六月六日州北崔府君生日，多有獻送，無盛如此。二十四日州西灌口二郎生日，最爲繁盛。廟在萬勝門外一里許，敕賜神保觀。二十三日御前獻送後苑作與書藝局等處，製造戲玩如毬杖，彈弓，弋射之具。鞍轡銜勒樊籠之類。悉皆精巧。作樂迎引至廟。於殿前露臺上設樂棚，教坊鈞容，直作樂更互雜劇舞旋。太官局供食連夜。二十四盞各有節次，至二十四日夜，五更爭燒頭爐香，有在廟止宿，夜半起以爭先者。天曉諸司及諸行百姓獻送甚多，其社火呈於露臺之上。所獻之物，動以萬數，自早呈拽百戲，如上竿，趯弄，跳索，相撲，鼓板小唱，鬬雞，說諢話，雜扮商謎，合笙，喬筋骨，喬相撲，浪子雜劇，叫果子，學像生，倬刀裝鬼，砑鼓牌棒道術之類。色色有之。至暮呈拽不盡，殿前兩幡竿，高數十丈，左則京城所，右則修內司搭材分占。上竿呈藝解或竿尖立橫木列於其上，裝成鬼，吐煙火，甚危險。駭人，至夕而罷。

這裡說明崔府君，灌口二郎生日，百姓社火慶生，各種雜劇技藝表演，露台樂棚爲戲，倬刀裝鬼，砑鼓牌棒道術及裝神弄鬼。

再看「除夕」這一段：

至除日，禁中皇大儺儀，並用皇城親事官諸班直，戴假面，繡畫色衣，執金鎗龍旗，教坊使孟景初身品魁偉，貫金副金鍛銅甲裝將軍，用鎮殿將軍二人，亦介胄裝門神，

> 教坊南河炭，醜惡魁肥裝判官，又裝鍾馗小妹，土地竈神之類。共千餘人，自禁中驅祟出南薰門外，轉龍彎謂之埋祟，而罷。是夜禁中爆竹山呼，聲聞于外，士庶之家，圍爐團坐，達旦不寐，謂之守歲。

除夕的大儺儀，戴假面，作將軍，扮門神，判官內有鍾馗小妹，土地于神，六丁六甲，神兵，五方鬼使者，千餘人踴躍驅祟，出南薰門，且有埋祟的舉動。如此而後士庶人家，才圍爐團聚，不寐守歲。

以上所記由宮庭走向民間，參加了民間的儺祭的記載。鍾馗軼事，宋人沈括在「夢溪筆談」中說他腹有韜略，但面貌醜陋，應武舉被逐，憤而自盡。玉皇憐他正直不遇，乃令他驅魔降鬼。唐明皇病中夢見他捉鬼大嚼，醒來病除。吳道子繪鍾馗像於寺壁，鍾馗爲民間信奉，鍾馗嫁妹的故事，也由此而出。儺祭和儺戲中，鍾馗便成了捉鬼降魔的主角，金元以後，雜劇中如「荊、劉、拜、殺」也成爲儺戲表演的重要節目，山西的賽賽，社火，有「八仙過海」，「五鬼鬧判」「三戰呂布」，「包公探陰山」，「趙匡胤千里送京娘」等。大儺「斬趙萬牛」，「鞭打黃癆鬼」是儺戲裡的群戲，所到之處，人山人海，熱鬧萬分。如「斬趙萬牛」把趙萬牛當做了人人喊打的過街老鼠，男女老幼，都參加了追逐。「斬趙萬牛」這齣儺戲的形成，與蚩尤自有關係，述異記說：

> 秦漢間說：蚩尤氏耳鬢如劍戰，頭有角，與軒轅鬥，以角牴人，人不能向。今冀州有樂名蚩尤戲，其民兩兩三三，頭戴牛角而相牴，漢造角牴戲，蓋其遺制也。

這種角牴戲，原自蚩尤，山海經說蚩尤頭有角牛蹄的形相，與趙萬牛彷彿相像，意爲魔鬼化身，爲害天下，故「斬趙萬牛」便成了萬民追逐，喊打的好戲。而這齣好戲也可在戲台上演出，下戲台後則穿梭大街小巷，以便民衆參與。

## 形象

形象，是包含自古以來的神話變易形跡，娛神祭人的歌舞、崇拜，異化聲形，祭祀的面具，圖騰的旗幟，龍蛇鳥蟲的色彩，以至調謔狎弄的現象。游玩模倣的形式等。

東京夢華錄：「駕登寶津樓諸軍呈百戲」中記載有「煙火大起，有假面披髮口吐狼牙煙火如鬼神狀者」，有「面塗青綠戴面具金睛飾以豹皮錦繡看帶之類謂之硬鬼」。「有假面長髯展裹綠袍鞾簡如鍾馗像者。」「有假面異服如祠廟中神鬼塑像」。除夕一段中，裝神弄鬼，不一而足。這種假面與裝扮的形象，充滿民間畏天敬神，打鬼驅魔的迷離氣氛，煙火瀰漫，而「魁諧趨蹌」的逗趣場面。又有：「舉止若排戲謂之啞雜劇」。除了「啞雜劇」外，有「大旗獅豹」，「蠻牌木刀」，「神鬼雜劇」，「格鬥擊刺」。這種演出的場地，是普遍於城鄉的。

說到假面，有戴面具的假面，有披髮長髯，扮作鍾馗，神鬼塑像的假面。假面乃成爲演出的形象中，一種特出的，爲萬姓注目的觀點，不僅在天子腳下，在鄉村尤其是大量演出節目的重心所在。與假面相似的是代面與大面，魏晉南北朝的記載中說：

……代面出於北齊。北齊蘭陵王長恭，才武而面美，常著假面以對敵，嘗擊周師金墉

城下，勇冠三軍，齊人壯之，爲此舞以效其指揮擊刺之容，謂之蘭陵王入陣曲（舊唐書音樂志）

……代面，始自北齊，神武弟，有膽勇，善戰鬥，以其顏貌無威，每入陣即著面具，後乃百戰百勝。戲者，衣紫腰金執鞭也。（樂府雜錄鼓架部條）

……大面出北齊。蘭陵王長恭，性膽勇，而貌婦人，自嫌不足以威敵，乃刻爲假面，臨陣著之，因爲此戲，亦入歌曲。（教坊記）

宋時狄青山西汾州西門人字漢臣，智勇兼備，善騎射，初爲衛士，趙元昊反，以青爲延州指揮使，與賊數十戰，常爲先鋒；臨陣被髮，戴銅面具，賊驚爲天神，當者披靡。元昊平，累擢彰化軍節度使。韓琦、范仲淹皆器之；仲淹授以左氏春秋，於是折節讀書，精通兵法。儂智高反，宋師屢敗；以青宣撫荆湖南北路；値上元節，青張燈設宴，大會諸將；突於是夜三鼓，率精兵攻破崑崙關，賊遂遠遁。還拜樞密使。卒謚武襄。

狄青「臨陣披髮，戴銅面具，賊驚爲天神，當者披靡。仁宗時，平西夏有彪炳的戰功。遂名震天下。面具不僅是戲裡的裝扮，並且眞正出現在戰場上，如蘭陵王入陣，如狄青破敵平賊。面具名爲代面，是藏起本來面目，用面具來代表他的另一種懾人心魂的形象，狄青的傳略中，他率精兵攻破崑崙關，是在上元節，初則張燈設宴大會諸將於營帳，黑夜後突襲敵人，賊以爲神兵天降，此乃攻敵之不防，其事蹟充滿戲劇性。而他的銅面具，便形象了英雄的俊容。宋時民間的假面，是英雄的崇拜，對神祇的模倣，這種模倣不是巫覡的，是生活的娛樂與戰爭的需要相結合，至於宋時雜戲演出的場所，「東京夢華錄」於「東角樓街巷」中說道：

街南桑家瓦子，近北則中瓦，次裡瓦，其中大小勾欄五十餘座。內中瓦子蓮花棚，牡丹棚，裡瓦子夜叉棚。象棚最大可容數千人，自丁先現，王團子，張七聖，輩後來，可有人，於此作場。

各種瓦子中有勾欄五十餘座，指的只是東角樓街巷。瓦子蓮花棚，牡丹棚意其形象似蓮花似牡丹。夜叉棚則是佈置如夜叉形象。象棚格局最大。可容數千人。名角則是丁先現，王團子，張七聖，輩後來，可有人等。

「三月一日開金明池瓊林苑」中說：

廊皆關撲錢物飲食伎藝人作場，勾肆羅列。左右橋上兩邊用瓦盆內擲頭錢關撲錢物衣服，動使遊人還往荷蓋相望。橋之南立櫺星門，門裡對立綵樓，每爭標作樂列妓女於其上，門相對街南有磚石甃砌高臺上有樓觀廣百丈許，曰寶津樓。前至池門闊百餘丈，下瞰仙橋水殿車駕臨幸觀騎射百戲於此池，之東岸臨水近牆皆垂楊，兩邊皆綵棚，幕次臨水假賃觀看爭標，東皆酒食店舍博易場户藝人勾肆質庫。

這裡說到曲廊，勾肆，綵樓，高臺樓觀，綵棚等觀賞表演場地，盛況不一而足。

「六月六日崔府君生日二十四日神保觀神生日」說：

「殿前露台上設樂棚，教坊，鈞容直作樂更互雜劇舞旋。」

又說：

「社火呈於露台之上。」

又如：

「宣德樓下用枋木疊成露台一所，彩結欄檻，兩邊皆禁衛排立，錦袍幞頭，簪賜花，執骨朵子，面此樂棚。教坊鈞容直、露台弟子更互雜劇……萬姓皆在露台下觀看，樂人時引萬姓山呼。」

開封的瓦子、瓦肆之多，已見記錄，其中桑家瓦子，中瓦，里瓦，戲棚、露台，可說無處不有。那麼，民間的戲臺又是如何呢？民間戲台更是多到難以計數的。戲台的作用就是要把戲曲演出給它一個合適的場所，這個場所不是像象棚一樣大的遊樂園，不是像露台一樣的狹長一角的走廊，不是像戲棚一樣的便於搭蓋，便於拆除，不是臨時的建築，而是規模大而堅固的戲臺。爲什麼城鄉市鎮，普遍建立戲臺呢？我們重來看「東京夢華錄」中「京瓦伎藝」這一節之所記：

**京瓦伎藝**

崇觀以來，在京瓦肆伎藝，張廷叟孟子書主張，小唱李師師，徐婆惜、封宜奴、孫三四等。誠其角者，嘌唱弟子張七七、王京奴，左小四，安娘，毛團等。教坊減罷並溫習，張翠蓋，張成弟子，薛子大，薛子小，俏枝兒，楊總惜，周壽奴，稱心等。般雜劇枝頭傀儡，任小三，每日五更頭回小雜劇，差晚看不及矣。懸絲傀儡，張金線，李外寧，藥發傀儡，張臻妙，溫奴哥，眞箇強，沒勃臍，小掉刀。筋骨上索雜手伎，渾身眼，李宗正，張哥，毬杖錫弄孫寬，孫十五，曾無黨，高恕，李孝詳。講史李慥，楊中立，張十一，徐明，趙世亨，賈九。小說王顏喜，蓋中寶，劉名廣。散藥張眞奴，舞旋楊望京，小兒相撲，雜劇掉刀蠻牌，董十五，趙七，曹保義，朱婆兒，沒困駝。風僧哥，俎六姐。影戲丁儀，瘦吉等。弄喬影戲劉百禽。弄虫蟻。孔三傳耍秀才諸宮調。毛詳，霍伯醜商謎。吳八兒合生，張山人說諢話，劉喬河，北子帛，遂吳牛兒，達眼，五重明，喬駱駝，李敦等。雜班外人孫三，神鬼霍四，究說三分，尹常賣五代史，文八娘叫果子，其餘不可勝數。不以風雨寒暑諸棚看人，日日如是。教坊鈞容直，每遇旬休，按樂亦許人觀看。每遇內宴前一月，教坊內勾集弟子小兒習隊舞，作樂雜劇節次。

這裡要提出來的是「雜劇枝頭傀儡」，「小雜劇差晚看不及矣」，「懸絲傀儡」，「藥發傀儡」，「雜劇掉刀蠻牌」，「影戲」，「喬影戲」，「孔三傳耍秀才」，「作樂雜劇」等。這些劇藝，在百藝雜陳中，顯示出來它們的戲劇性。

傀儡戲早在漢時就已有時，樂府雜記，以爲起於高祖平城之圍，陳平用以脫困者。杜佑通典說：

窟礧子（傀儡）作偶人戲，善歌舞，本喪家樂也。漢末始用於嘉會。

從喪家樂到嘉會，由悲泣到喜樂，可見其作用之大，引伸之廣。

魏書，杜夔傳言，明章時扶風人馬鈞製作傀儡戲，能令木人擊鼓吹簫作山岳，使木人跳丸，擲劍，緣絚側立，出入自在。

北齊後主高緯喜好傀儡戲，扶陵人崔士順精製傀儡戲。唐人馬溫在「鄴都故事」中說：崔士順在「仙都苑」北海作水上浮橋殿堂高三層：

下層刻木人七，彈箏、琵琶、箜篌、胡鼓、銅鈸、拍板、弄盤等。衣以錦繡，進退俯仰，莫不中節。中層刻木僧七人；一僧執香奩立東南角，一僧執香爐立於東北角。五僧左傳行道，至香奩所，以手拈香，至香爐所。其僧授香爐於行道僧，僧以香置爐中，遂至佛前作禮，禮畢，整衣而行，周而復始，與人無異。上層作佛堂，旁列菩薩衛士，帳上作飛仙右轉，又刻紫雲左轉，往來交錯，終日不絕。

隋唐時傀儡戲在唐人杜寶「大業拾遺」記載：傀儡戲已有劉備躍馬過檀溪，周處斬蛟，尉遲恭突厥鬥將，項羽鴻門宴等故事演出，如生人無異。「東京夢華錄」說：

「凡傀儡敷衍煙粉、靈怪、鐵騎、公案、史書，歷代君臣將相故事。話本或講史，或作雜劇，或如崖詞……大抵弄此，多虛少實，如巨靈神朱姬大仙等也」。

可見傀儡演出，包含煙粉、靈怪、鐵騎、公案、史書，歷代君臣將相故事，其種類繁多，均可敷衍成戲。傀儡由手工製作，大多用木頭或泥土做原料，成形的傀儡演人物故事，其演出方式，又可分別為懸絲傀儡。杖頭傀儡，藥發傀儡、水傀儡，關傀儡等。故名思意：

## 懸絲傀儡

操縱者以八條線，提舉傀儡手足四肢頭部，使其隨合說白唱詞而有動作。

### 杖頭傀儡

操縱者用木條繫其上身頭手使之合拍動作，而不見其腳。

### 藥發傀儡

是隨炮竹煙火出現的傀儡。可稱之爲火傀儡。

### 水傀儡

水傀儡的花樣繁多，且人物裝扮巧妙，有科白說唱舞蹈等動作，已進入戲劇表演的形式，樂曲唱和也近似眞人的模樣。「東京夢華錄」中「駕幸臨水殿觀爭標錫宴」一段中說：

> 近殿中列兩船，皆樂部。又有一小船，上結小綵樓，下有三門，如傀儡棚，正時水中樂船。上參軍色進致語，樂作，綵棚中門開，出小木偶人，小船上有一白衣人垂釣，復有小童掉划船，遶繞數回，作語。樂作，釣出活小魚一枚。又作樂，小船入棚。繼有木偶築毬，舞旋之類，亦各念致語，唱和，樂作而已。謂之水傀儡。

肉傀儡「都城記勝」說：「以小兒後生輩爲之」。這不是木泥所做出來，牽引動作的水木傀儡，是小兒後生輩以眞人演扮的傀儡，可以說是小兒後生戲。「武林舊事」中「元夕篇」說：

> 都城自舊歲冬孟駕回，則已有乘肩小女，鼓吹舞綰者數十隊，以供貴邸豪家幕次之翫。自此以後，每夕皆然。三橋等處，客邸最盛，舞者往來最多，每夕樓燈初上，則

簫鼓已紛然自獻於下。酒邊一笑，所費殊不多。

由此看來，這是大人教導小孩後生輩沿街賣唱，或往豪家幕次表演的節目。「夢華錄」中說到「影戲」「喬影戲」，今人叫做「皮影戲」，弦索鑼鼓助陣，白幕映出手操人馬，演唱史書話本小說公案之類故事。皮影最初用素紙雕鏃，素紙不耐久用，改用羊皮紙，驢皮手雕精製，極爲美巧細緻，極具藝術性。代有傳人，非其門人，亦不得其訣竅。「喬影戲」的喬是喬裝打扮來演影戲。「武林舊事」「元夕」中說：「武戲於小技，以人爲大影戲，兒童喧呼，終夕不絕」。喬影戲與「人爲大影戲」皆是戲人作「影戲」的表演，而「影戲」則是「皮影戲」。「喬影戲」，「大影戲」則是由戲人代替「影戲」來表演，可見「影戲」在宋時的風行。

另有一種「手影戲」則是用兩隻手，扮出人形來，映在布幕上，邊唱邊說邊表演戲劇情節故事。

影戲既有如此盛況。「夢華錄」記正月十六日遊樂說：

諸門皆有官中樂棚……多設小影戲棚子，以防本坊遊人小兒相失，以引聚之。可見一般。

當時業餘的影戲團體有：「繪革社」，是影人聚會的社團。長於弄影戲的伎藝人，竟有賈震、賈雄、尙保義、賈偉、賈儀、賈佑、伏大、伏三、沈顯、陳松、馬俊、王三郎、朱祐、蔡諮、張七、周端、郭眞、李二娘、王潤卿、黑媽媽等二十二人之多，也可見其盛行的程度。

## 樂舞

我國古來的樂舞創作，根據「杜佑通典」說：

伏羲：扶來（玄本）
神農：扶持（下謀）
黃帝：咸池（雲門六卷）
少皞：大淵
顓頊：六莖
帝嚳：五英
堯：大章
舜：大夏
禹：大韶
湯：大濩
周：大武

扶來稱爲玄本，或名爲「立本」。伏羲教民漁獵，製有「網罟」之歌。「呂氏春秋」古樂篇：

昔葛天氏之樂，三人操牛尾，投足以歌八闋：一曰載氏，二曰玄鳥，三曰遂草木，四曰奮五穀，五曰敬天常，六曰達帝功，七曰依地德，八曰總萬物之極。

操牛尾而歌八闋，既歌而操牛尾，八歌有八種變化，應有舞蹈相融合。禮記明堂位說：

女媧之笙簧。

伏羲女媧始制嫁娶，立媒妁，以鹿皮爲聘禮，嫁娶之樂舞爲何，今雖不得見，但女媧已製笙簧兩種樂器，又傳女媧：

命娥陵氏制都良笎，以一天下之音，命聖氏製頒笎以合日月星辰。

笎是管，大約是竹笛竹簫之類，如此，意男女媒妁嫁娶之禮，有交換禮物，有笙簧管樂，有歌舞，以成婚禮。

「通典」載：

神農始作五弦琴，以通天地之德，以合神人之和。

神農之樂名「扶持」，或名「下謀」神農有「豐年」之詠，教民稼耕，乃有農歌與農民休閒的舞樂，播種收成，皆應有歌舞，祈雨驅旱，亦應有歌舞，此雖與祭祀有關，但其歌舞的起始，都是生活的一種節奏。

黃帝戰蚩尤有「渡漳之歌」是以鼓爲主的戰歌。列子黃帝篇：

堯使夔典樂擊石，拊石百獸率舞簫韶九成，鳳皇來儀，此以聲致禽獸者也。黃帝與素女破伏犧五十弦的瑟爲二十五弦，乃分瑟爲二。又傳製「棡鼓之典，棡鼓是空木之腹而成的鼓，敲起來隆隆作聲。黃帝令大容作「咸池」，「雲門」，「大卷」之樂。白虎通說：

咸池者，言大施天下而行之，天之所生，地之所載，咸蒙德施也。

少昊金天氏作「大淵」之樂舞。

「呂氏春秋古樂」篇說：

帝顓頊生自弱水，實處空桑，乃登爲帝。惟天之合，正風乃行，其音若熙熙淒淒鏘鏘。帝顓頊好其音，乃令飛龍作樂，效八風之音，命之曰「承雲」，以祭上帝。乃令鱓先爲樂倡，鱓乃偃臥。以尾鼓其腹，其音英英。

熙熙淒淒鏘鏘是天籟之音，是風所帶來聲音，帝乃令飛龍作八風之音，乃令鱓先爲樂倡，「鱓乃偃臥，以尾鼓其腹」。這是一種臥魚的鼓舞。面是用大魚皮作成，傳此爲「六莖」之音，「六莖」可能是配其他樂器，有六種聲音伴著歌舞。

「呂氏春秋古樂」篇說：

帝嚳命咸黑作爲聲，歌「九招」、「六列」、「六英」。有倕作爲鼙、鐘、磬、吹笭（即笙）、管、壎、篪鞀、椎鐘。帝嚳令人抃，鼓鼙，擊鐘、磬，吹苓，展管、篪；因令鳳鳥天翟舞之，帝嚳大喜，乃以康帝德。

九招就是九韶，有倕是大樂器家作了各種的樂器，令舞者扮著鳳鳥天翟來舞蹈，唱詩。而成爲樂、歌、舞三者合一的篇章。此時，又教人作了扁磬，就是近於扁鐘的樂器。

堯舜大章、大韶之後，禹有大夏，湯有濩，周有大武。周的重視禮樂之教，是因爲桀紂荒淫無度，使國家淪於敗亡。

「新序刺奢篇」說：

桀作瑤臺，罷民力，殫民財，爲池酒糟堤，縱靡靡之樂，一鼓而牛飲者三千人。

王子年「拾遺記」載師延一節說：

紂淫於聲色，乃拘師延於陰宮之內，欲極刑戮。師延既被囚繫，奏清商流徵調角之音，司獄者以聞於紂，猶嫌曰：「此乃淳古遠樂，非余可聽悅也。」猶不釋。師延乃奏迷魂淫魄之曲，以歡修庭之娛，乃得免炮烙之害。

「大武」爲表現武王伐殷的武功之舞，也可能容納一部份象舞的形式與精神在內，象舞也是武舞，而酌（勺）舞則是較柔和的舞。「樂記」釋大武之舞，見於孔子與賓牟賈之論樂；約而言之：

㈠先擊鼓。備戒已久，然後舞者始出。象徵武王伐紂時，憂病不得士衆之心，先鳴鼓以戒衆，久乃出戰。

㈡舞者出。總持干盾，如山之立，嶷然不動。忽發爲長歌永歎，象徵武王持盾以待諸侯之至，恐後至者不及參加作戰，故長歌以致其望慕之情。

㈢初舞時。即手足發揚蹈厲，勇猛無匹，象徵武王伐紂之事，爲刻不容緩者；亦象徵太公的威武鷹揚，兵勢如萬鈞雷霆。

㈣始而北出。自南第一位，而北至第二位，象徵武王初次發兵北征。第一曲終。

㈤再成而滅商。「夾振之而駟伐」。舞者均為雙人夾舞，而振鐸以為節。舞者以戈矛四次刺擊，由第二位至第三位，象徵武王滅殷，又象徵對四方的征伐。第二曲終。

㈥三成而南。舞者從第三位至第四位，極於北而返於南，象徵克殷而南還。第三曲終。

㈦四成而南國是疆。舞者從北頭的第一位，卻至第二位，象徵伐紂之後，疆理南國。第四曲終。

㈧五成而分周公左、召公右。舞者從第二位至第三位，乃分為左右，象徵周公居左，召公居右。

㈨六成復綴以崇天子。舞者從第三位而復於南之初位，樂至六成，而復初位，象徵武功而而歸鎬京，諸侯賓服，皆奉武王為王子。

周公審視樂舞的精神與質量而為綜合之創作；而出現了下面的幾種樂舞：

祓舞　用於社稷祭祀，有祓除的意思。

羽舞　用於祭祀四方，有翼蔽的意思。

皇舞　用於旱災祈禱，有陰陽相濟的意思。

兵舞　用於祭祀山川，有捍衛的意思。兵舞，是隊舞。

干舞　武舞。

戈舞　武舞。
弓矢舞　武舞，大射時所用。
旄舞　是執旄的武舞。
人舞　獨舞。男女相對之舞，拜舞。

此時四夷樂舞也並入以上樂舞中。樂器則可分爲金如錞、鐲、鐃、鐸等，石如磬、玉等，絲如琴瑟等，竹如（笛）篴、簫、管、籥、篪等。匏如笙、簧等。土如壎、缶等。革如鼓，木如柷、敔等。周的五聲：宮、商、角、徵、羽。及六律：黃鐘、太簇、姑洗、蕤賓、夷則、無射（陽聲）。六呂：大呂、夾鐘、仲（小呂）、林鐘、南呂、應鐘（陰聲）禮祀禮運篇說：

「五聲六律、十二管還相爲宮也。」

這種三分損益法，是世界上最早的發明，不必在此細論，商人以禮樂舞蹈的美學內容與形式爲教育，是當時人間最完美的教育。其應用之廣泛與深入，是宗法制度的，也是生活的。

我國自古樂教講中和之理。孔子教學以禮樂並重，在論語八佾篇中講「關雎樂而不淫，哀而不傷。」講魯大師樂：「樂其可知也，始作，翕如也；從之，純如也；皦如也；繹如也；以成。」此亦是講中和之樂的共鳴。講「韶，盡美矣，又盡善也；謂武盡美矣，未盡善也。」孔子講美善亦著重於中和。我國古詩皆能入樂，尚書虞書裡說：「詩言志，歌永言，聲依永，律和聲，八音克諧，無相奪倫，神人以和。」這個和就是詩樂合一。樂記裡說：「凡音之起由人心生也。人心之動，物使之然也。感於物而動，故形於聲。聲相應，故生變。變成方，謂之音。比音而樂之，及干戚羽旄，謂之樂。」這是說各種樂器與歌聲的相和。孔子在齊聞韶，三月不知肉味，是完全認知音樂教化人心之偉大無倫。孔子夢寐欽慕周公人文主義的制度，言「周監於二代，郁郁乎，吾從周。」周公採詩，以入樂爲主。鄭康成儀禮鄉飲酒注說：「昔周之興也，周公制禮作樂，採時此之詩以爲樂歌，所以通情相風切也。」樂教之本，照鄭康成解釋是智仁聖義中和。這固然是講樂，也是講詩，也是講人的性情氣質。孔子教人「興於詩，立於禮，成於樂。」（子路）是使政事與禮樂合一。六律之育樂記中記載師乙的話說：「寬而靜，柔而正者，宜歌頌。廣大而靜，疏遠而信者，宜歌大雅。恭儉而好禮者，宜歌小雅。正直而靜，廉而謙者，宜歌風。」左傳中季札聆樂有更詳細的記載：

> 爲之歌周南召南，曰：「美哉，始基之矣，猶未也，然勤而不怨矣。」爲之歌邶鄘衛曰：「美哉，淵乎，憂而不困者也。」爲之歌王，曰：「美哉，思而不懼，其周之東乎。」爲之歌鄭，曰：「美哉，其細已甚。」爲之歌齊，曰：「美哉，決決乎大風也哉。」爲之歌豳，曰：「美哉，蕩乎，樂而不淫，其周公之東乎。」爲之歌秦，曰：「此之謂夏聲，夫能夏則大，大之至也，其周之舊乎。」爲之歌魏，曰：「美哉渢渢肚，大而婉，險而易行，以德輔此，則明主也。」爲之歌唐，曰：「思深哉，其有陶唐之遺民乎。」爲之歌陳，曰：「國無主，其能久乎？」自鄶以下無譏焉。爲之歌小

雅，曰：「美哉，思而不貳，怨而不言，其周德之衰乎，猶先王之遺民焉。」爲之歌大雅，曰：「廣哉，熙熙乎，曲而有直體，其文王之德乎。」爲之歌頌，曰：「至矣哉，五聲和，八風平，節有度，守有序，盛德之所同也。」（襄公二十九）

季札論樂既講詩樂的聲調美惡，又講內容的雅俗正邪，同時，講其對政事社會人心的影響。這是古代對詩樂於教化的功效，最有系統的一篇批評文字。他的批評是合於樂記所言：「禮，節民心；樂，和民聲。」的本意的。於民間而言，使我們進一步了解戲曲的成因。我國最早的樂器是鐘、鼓、磬、壎、竽、琴、瑟等。所謂：金石絲竹匏土木八音。史晨碑：八音克諧，說的就是這個。原初音樂、舞蹈、詩歌也是同一步驟發展的。王國維氏：「說勺舞象舞」有一段話：（見觀堂集林第二藝林二）

周一代之大舞曰大武，其小舞曰勺。曰：象內則十有三年學樂誦詩舞勺。成童舞象。勺是籥，十三歲時，學樂、誦詩、舞勺是同時進習的課程，是樂、詩、舞三者合一的教育。成童舞象，象是干戈的舞，也屬於小舞，而不是大武大夏的大舞。大舞不外文武之舞，文舞主要是祀天敬祖燕飲迎賓之舞，持籥、翟、鷺、翿爲飾，武舞則用干、戈、戚、揚、弓、箭爲飾，國之大典之舞，舞勺、舞象之外，士子則要學射御，以成文武之材。這一套教育方法，有自我學習，群體切磋，有表演，有節奏，有情趣，也帶有戲劇性。

漢代重要的是樂府和賦在戲曲發展上的成就。樂府是由鐘鼓管弦配合而歌的詩。這種樂歌加上舞蹈。其名目則有：歌、行、引、曲、吟、辭、篇、章、唱、調、詠、弄、怨、思、暢、操、詩等。爲漢初一種即興的歌舞：

高祖既定天下，以風起之詩，令沛中僮兒百廿人唱而歌之。

逐漸向廟堂儀節外的社會面發展，這就使雅樂古曲消失。宋王灼碧雞漫志說：

> 漢時雅鄭參用而鄭爲多。魏平荊州，獲漢雅樂古典辭存者四曰：鹿鳴、騶虞、伐檀、文王。而李延年之徒，以新聲被寵，復改易音辭止存鹿鳴一曲。晉初亦除之。又漢代短簫鐃歌樂曲，三國時存者有朱鷺、艾如張、上之回，戰城南、巫山高、將進酒之類凡二十二曲。魏吳稱號始各改其十二曲，晉興又盡改之。獨玄雲、釣竿二曲名存而已。漢代鼙舞，三國時存者有殿前生桂樹五曲，其辭則亡。漢代胡角摩訶兜勒一曲，張騫得自西域，李延年因之更造新聲二十八解，魏晉時亦亡。晉以來，新曲頗衆，隋初盡歸清樂。至唐武后時舊曲存者如白雪、公莫舞，巴渝、白紵、子夜、團扇、懊憹，石城、莫愁、楊叛兒、烏夜啼、玉樹後庭花等止六十三曲。唐中葉聲辭存者又止三十七，有聲無辭者七，今不復見。唐歌曲比前世蓋多聲行于今，辭見于今者皆十之三四，世代差近爾。大抵先世樂府有其名者尚多，其義存者十之三，其辭存者十不得一，若其音則無傳，勢使然也。

漢武帝設樂府，掌理歌唱樂舞之事，見於記載：

> 武帝定郊廟之祀，乃立樂府，采詩並誦，有趙代秦楚之謳，以李延年爲協律都尉作十九章之歌，使童男女七十人俱歌。

作十九章之歌，使童男女七十人俱歌，仍是延展高祖風起僮兒百廿人初期之歌舞。重要的是樂府成立，樂工增至六百人，有令、音監、游繳等的組織。郭茂倩樂府詩集說下分部爲六：鼓吹曲、相和歌、雜曲、清商曲、橫吹曲、雜歌謠辭。其中相和歌與清商曲是原有的漢歌，且歌舞合成的樂府。宋書樂志說：

相和，漢舊曲也。絲竹更相合，執節者歌。

晉書樂志：

凡樂章古辭之存者，並漢世街陌謳謠，江南可採蓮，烏生十五子，白頭吟之屬，其後漸被於弦管，即相和諸曲也。

樂府歌謠卷二十六，相和歌辭題解說：

魏晉之世，相承用之。永嘉之辭，五都淪覆，中朝舊音，散落江左。後魏孝文，宣武，用師淮、漢，收其所獲南音，謂之清商樂。相和諸曲，亦皆在焉。所謂清商正聲，相和五調伎也。凡諸調歌辭，並以一章爲一解。……又諸調曲皆有辭有聲，而大曲又有豔、有趨、有亂；辭者，其歌詩也；聲者，其羊吾夷，伊那何之類；豔與亂在曲之後，亦猶吳聲西曲，敬有和，後有送也。

相和轉的伴奏樂器據古今樂錄說：

凡相和，其器有笙，笛、節歌、琴、瑟、琵琶、箏七種。

除漢原有樂器外，值得注意的是新加入了胡樂琵琶。而且是歌和樂在一起的樂曲。相和歌的種類有相和引，相和曲、吟嘆曲、平調曲、瑟調曲、楚調曲、大曲等名目，大曲的艷是開曲，趨如過門，能是尾聲。相和歌已有背景故事，如王昭君，楚妃嘆。王子喬，秋胡行。王子喬是求仙得道的故事，其他三則是與歷史傳奇有關。至於清商樂景府詩集卷四十四清商曲辭題解說：

清商亦名清樂。清樂者九代之遺聲，其始即相和三調是也。

唐書樂志：平調、清調、瑟調，皆周房中曲之遺聲，漢世謂之三調。

並漢魏以來舊曲其辭皆古調。

自晉朝播遷，其音分散；苻堅滅涼得之，傳於前、後秦。及宋武定關中因而入南，不復存於內地。自此以後，南朝文物，稱爲最盛。民謠國俗，亦世有新聲。

文帝善其節奏，曰：「此華夏正聲也」，乃微更損益，去其哀怨，考而補之以定律呂，更造樂器。因於太常置清商署以管之，謂之清樂。

李延年以新聲被寵，但相和，清商皆承接古調。採自胡樂的，首先是張騫得自西域的胡樂摩訶兜勒一曲。李延年因之更造新聲二十八解。今人盛成氏說：漢代五言的產生，是受希腊五律的影響。古代中亞人手提琵琶所奏古律，即是五個音節的五律。後傳入希腊。亞歷山大東征，將手提琵琶傳入大夏。張騫得於大夏，琵琶遂入中國。乃催發了五言詩的產生。蘇武與李陵河梁話別，各有五言詩，與此說不謀而合。樂府新聲，是受胡律影響譜出的變調。漢書佞幸傳：「延年善歌爲新變聲，…所造詩爲新聲曲。」這就是因摩訶兜勒一曲，而變出來的新聲。是漢樂府一大變易。摩訶兜勒一曲是犍陀羅音樂，是採五音節的音律而成。是希腊的風格。李延年新聲二十八解是摩訶兜勒一曲的變奏，以其格調而翻新，這是邊塞之曲，用於武樂，叫做邊聲，到魏晉時侯，李延年的新聲二十八解，只存了十曲，就是：

黃鵠　隴頭　出關　入關　出塞　入塞　折楊柳　黃覃子　赤之楊　望行人

新聲八解是：

關山月　洛陽道　長安道　梅花落　紫騮馬　驄馬　雨雪　劉生

晉時最出名的樂歌是石崇的明君曲，綠珠的懊憹歌。隴上歌是陳安的歌，歌曲勇壯：

隴上壯士有陳安，軀幹雖小腹中寬。愛養將士同心肝，驌驄文馬鐵鍛鞍。
七尺大刀奮如湍，丈八蛇矛左右盤。十盪十決無當前，戰始三交失蛇矛。
棄我驌驄竄岩幽，爲我外援而懸頭。西流之水東流河，一去不還奈子何。

劉曜聞而悲傷，令樂府歌。此爲文采性情俱足之作，與此相比者有：敕勒歌，高歡玉壁之役士卒死者七萬人，慚憤發疾，歸使斛律金作敕勒歌：

天以穹窿，籠罩四野，天蒼蒼，野茫茫，風吹草低見牛羊。

歡自和之，哀戚流涕，金不知書能發揮自然之妙，王國維氏「人間說話」說：「寫景如此，方爲不隔。」歌舞樂曲如此，方稱自然本色。這就是使的「巴渝舞」的鞞舞，和「公莫舞」的劍舞中，加上快捷而猛烈的「胡旋舞」而有新的舞貌和舞風。這種風格，是男女對舞，先有引子後有尾聲，中有舞劍，樂曲中的歌詞，引用的是杜甫「觀公孫大娘弟子舞劍器行」詩中的句子：

霍如羿射九日落，矯如群帝驂龍翔。
來如雷霆收震怒，罷如江海含晴光。

劍舞的內容概可從詩中見出「游龍自躍，蹌鳳來儀」的舞姿。

## 遊藝

遊戲而出於模倣，出於巧思變化而加以發明，可稱之爲遊藝。孩子模倣大人的動作，而其行爲舉止有若父母的模樣。動作亦如是。石龍子爲求生存，隨身邊的木石色彩而變換，使之近土石而灰赭，近花而紅綠。說文解釋「頌，容也」。頌是容貌，是祭祀之所用，士子自小學頌，有階段性的嚴格訓練。禮記內則：「十三舞勺，成童舞象，二十舞大夏」。注言：「先學勺，復學舞，文武之次，大夏，樂之文武兼備也。」

文王世子云：「春夏教干戈，秋冬教羽籥，皆於東序。」注：「干戈萬舞，象武也。羽籥文舞，象文也。」又樂記：「執其干戚，習其俯仰屈伸，容官得莊焉，行其綴兆，要其節奏，行列得正，進退得齊焉。」

由此可知古人教士子學舞，正是遊於藝。頌之先是要士子先從端莊容貌學起，無論上祭郊社明堂，下祭藉田祈穀，旁及岳瀆星辰之祀，盡皆應合乎禮節。學舞也是要按步就班，不能紊亂，才合遊藝的道理。就戲曲的觀點來說，初步是學習容貌舉止，進退舞蹈，乃進入遊藝的階段。繼之發展故事情節，使之合於樂曲唱做，而有演出。演出的目的，則在提高其遊藝術性，感動人且能娛樂人。這樣的遊藝，方有價值。

列子周穆王篇述西極化人的幻術，其人其藝似眞似假而變異無常，讀之令人開懷，錄於下：

> 周穆王時，西極之國有化人來。入水火、貫金石、反山川、移城邑、乘虛不墜、觸實不硋、千變萬化、不可窮極。既已變物之形，又且易人之慮。穆王敬之若神，事之若君。推路寢以居之，引三牲以進之，選女樂以娛之，化人以爲王之宮室卑陋而不可處，王之廚饌腥螻而不可饗，王之嬪御膻惡而不可親。穆王乃爲之改築土木之功，赭堊之色，無遺巧焉。五府爲虛而臺始成，其高千仞，臨終南之上，號曰中天之臺。簡鄭衛之處子娥媌靡曼者，施芳澤、正蛾眉、設笄珥、衣阿錫、曳齊紈、粉白黛黑、珮玉環，雜芷若以滿之。奏承雲六瑩、九韶、晨露以樂之，日月獻玉衣，旦旦薦玉食，化人猶不舍然。不得已而臨之居，亡幾何謁王同游。王執化人之袪，騰而上者中天迺止。暨及化人之宮，化人之宮構以金銀，絡以珠玉，出雲雨之上，而不知下之，據望之若屯雲焉。耳目所觀聽，鼻口所納嘗，皆非人間之有。王實以爲清都紫微鈞天廣樂帝之所居，王府而視之其宮榭若累塊積蘇焉。王自以居數十年不思其國也。化人復謁王同游，所及之處仰不見日月，俯不見河海，光影所照，王目眩不能得視，音響所來，王耳亂不能得聽，百骸六藏，悸而不凝，意迷精喪，請化人求還。化人移之，王

若隕虛焉，既寤所坐，猶嚮者之處，侍御猶嚮者之人，視其前，則酒未清，殽未昲。王問所從來，左右曰：王默存耳。由此穆王自失者三月而復更問化人，化人曰：吾與王神游也，形奚動哉。

西極化人可稱之爲魔術大師，本領之大，令人如讀神話傳奇，他能「入水火，貫金石，反山川，移城邑，乘虛不墜，觸實不硋（礙）」，並且千變萬化，能將物變形，人忘憂慮。因此，穆王視之如神。穆王的衣食住行，樣樣不合西極化人的心意。穆王爲他築高大的樓臺，找美麗的女人侍候他，奏好聽的音樂給他聽，錦依玉食，奉養備至。化人仍不滿意，且帶了穆王到天上遊玩，化人所居之宮，眼、耳、鼻、舌、身之所見所聞所味所觸，皆非人世所有。神遊鈞天、廣樂九奏，萬舞不類三代之樂，其聲動心。因此穆王樂不思國。化人又帶他同遊，穆王「仰不見日月，俯不見河海，光彩所照，王目眩不能得視。音響所來，王耳亂不能聽，百骸六藏，悸而不凝，意迷情喪，請化人求還。」穆王被推而醒，只不過是一刹那的時間，酒不曾飲盡，飯尚未吃完。化人告訴，王以爲自己已離開了三個月，其實只是一瞬之間的神遊。也就是說王是被化人的幻術所迷惑，在化人施展的魔術中，暫時失去自己。這種催眠的力量，可以說是到了忘我的情境。渾然忘我，戲曲的感染熏陶，移情化意，使觀衆忘失自己，隨了劇情的發展而抒洩了喜怒哀樂愛惡欲的七情。更進一層的戲曲魔力，使觀衆失魂落魄，廢寐忘餐的情形也是有的。另有一則說：

周宣王之牧正有役人梁鴦者能養野禽獸委食於園庭之內，雖虎狼鷹鶚之類，無不柔馴

> 者。雄雌在前孳尾成群，異類雜居不相搏噬也。王慮其術終於其身，令毛丘園傳之梁鴦曰：鴦賤役也，何術以告爾懼王之謂隱於爾也，且一言我養虎之法，凡順之則喜，逆之則怒，此有血氣者之性也。然喜怒豈妄發哉，皆逆之所犯也，夫食虎者，不敢以生物與之，爲其殺之之怒也。不敢以全物與之，爲其碎之之怒也，時其飢飽達，其怒心，虎之與人異類而媚養己者順也。故其殺之逆也。然則吾豈敢逆之使怒哉，亦不順之使喜也，夫喜之復也必怒，怒之復也常喜，皆不中也。今吾心無逆順者也。則鳥獸之視吾，猶其儕也。故游吾園者，不思高林曠澤，寢吾庭者，不願深山幽谷理使然也。

這一則說梁鴦養野禽獸，無不柔順，彼言養虎之法：「凡順之則喜，逆之則怒。」順是言之，則是順其性，不逆犯野獸之怒而已。

二則故事，看來各有不同，實則不論其爲幻術，其爲役牧。各含有遊藝的至理。但孔子反此異變之術而說：「依於仁，據於德，游於藝。」是儒家教育的方針，游於藝就是陶冶性情，遊藝的基點是建立在「詩」、「音樂」、「舞蹈」的三根支柱上。是缺一不可的。「詩」的象徵語言的結構，影響到戲曲的語言也影響到戲曲的結構。象徵的空間形式，是中國戲曲中最大的成就，不用實體的形象，而用想像的意識，擴大人物的心靈境界，也增加了語文在韻律上的迴旋特性，詩的韻律節奏，是接近於音樂的，音樂的伴奏，烘托出來天籟、地籟、人籟相合融匯的美感，藝術的氣氛，因而形成了戲曲與人情自然相合的原理，「舞蹈」不僅是身體的動作，是美感節奏的回應，是與詩的語言歌唱，音樂的絲管入扣，相周流相水乳的結果，再加以獨白與對話，而將情節的隙縫完全瀰合，詩、音樂、舞蹈三位一體，忠實人生的抒情表達。至於象徵又超乎神遊之上，擴大空間的視野，使心靈世界到達一個怡樂滿足的境界。

俞大綱氏早年有「看戲」一文，爲其「戲劇縱橫談」作一小引說：

> 戲劇原是結合聲音和形態動作，作爲表現工具，用來扮演一故事的；很有些像中國文字具備「音」「形」「義」三個條件——音指聲音，形指形象，結合音形，表達意義。發於音是語言，單憑形象爲文字，其目的在抒情指事，表達思想或感情。戲劇中音的部份，屬於人聲或樂器發出的樂聲；形的部份，屬於日常生活動作，或輔助語言表達情緒的動作，而最後目的還是鋪陳故事。戲劇欣賞，既應通過聽覺，也應通過視覺。平劇表演，包括唱、做、唸、打。唱唸屬於音樂，做打屬於動作。懂得戲劇的人，不問南方人或北方人，絕不會因看戲和聽戲稱謂的不同，對唱做唸打有所偏廢。

「戲劇原是結合聲音和形態動作，作爲表現工具，用來扮演一個故事的；很有些像中國文字具備『音』『形』『義』三個條件—音指聲音，形指形象，結合音形，表達意義。」他的闡釋甚爲確當，如果還別有釋意，則中國的「詩」「雅」「頌」亦頗具備此三個條件。「詩」指語言結構，其聲色氣韻，行腔歌唱，有詩的情味；「雅」指其形態動作，舉止高雅，節奏俊爽，有雅的雋趣；「頌」指其科白，珠圓玉潤，鏗鏘有力，有頌的格調。當然，表情動作，才是戲曲的精華，如果，引伸起來，「賦」、「比」、「興」不也是三個條件嗎？「賦」的鋪陳典麗，「比」的形采意象，「興」的旋律節奏，事事都能配合音色動態，而爲表情達意的工具。因此，象形是外在與內在，心意與表現連續不斷跳躍的波浪，掀起洄瀾與潮流，成爲向上向前推進戲曲的力量。

## 優伶

古之有歌舞者，稱爲優。說文：「優，饒也。一曰倡也。」又說：「倡，樂也。」列女傳：「夏桀既棄禮義，求倡優侏儒狎徒，爲奇偉之戲。」倡優、侏儒，狎徒三者，他們從那裡來，身世如何，皆不得而知。不過，逗引主上玩樂開心，則是一致的。倡優是能歌舞的藝人，既近得夏桀之庭，才藝必然高超；侏儒的身樣畸形，行動滑稽，口角鋒鋩，分明善於打鬧。至於狎徒，想來不甚高雅，只屬顚狂浪放，淫靡荒誕，必以調笑諧謔爲職的。所以左傳襄六年：「宋華弱與樂轡少相狎，長相優。」這就是輕簿與低俗的戲弄。優伶的出現，其任務已脫離祭祀的觀念，改換成娛人的關係。這對於戲曲的產生，有莫大的助力。

左傳襄二十八：「陳氏鮑氏之圉人爲優，慶氏之馬善驚，士皆釋甲束馬而飲酒，且觀優。至於魚里。」馬因爲優人表演，必因鑼鼓鐃鈸之聲停下來，兵士樂得束馬飲酒，看優伶的表演。優指的是俳諧，伶指的是樂工和歌舞笑鬧。

穀梁傳：「頰谷之會，齊人使優施舞於魯君之幕下。」孔子曰：「笑君者罪當死，使司馬行法焉。」頰谷之會是莊嚴隆重的場所，優施之舞，必然是輕慢又滑稽的，而且嘲笑污弄於魯君幕前，是極大的污辱，其罪不可恕，因此，孔子命司馬治其應得之罪。國語上說：「驪姬使優施飲里克之酒，優施起舞。乃歌曰：「暇豫之吾吾，不如烏，烏人皆集於菀，己獨集於枯。」

據東周列國志上說：「晉獻公立都於絳邑。初娶賈姬無子，又娶狐姬及允姬之女生重耳及夷吾。獻公又悅齊姜立爲夫人，生子申生，立爲世子，以大夫杜原款爲太傅，里克爲少傳。獻公伐驪戎，納其二女，長爲孋姬，次爲少姬，孋姬貌比息嬀，妖同妲己，智計千條，詭詐百出，生有一子奚齊。孋姬參政事，獻公可說無計不從。孋姬密與優人名施者私通，心腹之事，即奪嗣毒計，盡與優施畫策，逐步實施，網羅臣屬，交懽大夫，鞏固其權勢。申生屢建功勛，孋姬急欲除去。優施以里克好酒，孋姬備飲食令優施「聊造爲戲」而進觴。侍飲之際，調笑甚洽。「酒至半酣，施起舞爲壽，歌名暇豫，可保富貴。」頓嗓而歌。歌曰：

暇豫之吾吾兮，不如烏烏，衆皆集於菀兮，爾獨於枯。菀何榮且茂兮，枯遭斧柯。斧柯行及兮，奈爾枯何。

里克問優施何意。優說：衆鳥皆集於夫人，因其子將成爲君。君本衆鳥依托。若其母已死，子又衆謗皆及，本搖將枯矣。說罷優施就辭別而去。里克中心怏怏，不能成眠。半夜而起，即曉便訪優施。優告里克，獻公已答應孋姬，殺太子而立奚齊矣。至此，里克中立，去了一大障礙。驪姬遂下毒於藥酒，嫁禍於太子，申生重孝，自縊而死。重耳，夷吾並在孋姬謀殺計中。重耳出奔翟城。晉臣名士皆來投奔。獻公遂立奚齊爲世子。以後，獻公薨，奚齊繼位時十一歲。不久爲里克與丕鄭父所殺，優施拔劍相救也被殺。孋姬又謀立其妹少姬子卓子不成。卓子死於屠岸夷之手。孋姬投水而死。

在這一段故事裡，優施是一個「少年美姿，伶俐多智，能言快語，爲獻公嬖信，出入宮禁，與驪姬私通，挾寵弄權」的「優人」。他是一個善歌的歌者。穀梁傳說：「頰谷之會，齊人使優施舞於魯君之幕下。」這位舞者，也叫優施，而晉的優施爲里克起舞而歌。看來優施是位遊藝的伶人，在齊爲齊所用，在魯君幕下起舞。到了晉則爲獻公專寵，且出入宮禁與驪姬私通，並爲孋姬策畫，謀殺申生，已不是一般優伶，而是有權謀詭計的策士，兼有優伶的本事。是一個地位和機遇極爲特殊的人物。

史記滑稽列傳記優旃的故事：

……優旃者，秦倡侏儒也。善爲言笑，然合於大道。秦始皇時，置酒而天雨，陛楯者皆沾寒。優旃見而哀之。謂之曰：「汝欲休乎？」陛楯著皆曰：「幸甚。」優旃曰：「我即呼汝，汝疾應曰：『諾。』」居有頃，殿上上壽，呼萬歲。優旃臨檻大呼曰：「陛楯郎！」郎曰：「諾。」優旃曰：「汝雖長何益？幸雨立。我雖短也，幸休居。」於是始皇使陛楯者得半相代。

始皇也有開恩的時候，他聽見了優旃的話，就叫臺階下執戈持盾的衛士們有躲雨避寒的機會，所以，叫他們輪流休息。又載：

始皇嘗議欲大苑囿，東至幽谷關，西至雍陳倉。優旃曰：「善！多縱禽獸於其中，寇從東方來，令麋鹿觸之，足矣。」始皇以故輟止。二世立，又欲漆其城，優旃曰：「善！主上雖無言，臣固將請之。漆城雖於百姓愁費，然佳哉！漆城蕩蕩，寇來不能上。即欲就之，易爲漆耳，顧難爲蔭室。」於是二世笑之，以其故止。（史記滑稽列傳）

始皇嘗議欲大苑園：東至幽谷關，西至雍陳倉。優旃曰：「善，多縱禽獸於其中，寇從東方來，令麋鹿觸之，足矣！」始皇以故輟止。二世立，又欲漆其城，優旃曰：「善，主上雖無言，臣固將請之。漆城雖於百姓愁費，然佳哉！佳城蕩蕩，寇來不能上。即欲就之，易爲漆耳，顧難爲蔭室。」於是二世笑之，以其故止。

這兩節故事，說明優旃之善於笑言，於和諧的談吐中含有啓示性，不是請皇上准臣之所奏，而是用相反相成的語氣，緩和皇上的指令，請皇上自動改變主意。其智慧實在高超。「桐葉封弟」與「優孟衣冠」並述於此：

……武王崩，成王立，唐有亂，周公誅滅唐，成王與叔虞戲，削桐葉爲珪，以與叔虞曰：「以此封君。」史佚因請擇日立叔虞。成王曰：「吾與之戲耳。」史佚曰：「天子無戲言；言則史書之，禮成之，樂歌之。」於是遂封叔虞於唐。（史記晉世家）

優孟者，故楚之樂人也。長八尺，多辯，常以談笑諷諫。……楚相孫叔敖知其賢人也，善待之。病且死，屬其子曰：「我死汝必貧困，若往見優孟，言我孫叔敖子也。」居無何，其子窮困負薪，逢優孟，與言曰：「我孫叔敖子也。父且死時，屬我貧困往見優孟。」優孟曰：「若無遠有所之。」即爲孫叔敖衣冠，抵掌談語。歲餘，像孫叔敖，楚王左右不能別也。莊王置酒，優孟前爲壽，莊王大驚，以爲孫叔敖復生也。欲以爲相，優孟曰：「請歸與婦人計之，三日而爲相。」莊王許之。三日後，優孟來，王曰：「婦言謂何？」孟曰：「婦言愼無爲，楚相不足爲也。如孫叔敖之爲楚相，盡忠爲廉以治楚，楚王得以霸，今死，其子無立錐之地，貧困負薪以自飲食。必如孫叔敖，不如自殺。」因歌曰：「山居耕田苦，難以得食，起而爲吏，身貪鄙者餘財，不顧恥辱，身死家室富。又恐受賕枉法，爲姦觸大罪，身死而家滅，貪吏安可爲也。念爲廉吏，奉法守職，竟死不敢爲非，廉吏安可爲也！楚相孫叔敖，持廉至死，方今妻子窮困，負薪而食，不足爲也。」於是莊王謝優孟，乃名孫叔敖子，封之寢丘四百户，以奉其祀。後十世不絕。此知可以言時矣。（史記滑稽列傳）

前則說：「天子無戲言」可見戲言不是開玩笑的話，反之，也可說戲言是開玩笑，不能當眞。但帝王的話，就不能當作玩笑。至於優孟之：「像孫叔敖，莊王左右不能別也。」且「莊王也不能分別。」他不是孫叔敖。

優孟，智計才藝之高，即今之藝人，亦少能望其項背者。一、他堂堂相貌是位高個兒，能言善辯，談笑諷諫，啓人茅塞。楚相孫叔敖察言觀色，知他不是位等閒人物，朝中儘多相識，他認定知己只有優孟一人，故遺囑其子，你將來貧困之時，可去見優孟，他必然會幫助你。二、優孟見了貧困的故相之子，告訴他，別急，讓我來想想辦法。何種辦法呢？他穿了孫叔敖生前衣冠，模倣孫叔敖的儀容態度，一舉一動，行止說話，色聲性情。如此揣摩，不斷切磋琢磨，改錯修正。整整練習了一年多的時間，像孫叔敖這位故去的賢相，並使楚王左右與孫叔敖相識的舊人，也不能分辨他不是當年的孫叔敖。可見他下的功夫，化妝的成功。扮演的絕妙，已到融身一體的境界。三、以此在楚王置酒為壽的時候，孫叔敖復生了，莊王歡喜驚異之下，請他再次為相。優孟心有成竹說：「大王的德意，為臣的至為感恩，不過，如此重大的事，需要回去和拙荊商量，三日後回報君王。」這個懸疑，就像元曲第三折的高潮，期待下一折分解。四、三日後，優孟告訴楚王，如孫叔敖以廉治楚，身後兒子貧無立錐之地，負薪亦恐不能自活，貪贓枉法的有背良知良心，廉潔治國的，下場為乞丐，楚相不足為也。優孟不僅演活了孫叔敖，也為他知交的故相妻子謀得封邑奉祀。綜上而言，優孟的義行，豈是一般的表現，至今還沒有人能裝飾的如此眞切，栩栩如生的，這是古今的演員都要做為借鏡，認眞學習，倍加崇拜的，豈優伶一言可以儘說的？

「西京散記」二，記有三事，可做為優伶表演資助，一則說：

武帝欲殺乳母，乳母告急於東方朔。朔曰：帝忍而愎，旁人言之益死之速耳。汝臨去但屢顧我，我當設奇以激之，乳母如言。朔在帝側曰：汝宜速去，帝今已大，豈念汝乳哺時恩邪，帝愴然遂舍之。

東方朔不愧爲智者，且兼爲一企劃人，製作人，導演者。乳母如其言，扮演一臨去屢屢回顧之角色，情眞意切，卒能免去其死難。又一則說：

匡衡字稚圭，勤學而無燭，鄰舍有燭而不逮，衡乃穿壁引其光，以書映光而讀之。邑人大姓文不識，家富多書。衡乃與其傭作而不求償。主人怪問衡，衡曰：願得主人書遍讀之。主人感嘆資給以書。遂成大學。衡能說詩，時人爲之語曰：無說詩，匡鼎來匡說詩，解人頤。鼎衡小名也，時人畏服之如是。聞者皆解頤懽笑。衡邑人有言詩者，衡從之與語。質疑。邑人，挫服倒屣而去。衡追之曰：先生留聽夏理前論。邑人曰：窮矣，遂去不返。

匡衡事，可做三段論：匡衡扮文家傭人，不求薪資，但求主人書遍讀之。此一，匡說詩，解人頤。且是：「聞者皆解頤懽笑。」匡衡以詩娛人的本領之大，竟超過優伶表演的諧趣，本領之高令人嘆服。此其二。「邑人有言詩者，衡從之與語，質疑，邑人挫服，倒屣而去。」由此可見匡衡的學識藝術之高。可做優伶表演之借鏡。又一則說：

長安有儒生曰：惠莊聞朱雲折五鹿充宗之角，乃嘆息曰：栗犢及能爾邪，吾終恥溺死溝中。遂裹糧從雲，雲與言莊不能對。逡巡而去。拊心謂人曰：吾口不能劇談，此中多有。

儒生欲學朱雲之術，裹糧從雲遊，雲與言，莊不能對。拊心謂人曰：「吾口不能劇談，此中多有。」解釋出來就是：「心中事，有口難言。」劇談就是表達的能力，是優伶必須具備的條件。

「西京散記四」述：

京兆有古生者學縱橫，揣磨弄矢、搖丸、樗蒲之術。爲都掾史四十餘季。善訑謾，二千石隨以諧謔，皆握其權要，而得其歡心。趙廣漢爲京兆尹，下車而黜之。終于家京師。至今徘戲皆稱古掾曹。

這是徘戲稱爲古掾曹的由來。古生字縱橫，能弄矢搖丸樗蒲之術，樗蒲是古時的一種賭博。弄矢搖丸是古時的一種遊戲。

「樗蒲經」：『古斲木爲子，一具凡五子，故名五木；後世轉而用石，用玉，用象牙，用骨。』「演繁露」：『五木之形，兩頭尖銳，故可轉躍；中間平廣，故可鏤采。凡一子悉爲兩面，一面塗黑，畫犢；一面塗白，畫雉。投子者，五皆現黑，名曰盧，爲最高之采；四黑一白，名曰雉，降盧一等；自此而降，白黑相尋，或名爲梟，或名爲犍。後世骰子之製，即祖襲五木；五木止有兩面，骰子則有六面。』又唐國史補：『樗蒲法三分其子三百六十，限以二關，人執六馬，其骰五枚，分上黑下白，黑者刻二爲犢，白者刻二爲雉。擲之全黑者爲盧，其采十六；二雉三黑爲雉，其采十四；二犢三白則爲犢，其采十；全白爲白，其采八；四者，貴采也；六者，雜采也。』又「山堂肆考」：『古博戲以五木爲子，有梟盧雉犢塞，爲勝負之采。博頭有刻梟形者爲最勝，盧次之，雉犢又次之，塞爲最下。』

這個古生爲屬官四十多年，善於訑謾，花言巧語，跟隨權要，討得他們的歡心。他的種種作爲有些像徘優倡者滑稽調笑與阿諛下流的作風相近。以後人們就把徘戲稱作古掾曹。其實是借古生來諷嘲粗俗不當的徘戲，並不是好的比諭。

但優伶是戲曲的骨幹，戲曲之能夠建立，實在是優伶們不斷的努力上進，發揚光大的結果。

## 百戲

其如上竿，繩技，幻術，傀儡，影戲，雜技，高蹺，翻觔斗，舞龍舞獅等種類繁多，擇其要者，略述如下：

西京雜記第三有三則記事：

余所知有鞠道龍善爲幻術。向余說古時事，有東海人黃公少時爲術，能制蛇御虎。佩赤金刀以絳繒束髮，立興雲務，坐成山河。及衰老，氣力羸憊，飲酒過度，不能復行其術。秦末有白虎見於東海，黃公乃以赤刀往厭之，術既不行，遂爲虎所殺。三輔人俗用以爲戲，漢帝亦取以爲角抵之戲焉。

又說淮南王好方士，方士皆以術見遂，有畫地成江河，撮土爲山巖，嘘吸爲寒暑，噴嗽爲雨霧，王亦卒與諸方士俱去。

楊子雲好事，常懷鉛提槧，從諸計吏訪殊方絕域。四方之語，以爲裨補，輶軒所載，亦洪意也。

黃公少壯時以鋒繒束髮佩赤金刀制蛇御虎，可信其勇武，立興雲務，坐成山河，則言其氣勢雄發。至其年衰，其術不行。遂爲虎所噬。三輔人以之入戲，漢帝且取爲角抵之戲。角牴之戲開始於武帝元封三年。史記大宛傳：

『安息以黎軒善眩人獻於漢是時上方巡狩海上，乃悉從外國客，大觳抵出奇戲諸怪物，及加其眩者之工；而觳抵奇戲歲增變甚盛，益興，自此始。』應劭說『角者技也。抵者，相抵觸也，』文穎曰：『名此樂爲角抵者，兩兩相當，角力角技藝射御，故名角抵，蓋雜技樂也。』角抵所包含甚廣，即後世所謂百戲，西京賦說：『烏獲扛鼎，都盧尋橦，衝狹燕濯，胸突銛鋒，跳丸劍之揮霍，走索上而相逢。』就是寫角技角力的情況。又說『臣獸之爲曼延，舍利之化仙車，呑刀吐火，雲霧杳冥，』所謂加眩者之工而增變者也。眩人約略等於現在所謂幻術。在漢元帝的時候，曾罷角抵戲，然宮禁雖不用，而民間早已流傳這一種藝術了。

淮南王條說，方士畫地成江河，撮土爲山巖，噓吸爲寒暑，噴嗽爲雨霧，大概是一種幻術，或障眼法，至於楊子雲懷鉛提槧，訪殊方絕域，四方之語，是充實閱歷，增多見識，爲賦多才之道。張衡「西京賦」說：

總會仙倡，戲豹舞羆，白虎鼓瑟，蒼龍吹篪。』這就是假面之戲『女媧坐而長歌，聲清暢而委蛇，洪崖立而指揮，被毛羽之襳襹。度曲未終，雲起雪飛。』又是歌舞的人，扮古人的形象了。李尤平樂觀賦，有曰：『有仙駕雀，其形蚴虬，騎驢馳射，狐兔驚走，侏儒巨人，戲謔爲偶。』明明寫的俳優作『神怪戲。』平樂觀是漢代大娛樂場，張衡李尤並賦其事，可算得漢代戲劇的史料。

鹽鐵論中說：「戲倡舞象，」有點表演馬戲團的味道，戲豹舞羆如不是拿人裝扮，應該是人訓練好了豹羆一同表演。不過「總會仙倡」以及，「白虎鼓瑟」「蒼龍順箎」必然是優伶扮做仙人，也扮作龍虎表演歌舞，女媧，洪崖也是假扮的，雲起雪飛，想來是表演場景中出現的效果，李尤平樂觀中的節目，有點像夢華錄中瓦子雜劇的情況。復觀「禮樂志」上說：「朝賀置酒，陳前殿房中，有常從倡三十人，常從象人四人。」象人就是假扮神仙、動物禽鳥的優人。這應該是教坊黎園最早的開始。百戲到了宋代，就有了集大成的氣象。

「夢華錄」中「駕登寶津樓諸軍呈百戲」，諸軍表演的百戲，當係採擷民間流傳的百戲，又加以整飭，編集，訓練，排演成熟之後，假節慶而呈獻於聖駕的，他們所呈的百戲，有那些呢？我們看下面的記述：

## 駕登寶津樓諸軍呈百戲

駕登寶津樓諸軍百戲呈於樓下，先列鼓子十數輩，一人搖雙鼓子，近前致語，多唱春三月驀山溪也。唱訖。鼓笛舉一紅巾者弄大旗，次獅豹入場，坐作、進退、奮迅、舉止，畢，次一紅巾者，手執兩白旗子，跳躍旋風而舞，謂之「撲旗子。」及「上竿」、「打筋斗」之類。訖，樂部舉動琴家弄令。有花妝輕健軍士百餘，前列旗幟，各執雉尾、蠻牌、木刀，初成行列、拜舞、互變開門、奪橋等陣；然後列成偃月陣。樂部復動蠻牌令數內兩人，出陣對舞，如擊刺之狀；一人作奮擊之勢，一人作僵仆出場，凡五七對。或以鎗對牌、劍對牌之類。忽作一聲如霹靂，謂之「爆仗。」則蠻牌者引退，煙火大起。有假面披髮、口吐狠牙煙火如鬼神狀者上場。著青帖金花短後之衣，帖金皀褌，跣足，攜大銅鑼，隨身步舞而進退，謂之「抱鑼。」遶場數遭，或就地放煙火之類。又一聲爆仗，樂部動拜新月慢曲。有面塗青碌，戴百貝金睛，飾以豹皮、錦繡、看帶之類，謂之「硬鬼。」或執刀斧，或執杵棒之類，作腳步蘸立，爲驅捉視聽之狀。又爆仗一聲，有假面長髯、展裹綠袍韡簡、如鍾馗像者。傍一人以小鑼相招和舞步，謂之「舞判。」繼有二三瘦瘠，以粉塗身，金眼白面如髑髏狀，繫錦繡圍肚看帶，手執軟仗，各作魁諧趨蹌，舉止若排戲，謂之「啞雜劇。」又爆仗響，有煙火就湧出，人面不相睹，煙中有七人，皆披髮文身，著青紗短後之衣，錦繡圍肚看帶，內一人金花小帽，執白旗，餘皆頭巾，執眞刀，互相格鬬擊刺，作破面剖心之勢，謂之「七聖刀。」忽有爆仗響，又後煙火出散處，以青幕圍繞，列數十輩，皆假面異服，如祠廟中神鬼塑像，謂之「歇帳。」又爆仗響，卷退，次有一擊小銅鑼，引百餘人，或巾裹，或雙髻各著雜色半臂圍肚看帶，以黃白粉塗其面謂之「抹蹌。」各執木棹刀一口，成行列，擊鑼者指呼，各拜舞起居，畢，喝喊變陣子數次，成一字陣，兩兩出陣格鬬，作奪刀擊刺之態，百端訖，一人棄刀在地，就地擲身，背著地有聲，謂之「扳落。」如是數十對訖，復有一裝田舍兒者入場，念誦言語，訖，有一裝村婦者入場，與村夫相值，各持棒杖，互相擊觸，如相毆態，其村夫者，以杖背村婦出場，畢，後部樂作，諸軍繳隊，雜劇一段。繼而露臺弟子雜劇一段。是時弟子蕭住兒、丁都、賽薛子、六薛子、小楊總惜、崔上壽之輩，後來者不足數，合曲舞旋訖，諸班直常入，祗候子弟所呈馬騎。先一人空手出馬，謂之「引馬。」次一人磨旗出馬，謂之「開道旗。」次有馬上抱紅繡之毬，繫以紅錦索，擲下於地上，數騎追逐射之，左曰仰手射，右曰合手射，謂之「拖繡毬。」又以柳枝插於地，數騎以剗子箭或弓或弩射之，謂之「揩柳枝。」又有以十餘小旗，遍裝輪上，而背之出馬，謂之「旋風旗。」又有執旗挺立鞍上，謂之「立馬。」或以身下馬，以手攀鞍而復上，謂之「騗馬。」或用手握定鐙褲，以身從後鞦來往，謂之「跳馬。」忽以身離鞍，屈右腳掛馬騌，左腳在鐙，左手把騌，謂之「獻鞍。」又曰「棄鬃背坐。」或以兩手握鐙褲，以肩著鞍橋，雙腳直上，謂之「倒立。」忽擲腳著地倒拖，順馬而走，復跳上馬，謂之「拖馬。」或留左腳著鐙，右腳出鐙，離鞍橫身，在鞍一邊，左手捉鞍，右手把鬃，存身直一腳，順馬而走，謂之「飛仙膊馬。」又存身拳曲，在鞍一邊，謂之「鐙裡藏身。」或右臂挾鞍，足著地，順馬而走，謂之「趕馬。」或出一鐙，墜身著鞦，以手向下綽地，謂之「綽塵。」或放令馬先走，以身追及，握馬尾而上，謂之「豹子馬。」或橫身鞍上，或輪弄利刃，或重物大刀雙刀，百端訖，有黃衣老兵，謂之「黃院子。」數輩執小繡龍旗前導，宮監馬騎百餘，謂之「妙法院。」女童皆妙齡翹楚，結束如男子，短頂頭巾，各著雜色錦繡，撚金絲番窄袍，紅綠吊敦束帶，莫非玉羈金勒，寶鞓花韉，艷色耀日，香風襲人，馳驟至樓前，團轉數遭，輕簾鼓聲，馬上亦有呈驍藝者。中貴人許畋押隊，招呼成列，鼓聲一齊，擲身下馬，一手執弓箭，攬韁子，就地如男子儀拜舞，山呼訖，復聽鼓聲，騸馬而上。大抵禁庭如男子裝者，便隨男子禮起居，復馳驟團旋，分合陣子，訖，分兩陣兩兩出陣，左右使馬，直背射弓，使番鎗或草棒，交馬野戰，呈驍騎訖，引退。又作樂，先設綵結小毬門於殿前，有花裝男子百餘人，皆裹角子，向後拳曲，花幞頭半著紅、半著青，錦襖子、義欄、束帶、絲鞋，各跨雕鞍花驢子，分爲兩隊，各有朋頭一名，各執綵畫毬杖，謂之「小打。」一朋頭用杖擊弄毬子，如綴毬子方墜地，兩朋爭占，供與朋頭，左朋擊毬子過門入孟爲勝，右朋向前爭占，不令入孟，互相追逐，得籌謝恩而退。續有黃院子引出宮監百餘，亦如小打者。但加之珠翠裝飾，玉帶紅靴，各跨小馬，謂之「大打。」人人乘騎精熟，馳驟如神，雅態輕盈，妖姿綽約，人間但見其圖畫矣。呈訖。

這裡先是鼓子隊，雙鼓子進前致語，唱詞。笛子演奏。紅巾者舞大旗，獅豹進場表演，舞撲旗子，上竿，打筋斗。樂部演奏，隊舞蠻牌木刀變奪橋演習。槍劍盾牌對打。放煙火假面鬼神上場，鍾馗捉鬼，有表演內容，以做啞雜劇。煙中七人坡髮文身格鬥，破面剖心，叫七聖刀。出現神鬼塑像叫做歇帳，百餘人執木掉刀群舞變一字陣，表演板落，（看來有些像今日海軍陸戰隊表演的蛙人操），有村夫村婦相打對舞。有露台藝人蕭住兒等表演雜劇。有馬術擊毬，騎射，有妙法院男女錦繡儀拜，馳驟，分合陣勢，分別爲小打大打。此類表演，衣服都麗，大致是貴族子弟，引人注目而已。另有「駕幸射殿射弓」是表演箭術的節目：

### 駕幸射殿射弓

駕詣射殿射弓，垛子前列招箭班二十餘人皆。長腳幞頭，紫繡抹額，紫寬衫，黃義襴，雁翅排立。御箭去則齊聲招舞，合而復開。箭中的矣，又一人口銜一銀盌兩肩兩手共五隻，箭來則能承之。射畢駕歸宴殿。

他們的服裝穿戴，頗類戲曲中人物。

綜結以上十種戲曲的起源，似乎仍有不足之處，其實各種的起源，皆基因於人類生活的需要，有怎樣的環境就產生怎樣的欲求，靠山者伐木採樵，近水者鼓浪泛舟，狩獵者張弓逐兔，迎親者歡樂歌舞；所有生活的點滴，都融入人類智慧的創造，有工作，有勞動，有悲傷，有喜樂，而有聲有色，有彈有唱，有祭祀，有祈禱。人類的生活不斷進步，人類由崇拜自然神靈，而追慕聖賢豪傑，由食色性也而有男女之依戀相悅；整個人類的發展史，就是戲曲的發展，所以，戲曲是人類生活中的一環。經濟繁榮，是戲曲發展的重要因素，由娛神而娛人的發展情勢，因此產生出來，逐漸遠離娛神的表演，而娛樂人類自己的表演，便成爲戲曲進步的主要力量。

# 崔令欽教坊記

西京右教坊，在光宅坊，左教坊在仁政坊，右多善歌，左多工舞，蓋相因成習，東京兩教坊俱在明義坊。而右在南，左在北也。坊南西門外即苑之東也，其間有頃領水泊俗謂之月陂，形似偃月，故以名之。

妓女入宜春院謂之內人，亦曰前頭人，常在上前頭也。其家猶在教坊謂之內人家，四季給米。其得幸者，謂之十家，給第宅。賜無異等。初特承恩寵者有十家，後繼進者，敕有司給賜同十家。雖數十家，猶故以十家呼之。每月二十六日，內人母得以女對，無母則姊妹，若姑一人對十家，就本落餘內人並坐內教坊，對內人生日，則許其母姑姊妹皆來對其對所如式。

樓下戲出隊，宜春院人少即以雲韶添之，雲韶謂之宮人，蓋賤隸也。非直美惡殊貌居然易辨明內人帶魚，宮人則否。平人女以容色選入內者，教習琵琶、三絃、箜篌、箏等者，謂之搊彈家。

開元十一年初製聖壽樂，令諸女依五方色衣，以歌舞之。宜春院女教一日，便堪上顫場。惟搊彈家彌月不成，至戲日上。令宜春院人爲首尾。旣引隊衆所屬目，故須能者。樂將闋，稍稍失隊，餘二十許人舞曲，終謂之合殺，老尤要快健，所以更須能者也。

聖壽樂舞衣襟皆各繡一大窠，皆隨其衣本色製純縵衫下纔及帶。若短汗衫者以籠之，所以藏繡窠也。舞人初出樂次，皆是縵衣舞至第二疊，相聚場中，即于衆中從領上抽去籠衫，各內懷中，觀者忽見衆女咸文繡炳煥，莫不驚異。凡欲出戲所司先進曲名，上以墨點者即舞不點者即否。謂之進點戲日。偓伎出舞教坊人惟得舞伊州，五天重來疊去，不離此兩曲。餘盡讓內人也。垂手羅、回波樂、蘭陵王、春鶯囀、半社渠、借席、烏夜啼之屬，謂之軟舞。阿遼、柘枝、黃麞、拂林、大渭州、達摩之屬，謂之健舞。

凡樓下兩院進雜婦女，上必召內人姊妹入內，賜食。因謂之曰：今日娘子不須唱歌，且饒姊妹幷兩院婦女。于是內妓與兩院歌人，更代上舞臺唱歌。內妓歌則黃幡綽贊揚之，兩院人歌則幡綽輒訾詬之。有肥大年長者，即呼爲屈突干阿姑，貌稍胡者即云：康大賓阿妹，隨類名之僄弄百端。諸家散樂咪天子爲崔公，以歡喜爲蜆斗，以每日長在至尊左右爲長人。

筋斗裴承恩妹大娘善歌，兄以配竿木，侯氏又與長人趙解愁私通，侯氏有疾，因欲藥殺之。王輔國、鄭銜山與解愁相知，又是侯鄉里，密謂薛忠、王琰曰：爲我報侯大兄，晚間有人進粥愼莫喫。及期果有贈粥者，侯遂不食。其夜、裴大娘引解愁謀殺其夫。銜山情願擎土袋，滅燈既黑，銜山及以土袋置侯身上，不掩口鼻，餘黨不之覺也。比明侯氏不死，有司以聞，上令范安窮治其事，于是趙解愁等皆決一百，衆皆不知侯氏不掩口鼻而不死也。或言土袋綻裂故活，是以諸女戲相謂曰：女伴爾自今後縫壓堉土袋，當加意來縫，縫之更勿令開綻也。

坊中諸女以氣類相似約爲香火兄弟，每多至十四五人，少不下八九輩。有兒郎娉之者，輒被以婦人稱呼，即所娉者兄見呼爲新婦。弟見呼爲也。兒郎有任宮僚者，官參與內人對，同日垂到內門車馬相逢，或搴車簾呼阿若新婦者，同黨未達殊爲怪異。問被呼者笑而不答，兒郎旣娉一女，其香火兄弟多相奔云：學突厥法。又云：我兄弟相憐愛，欲得嘗其婦也，主者亦不妒他，香火即不通。

蘇五奴妻張四娘善歌舞，有邀迓者，五奴輒隨之。前人欲得其速醉，多勸酒。五奴曰：但多與我錢吃糙子亦醉，不煩酒也。今呼鬻妻者爲五奴，自蘇始。

范漢女大娘子亦是竿木家，開元二十一年出內，有姿媚而微慍羝。

## 曲名

| | | | | | |
|---|---|---|---|---|---|
| 獻天花 | 和風柳 | 美唐風 | 透碧空 | 巫山女 | 度春江 |
| 衆仙樂 | 大定樂 | 龍飛樂 | 慶雲樂 | 繞殿樂 | 泛舟藥 |
| 拋毬樂 | 清平樂 | 放鷹樂 | 夜半樂 | 破陣樂 | 還京樂 |
| 天下樂 | 同心樂 | 賀聖朝 | 奉聖樂 | 千秋樂 | 泛龍舟 |
| 泛玉池 | 春光好 | 迎春花 | 鳳樓春 | 負陽春 | 章臺春 |
| 繞池春 | 滿園春 | 長命長 | 武媚娘 | 杜韋娘 | 柳青娘 |
| 楊柳枝 | 柳含烟 | 替楊柳 | 倒垂柳 | 浣溪紗 | 浪淘沙 |
| 撒金沙 | 紗窗恨 | 金簑嶺 | 隔簾聽 | 恨無媒 | 望梅花 |
| 望江南 | 好郎君 | 想夫憐 | 別趙十 | 憶趙十 | 念家山 |

紅羅襖
河瀆神
太白星
歸國遙
更漏長
臨江仙
遐方怨
牧羊怨
阿也黃
喜長新
五雲仙
月遮樓
團亂旋
傾盃樂
西河劍氣
金雀兒
遊春苑

烏夜啼
二郎神
剪春羅
憶漢月
菩薩蠻
虞美人
怨胡天
掃市舞
刬家雞
羌心怨
滿堂花
感恩多
喜春鵙
謁金門
怨陵三臺
滻水吟
黃鐘樂

牆頭花
醉鄉遊
會佳賓
憶先皇
破南蠻
映山紅
送征衣
風歸雲
綠頭鴨
女王國
南天竺
長相思
大獻壽
巫山一段雲
儒士謁金門
玉搔頭
訴衷情

摘得新
醉花間
當庭月
聖無憂
八拍蠻
獻忠心
送行人
羅裙帶
下水舡
繚踏歌
定西番
西江月
鵲踏枝
望月婆羅門
武士朝金闕
鵙鸝盃
折紅蓮

北門西
燈下見
思帝鄉
定風波
芳草洞
臥沙堆
望梅愁
同心結
留客住
天外聞
荷葉杯
拜新月
萬年歡
玉樹後庭花
摻工不下
路逢花
征步郎

煮羊頭
大邊郵
醉思鄉
木蘭花
守陵宮
怨黃沙
院郎迷
一捻鹽
離別難
賀皇化
感庭秋
上行盃
曲玉管
西河獅子
麥秀兩岐
初漏歸
洞仙歌

喜回鑾
濮陽女
普恩光
山鷓鴣
宮人怨
廣陵散
如意娘
望遠行
南歌子
風流子
綠鈿子
心事子
剉歷子
師子
回戈子
隊踏子
毗砂子

漁父引
靜戎烟
戀情歡
七星管
嘆疆場
帝歸京
黃羊兒
思友人
八拍子
吳吟子
金錢子
胡蝶子
鎮西子
女冠子
南浦子
水沽子
上元子

喜秋天
三臺
楊下采桑
醉公子
拂霓裳
喜還京
蘭陵王
唐四姐
魚歌子
生查子
竹枝子
沙磧子
北庭子
仙鶴子
撥棹子
化生子
西溪子

大郎神
上韻
大酺樂
朝天樂
駐征遊
遊春夢
小秦王
放鷓樂
七夕子
醉胡子
天仙子
酒泉子
采蓮子
穆護子
河滿子
金蛾子
劍閣子

胡渭州
中韻
合羅縫
木笪
泛濤溪
柘枝引
花王發
鎮西樂
十拍子
山花子
赤棗子
迷神子
破陣子
贊普子
曹大子
拾麥子
嵇琴子

夢江南
下韻
蘇合香
看月宮
胡相問
留諸錯
大明樂
金殿樂
措大子
水仙子
千秋子
得蓬子
劍器子
蕃將子
引角子
多利子
莫壁子

胡攢子　唧唧子　玩花子　西國朝天　大曲名　踏金蓮
綠腰　涼州　薄媚　賀聖樂　伊州　甘州
千秋樂　霓裳　後庭花　伴侶　雨霖鈴　柘枝
胡僧破　平翻　相馳逼　呂太后　突厥三臺　大寶
一斗鹽　羊頭神　大姊　舞一姊　急月記　斷弓絃
碧宵吟　穿心蠻　羅步底　回波樂　千春樂　龜茲樂
醉渾脱　映山雞　昊破　四會子　安公子　舞春風
迎春風　看江波　寒雁子　又中春　玩中秋　迎仙客

## 同心結

大面出北齊，蘭陵王長恭性膽勇，而貌若婦人，自嫌不足以威敵，乃刻木爲假面，臨陣著之。因爲此戲，亦入歌曲。踏謠娘，北齊有人蘇鮑鼻，實不什而自號爲郎中，嗜飲酗酒，每醉輒歐其妻，妻銜悲訴于鄰里，時人弄之丈夫著婦人依，徐行人入場，行歌，每一疊。傍人齊聲和之云：踏謠和來踏謠娘苦和來，以其且步且歌故謂之踏謠。以其稱寃故言苦，及其夫至則作毆鬭之狀，以爲笑樂。今則婦人爲之遂不呼郎中，但云；阿叔子調弄又加典庫全失舊旨，或呼爲談容娘又非。

烏夜啼，彭城王義康，衡陽王義季，帝囚之潯，後宥之。使未達，衡王家人叫二王所囚院曰：昨夜烏夜啼，官當有赦。少頃，使至。故有此曲，亦人琴操。

安公子隋大業末，煬帝將幸揚州，樂人王令言以年老不去，其子從焉。其子在家彈琵琶，令言驚問此曲何名，其子曰內裏新翻曲子名安公子。令言流悲愴謂其子曰：爾不須扈從大駕必不回。子問其故，令言曰：此曲宮聲往而不返，宮爲君，吾是以知之。

春鶯囀，高宗曉聲律，晨坐聞鶯聲，命樂人白明達寫之，遂有此曲。記曰：夫以廉潔之美而道之者寡，驕淫之醜而蹈之者衆，合哉，志意劣而嗜慾強也。借如涉畏途不必皆死，而人知懼，溺聲色則必傷夭，而莫之思，不其惑歟。且人之生身，所稟五常耳，至有悅其妻而圖其夫，前古多矣。是違仁也。納異寵而薄糟糠，凡今衆矣。是忘義也重絍席之娛，輕宗祀之敬，是廢禮也。貪耳目之玩忽，禍敗之端，是無知也。心有所愛則靦冒，苟得不顧宿諾棄信也。敦諭履仁，蹈義修禮，任智而信以成之。嗚呼，國君保之則比德堯舜，士庶由之則齊名周孔矣。當爲永代表式，寧止一時稱舉，俏謂修小善而無益，犯小惡而無傷，殉嗜欲近情忘性命大節，施之于國，則國敗，行之于家，則家壞。敗與壞不其痛哉。是以楚莊悔懼，斥遺夏氏。宋武納諫，遽絕慕容。終成霸業，號爲良主。豈比高緯以馮小憐滅身，叔寶以張貴妃亡國。漢成以昭儀絕家嗣，燕熙以苻氏覆邦家乎。非無元龜自有人鑒，遂形簡牘，敢告後賢。

# 元代戲曲

## 元曲概說

元曲踵接於說唱，兼及於民間傳謠俗語。游藝伶人，編排故事，用家常話務使鄰里街坊，村翁牧豎，聽之入神，渾然忘我。繼而納合生，陶眞，纏達，大曲，搊彈諸宮調於一爐，而形成元劇之興盛，充分表達情感眞實，出乎自然的可貴。王國維氏宋元戲曲考自敘說：

> 往者談元人雜劇而善之，以爲能道人情，狀物態，詞采俊拔，而出乎自然，蓋古所未有，而後人所不能彷彿也。

古來人也沒有寫人情如此透徹的，寫物態如此生動的，樸實矯健的筆法，表達自然的本色，只有在元人雜劇中看到，而且後來的人，也沒有寫到他這樣淋漓盡緻，圓滿活躍的境界的。元曲之被認爲是自然的作品傳達自然生命，王氏認爲這是從來沒有過的，爲什麼如此呢？他在評第十二章元劇之文章中說：

> 元雜劇爲一代之傑作，元人未之知也。明之文人始激賞之；至有以關漢卿比司馬子長者（韓文靖邦奇）。三百年，學者文人大抵屏元劇不觀。其見元劇者，無不加以傾倒。

如焦里堂易餘籥錄之說，可謂具眼者。焦氏謂：「一代有一代之所勝，欲自楚騷以下，撰爲一集，漢則專取其賦；魏晉六朝至隋，則專錄其五言詩；唐則專錄其律詩；宋專錄其詞；元專錄其曲。」余謂律詩與詞，固莫盛於唐宋，然此二者果爲二代文學中最佳之作與否？尚屬疑問。若元之文學，則固未有尚於其曲者也。元曲之佳處何在？一言蔽之，曰：自然而已矣！古今之大文學，無不以自然爲勝，而莫著於元曲。

明人激賞元曲，王氏認爲乃係一代之傑作。元人只爲創作戲曲而創造。有感於國家興亡，人情冷暖，世態炎涼，忠孝節義之應與伸張，眞理正義之應與宣揚，乃有不北不快的自然的詞章，以育藥國民，元人的標準，就是要自然的流露人性的尊嚴與美，普遍的把中國文化可大可久的血忱與脈絡，以戲曲的內容與形式發揮文字的最接近，最深入，最淺顯，最動人的功能，用最自由的文體，脫出格律的束縛，而又融會格律的優長，把色聲，氣味，感能，意念的生活品質，生命旋律，痛快而又赤裸裸的搬演在舞台上，像一面鏡子，讓觀衆看到萬事萬物關係人類的形相。所以，王氏說：

元劇最佳之處，不在其思想結構，而在其文章，其文章之妙，一言以蔽之，曰：有意境而已矣。何以謂之有意境？曰：寫情則沁人心脾，寫景則在人目前；述事則如其口出是也。古詩詞之佳者，無不如是，元曲亦然。

王氏在「人間詞話」中講意境，講隔與不隔。於元曲文章，亦講意境，他的想法，依然是隔與不隔。隔就是不懂，看不懂，聽不懂，不隔就是情感交流，合爲一體。這個意境的隔與不隔，其實就是眞與不眞。眞的感情，眞的事物，眞的言語，眞的動作，全與其眞的心魂同一呼吸，同一觀點，同一步調，同一目標；設有任何凝滯，勉強，阻礙，分歧，只是如莊子之言，天地與我同流，萬物與我一體。意境之佳者，亦不脫自然。

講到南戲，他在其中說：

> 元南戲之佳處，亦一言以蔽之，曰：自然而已矣。申言之，則亦不過一言，曰：有意境而已矣。

由此觀之，自然烘托意境，意境便可呈發其佳處，無論喜、怒、哀、樂，皆出之於人情的自然，人同此心，心同此理遂產生一致的感應，發生一致的共鳴。因此，喜者同歡，悲者同哭；人生種種情境，無不演出於舞台之上。

在元雜劇的淵源一章中，王氏說：

> 元雜劇用大曲者，幾半。大曲之爲物，遍數雖多，然通前後爲一曲，次序不容顛倒，而字句不容增減，格律至嚴，故其運用亦頗不便。其用諸宮調者則不拘一曲，凡同在一宮調中之曲，皆可用之，顧一宮調中，雖或有聯至十餘曲者，然大抵用二三曲而止。移宮換韻，轉變至多。故於雄肆之處，稍有欠焉。元雜劇則不然，每劇皆用四折，每折易一宮調，每調中之曲，必在十曲以上，其視大曲爲自由，而較諸宮調爲雄肆。且於正宮之端正好、貨郎兒，煞尾，仙呂宮之混江龍、後庭花、青哥兒，南呂宮之草池春、鵪鶉兒、黃鐘尾；中宮宮之道和；雙調之折桂令、梅花酒，尾聲；共十四

> 曲，皆字句不拘，可以增損，此樂曲上之進步也。

這種進步，就是給了元曲以擴大的自由，捨大曲的拘狹，所謂：字句不拘，是在一定的範圍內伸縮，出諸宮調的轉折，而雄肆於自然的節奏，而元劇限於四折，雖於莊嚴雄肆，是其所長，於曲折詳盡，則有所欠缺。至於南戲則：

> 無一定之宮調，且不獨以數色合唱折，並有以數色合唱一曲，而各色皆有白有唱者，此則南戲之一大進步，而不得不大書特書以表之者。

而元劇大都限於四折，且每折限於一宮調，又限一人物的規格，又是向自然的美邁進出一大步。尤有可記者，王氏以為：

> 元劇實於新文體中，自由使用新言語，在我國文字中，於楚辭，內典外得此而三。其寫景抒情述事之美，所負於此者，實不少也。

而曲白相生，又是元劇一大妙處，因其妙處，正好表達了自然的意味，使之餘音繚繞，回味不盡。

西廂縐彈詞，是說唱的藝術，坐著在那裡邊說邊唱，用弦索彈起來伴和，不曾扮演，在舞台上作表。劇說卷一引谿山餘話云：

> 歌詞代各不同，而為人亦易亡。元人變為曲子，今世踵襲。大抵分為二調，曰南曲，曰北曲。胡致堂所謂：綺羅香澤之態，綢繆宛轉之度，正今日之南詞也，登高望遠，舉首高歌，而逸懷浩氣，超乎塵俗之表者，近於今日之北調也。

這裡也把南曲，北曲的性質說的簡要清楚。彙苑詳注云：

> 金元所用北樂，緩急之間，詞不能按，乃更爲新聲以媚之。而諸君如貫酸齋，馬東籬輩，咸富有才情，兼備音律，遂擅一代之長。但大江北，漸染北語，時時採入，而沈約四聲，遂闕其一，東南之士，未盡顧曲之周郎，蓬掖之間，又稀辨撾之王應，稍稍變新體，號爲南曲，高栻則誠（巳辨明應是高明則誠）遂掩前後。大抵北主勁切雄麗，南主清峭柔遠。雖本才華，務諧音律。譬之同一師承，頓漸分教，俱爲國臣，文武異科，今談北曲者，往往合而舉之，良可笑也。

南北曲分教，北語字字本色，而南曲一經文學調色，有如本色之上又搽了花粉胭脂，鄉女姑娘又著了些時新打扮。至於其習唱則有蝸亭雅訂之說：

> 嘉隆間，松江何元朗，畜家僮昭唱，一時優伶俱避舍，所唱俱北詞，尚得蒜酪遺風，何又教女鬟數人，俱善北曲，爲南教坊頓仁所賞，頓隨武宗入京，盡傳北方遺音，獨步東南，暮年流落，無復知其伎者，其論曲謂南曲簫管，謂之唱調。不入弦索不可入譜，沈史部南九宮譜盛行，而北九宮譜反無人問。頓老又云：弦索九宮，或用滾弦，或用花和大和釤弦，皆有定則。若南九宮無定則可依，且笛管稍專經，其聲便可就板，弦索者多一彈，少一彈，即宋板矣，吳下以三弦合南曲，而又以簫管叶之，此唐人所云錦襖上著簑衣也。簫管可入北調，而弦索不入南詞，蓋南曲不伏弦節奏也，北詞中亦有不叶弦索者。如鄭德輝、王實甫間亦不免。元人多嫻北調，而不及南音。成

弘間，沈青門，陳大聲輩，南詞宗匠，國時康對山，王渼陂，俱以北擅場。王初學塡詞，先延名師，學唱三年，而後出手。章邱素太常沖麓，亦以塡詞名，與康、王交，而不嫻度曲，如所作寶劍記，生硬不諧。且不知南曲之有入聲，自以中原音韻叶之。以致見誚吳儂。同時惟馮海桴羊爲當行。此外吳中詞人如唐伯虎、祝枝山、梁白龍、張伯起輩，縱有才情，俱非本色矣，今傳誦南曲，如東風轉歲華，云是元人高則誠，不知乃陳大聲與徐髯翁之聯句也。陳名鐸，號牡碧，大聲其字也，金陵人，官指揮使。

這中間說的是南曲，北曲，優伶女鬟，簫管弦索，塡詞作曲的情形。至於一般富豪嬿會，亦有請藝人入唱的，客座贅語云：

萬曆以前，公侯與縉紳富家，凡有燕會小集，每用散樂，或三四人，或多人，唱大套北曲。若大席，則用教坊打院本，乃北曲大四套者。中間錯以撮墊圈觀音舞，或百丈旗，或跳墜子。後乃變度而盡用南唱，歌者只用一小拍板，或以扇子代之，間亦用鼓板者，今則吳人益以洞簫及月琴，益爲悽慘，聽者殆欲墮淚。大會則用南戲，其始止二腔，較海鹽更爲清柔而婉折也。

以上所說，類似說唱彈詞的形式，流傳到蘇州、楊州、吳儂軟語，正是此種情調。北曲則轉爲梆子，大鼓，而入於地方戲曲，成爲民間廣大城鄉的娛樂。劇談記其珠船云：

元曲如中原音韻、陽春白雪、太子樂府、天棫餘錦等集、范張雞黍、王粲登樓、三氣張飛、趙禮讓肥、單刀會、敬德不伏老、蘇子贍貶黃州等傳奇，中音調悠揚，氣魄雄壯。後有作者，鮮與爲京，蓋當時台省元臣，郡邑土官，及雄要之職，中州人多不得爲之。每沈抑下僚，志不得伸，如關漢卿乃太醫院尹，馬致遠省行務官、宮大用鈞台山長，鄭德輝杭州路史，張小山首領官，其他屈在簿書，老於布素者，尚多有之。於是以其有用之才，而一寓之乎聲歌之末，以抒其拂鬱感慨之懷，所謂不得其平而鳴焉者也。

又云：

在三四分皆有音，今歌曲但統爲南北二音，如伊州、涼州、其州、渭州，本是西音，今並爲北曲。由是觀之，則擊壤衢歌、卿雲、南風、白雲、黃澤之類，詩之篇什，漢之樂府，下逮關、鄭、白、馬之撰，雖詞有雅、鄭，並北音也。若南音則孺子、接輿、越人、紫玉、吳歈、楚艷，以及今之戲文皆是，然三百篇無南音，周南、召南，皆北方也。

武林舊事，所列官本雜劇段數，曰六么、曰瀛府、曰梁州、曰伊州、曰弘水、曰簿媚、曰大明樂、曰降黃龍、曰胡渭州、曰逍遙樂、曰石州、曰大聖樂、曰中秋樂、曰萬年歡、曰熙州、曰道人歡、曰長壽仙、曰法曲、曰延壽樂、曰賀皇恩、曰採蓮、曰宋史樂志，其餘可類推矣。又有所謂爨者，如鍾馗爨，天下太平爨之類。有所謂孤者，如思卿早行孤，迓鼓孤，六類，有所謂姐者，如檻哮店休姐，老姑遣姐之類，有所謂酸者，如檻哮負酸，服藥酸之類。輟耕錄所列院本名目，所渭法曲、伊州、新水、禱府、逍遙樂、萬年歡、降黃龍，屬和曲院本，所謂孤，酸、旦者，目爲諸雜大小院本，無元人劇本，其題目正名，有曰還宋末者，則正末當場也。有云貨郎旦者，則正旦當場也。錄鬼簿，關漢卿有擔水澆花旦，中和切繪旦。吳昌齡有貨郎末泥。尙仲賢有設興花前秉燭旦。楊顯之有跳神師婆旦。其義亦同。孤謂官，酸謂秀士，凡稱酸，謂正末扮秀士應場也。至云有酸孤旦者，則三色當場，有三雙旦降黃龍者，則西旦當場。旦判孤遣旦皆可類推。

在此說明孤、酸、旦三色的情況。碧雞漫志云：

> 伊州見于世者，凡七商曲、大石調、雙調、小石調、歇指調、林鐘商、越調，六么行於世者四、曰黃鐘羽，即般涉調、曰夾鐘羽、即中呂調、曰林鐘羽即高平調、曰夷則弱、即仙呂調。

元微之法曲詩云：

> 明星度曲篇形態，宛轉浸淫易沈著。赤白桃李取花名，霓裳羽衣號天樂。

樂天亦云：

> 法曲法曲歌霓裳，指明皇改婆羅門爲霓裳羽衣，屬楚鐘商，即今之越調，宮伎佩七寶瓔珞，舞此曲，曲終單珠可掃。歐陽永叔云：人間有瀛府，獻仙音二曲，瀛府屬黃鐘宮，（鐵圍山叢談云：唐開元時，有若望瀛法曲者，傳於今，實實鐘之宮）。嘉祐雜志云：同州樂工，翻河中黃幡綽霓裳譜。鈞容樂工程士守，別依法曲造成。教坊伶人花

日初見之，題其後云：法曲雖精，莫近望瀛。觀此，則武林舊事，輟耕錄，所謂六么、瀛府、法曲、伊州之類，皆以音調分別之。如今之崑腔、弋腔、及安慶、湖廣、秦腔、等也。六么中有所謂孤奪旦，六么法曲中有孤和法曲，則優伶色自各腔皆有也。

知道此梗概，大致可粗略了解元曲的一般特色。但元劇作家的體裁與內容，也有科目類別，作家要按照他選定的情節，歸入一種題材，細加研磨，做出合情合理，完美無缺，造化神奇，引人入勝的劇本。按照涵虛子的話來看：

雜劇有十二科：仙神造化、林泉邱壑、披袍秉笏、忠臣烈士、當義廉節、叱奸罵讒、逐臣孤子、鏺刀趕棍、風花雪月、悲歡離合、煙花粉黛、神頭鬼面。

雕邱雜錄云：傳奇十二科，激動人心，感移風化，非徒作，非苟作，非無益而作也。

洪武初年，視王之國，必以詞曲，一千七百本賜之。

就現在存曲一百十六種的內容，分屬十二科，無不恰合本題，如仔細評選則無不有其社會寫實的來歷。至於其低者則本於王氏靜菴之說：（宋元戲曲考，第十二章元劇之文章）

元劇之作者，其人均非有名位學問也。其作劇也，非有「藏之名山傳之其人」之意也，彼以意興之所至爲之，以自娛娛人，關目之拙劣，所不問也；思想之卑陋，所不諱也；人物之矛盾，所不顧也。彼但摹寫其胸中之感想與時代之情狀，而眞摯之理，與秀傑之氣，時流露於其間。故謂元曲爲中國最自然之文字，無不可也。若其文學之自然，則又爲其必然之結果，抑其次也。

統而言之，藝術中之美感以詩，小說，戲曲爲最，而戲曲又有綜合的藝術，爲其頂點。三者的尊貴崇高，以其目的在描寫人生故，而描寫人生又需淋漓盡緻。這個自由的形式是由諸宮調的談情叙事，間有代言，而進入到間有科白叙事，令由曲詞代言。元曲的勁切雄麗，得以在寫實社會人情的背景上充分的展開。何以如此呢，這些曲調是如何的呢，據周德清中原音韻所記三百三十五調分而言之：

計：黃鐘（二十四） 正宮（二十五） 大石調（二十一） 小石調（五） 仙石（四十二） 中呂（三十二） 南呂（二十一） 雙調（一百） 越調（三十五） 商調（十六） 商角調（六） 般涉調（八）

出於大曲的十一：

降黃龍衮（黃鐘） 小梁州 六么遍（以上正宮） 催拍子（大石） 伊州遍（小石） 八聲甘州 六么序 六么令（以上仙呂） 普天樂（宋史樂志太宗撰大曲有平普天樂或其略語也） 齊天樂（以上中呂） 梁州第七（南呂）

出於唐宋詞者七十有五：、

醉花陰 喜鶯遷 賀聖朝 晝夜樂 人月圓 拋球樂 侍香金童 女冠子（以上黃鐘宮） 滾繡球 菩薩蠻（以上正宮） 歸塞北（即詞之望江南） 雁過南樓（晏殊珠玉詞清商怨中有此句，其調即詞之清商怨） 念奴嬌 青杏兒（宋詞作青杏子）

還京樂　百子令（以上大石）　點絳唇　天下樂　鵲踏枝　金盞兒（詞作金盞子）　憶王孫　瑞鶴仙　後庭花　太常引　柳外樓（即憶王孫）（以上仙呂）　粉蝶兒　醉春風　醉高歌　上小樓　滿庭芳　剔銀燈　柳青娘　朝天子（以上中呂）　烏夜啼　感皇恩　賀新郎（以上南呂）　駐馬聽　夜行船　月上海棠　風入松　萬花方三臺　滴滴金　太清歌搗練子　快活年（宋詞作快活年近拍）　豆葉黃　川撥棹（宋詞作撥棹子）　金盞兒　也不羅（原注即野落索，案其調即宋詞之一落索也）　行香子　碧玉簫　驟雨打新荷　減字木蘭花　青玉案　魚遊春水（以上雙調）　金蕉葉　小桃紅　三臺印　耍三臺　梅花引　看花回　南鄉子　糖多令（以上越調）　集賢賓　逍遙樂　望遠行　玉抱肚　秦樓月（以上商調）　黃鶯兒　踏莎行　垂絲釣　應天長（以上商角調）　哨遍　瑤臺月（以上般涉調）

其出於諸宮調中各曲者，三十有八：

出隊子　刮地風　寨兒令　神仗兒　四門子　文如錦　啄木兒煞（以上黃鐘）　脫布衫（正呂）　荼蘼香　玉翼蟬煞（以上大石）　賞花時　勝葫蘆　混江龍（以上仲呂）　迎仙客　石榴花　鶻打兔　喬捉蛇（以上中呂）　一枝花　牧羊關（以上南呂）　攪箏琵　慶宣和（以上雙調）　鬭鵪鶉　青山口　憑欄人　雪裏梅（以上越調）　耍孩兒　牆頭花　急曲子　麻婆子（以上般涉調）

此外如六國朝（大石），憨郭郎（大石），叫聲（中呂），快活三（中呂），鮑老兒，古鮑老（中呂），四邊靜（中呂），喬捉蛇（中呂），撥不斷（仙呂），太平令（仙呂），也是宋代舊曲，或者宋時習用語。照此看來，元曲有不少是前代樂曲的遺留。就是曲的配置，也不少是用舊法的。例如夢粱錄所説宋之纏達，引子後只有兩腔，迎互循環。迎互循環，在元曲中很可找出來，如馬致遠陳摶高臥劇第一折：（仙呂）

點絳唇　混江龍　油葫蘆　天下樂　醉中天　後庭花　金盞兒　醉中天　金盞兒　賺煞。

在第五曲之後不是用金盞兒，後庭花二曲迎互循環麼？在同劇的第四折，我們更可尋出明顯的例子：（正宮）

端正好　滾繡毬　儻秀才　滾繡球　叨叨令　儻秀才　滾繡毬　儻秀才　滾繡毬　儻秀才　三煞　三煞　煞尾

除了中間所插叨叨令一曲外，差不多就是滾繡毬，儻秀才二曲迎互循環的，至於元劇的劇材，也有很多取諸古劇的。王國維曾列一表，現在就拿王氏的表示例：

| 元雜劇 | | 宋官本雜劇 | 金院本名目 | 其他 |
|---|---|---|---|---|
| 作者 | 劇名 | | | |
| 關漢卿 | 姑蘇臺范蠡進西施 | | 范蠡 | 董穎薄媚大曲 |
| 同 | 包待制三勘蝴蝶夢 | | 蝴蝶夢 | |
| 同 | 隋煬帝揮龍舟 | | 揮龍舟 | |

| | | | | |
|---|---|---|---|---|
| 同 | 劉盼盼鬧衡州 | | 劉盼盼 | |
| 高文秀 | 劉先主襄陽會 | | 襄陽會 | |
| 白樸 | 裴少俊牆頭馬上 | 斐少俊伊州 | 鴛鴦簡牆頭馬 | |
| 同 | 崔護謁漿 | 崔護六么<br>崔護逍遙樂 | | |
| 庾天錫 | 隋煬帝風月飾帆舟 | | 捧龍舟 | |
| 同 | 薛昭誤人蘭昌宮 | | 蘭昌宮 | |
| 同 | 封騭先生罵上元 | 封涉中和樂 | | |
| 李文蔚 | 蔡逍遙醉寫石州慢 | | 蔡逍遙 | |
| 李直夫 | 尾生期女渰藍橋 | | 渰藍橋 | |
| 吳昌齡 | 唐三藏西天取經 | | 唐三藏 | |
| 同 | 張天師斷風花雪月 | 風花雪月爨 | 風花雪月 | |
| 李壽卿 | 船子和尚秋蓮夢 | | 船子和尚四不犯 | |
| 王實父 | 韓彩雲絲竹芙蓉亭 | | 芙蓉亭 | |
| 同 | 崔鶯鶯待月西廂記 | 鶯鶯六么 | | 董解元西廂記諸宮調 |
| 尚仲賢 | 海神廟王魁負桂英 | 王魁三鄉題 | | 宋末王魁戲文 |
| 同 | 鳳凰坡越娘背燈 | 越娘道人歡 | | |
| 同 | 洞庭湖柳毅傳書 | 柳毅大聖樂 | | |
| 同 | 崔護謁漿 | 見前 | | |
| 同 | 張生煮海 | | 張生煮海 | |
| 史九敬先 | 花間四友莊周夢 | | 莊周夢 | |

| | | | | |
|---|---|---|---|---|
| 鄭光祖 | 崔懷寶月夜聞箏 | | 月夜聞箏 | |
| 范康 | 曲江池杜甫遊春 | | 杜甫遊春 | |
| 沈和 | 徐駙馬樂昌分鏡記 | | | 南宋樂昌分鏡戲文 |
| 周文質 | 孫武子教女兵 | | | 宋舞隊有孫武子教女兵 |
| 趙善慶 | 孫武子教女兵 | | | 同上 |
| 無名氏 | 硃砂擔滴水浮漚記 | 浮漚傳永成雙<br>浮漚暮雲歸 | | |
| 同 | 逞風流王煥百花亭 | | | 宋末王煥戲文 |
| 同 | 雙鬬醫 | | 雙鬬醫 | |
| 同 | 十樣錦諸葛論功 | | 十樣錦 | |

由上可知，元代的戲曲，是接承了宋唐以來的曲樂，故事，傳奇，史話結晶而成爲龐大的資富，而構成璀璨輝煌的形式和內容，所謂，在無邊無盡的土壤上，滋長出如此繁茂美艷的元曲，加以，元人來後，一種鬱勃於心靈與精神上的塊壘，極欲如黃河之水天上來，要盡情的揮灑出文化的奇彩異果，帶給國人品嚐享受。

綜計最爲民間喜愛與廣泛流傳的劇本一百十六種列舉於下：

(一) 關漢卿作的，西蜀夢　拜月亭　謝天香　金線池　望江亭　救風塵　單刀會　玉鏡臺　詐妮子　蝴蝶夢　竇娥冤　魯齋郎　西廂

(二) 高文秀作的，雙獻功　誶范雎　遇上皇

(三) 鄭廷玉作的，疏者下船　後庭花　忍字記　冤家債主　看錢奴

（四）白樸作的，梧桐雨　牆頭馬上
（五）馬致遠作的，青衫淚　岳陽樓　陳摶高臥　漢宮秋　薦福碑　任風子　黃粱夢
（六）李文蔚作的，燕青摶魚
（七）李直夫作的，虎頭牌
（八）吳昌齡作的，風花雪月　東坡夢
（九）王實甫作的，西廂記　麗春堂
（十）武漢臣作的，老生兒　玉壺春　生金閣
（十一）王仲文作的，救孝子
（十二）李壽卿作的，伍員吹簫　度柳翠
（十三）尚仲賢作的，柳毅傳書　尉遲公　氣英布　單鞭奪槊
（十四）石君賢作的，秋胡戲妻　曲江池　紫雲亭
（十五）楊顯之作的，瀟湘夜雨　酷寒亭
（十六）紀君祥作的，趙氏孤兒
（十七）戴善甫作的，風光好
（十八）李好古作的，張生煮海
（十九）張國寶作的，公孫汗衫　薛仁貴　羅李郎
（二十）石子章作的，竹塢聽琴

（二十一）孟漢卿作的，魔合羅

（二十二）李行道作的，灰闌記

（二十三）王伯成作的，貶夜郎

（二十四）孫仲章作的，勘頭巾

（二十五）康進之作的，李逵負荊

（二十六）岳伯川作的，李鐵拐

（二十七）狄君厚作的，介子推

（二十八）孔文卿作的，東窗事犯

（二十九）張壽卿作的，紅梨花

（三十）宮天挺作的，范張雞黍

（三十一）鄭光祖作的，周公攝政　王粲登樓　倩女離魂　㑳梅香

（三十二）金仁傑作的，追韓信

（三十三）范康作的，竹葉舟

（三十四）曾瑞作的，留鞋記

（三十五）喬吉作的，兩世姻緣　揚州夢　金錢記

（三十六）秦簡夫作的，破家子弟　趙禮讓肥

（三十七）蕭德祥作的，殺狗勸夫

（三十八）朱凱作的，昊天塔
（三十九）王曄作的，桃花女
（四十）楊梓作的，霍光鬼諫
（四十一）李致遠作的，還牢末
（四十二）楊景賢作的，馬丹陽
（四十三）無名氏：七里灘　博望燒屯　張千替殺妻　小張屠　陳州糶米　玉清庵　風魔蒯通　爭報恩　來生債　硃砂擔　合同文字　衣錦還鄉　小尉遲　神奴兒　清風府　馬陵道　漁樵記　舉案齊眉　梧桐葉　隔江鬬智　盆兒鬼　百花亭　連環計　抱妝盒　碧桃花　泣江舟

涵虛子所選元曲原有五百多種，至明萬曆臧晉叔編刻元曲選一百種，涵虛子言雜劇十二科之外，又言：洪武初年，親王之國，必以詞曲一千七百本賜之。可見收藏之豐。如今，我們看到的元曲本，已經殘缺不全，然就傳下來的腳本看，已足令人稱奇。如何再加發掘整理，仍是值得稱道的事業。

太和正音譜說：「漢卿爲雜劇之始」，假使雜劇果是關漢卿所創，那麼創作的年代，應在金天興到元中統二三十年之間。與關漢卿同時的人，有楊顯之，費君祥，梁進之，石子章和王實甫。王國維曾把元劇分爲三大時期。

### 第一期　蒙古時代

關漢卿 楊顯之 張國寶（寶一作賓） 石子章 王實父 高文秀 鄭廷玉 白樸 馬致遠 李文蔚 李直夫 吳昌齡 武漢臣 王仲文 李壽卿 尚仲賢 石君寶 紀君祥 戴善甫 李好古 孟漢卿 李行道 孫仲章 岳百川 康進之 孔文卿 張壽卿

這是屬於創造的時期，作者大都是北方人。時代在太宗取中原以後，而在至元一統以前。

第二期 一統時代

楊梓 宮天挺 鄭光祖 范康 金仁傑 曾瑞 喬吉

這是繼起的時期了。作者以南方人爲多，或者就是北人僑居南方的。時在至元後到至順「後至元」之間。

第三期 至正時代

秦簡夫 蕭德潤 朱凱 王曄

這已到漸衰的時期了，這時的作品，較第一期的產量，也少起來。

再從這班劇作者的籍貫看來，要以大都爲最盛，其次是眞定，東平。再其次才數到襄陸，平陽，杭州，嘉興。

(一)屬於大都的，有王實父，關漢卿，庾天錫，馬致遠，王仲文，楊顯之，紀君祥，費君祥，費唐臣，張國寶，石子章，李寬甫，梁進之，孫仲章，趙明道，李子中，李時中，曾瑞，王伯成。

（二）屬於眞定的，有：白樸，李文蔚，尚仲賢，戴善甫，侯正卿，史九敬先，江澤民。

（三）屬於東平的，有：陳無妄，高文秀，張時起，顧仲清，張壽卿，趙良弼。

（四）襄陵，有：鄭光祖，平陽有：石君寶，于伯淵，趙公輔，狄君厚，孔文鄉，李行甫；杭州，有：金仁傑，范康，沈和，鮑天祐，陳以仁，范居中，施惠，黃天澤，沈拱，周文質，蕭德祥，陸登善，王曄，王仲元；嘉興，有：楊梓。

## 元曲六大家

王國維氏宋元戲曲考說：

元代曲家，自明以來稱關，馬、鄭、白，然以年代及造詣論之，寧稱：關、白、馬、鄭妥也。關漢卿一空依傍，自鑄偉詞，而其言曲盡人情，字字本色，故當爲元人第一。白仁甫、馬東籬高華雄渾，情深文明。鄭德輝清麗芊錦，自成馨逸，故不失爲第一流。其餘曲家，均在四家範圍之內，惟宮者瘦硬通神，獨樹一幟。以唐詩喻之，則漢卿似白樂天，仁甫似劉夢得，東籬似李義山，德輝似溫飛鄉，而大用則似韓昌黎，以宋詞喻之，則漢卿似柳耆卿，仁甫似蘇東坡，東籬似歐陽永叔，德輝似秦少游，大用似張子野。雖地位不必同，而品格則略相似也。明寧獻王曲品，躋馬致遠爲第一，而抑漢卿爲第十，蓋元中葉以後，曲家爲祖馬鄭，而祧漢卿，故寧王之評如是，其實非篤論也。

劇說卷五說：

宮大用范張雞黍爲一折，乃一篇經史道德大論，抵多少宋人語錄，曲中用遂邪二字，乃玉茗所來，王氏讚美宮大用的品格似韓昌黎，似張子野，大意在此。

後世言四大家外，又增益王實甫，喬吉。王實甫西廂記，喬吉散曲出人頭地，元曲六大家，遂知名於世。王氏所言：明寧獻王曲品，即是指朱權所集「太和正音譜」，柳耆卿詞普遍於井水飲處，恰如漢卿的曲暢行於里巷通衢。他們之不爲豪門貴族推重，正因爲他們是民間遊藝，不是宮庭樂章耳。

## 關漢卿

王國維元戲曲家小傳：「關漢卿，不知其爲名或字也，號己齋叟，大都人。」不知其名或字，漢卿應該是當時或後世人們對他通稱的名字，他的本名也許叫起來不順口，而被淹沒，只有漢卿是人人叫的，就一直留傳下來。鍾嗣成「錄鬼簿」說他是「前輩已死名公才人」。又說：「余生也晚，不得與几席之末，不知出處，故不敢作傳以吊也。」鍾嗣成說漢卿是名公才人，或漢不曾早生，未能早年識荆，亦不知其出處，所以不敢爲漢卿作傳，深覺可惜。「錄鬼簿」成於元文宗初年，距漢卿生卒年應是不遠。吳曉鈴「關漢卿生卒考輯」認爲：「㈠生於金哀宗正大元年（一二二四）左右。㈡卒於元成宗大德元年至四年之間（一二九七——一三〇〇）。㈢年約七十五之歲，或不能逾八十之外。㈣金亡時（一二三四）他才十一二歲，當然不是金元遺老，既不能『仕於金』，也不能『金亡不仕』。」這種推論，應屬可信。元末類編說他是山西解州人，依「錄鬼簿」：「關漢卿，大都人。太醫院尹，號己齋叟。」金元太醫院，有點近似今日的中醫研究所之類，不是什麼正式的衙門，說是太醫院尹之名，想來也不過一個行走太醫院的芝麻綠豆小官而已。有沒有這個小官，對他的戲曲生涯，實在無關宏旨。即使有人稱他作關解元，和有人稱呼諸宮調西廂記的作者爲董解元，也不過是聽起來好聽一點的尊稱而已。大家一貫稱呼他爲關漢卿，聽起來親切，有味。元有天下，關氏有否功名，並不重要，有六十四種戲曲問世，那才是爲世人尊敬的根本原因。

「太和正音譜」：「關漢卿如瓊林醉客。觀其詞語，乃可上可下之才，蓋所以取者，初爲雜劇之始，故卓以前列。」王國維元刊雜劇三十種叙錄：「雜劇之名，已見於唐宋時，至元時雜劇一體，實漢卿創之。元鍾嗣成錄鬼簿著錄雜劇，以漢卿爲首；明寧獻王太和正音譜，以馬致遠爲首，然於關漢鄉下注云：『初爲雜劇之始。』均以雜劇爲漢卿所創也。」

關漢卿是雜劇的創始者，是大家公認的。他的爲人在「析津志」中說：

**生而倜儻，博學能文，滑稽多智，蘊藉風流，爲一時之冠。**

他有「南呂一枝花」套曲，題名「不伏老」，可做一佐證：

攀出牆朵朵花。析駭絡枝枝柳，花攀紅蕊嫩，柳折翠條柔。浪子風流憑著我折柳攀花手。直熬得花殘柳敗休。半生來折柳攀花手。一世裡眠花臥柳。

「梁州第七」我是箇普天下郎君領袖。蓋世界浪子斑頭，願朱顏不改常依舊。花中消遣，酒内忘憂。分茶攧竹。打馬藏鬮。通五音六律滑熟。甚閒愁列我心頭。伴的是銀箏女銀台前理銀箏笑倚銀屏。傳的是玉天仙攜玉手並玉肩同登玉樓。伴的是金釵客歌金縷捧金樽滿泛金甌。你道我老也。暫體。占排場風月功名首。更玲瓏。又剔透。我是個錫陣花營都帥頭。曾翫府遊州。

（三煞）百第每是個茅草岡。沙土窩，初生的兔黑兒乍向圍場上走。我是個經籠罩受索網蒼翎毛在野鵪。績踏的陣馬兒熟。經了些窩弓冷箭蠟鎗頭。不曾落人後。恰不道人到中年萬事休。我怎肯空虛了春秋。

（黃鐘尾）我是個蒸不爛煮不熟槌不扁不爆璫璫一粒銅豌豆。憑子弟每誰教你鑽入他鋤不斷砍不下解不開頓不脱慢騰騰千層錦套頭。我翫的是梁園月。飲的是東京酒。賞的是洛陽花。攀的是章台柳。我也會圍棋，會蹴踘。會打圍、會彩舞，會吹彈，會■作，會吟詩，會雙陸。你便是落口找牙。歪了我嘴。瘸了我腿。折了我手。天賜與我這幾般兒歹症候。尚兀自不肯休。

（尾聲）則除是閻王親自喚。神鬼自來勾，三魂歸地府。七魄喪冥幽。天那，那其間纔不向煙花路兒上走。

一枝花四曲，坦蕩蕩的說出他的生活情趣，浪子風流，折柳攀花，眠花卧柳。他之成爲郎君領袖，浪子斑頭，是因爲花酒茶馬，五音六律樣樣精通，理銀箏伴玉人歌金甌，風月場地，營柳帥頭。經驗太多了，像隻老母雞，窩外冷箭不夠阻。正因爲我還有中年以後的春秋，所以才不肯虛度。因爲我早就磨練好這「蒸不爛煮不熟搥不扁炒不爆，響璫璫的一粒銅豌豆」，誰能奈何得了我。除非我死了，否則，我的生活情態，是改不了的。這種不屈不撓的精神，才是他創作戲曲的活源。在他的生活當中，他既不肯罷休於「鋤不斷斫不下解不開頓不脫慢騰騰千層錦套頭」，便只有把人世種種不平，寫在他的戲曲中，表現他的忠肝義膽，中年熟知人情事物的春秋。所以他所說的攀花折柳，風月錦營之外，另有他發洩滿腔塊壘的天地。王國維所說境界，當是指的是這個伸長公理正義的心靈。王國維在宋元戲曲考中說：

唐宋以來，士之競於科舉者已非一朝一夕之事，一旦廢之，彼之才力無所用，而一於詞曲發之，且金時科目之學最爲淺陋，此種文士，一旦失所業，因不能爲藝術上之事，而高文典册，又非其所素習也，適雜劇出，遂多從事於此。而又有一二天才出於其間，充其才力，而元劇之作，遂爲千古獨絕之文學。

元人之來，漢人的風俗習慣受到沖擊，傳統社會也因此受到破壞。元人尙武，輕視漢人的文化，但漢人的文化高於蒙古人和色目人，一切的制度設施又必須依賴漢人來鞏固初王朝的建立與統治。表面上的特權與高壓政策，不是治理高水準歷史悠久的民族的特效藥。元人本也是愛好歌舞的，便將歌舞視爲緩和矛盾的一種潤滑劑。雖然，當時壓抑文人，認爲一官二吏三僧四道五醫六匠七獵八民九儒十丐是元人對知識分子的蔑視，但實質上文人仍是社會上的中堅力量，戲曲更是保有漢人人情本色，改造元人氣質的最好的教材，漢人以此爲生活的娛樂，也是忠孝節義深至刻劃的用心之所在。這種強烈的反應，借戲曲以抒情，出苦悶以淑世，發洩出知識分子的徬徨與控訴，也使元曲放射出輝煌璀璨的光芒，爲一時代創造出不朽的文學。

南呂一枝花：杭州景，描寫：「普天下綿繡鄉，寰海內風流地。大元朝新附國，亡守家舊華夷。」他說：「百十里街衢整齊。萬餘家樓閣參差」的富貴景象，人煙湊集。劉大杰在：大中國文學發展史中說：試把關漢卿的散曲和雜劇全讀一遍，便可發現這一個人絕沒有遺民的國家思想，國亡不仕的品格，也沒有那種文人學士保性全眞的退隱心境。」又說：「他是一個徹底的風流才子，浪漫才人。」這話原也不錯，他的風流與浪漫原是他自己招認的，遺民的國家思想，國亡不仕的品格與文人學士保性全眞的退隱心境又是如何？這是難於分辨清楚的。戲曲就是戲曲，以綜合藝術手法，表現一時代一社會的人情本色，說這就是中國人的生活本質與性格，與遺氏的國家思想，國亡不仕的文人學士保性全眞的退隱心境，其分別究在何處。他們也能像關漢卿一樣創造出自然本色的戲曲嗎？像關漢卿所寫的戲曲，爲元代文學放一異彩，開一新紀元，是他的眞性情的流露，這種價値與意義，是我們談關漢卿時所認定的。他的風流與浪漫，是他生活與創作的一環，有怎樣的生活，便有怎樣的創作，我們從他的戲曲中，也看到了他的爲人，他的思想情感與藝術。另有「一枝花」是送給伶人朱簾秀的。朱簾秀的藝名是珠簾秀，見於青樓集及青樓篇錄：

輕裁蝦萬鬚。巧織珠千串。金鉤光錯落。繡帶舞蹁躚。似霧非煙。妝點就深閨院。不許那等閒人取次展。搖四壁翡翠濃陰。射萬瓦琉璃色淺。

「梁州第七」富貴似侯家紫帳。風流如謝府紅蓮。鎖春愁不放雙飛燕。綺窗相近。翠户相連。雕櫳相映。繡幙相牽。拂苔痕滿砌榆錢。惹楊花飛點如綿。愁的是抹回廊暮雨蕭蕭，恨的是篩曲檻西風剪剪。愛的是透長門夜月娟娟。凌波殿前。碧玲瓏掩映湘妃面。沒福悉能勾見。千里揚州風物妍，出落著神仙。

（尾聲）恰便是一池秋水通宵展，一片朝雲盡日懸。爾個守户的先生肯相戀。煞是可憐。則要你手掌兒裡奇擎著耐心兒捲。

曲裡說到珠簾秀的才藝，居所景緻，最後一句詞兒用了象徵手法，你怎樣跟這位楊州名妓相處，那就要像捲起珠簾樣細心的揣摩了。

在他的「套曲」中盡多閨怨之聲。如「侍者金童」：「柔情脈脈，新愁千萬疊。偶記年前人乍別。」如「青杏子離情」：「天付西風流，翻成南北悠悠。落花流水人何處？」如「閨怨」：「爲甚憂。爲甚愁。爲簫郎一古經今文。」如「閨思」：「守香閨鎮日情如醉。悶懊悔離愁教我訴與誰。愁聞的是紫燕關關。倦聽的是黃鶯嚦嚦。」他愛女孩兒家是天生的本性，如「塞北」：「人間處，忽見一多嬌。一點櫻桃樊素口。半圍楊柳小蠻腰。雲鬢軃金翹。」又如「題情」：「人叢裡遙見。半遮著羅扇。可喜的風流叢冤」。「套數」中最關情的是「雙調新水令」，寫男女幽會：「我這裡覓他，喚他。哎，女孩兒果然道色膽天來大。懷兒裡摟抱著俏冤家。」又如：「兩情濃，興轉佳，地權爲牀榻」。「冷丁丁舌尖上送香茶。都不到半霎。森森一向遍身麻」。這種柔綿是與他的雄闊不同的，在「小令」中如「碧紗窗外靜無人。跪在床前忙要親，罵了個負心曲轉身。雖是我話兒嗔，一半兒推辭一半兒肯。」「普天樂十六首」每首十一行，叙的是一個「西廂記」的故事情節。這裡可以看出來他與「西廂記」的關係。是十分密切的。「朝天子」：「鬢鴉，臉霞。屈殺將陪嫁。規模全是大人家。不在紅娘下。笑眼偷瞧。文談回話，眞的解語花。若咱得他。倒了蒲萄架。」據明蔣一葵「堯山堂外記」說：「關漢卿嘗見一從嫁媵婢，動了憐香惜玉，恨不能收歸堂下，便寫了這首詞兒。」吳梅在「顧曲塵談」中說，關夫人見了這支曲子，回了一首說：「聞君偸看美人圖。不似關王大丈夫。金屬若將阿嬌貯。爲君唱徹酸葫蘆。」四塊玉別情：「自從別，心難捨。一點相思幾時絕。憑欄袖拂楊花雪。溪又斜。山又遮。人在也。」這其間的風月情調，似乎也不得不結束在「大德歌」的第六首中：「吹一個。彈一個，唱新行大德歌。快活休張羅。想人生能幾何。十分淡薄隨緣過。得磨陀處且磨陀。」「四塊玉四首」也說出了他的另一種心境，叫做「閒適」：

適意行。安心坐。渴時飲，饑時餐。醉時歌，困來時就向莎茵臥。日月長。天地闊，閒快活。

舊酒投。新醅潑。老瓦盆邊笑呵呵。共山僧野叟閒吟和。他出一對雞。我出一個鵝。

閒快活。
意馬收。心猿鎖。跳出紅塵惡風波。槐陰午夢誰驚破。離了利名場。鑽入安樂窩。閒快活。
西畝耕。東山臥。世態人情經歷多。閒將往事思量過。賢的是地，愚的是我。爭甚麼。

這種心境，倒有點像陶淵明和孟浩然。

當年的大都有「玉京書會」的劇人組織，因他的才華，不僅會編劇，且通曉音律，長於歌吹。「躬踐排場，面敷粉墨，以爲戲家生活，偶倡優而不辭。」(見明臧晉叔元曲選序。)他是位領袖，也是行家不愧「黎園領袖……雜劇班頭。」任納曲諧說：「在文字以外，復身任聲容。成爲戲家生活可見曲之爲藝。果欲盡之，非兼事文聲容三端如漢卿者，不足爲第一流曲家。」他的伙伴爲楊顯之，梁退之，費君祥，王和卿等皆通曉曲藝。研磨切磋，以漢卿爲首，雜劇之始，遂集大成。當時伶人如珠簾秀、順時秀、司燕奴、王奔兒、張奔兒、李嬌兒、天然秀、天錫秀、李蘭秀，朱綿秀、丹墀秀、芙蓉秀、孫秀秀、燕山秀、簾前秀發等，皆在大都，爲雜劇名伶，王靜庵氏「古劇腳色考」引青樓集說：「珠簾秀、土駕頭花旦，軟末泥。趙滿惜、朱錦繡、燕山秀，旦末雙全」。又：張奔兒是風流旦，李嬌兒是溫柔旦，可見當時的女伶之盛，尚有其他、不及一一列名。

關漢卿雜劇，據鄭騫考訂有六十四本，全存十四本，殘存三本，其風格，鄭氏於「關漢卿的雜劇」一文中說：

漢卿作劇題材之廣泛，根據他現存全劇十四本即可看出。他寫有慷慨悲歌的英雄氣概如「單刀會」、「西蜀夢」，浪漫瀟灑的名士風流如「玉鏡台」，有情曲折的公案劇如「蝴蝶夢」、「緋衣夢」。他尤其善於描寫女性，所寫女性又有多種類型；有教子成名懷滿喜悅的老太太如陳母，有痛子慘死聲情淒厲的中年婦人如鄧夫人，有懷春的閨秀如「拜月亭」，有慧黠的丫環如「調風月」，有機智鎮定的命婦如「望江亭」，有貞烈含怨的民女如竇娥，有才妓如謝天香，有俠妓如趙盼兒，有多情並善怒的妓女如林蕊娘，僅僅十四劇，包括了這樣多的題材，描寫了這樣多的人物，的確是夠廣泛了。散佚的四五十種，全劇性不可屬，從「錄鬼簿」和「正音譜」所載的名目也可推測出其內容之「兼容並蓄」。他描寫的技巧更是如「水銀瀉地，無孔不入。」無論什麼題材，什麼人物，陽剛、陰柔、風雲、兒女，都寫的逼眞生動，盡態極妍。

關漢卿的雜劇全目，大致如下：哭香囊、三負心、玉堂春、認先皇、進西施、萬花堂、詐妮子、趙太祖、三告狀、鬧荊州、笑存孝、鬼國圓、澆花旦、劉夫人、救周勃、姻緣薄、蝴蝶夢、三嚇嚇、銅瓦記、狄梁公、雙駕車、復落娼、哭魏徵、鷓鴣天、單刀會、破窰記、汴河寃、勘龍衣、救風塵、拜月亭、金線池、雙赴夢、三撇嵌、摔龍舟、切膾旦、玉鏡臺、江怨、宣花妃、王皇后、哭昭君、非衣夢、玄宣帝、酹江月、對玉釵、竇娥寃、敬德降唐、救啞子、綠珠墜樓、謝天香、鑿壁偷光、瘤馬記、織錦回文、柳絲亭、高鳳漂麥、春秋記、管寧割席、藏鬮閣、裴度還帶、惜春堂、孫康映雪、玉簪記、陳母教子、昇仙橋相如題柱、劉夫人慶賞五侯宴，包待制智斬魯齋郎，尉遲恭單鞭奪槊，孟良盜骨。

像這樣包羅萬象的劇作，寧獻王分元雜劇十二科，可說都在其內了。他編審劇本，參加演戲，過劇人生活，與男女伶人廝混，親如手足，在胭脂堆裡打滾，不拘形跡。把人情世故摸透，寫出酸甜苦辣的世俗；叫牛鬼蛇神無所遁形，直指社會的百痛。元曲作家，無人有他如此豐富的產量而又能爲此渾灑自如，天馬行空，縱橫佻達，無所不能。王國維氏說他：「一空依傍，自鑄偉詞，而其曲盡人情，字字本色，故當爲元人第一」。自是不移之論。他的一空依傍，自鑄偉詞，可從四方面來看：一、他以百姓的家常話入戲，去其芰蔓，取其精華，二、他以村言俗語入戲，去其粗穢，而能活潑生趣，三、曲白相生，互補短長，務使情狀，活靈活現，四、思想結構，全出於自然，使元人也一目了然。至於其「曲盡人情，字字本色」，一、他了解平民的需要，寫的是平民的生活，二、他的戲不僅活在腳本裡，是活在舞台上，三、他了解整個時代社會的背景，他寫的是時代社會眞實的面貌，不是「案頭清供」，而是生活的實錄，生命的訴求，四、他的寫內容，就是眼前眞實的現象，而不是虛假的想像；是人性眞情的渾灑，不是塗白抹黑的裝扮。綜上所言，他是平民的代言者，是生活的搬演者，是情感的表揚者，是活生生的登場者，是色聲香味觸的感受者，是七情六欲的解剖者。所以，時代、社會、生命、人情都可以在他戲曲中奔流，使觀衆感同身受，而把元劇的藝術推進到一個綜合性的，前所未有的頂點，而完成了集大成，開紀元的不朽盛境。說這就是境界，事實如此，這也就是元曲們創造的特色。他的作品，無法一一列舉，只例「竇娥冤」「救風塵」二劇。「竇娥冤」全名「感天動地竇娥冤」，王國維氏在「宋元戲曲考」中說：「即使列之於世界大悲劇中，亦無愧色。」劇情大意說：竇天章家貧，將女兒竇娥嫁給近鄰蔡婆婆作媳婦，蔡子上京應試，過兩年便死了。竇娥便與婆婆相依爲命。賽盧醫欠他家銀子，婆婆去要債，被他勒死郊外。張驢兒父子救醒蔡婆婆，卻逼婆媳二人爲妻，蔡婆有病，想吃「羊肚湯」，張驢兒以毒茶害她，反殺了張老。驢兒誣告竇娥所殺。官府屈打成招，竟判竇娥死罪。臨刑，竇娥發下三誓願：一爲血灑白鍊，二爲六月降雪，三爲楚州亢旱三年。果均應驗。後其父任廉訪使，終爲昭雪。此劇顯示一、人心太壞，二、官吏敗德，三、人物突出，結構嚴密。我們看第三齣大部分：

（罵玉郎）這無情棍棒教我捱不得。婆婆也復是你自做下。怨他誰。勸普天下婚後嫁婆娘每。都看取我這般傍例。

（感皇恩）呀！是誰人唱叫揚疾。不由我哭哭啼啼。我恰還魂。纔蘇醒，又昏迷，捱千拷打。見鮮血淋漓。一杖下。一道血。一層波。

（採茶歌）打的我魄散魂飛。命掩泉石。則我這腹中冤枉有誰知。我不曾藥死公公當罪責。告你個相公明鏡察虛實。

（正宮端正好）沒來由犯王法，葫蘆提遭刑憲。叫聲屈動地驚天。我將天地令埋怨。天地你不與人爲方便。

(滾繡毬) 有日月朝暮顯。有山河今古監。天地卻不把清濁分辨。可知道錯看了盜跖顏淵。有德的受貧窮命更短。造惡的享富貴又壽延。天地做得個怕硬欺軟。不想天地也順水推船。地也你不分好歹難爲地。天也我今日負屈銜冤哀告天。空教我獨語獨言。

(倘秀才) 則被這枷杻的我左側右偏。人擁的我前合後偃。竇娥向哥哥行有句言。前街裡去中有怨。後街裡去死無怨。

(叨叨令) 你道我當刑赴法場何親眷。前街裡去告您看些顏面。我往後街裡去呵不把哥哥怨，前街裡去只恐怕俺婆婆見。枉將他氣殺也麼哥。枉將他氣殺也麼哥。告哥哥臨危好與人行方便。

(快活三) 看竇娥葫蘆提當罪愆。看竇娥身首不完全。想竇娥從前已往幹家緣。婆婆看竇娥少爺無娘面。

(艷老兒) 看竇娥伏侍婆婆這幾年。看時節將碗深漿奠。你去那受刑法屍骸上列些紙錢。看你那化去孩兒面。婆婆也。再也不要啼啼哭哭。煩煩惱惱。怨氣沖天。這都是我竇娥沒時沒運。不明不闇。負屈銜冤。

(要孩兒) 不是我竇娥發下這等無頭願。委實的冤情不淺。若沒些兒靈聖與世人傳。也不見得湛湛青天。我不要半易熱血江塵灑。都只在八尺旗樣索練懸。等他四下裡卻瞧見。這就是咱萇弘化碧。望帝啼鵑。

(三煞) 你這個暑氣暄。不是那下雪天。豈不聞飛霜六月因鄒衍。若果有一腔怨氣噴如火。定要感深方出冰花滾似錦。免看我屍骸現。要什麼素車白馬。斷送出古陌荒阡。

（一煞）你這是天公不可期。人心不可憐。不知皇天也肯從人願。做什麼三年不見甘霖降。也只爲東海曾經孝婦冤。如今輪到你山陽縣。這都是官吏每無心正法。使百姓有口難言。

（尾聲）當日個啞婦藥茶反受殃。耕牛爲主遭鞭。霜降始知說鄒衍。雪飛方表竇娥冤。

竇娥冤今名六月雪，或名羊肚腸。青木正兒元人雜劇序說：「元曲中鬼魂出現之場，常常看得見。但是像此劇這樣用意周到而技巧洗練的做法，卻很少有。」邵曾祺元人雜劇說：「它主要的用意是反映從前社會裡法治的黑暗。是對於封建社會司法官吏的昏庸腐敗的控訴」。劉大杰中國文學發達史說：「這個劇本。曲辭都是明白如話。沒有一點故作文雅雕琢的地方。對白也全是用的純粹的口語。對於每一個的不同的人物能給以適合身份的語調。由那些美妙活潑的台詞，把各種人物的性格心理，表現的非常顯明。」竇娥冤是一個不團圓的現實悲劇。竇娥冤死，正說明了關漢卿的悲憤，百姓有語難言，只得托夢給每年不見的父親，廉清使竇天章，代表天理國法。

與「竇娥冤」風格完全不同的是「趙盼兒風月救風塵」是齣智勇雙全的喜劇。「救風塵」錄鬼簿劇本著錄作「煙月救風塵」。抄本正音譜著錄「救風塵」。「古名家雜劇本題目：念被觀音力，還著於本人。正名：虛脾瞞俏倬，風月救風塵。「元曲選本」題目：安秀才花柳成花燭。正名：趙盼兒風月救風塵。二本題目小異，內容大致相同」。故事述：「鄭州人周舍，花言巧語說動了汴梁歌妓宋引章拒絕了秀才安秀實嫁給他，不料周舍一進門時就打了她「五十殺威棒」。自是日子難過。女友趙盼兒因此到了鄭州，使了解數迷昏了周舍，與引章離休。並約引章與秀實告官，遂救出引章與秀才重圓。故事是淺陋的，但內容都是豐富的。詩人朱湘在「救風塵」中說：

元曲的思想無論是多麼淺陋，人物是多麼顚倒，但牠也有牠兩個長處。使得牠可以傳後。牠的第一種長處便是牠爲純粹的戲劇。第二種長處便是牠爲社會的寫實。元曲中能夠代表這兩種長處的。便是關漢卿的「救風塵」。

救風塵曲文的唱，和科白的說，如水乳交融，密切不分。他寫出了一個花花太歲型的惡棍周舍占盡便宜，翻臉無情混世歹徒的醜陋嘴臉，寫出了一個涉世尙淺，一心從良，只看表面，認識不清幼稚的宋引章。也寫出了一個優柔寡斷，懦弱無能的安秀實。更造就了機智練達，能說能做，有勇有謀，俠義心腸的傳奇英雄趙盼兒。妓女被人輕視，給人踐踏的痛苦她是深知的。而引章卻只是一隻羔羊，迷途的時候，只好任人宰割。這也就是趙盼兒出力救她的引線。」開場第一折，周舍就介紹了自己：「酒肉場中三十載。花星整照二十年。一生不識柴米價。只少花錢共酒錢。」他一心想娶引章，引章一心要嫁他。安秀實作對一件事，便是去求趙盼兒勸一勸引章。趙盼兒對於妓女嫁人，想的實在透徹，而引章卻是不知道這酸苦：

（油葫蘆）姻緣簿全憑我共你。誰不待揀一個稱意的。他每都揀來揀去轉一回，待嫁一個老實的。又怕盡世兒難相配。待嫁一個聰俊的。又怕半終裡相抛棄。遮莫向狗溺處藏。遮莫向牛屎裡堆。忽地便喫了一個合撲地，那時節睜著眼怨他誰。

（寄生草）他每有人愛爲娼妓。有人愛作次妻。幹家的落取些虛名利。買虛的看取些羊黑利。嫁人的見放著傍州例。他正是南頭做了北頭開。東行不見西行例。

（元和會）做丈夫的做子弟，他終不解其意。做子弟的他影兒裡盆脾。那做丈夫的忒老實。那斯維穿著幾件虼蜋皮。人倫事曉的甚的。

以下的對話是非常精彩的：

妹子也。你爲什麼要嫁他。（外旦）則爲他知重您妹子。因此要嫁他。（旦）他怎麼知重你。（外旦）一年四季。夏天我好的一覺睏睡。他替你妹子打著扇。冬天替你妹子溫的鋪蓋兒煖了。著你妹子歇息。但你妹子那裡人情去。你妹子穿那一套衣服。戴那一付頭面。替你妹子提領系。整釵鐶。只爲他這等知重妹子，因此上我要嫁他。（旦）你原來是爲這般嫁他。

（勝葫蘆）休想這子第道求食。娶到他家裡。多無半載相抛棄。又不敢把他禁害看摹椎腳踴。打的你哭啼啼。

（么）恁時節船到江心補漏遲。煩惱怨他誰。事要前思。免勞後悔。我也勸你不得。有朝一日準備著搭救你塊望夫石。

果不其然。宋引章挨不住周舍的打，叫人帶信給他娘，他娘倒是個疼女兒的，趕忙去求趙家姐姐火速來搭救。趙盼兒先揹信支住了引章的心，便打扮齊整，收拾了兩箱行李鄭州去。第二折末段說：

（浪里來煞）不須你心內憂。你可使莫孱愁。我直著花葉不損覓歸秋。那廝愛女娘的心。見的便似驢共狗。賣弄他那玲瓏剔透。

趙盼兒的計謀和手段是：我到那裡三言兩句。肯寫休書，萬事俱休。若是不肯寫休書。我將他掐一掐。拈一拈。摟一摟。抱一抱。看那廝通身酥。遍體麻。鼻凹上抹上一塊砂糖。看那廝㖭又㖭不著。吃又吃不著。賺那廝寫下休書。引章將得休書來。俺的撇了。他要叫周舍吃不了兜著走。盼兒來在店裡，叫小二請周舍來。

最妙的是二人的說白：

旦：周舍。你坐的。你聽我說。你在南京時，人說個周舍名字。說的我耳滿鼻滿的，則是不曾見你，自見了你呵。我不茶不飯。聽的你娶了宋引章。我待嫁你。你卻著我保親。我好意將著車輛鞍馬奩房來斷送。你剗地將我打罵。少閒擱回來兒。喒家去來。

周：早知姐姐來嫁我。怎肯打舅舅。

旦：你眞的不知道。你既不知。你休出店門。只守著我坐的。

周：休說一兩日。就是一兩年。您兒也坐的將去。

賓白到此，宋引章走上來，指罵二人。

外旦：周舍。兩三日不家去。我尋到這店門首。我試看則。原來見趙盼兒和周舍坐的。

兀那老弟子不識羞。直趕到這裡來。周舍。你放心。等你來家呵。我拿一把刀子。你拿一把刀子，和你一遞一刀不截里。

張完罵過，引章就走了。

周：我和你搶生吃裡。不是妳妳在這裡。我打殺你。

旦：你拿著偌粗的棍棒。倘或打殺他呵。可怎了。

周：丈夫打殺老婆不該償命。

旦：這等說。誰敢嫁你。周舍，你好道兒。你這裡坐著。點的你媳婦來罵我一場。少閒。攔回車兒。喒回去來。

周：買紅去。

旦：休買紅。我箱子裡有對大紅羅。周舍。爭甚麼那。你的便是我的。我的就是你的。

爲此，周舍以爲人財兩得。便寫了休書給宋引章。他後來發覺上了個大當，追去把休書咬碎了，卻是假的一張。官司打到衙門。宋引章終於和安秀才夫婦團圓。

關漢卿以喜劇的活絡筆法寫妓女，卻提出了嚴重的社會問題。趙盼兒爲救宋引章，不惜犧牲色相，冒險救出宋引章，其勇敢有如大將一身是膽，在亂軍中取敵人首級。他的俠義，眞的是爲受屈辱的女子，打抱不平。雖是一齣喜劇，但在喜感中飽含著悲酸的眼淚；因此，以喜劇爲形式，表現出來一個充滿悲劇的內容。所以將「救風塵」歸之於一大悲劇，其深刻警飭，可與「竇娥冤」比肩立於世界悲劇之林，絕無愧色。

# 王實甫

王德信字實甫，大都人。約與關漢卿同時。著雜劇十四種。今存西廂記、麗春園、破窰記三種。西廂記尤膾炙人口。涵虛子論曲，謂實甫如花間美人。又說：鋪叙委婉，深得騷人之趣，極有佳句。如玉環之出浴華淸，綠珠之採蓮洛浦。他的身世較漢卿尤多隱晦不淸。但在他的散曲套數（商調）集賢賓退隱中可略見消息：「撚蒼髯笑擎冬夜酒。人事遠老懷幽。志難酬知械的王粲。夢無憑見景的莊周。抱孫孫兒成願足。引甥甥女嫁心休。百年期六分甘到手。數支干用遍又從頭。笑頻因酒醉。燭燃爲詩留。」由「退隱」兩字來看，他是作過官的。退隱下來以詩酒自娛。有孫兒、有外甥女出嫁。寫此套數時，已年過六十。他在「後庭花」中說：「住一間避風霜茅草丘。穿一領臥苔莎粗布裳。捏幾首寫懷抱歪詩句。幾杯放心胸付醪酒。這瀟灑傲王候。且喜的身登身登中壽。有微資堪贍賙。有亭園堪縱遊。保天和自養修。放形骸任自由。把塵緣一筆勾，再休題名利友。」從官場退隱下來的心情，只想優遊自在。於春夏秋冬四曲，寫的尤其瀟灑。所以，他和關漢卿的生活是不同的，漢卿生活在「躬踐排場、面傅粉墨、以爲我家生活，偶倡優而不辭」的聲色歌吹經歷中。而他卻是遠離紅塵，優遊林泉。所以，他的戲曲穠麗華美，情思綿邈。如他那纏綿的小令「別情」：（十二月過堯民歌）一自別後遙山隱隱。更那堪遠水鄰鄰。見楊柳飛綿滾滾。對桃花醉臉醺醺。透內閣香風陣陣，掩重門暮雨紛紛。怕黃昏忽地又黃昏。不銷魂怎地不銷魂。新啼痕壓舊啼痕。斬腸人送斷腸人。今春。香肌瘦幾分。摟帶寬三寸。又如山坡羊「春睡」：「雲鬆螺髻，香揾鴛被。掩春閨一覺傷春睡。柳花飛。小瓊姬。一片聲雪下呈瑞祥。把團圓夢生換起。誰的，不做美。呸！卻是你。」這種俏麗委婉的手筆，和「西廂記」的絕妙情鍾是相似的。元賈仲明凌波仙詞贊他：「風月營，密匝匝列旌旗；鶯花寨，明颼颼排劍戟；翠紅鄉，雄糾糾，施謀智。作詞章，風韻羨，士林中等輩伏低新雜劇，舊傳奇，西廂記天下奪魁」。王實甫有雜劇十四種。元鍾嗣成錄鬼簿：「東海郡于今高門。孝父母明達賣子。曹子建七步成章。才子佳人拜月亭。韓耘雲絲竹芙蓉亭。崔鶯鶯待月西廂記。蘇小卿月夜販茶船。四大王歌舞麗春台。吳蒙正風雪破窰記。趙光普進梅諫。詩酒麗春園。陸績懷橘。雙蕖怨。嬌紅記。」明朱權太和正音譜：「西廂記五本。芙蓉亭、麗春堂、破窰記二本。拜月亭、販茶船二本。明達賣子、陸績懷橘、七步成章、麗春園二本，于公高門二本，進梅棟二本。雙蕖怨。」其代表作自是「西廂記」。

劇說卷二：

西廂記始於董解元。固矣。乃武林舊事雜劇中。有鶯鶯六么，則在董解元之前。錄鬼簿，王實甫有崔鶯鶯待月西廂記，同時瞿景臣有鶯鶯牡丹記。王實甫著四卷，至草橋店夢鶯鶯而止。其後乃關漢卿所續。詳見曲藻與南濠詩。李日華改實甫北曲爲南曲。所謂南西廂，今黎園演唱者是也。王實甫全依董解元，惟董以敵賊下書者爲法聰，實甫改爲惠明。關所續亦依於董。惟董以張珙用法聰之謀攜鶯奔於杜太守處。關所續則杜來普救寺也。日華南曲，則一沿王關耳。傖父漫淺譏卿所續之非。蓋未見董詞也。查伊璜以關所續未善。更作續西廂四折，大概仍用董關。而增以應制賦詩，即用待月西廂之句。又夫人欲以紅娘配鄭恆，紅娘不許。而欲自縊，事皆蛇足，曲亦村拙，遠不及漢卿矣。碧蕉軒主人作不了緣四折，則本自從別後減容光一詩而作也。崔已嫁鄭恆，張生落魄歸來。復尋蕭寺訪鶯鶯不可復見，情詞悽楚，意境蒼涼。勝氏查化所續遠甚。董關而外，固不可少此別調也。明人又有續西廂。昇仙記序稱盱江韻客所撰，謂紅娘成佛，不寫鶯鶯之妬。鄭恆訴于陰官，鬼使擒鶯，紅來救之。意在懲淫勸善，但詞意未能雅妙耳。

西廂記流傳的版本極多，至今能夠見到的就有四十種以上，其原流本於唐元微之「鶯鶯傳」，西河詞話：「宋末有安定郡王趙令時者，始作商調鼓子詞，譜西廂傳奇，則純以事實譜詞曲間，然猶未法句也。至金章宗朝董解元不知何人。實用西廂搊彈詞則有白有曲，專以一人搊彈並念唱之。」商調曲蝶戀花十二闋是說唱的格調。在此之前，尚有鶯鶯六么（見武林舊事）。唐元稹古艷詩，夢游春古詩七十韻。白居易和元稹夢遊春詩三十韻，合爲百韻，後杜牧之亦有和會眞韻，可見元微之「鶯鶯傳」是始作俑者。據「會眞傳」云：「唐貞元中，有張生者，年二十三，游于蒲。寓于蒲東之普救寺。適有崔氏孀婦者亦止焉。崔氏婦鄭女也。張出於鄭，敘其親，乃異派之從母，是歲丁文雅不善于軍，軍士大掠蒲人，崔氏惶駭，張與蒲將王黨友善，請來護之，遂不及于難。會杜確將天子命，以統戎節，令於軍中，軍內是戢，鄭厚張之德甚。因設饌以宴之。命其子歡郎出見。次命女鶯鶯出拜爾艷。至則顏色艷異。光輝動人，張自是惑焉。崔之婢曰紅娘，生私爲之禮者數四，乘間遂道其衷。婢曰：崔善屬文，君試爲喻情詩以亂之。張立撰春詞二首以授之。是夕，紅娘復至，持綵箋以授張曰：崔所命也。題其篇曰：明月三五夜。其詞曰：待月西廂下，迎風戶半開，拂牆花影動，疑是玉人來。張亦微喻其旨。既望之夕，張踰牆而達于西廂。及崔至，則端服儼容大數張，後翩然而逝。張自失者久之，復踰牆而出。數夕之後，忽紅娘攜衾枕而至，撫張曰：至矣！至矣！天將曉，紅娘又捧之而去。自是同言於曩所謂西廂者幾一月。是夕旬有八日也。張生俄以文調及期，西之長安。明年，生文戰不利，上於京。因遺書于崔，以廣其意，崔氏緘報之。張生發其書於所知，人多聞之以爲畢，然而張亦絕志矣。後歲餘，崔已委身于人，張亦有所娶。後乃因其夫，求以外兄見，而崔終不爲出。自是絕不復知。」明都穆南濠詩話說：「近時北詞以西廂記爲首，俗使作於關漢卿。咸以爲關漢卿不竟其詞，王實甫足之。予閱點鬼錄，乃王實甫作非漢卿也。實甫，元大都人。所編傳奇有芙蓉亭，雙蕖怨等。與西廂記凡十種，然惟西廂盛行於時。」錄鬼簿成于元重順元年，是最早記載西廂記作者的書，太和正音譜也把西廂記歸於王實甫名下。至此，就西廂記的文采風格而認爲是王實甫所編撰，已無疑問。

王寄烈「螾廬曲讀」：「王實父西廂（即北西廂）才華富贍，北曲巨製。其疊四本以成一部。已開傳奇之先聲。且其詞藻，亦都有近於南詞之處。如驚艷折之寄生草云：蘭麝香仍在，珮環聲漸遠。東風搖曳垂楊線，游絲牽惹挑花片。珠簾掩映芙蓉面。你道是河中開府相公家。我道是南海水月觀音現。」寺驚折之八聲甘州：懨懨瘦損，早是傷神，那值殘春。羅衣寬褪。能消幾度黃昏、鳳裊篆煙不捲簾。雨折黎花深閉門；無語憑欄干，目斷行雲。混江龍云：落紅成陣，風飄萬點正愁人。池塘夢曉，門檻解春；蝶粉輕沾飛絮雪，燕泥香惹落花塵。繫春心情短柳絲長，隔花陰人遠天涯近。香消了六朝金粉，清減了三楚精神。」明何良俊四友齋叢說：「如此類語，雖李供奉復生，又豈能有以加之哉。」又如驚艷之元和令云：「顛不刺的見了萬千，似這般可喜娘的龐兒罕曾見。則著人眼花撩亂口難言，魂靈兒飛在半天。他那裡儘人調戲，嚲著香肩，只將花笑撚。」借扇折小梁州：「可喜娘的龐兒淺淡妝，穿一套縞素衣裳；鶻伶淥老不尋常，偸睛望，眼挫裡抹張郎。」「顛不刺的見了萬千」顛不刺是反覆顛倒的北方話。又如「鶻伶淥老不尋常」，北方話的意思是眼睛鶻淥淥的跟著打轉，捨不得離開。至於西廂記詞藻的秀潤華實，至如第四本第六折，仍然在離情中見出典麗，在悲酸中不忘纏綿。

（正言端正好）碧雲天，黃葉地。西風緊。北雁南飛，曉來誰染霜林醉，總是離人淚。

（流繡球）恨相見得遲，怨歸去得疾。柳幾長玉驄難系，恨不倩疏桂林住斜暉。馬兒迍迍的行。來兒快快的隨。卻告了相思迴避，被題兒又早別離。聽的一聲去也，鬆了金釧，遙望見十里長亭，減了玉肌，此恨誰知。

（叨叨令）見安排着東兒馬兒，不由人熬熬煎煎的氣，有什麼心情花兒靨兒，打扮的嬌嬌滴滴的媚。則索昏昏沈沈的睡。從今後衫兒袖兒，都搵著重重疊疊的淚。兀的不悶殺人也麽哥？兀的不悶殺也麽哥？久以後書兒信兒，索與我悽悽惶惶的哥。

（脫布衫）下西風黃葉紛飛，染寒煙衰草萋迷。酒席上斜簽著坐的。蹙愁眉死臨侵地。

（小梁州）我見他閣淚汪汪不敢垂，恐怕人知，猛然見了把頭低，長吁氣，推整素羅衣。

（么篇）雖然久後成佳配。奈時間怎不悲啼。意似痴，心如醉，昨宵今日，消減了小腰圍。

（上小樓）合歡未已，離愁相繼。想著俺前慕私情，昨夜成親，今日別離，我諗知這幾日相思滋味，卻原來比別離情更增十倍。

焦循將王西廂與董西廂兩相比較說：「詞旨載西廂驚策，不下百十條。如竹索纜浮橋，檀口搵香腮等語。不知皆撰自董解元西廂，竹索上有寸金二字，檀口句則曰檀口微微笑吐丁香舌，被郎輕嚙卻更增人劣。較漢卿奇麗精彩十倍。見黃嘉惠董解元西廂記序。案，王實甫長亭送別一折，稱絕調矣。董解元云莫道男兒心似鐵，君不見滿川江葉，盡是離人眼中血。實甫則云，曉來誰染霜林醉，總是離人淚。淚與霜林，不及血字之貫矣。又董云：休上馬，若無多淚與君垂。此際情緒你爭知。王云：閣淚汪汪不敢垂。恐怕人知。董云：馬兒登程，坐車兒歸舍。馬兒往西行，坐車兒往東拽，兩口兒一步兒離得遠一步也。王云：車兒投東，馬兒向西，兩徘徊，落日山橫翠。董云：我郎卻休怪強牽衣，問你西行幾日歸著。路裏小心呵且須在意，省可裏晚眠早起，冷茶飯莫吃，好將息，我專倚著門兒專望你。王云：到京師服水土，趁程途節飲食，順時自保揣身體，荒村雨露宜眠早，野度風霜要起遲。鞍馬秋風裡，最難調護，須要扶持。董云：驢鞭半裊，吟肩雙聳，休問離愁輕重，向個馬兒上馳也馳不動。王云：四圍山色中，一鞭殘照裡。人間煩惱塡胸臆，量這大小車兒如何載得起。董云：帝里酒釅花濃，萬般景媚，休取次，共別人便學連理。少飲酒，省遊戲，記取奴言語。必登高第，妾守空閨，把門兒緊閉，不拈絲管，罷了梳洗，你咱是必要把音書頻寄。王云，你休憂文齊福不齊，我只怕你停妻再娶妻，一春魚雁無消息，我這裡青鸞有信頻宜寄，你切莫金榜無名誓不歸，君須記，若見異鄉花草，再休似此處棲遲。董云：一個止不定長呼，一個頓不開眉黛，兩邊的心緒，一樣的情懷。王云：他在那壁，我在這壁，一遞一聲長吁氣。兩相參玩，王之遜董遠矣。若董之寫景語，有云：聽塞鴻啞啞的飛過暮雲重。有云：回首孤城，依約青山擁。有云：柳堤兒上，把瘦馬兒連忙解。有云，一徑入天涯。荒涼古岸，衰草帶霜滑。有云：駞腰的柳樹上有漁槎，一竿風旆茅簷上挂，澹煙瀟灑，橫鎖著兩三家。有云：淅零零地雨打芭蕉葉，急煎煎的促織兒聲相接。有云：燈兒一點甫能吹滅。雨兒歇，閃出昏慘慘的半窗月。有云：披衣獨步在月明中，凝睛看天色。有云：野水連天天竟白。有云，東風兩岸綠楊搖，馬頭西接著長安道，正是黃河津要。用寸金竹索，纜著浮橋。前人比王實甫爲詞曲中思王，太白，實甫何可當。當用以擬董解元。李空同云，董子崔張劇，當直繼離騷。

鄭振鐸文學大綱說：「西廂記係依據董解元的西廂搊彈詞而改作劇本的」。這是大家公認的事實。但人物個性分的十分淸楚是王西廂。「在這一點上，王實甫的描寫能力似較董解元爲更進步。中國的戲曲小說，寫到兩性的戀史，往往是二人一見面便相愛，便誓訂終身，從不細寫他們的戀愛的經過與他們的戀時心理。西廂的大成功便在它的全部都是婉曲的細膩的在寫張生與鶯鶯的戀愛心境的。似這等曲折的戀愛故事，除西廂外，中國無第二部，董解元的搊彈詞也是著力從這一點上寫的，但沒有王實甫寫的膩婉。全劇中又充滿了詩意的描寫，在各支曲子裡，我們又可以找到不少的極好的抒情詞，如『我和他乍相逢，記不眞嬌模樣，我到索手抵著牙兒，慢慢的想。』『四周山色中，一鞭殘照裡，遍人間煩惱塡胸臆，量這些大小車兒如何載的起！』『想人生最苦離別。可憐見千里關山，獨自跋涉。似這般割肚牽腸，到不如義斷恩絕！』等便是其例子。」

劉大杰在中國文學發展史中說：「會眞記的故事，到了王實甫寫的最戲劇化，首尾也組織的最完密了。西廂記的曲詞，眞是美不勝收。寫初見，寫相思，寫矛盾心理，寫色情的苦悶，寫幽會的情境，寫別離哀怨，無不美艷絕倫，哀怨欲絕。在用韻文寫成的中國的戀愛文學中，西廂記的成就是無比的。」在對話方面，他舉第三本第一折中：「旦：這般身子不快呵，你怎麼不來看我？紅：你想張？旦：張什麼？紅：我張著姐姐哩！旦：我有一件事央及你咱。紅：什麼事？旦：你與我望張生去走一遭，看他說什麼，你來回我話者。紅：我不去，夫人知道不是耍。旦：好姐姐，我拜你兩拜，你便與我走一遭！紅：請起，我去則便了，說道：張生你好生病重，則俺姐姐也不弱。」再如第四本楔子裡云：「旦：紅娘，收拾臥房，我睡去。紅：不爭你要睡啊！那裏發付那生？旦：什麼那生？紅：姐組，你又來也。旦：這小賤人倒會放刁。羞人答答的怎生去？紅：有甚的羞，到那裡則合著眼者。（催鶯鶯）去來，去來，老夫人睡了也！（鶯鶯走科）紅：俺姐姐語言雖是強，腳步兒早先行也。……（紅娘敲張生的門。）張：是誰。紅：是你前世的娘。」劉大杰說：在這些對話裡，眞是幽默傳神極了。鶯鶯情慾如火，偏要裝腔作勢，擺出小姐的架子。紅娘是一位經驗豐富的婢女，走一步路，說一句話，都是入情入理，有的是譏諷，有的是恐嚇，也有的是安慰。把鶯鶯紅娘的身分個性以及矛盾心理的發展，都比在曲詞裡，還要表現的分明。這些對白出現於舞台上，使這劇本更有效果，使那些歌曲更有生命，那是無疑的。」張生與鶯鶯二人的戀情迅速發展到極點，牽針引線的關鍵人物是極富正義感與安排佈局巧妙機智的紅娘身上。事情終於瞞不過老夫人。在此情況下，紅娘不免傷感也有些責怪：「誰著你停眠整宿？」「你繡幃裡效綢繆，倒鳳顛鸞百事有。我在窗兒外幾曾經咳嗽？立蒼苔將繡鞋兒冰透。今日個嫩皮膚將粗棍抽？姐姐呵，俺這通殷勤的著甚來由？」紅娘的冷靜沈著充分表現在：「他每不識憂，不識愁，一雙心意兩相投。夫人得好休，便好休，這其間何必苦追求？常言道女大不中留。」怪來怪去，怪你老夫人不該言而無信，竟然忘悔婚。阿英在「元人雜劇史」中說：「殊不知烤紅前的這一段，演紅娘之怨，是更細膩入微的。如果戲曲的本法中，也有的濃抹。」，『淡裝』，那這就應該歸於『淡裝』或『白描』之類。平凡、合理、細緻、深刻，形象極其生動，色彩也很顯明。交織著過去的回憶，當前的情懷，將臨的事態。寫出了紅娘的『怨情』，以及這『怨情』之所由發生。符合紅娘身份、個性、紅娘所處的環境，也恰恰是紅娘的口吻。而筆能到處，亦由淡而濃，由淺而深，既『怨』而『關懷』，說『不管』而還是『遮蓋』。委婉有致，爐火純青。元人雜劇描摹心理，達到這樣的境界的，殊不多。體會之深，可以想見。

王國維錄曲餘談：「戲曲之存於今者，以西廂爲最古，亦以西廂爲最富，宋趙德麟（令時）始以商調蝶戀花十二闋譜會眞記事，南宋官本雜劇段數有鶯鶯六么一本，金則有董解元，弦索西廂，元則有王實父、關漢卿之北西廂，明則陸天池（采）李君實（日華）均有南西廂，周公望（公魯）有翻西廂，國朝則查伊璜（繼佐）有續西廂，周果菴（坦綸）有錦西廂，又有研雪子之翻西廂。疊床架屋，殊不可解。」

除上述外，另有卓珂月有新西廂。其自序云：崔鶯鶯之事以悲終。霍小玉之事以死終。小說中爲此者，不可勝計。乃何以王實甫、湯若士，不能脫傳奇之窠臼耶。余懷其情，而慨然動世外之想，讀其劇而靡然興俗內之懷，其爲風與否可知也。……余所以更作新西廂也，段落悉本會眞，而合之以崔鄭墓碣，又旁證以微之年譜，不敢有董、王、陸、李諸家爭衡，亦不敢蹈襲諸家片字，言之者無飾，聞之者足以歎息，蓋崔之自言曰：始亂之，終棄之，因其宜也。而微之自言曰：天下尤物，不妖其身，必妖於人，今二語，可以蔽斯傳也。卓珂月的新西廂，是完全與會眞記相同的。他又名小月，曾作小青雜劇，又作花舫緣，春波影，百寶箱等。新西廂乃會眞記的翻印本，於此可知。

顧曲雜言說：甲辰年，馬四娘以生平不識金閶爲恨，因其絜家女郎十五六人來吳中唱北西廂全本。其中有孫巧娘者，故馬氏粗婢，貌甚醜，而聲遏雲。於北詞關捩竅妙處，備得其眞，爲一時獨步，他姬曾不得其十一也。四娘還曲中，即病亡，諸姑星散，巧孫亦去爲市嫗，不理歌譜矣。今南教場有傳壽字靈脩亦工北曲，其親生父家傳，誓不教一人。壽亦豪爽，談笑傾坐。若壽復嫁去，北曲眞爲廣陵散矣。北曲較南曲盛時，仍有不能忘情於北曲的。劇說卷六：江斗奴演西廂記於勾欄。有江西人觀之三日。登場呼斗奴曰：汝虛得名耳，指其曲謬誤。幷科段不合者數處。斗奴圭，留之。乃約明日當來，而斗奴不側，以告其母齊亞秀，明月俟其來，延坐，告之曰：小女藝劣，勞長者賜教。恨老妾瞽，不及望見光儀。雖然，尙有耳在，願高歌以破衰愁。客戶抱琵琶而歌。方吐一聲，亞秀即曰：乞食漢，非齊寧王教師耶，何以紿我。顧斗奴曰：宜汝不及也。客亦大笑，命斗奴拜之，留連旬日：盡其藝而去。齊寧王乃善教坊者。又載一則說：乾隆二十九年，西洋貢銅鈴十八人，能演西廂一部，人長尺許，身軀耳目手足悉銅鑄成。其心腹腎腸，皆關鍵湊接，如自鳴鐘法。每齣插匙開鎖，有一定準程，誤開則坐卧行止亂矣。張生、鶯鶯、紅娘、惠明、法聰諸人，能自行開箱著衣服，儼然如生，惟不能歌耳。一齣演畢，自脫衣卧倒箱中。臨値場時，自行起立，仍上戲毯（見新齊諧）西洋銅鈴西廂，以機關操縱，該計巧妙，可以說是銅傀儡。但西廂能流傳西域，可見其魅力，不僅本國人稱好。西洋人用心如此，尤足稱樂。

「麗春堂」全名：「四丞相歌舞麗春堂」，這是本想像故事，虛構之作，述丞相樂善受讒閒句，與統軍李圭杯酒釋怨，會飯於麗春堂。構想似出自廉頗與藺相如史話。

「破窰記」全名：「呂蒙正風雪破窰記」述劉月娥拋鏽球召貧苦的呂蒙正爲婿，同共甘苦於破窰生活。有似王三姐綵樓拋繡球給薛仁貴故事。

除上述外，尙有部分遺曲者是：蘇小卿雙漸販茶船與韓彩雲絲竹芙蓉亭。尙有本書可考者有：雙蕖怨、嬌紅記、于公高門、七步成章、陸績懷橘、進梅諫、麗春園七種。

遺曲與本事俱無的是：多月亭、明達賣子二種。另有度柳翠一劇爲王實甫撰，但亦不確。「蘇小卿雙漸販茶船」在北宋已甚流行。南宋羅燁撰「醉翁談錄」佚文「蘇小卿」一篇，出於煙花奇遇類，輯入「永樂大典」卷二四〇五蘇字韻。故事段落分明，甚爲完整。故事大要爲：蘇寺丞爲閭江知縣有女小卿，娟美無雙。遊賞花園，遇縣之廳吏雙漸卧於花陰下，精神端麗。小卿悅其顏貌，遂結歡於亂紅深處。小卿勉其苦志功業，復令良媒求親。別後二載，雙漸歸詢本縣，蘇家已去揚州，詢其親音，知小卿父母雙亡，落於娼道。雙漸與友人同訪妓陌之所，見女子立於簾下，求新詞以助清聽。雙漸先成其詞，見女子容貌若小卿，罔然若失，筵散後，有一青衣來，邀與小卿見面，各叙別情。再叙前緣。又二年，雙漸任官歸京，船行江上，夜泊豫章，有一畫舸，來繫垂楊下，舟中佳人與其夫對坐。佳人即小卿，以歌詩琵琶互傳心曲。女放琵琶出視，二人馳騎至京師，遂得偕老。

諸宮調董西廂已有「雙漸豫章城」，這與張五牛原編「雙漸小卿諸宮調」，必有相關之處。至元曲中演唱雙蘇故事的種類繁多。可見流行之廣。唐人小說「霍小玉」之死，對有才學無品德的仕宦人家無賴子弟，予以無情的針砭。章臺柳雖有虞候許俊挾柳氏還諸韓翃，但仍有失身於沙吒利之痛。若雙漸與小卿能於結歡於前，失散於後，而終能偕老的一大原因，是雙漸自身追尋小卿一念的志誠，這是對妓女與士人的戀愛作了正面的回應。有李益的無情無義，也有雙漸的千里追尋。有小卿的金山寺題壁詩，也說明了一種忍辱偷生，盼你搭救的一線希望。水滸傳五十面，白秀英在說唱招牌介紹「豫章城雙漸趕蘇卿」的話本，即可證明民間對雙蘇的故事是熱烈擁載的。任中敏氏「曲譜」卷二說：

> 自元以來，曲中播詠最盛者，有三大情史，一為普救西廂，一為天寶馬嵬，一則為豫章茶船也。

雙蘇的故事是典型的佳人士子的故事，商人敗下陣來，士子佳人自然鼓掌稱好的。王實甫雜劇「蘇小卿月夜泛茶船」中呂粉蝶兒：這些時浪靜風恬套，十分可看：

(粉蝶兒) 這些時浪盡風恬。再不去換官身題名兒差占。直睡到上紗窗紅日淹淹。從今後管家私，學針指，罷了花濃酒釅。一會家暗掐春纖。我這裡數歸期故人作念。

(醉春風) 舊約信難憑。就愁眉帶臉。落紅滿地不鈎簾。把朱扉掩，掩。怕對菱花，照人憔悴，不似我舊時嬌艷。

(迎仙客) 靈雀兒噪綠槐，喜蛛兒掛在垂簷。不由我肥斗兒上喜孜孜堆著笑臉。這書寫時節帶著些愁眉。封時節和淚粘。拆開封皮仔細觀瞻。我與你一字字從頭念。

（石榴花）原來這負心的眞個不中粘。想當初啜賺我話兒甜。則好去破窯中捱風雪，受齎監。那時節謹嚴。君子謙謙。賫發的赴科場纔把鰲頭占。風塵行不得占粘。如今這七香車馬花端無憑驗。倒作了脫擔兩頭尖。

（鬥鵪鶉）則有分淚眼愁眉，無福受金花翠靨。我這裡按不住長吁。揾不乾淚點。誰承望你半路裡將人來死拋閃。恩情似水底鹽。到罵我路柳牆花，顧不得桃腮杏臉。

（上小樓）也是我那前世裡緣，也是我今世裡欠。賫發的他應舉求官。獨步青霄，折桂攀蟾。受了些老母嚴。女伴每㤭。何曾心厭。兀的不虧負殺小卿雙漸。

（公篇）有一日見了他，我和他便有甚臉。若見俺那負德辜恩。短命喬才，敢吃我會摑打揪撏。見放篇海神廟，有報應爺爺靈驗。看你這個負心賊恁般短監。

這一段摘錄述雙漸赴京應考。蘇卿落難，愁思茶船，自悲命運。雙蘇小令套數及劇本極多。附錄譚在璧永樂大典所收宋元戲曲三十三種考：「蘇小卿月夜泛茶船，此戲見永樂大典卷一萬三千九百七十五。原書已佚。僅南詞定律及九宮正始中尙存殘曲。作者亦無考。本事似脫胎於白居易「靑衫淚」故事。與之同題材的，金代有院本「調雙漸」（見綴耕錄），諸宮調雙漸趕蘇卿（見西廂記諸宮調引）。元雜劇有王德信蘇小卿月夜販茶船」。庾天錫蘇小卿麗春園，紀君祥信安王斷復販茶船，佚名預章城人月兩團圓，皆佚亡。靑泥蓮花記卷七載：「蘇小卿，廬州娼也，與書生雙漸交昵，情好甚篤。漸出外，久之不還。小卿守志待之，不與他人狎。其母私與江右茶商馮魁定計，賣與之。小卿在茶船，月夜彈琵琶甚怨。過金山寺，題詩於壁，以示漸云：「憶昔當年折鳳凰，至今消息兩茫茫。蓋棺不作橫金婦，入地當尋折桂郎。彭澤曉煙迷宿夢，瀟湘夜雨斷愁腸。新詩寫記金山寺，高掛雲帆上豫章。」漸後成名，經官論之，復還爲夫婦。

## 白樸

白樸字仁甫，後改名字太素，號蘭谷先生。隩州人，故城在今山西河曲縣東北八十里。王國維氏宋元戲曲考：「元初雜劇家，其時代確可考者，則有白仁甫樸。據元王博文天籟集序謂：『仁甫年甫七歲，遭壬辰之難。』又謂：『中統初，開府史公，將以所業薦之於朝。』按壬辰爲金哀宗天興元年，時仁甫七歲，則至中統元年庚辰，年正三十五歲；故于至元一統後，尚遊金陵。蓋視漢卿爲後輩矣。」元王博文天籟集序：「甫七歲時，遭壬辰之難，寓齋（注：父華，字文舉，號寓齋，仕金貴顯，爲樞密院判官，金吏有傳。仁甫爲寓齋仲子）因事遠適。明年春，京城變。遺山遂挈以北渡。自是不茹葷血。人間其故？曰：俟見吾親，則如初。嘗罹疫。遺山晝夜抱持，凡六日，竟于臂上得汗而愈。蓋視親子侄不啻過之。讀書穎悟異常兒。日親炙遺山，謦欬談笑，悉能默記。然自動經喪亂，倉皇失母，便有滿目山川之歎。」王國維元戲曲家小傳：「數年，寓齋北歸，以詩謝遺山云：『顧我眞成喪家犬，賴君曾獲落巢兒。』居無何，父子小築于滹陽。律賦爲專門之學，而太素有能聲，爲後進之翹楚。遺山每遇之，必問爲學次第，嘗贈之詩曰：『元白通舊家，諸郎獨汝賢。』未幾，生長見聞，學問博覽。」（滹陽在今山西繁峙泰戲山。）王國維氏元戲曲家小傳：「逮亡國，居恆鬱鬱不樂，以故放浪形骸，期於適意。」當時，有史中書丞相荐之於朝，再三遜謝不出。王國維氏說：「後以子貴，贈嘉議大夫，掌禮儀院太卿。」吳梅氏遼金元文學史：「平生留意於長短句，清雋婉逸，意愜韻諧，可與張炎相近，惟以製曲掩其才名，今天籟集尚行于世。」他有雜劇十六種，現僅存「梧桐雨」、「牆頭馬上」及「東牆記」三種。王國維氏曲錄：「秋江風月鳳凰城一本，唐明皇秋夜梧桐雨一本，（元曲選本，古名家雜劇本），鴛鴦簡牆頭馬上一本，（元曲劇本，古名家雜劇本，元曲選，也是園書目作裴少俊牆頭馬上），韓翠蘋御水流紅葉一本，唐明皇遊月宮一本。董秀英花月東牆記一本，漢高祖斬白蛇一本，祝英臺死嫁梁山伯一本，閻師道趕江一本，楚莊王夜宴絕纓會一本，簫翼智賺蘭亭記一本。泗上亭長一本，（太和正音譜作高祖歸莊），崔渡謁漿一本，蘇小小月夜錢塘夢一本，薛瓊瓊月夜銀箏怨一本，（右十五本見錄鬼簿），李克用箭射雙雕一本。（右見李玉北詞廣正譜），右十七種，元白樸撰。」他的生卒年大致是一二二六——一三〇六之間。元夏仲明淩波仙詞：「峨冠博帶太常卿，嬌馬輕衫館閣情。拈花摘葉風詩性，得青樓薄倖名。洗襟懷，剪雪裁冰；閒中趣，物外景，蘭谷先生。」明朱權太和正音譜：「白仁甫之詞，如鵬搏九霄，風骨磊磈，詞源滂沛，若大鵬之起北溟，奮翼凌中九霄，有一舉萬里之志，宜冠於首」。王國維氏宋元戲曲考比他做詩中劉夢得，詞中蘇東坡「婉約豪放，兼而有之」。詞如沁園春金陵鳳凰台眺望，有若辛稼軒賀新郎一詞的情懷蒼涼：

我望山形，虎踞龍盤，壯哉建康。憶黃旗紫蓋，中興東晉；雕欄玉砌，下逮南唐；步步金蓮，朝朝瓊樹，宮殿吳時花草香。今何日，尚寺留蕭姓，人做梅妝。長江不管興亡，謾流盡英雄淚萬行。問烏衣舊宅，誰家做主，白頭老子，今日還鄉。吊古愁濃，題詩人去，寂寞高樓無鳳凰。斜陽外，正漁舟唱晚，一片鳴榔。

他的散曲，如：越調天淨沙四季咏，雙調得勝樂等各選一種：

**春**

春山暖的和風。闌干樓閣簾攏。楊柳秋千院中。啼鶯舞燕，小橋流水飛紅。

**夏**

雲收雨過波添。樓高水冷瓜甜。綠樹陰垂畫簷。紗櫥藤簟，玉人羅扇輕縑。

**秋**

孤村落日殘霞。輕煙老樹寒鴉。一點飛鴻影下。青山綠水，白草江葉黃花。

**冬**

一聲畫角樵門。半庭新月黃昏。雪裡山前水濱。竹籬茅舍，焚煙衰草孤村。

又如小石調惱煞人

又是紅輪西墜。殘霞照萬頃銀波。江上晚景寒烟。霧濛濛，風細細，阻隔離人蕭索。(么篇)宋玉悲秋愁悶。江淹夢筆寂寞。人間豈無成與破，想別離情緒。世界裡只有俺一個。

（伊州遍）爲憶小卿。牽腸掛肚。淒惶悄然無底末。受當平生苦。天涯海角，身心無個歸著。恨馮魁。趨恩奪愛，狗行狼心。全然不怕天折挫。到如今劃地吃躭閣（隔）。禁不過。更那堪晚來暮雲深鎖。

（公篇）故人杳杳，長江風送。聽胡笳嚦嚦聲韻聒。一輪皓月朗。幾處鳴榔。時復唱和漁歌。轉無那。沙月蓼岸。一點漁燈相照。寂寞古渡停畫舸，雙生無語淚珠落。呼僕隸指撥水手，在意扶柁。

（尾聲）蘭舟定把蘆花過。櫓聲省可裡高聲和。恐驚散宿鴛鴦，兩分飛也似我。

此曲是咏雙漸趕蘇卿的一段。其咏閨怨如混江龍也是端麗動人：

斷人腸處，天邊殘照水邊霞，枯荷宿鷺，遠樹棲鴉。敗葉紛紛擁砌石，修竹珊珊掃窗紗。黃昏近，愁生砧杵，怨入琵琶。

他的雜劇中最出名的是「梧桐雨」全名「唐明皇秋夜梧桐雨」，清黃文暘曲海總目提要：「梧桐雨，元白仁甫撰。采白居易長恨歌中『秋雨梧桐葉落時』句以標目也。略云：張守珪爲幽州節度使，裨將安祿山失機當斬。惜其驍勇，械送至京。丞相張九齡請誅之，明皇不從，召見授以官。時貴妃方寵幸。命以山爲義子。賜洗兒錢。後與楊國忠不協，出爲范陽節度使。七月七日，妃陪上宴於長生殿。賜金釵鈿盒。酒酣，感牛女事，對星而盟，願生生世世爲夫婦。天寶十四載，方食荔枝，祿山反報至。倉皇幸蜀。次馬嵬驛，軍譁不行。龍武將軍陳元禮請誅楊國忠。既誅，軍譁不止。元禮復以貴妃爲請。明皇不得已，命高力士引至佛堂中自盡，六軍始行。肅宗收京，上皇居西宮，題貴妃像於宮中，朝夕相對。一夕，夢與妃相見，而爲梧桐雨驚醒，追思往事。怨梧桐不置也。「梧桐雨」楔子一場叙安祿山因討奚契丹軍敗，論律當斬，明皇喜其應對得體，特赦爲白衣將領，又因祿山善胡旋舞，楊妃喜好，乃以祿山爲義子，出入宮掖不禁，且賜洗兒錢，種下安祿山反叛野心。第一析叙七夕，明皇與貴妃飲宴於長生殿，明皇賜貴妃以七寶金釵和百花鈿盒以表深情，因感於牛女事，悵人世不能久長，乃對天盟誓，願生生世世爲夫婦。其中有醉中天云：「我把你半嚲的肩兒憑，他把個百媚臉兒擎，正是金闕西廂扣玉扃，悄悄迴廊靜。靠著這招彩鳳，舞青鸞，金井梧桐樹影，雖無人竊聽，也索悄聲兒海誓山盟」。第二折迴場賓白述安碌山操鍊兵馬，殺奔京師。時爲天寶十四年之秋日，明皇與貴妃設宴于沈香亭下，情濃酒酣，貴妃舞霓裳羽衣曲於翠盤之上，明皇擊鼓助其聲色，四川專使兼程送來荔枝。李林甫忽報安祿山反叛，兵勢浩大，力勸明皇幸蜀避禍。「普天樂」云：「更那堪滻水西飛雁，一聲聲送上雕鞍，傷心故園，西風渭水，落日長安。」下至第三折：「駐馬聽」：「隱隱天涯，剩水殘山五六搭，蕭蕭林下，壞垣破屋兩三家，秦川遠樹霧裏花，灞橋衰柳風瀟灑，煞不如碧窗紗，晨光閃爍鴛鴦瓦。」寫出了一種狼狽悽惶的景象。接叙明星留駐馬嵬驛（陝西省興平縣西）六軍不發，兵士殺楊國忠尚不能洩憤，無奈何只得悲痛賜死貴妃。明皇唱「殿前歡」云：「他是朵嬌滴滴海棠花，怎做得鬧荒荒亡國禍根芽？再不將曲彎彎眉兒畫。亂鬆鬆秀鬢堆鴉，怎下得磣磕磕馬蹄兒臉上踏，則將細裊裊咽喉掐，早把條長攙攙素白練安排下，他那裏一身受死，我痛煞煞獨力難加！」再看「鴛鴦煞」：「黃埃散謾悲風颯。碧雲黯淡斜陽下，一程程水青山綠，一步步劍嶺巴峽。唱道感歎情多。恓惶淚灑，早得升遐，休休卻是今生罷，這個不已的官家，哭上逍遙玉驄馬」。更是情何以堪？轉至第四折敘收京後明皇退居西宮，冷落淒愁，自悲自歎，對著貴妃「見芙蓉懷媚臉，遇楊柳憶纖腰」的畫像，恍忽間，貴妃來請赴長生殿，正擬歡會，卻被秋蟲與梧桐雨驚醒：

（蠻姑兒）蝗惱窨約，驚我來的又不是樓頭過雁，簷前玉馬，駕上金鷄，是兀那窗兒外梧桐上雨瀟瀟，一聲聲灑殘葉，一點點滴寒梢，會把愁人定虐。

（叨叨令）一會價緊呵似玉盤中萬顆珍珠落，一會價響呵似玳筵前幾簇笙歌鬧，一會價清呵似翠岩頭一派寒泉瀑，一會價猛呵似繡旗下數面征鼙操。兀的不惱殺人也麼哥，兀的不惱殺人也麼哥，則被那諸般兒雨聲相聒噪。

（倘秀才）這雨一陣陣打梧桐葉凋，一點點滴人心碎了。枉著金井銀床緊圍繞，只好把潑枝葉做柴燒鋸倒。

（黃鍾煞）順西風低把紗窗哨，送寒氣頻將繡戶敲，莫不是天故將人愁悶攪，度鈴聲響棧道，似花奴羯鼓調，如伯牙水仙操。洗黃花潤籬落，漬蒼苔倒牆角，渲湖山漱石竅，浸枯荷溢池沼，沾殘蝶粉漸消。灑流螢燄不著，綠窗前促織叫，聲相近雁影高，催鄰砧處處搗，助新涼分外早，斟量來這一霄雨，和人緊廝煞，伴銅壺點點敲。雨更多，淚不少，雨濕寒梢，不肯相饒。共隔著一樹梧桐，直滴到明。

劉大杰在中國文學發展史中說：「梧桐雨寫明皇貴妃故事，因爲這是一個宮劇的材料，作者要鋪張襯托，文字上難免有過於富貴華麗之處。同時他又過於著力描寫明皇失戀後的心理，在最後一幕。把雨的悽涼、景物的蕭瑟、寫得非常用力，於是詩的效果增多，戲劇的效果反而減少了。」青木正兒元人雜劇序說：「全劇始終緊張，到第四折而靜的收場，頗有餘韻溺溺，不窮不盡的妙味，至於其曲辭，則雖雜用俗語，而又能達典雅之極致，的確是元曲中第一等的傑作。」鄭振鐸中國文學史中認爲：「在許多元曲中，梧桐雨確是一本很完美的悲劇。作者並不依了長恨歌而有葉法善到天上求貴妃一幕，也不像長生殿傳奇那麼以團圓爲結束。他只叙到貴妃的死，明皇的思念爲止；而特地著重於追思的一幕。像這樣純粹的悲劇。元劇中是絕少見的，連竇娥冤與漢宮秋那麼天生的悲劇，卻也勉強的以團圓爲結束，更不必說別的了」。

「梧桐雨」四折的形式，叙述明皇與貴妃的戀愛，稱之爲集中表現，當無不可。純粹的悲劇藝術，於悲哀的淒切的境界中結束，不落大團圓的俗套，於文詞的悲淒雋美，尤多令人難忘。王國維氏人間詞話：「白仁甫秋夜梧桐雨劇沈雄悲壯爲元曲冠冕」。

「牆頭馬上」全名「裴少俊牆頭馬上」，或作「鴛鴦簡牆頭馬上。」劇情是：「裴尚書行儉子少俊奉高宗令往洛陽買花栽子。騎馬過洛陽總管李世俊後花園，見李千金娟美無雙，頓生情意，投詩示愛云：「只疑身在武陵遊，流水桃花隔岸羞。咫尺劉郎腸已斷，爲誰含笑倚牆頭？」千金答詩說：「深閨拘束暫閒遊，手撚青梅半掩羞。莫負後園今夜約，月移初上柳梢頭。」二人因僕人張千女婢梅香之助，乃得相會。事爲嬤嬤撞破好事，初欲堅持送官，經二人與女婢說明事理轉而同情二人私奔。二人至長安，少俊不敢稟告父母，匿千金後花園七年，生子端端六歲，女重陽四歲。終爲行儉發現，追究眞相，大爲震怒，羞辱千金爲酒肆倡優，不顧羞恥，並逼千金將玉簪磨成針，以遊絲繫銀瓶汲水不斷，並以簪折絲斷爲理由，強逼少俊寫下休書，趕走千金，留下子女。少俊無奈偷送千金回洛陽娘家守節，自己則赴京應試。千金父母已歿。千金與兒女，度日如年，少俊中了狀元，得授洛陽縣尹，到李家迎接千金，千金則認爲少俊懦弱不肯團圓，此時行儉得知千金爲李總管之女，當年曾有婚的，帶了孫子女前來道歉，千金終因兒女以死相求，才拜了公婆，一家團圓。清梁廷枏曲話對於千金思春，出語淺露，極情極態，爲元曲通病。但如：

（那吒令）本待要送春向池塘草萋，我且來散心到荼蘼架底，我待教寄身在蓬萊洞裡，金蓮花紅繡鞋，蕩湘裙鳴環珮，轉過那曲檻之西。

（鵲踏枝）怎肯道負花期，惜芳菲，悴胭憔，他線暗紅稀，九十日春光如過隙，怕春歸又早春歸。

（寄生草）柳暗靑煙密，花殘紅雨飛，這人人和柳渾相類，花吹得人心碎，柳眉不轉娥眉繫，爲甚西園恁景狼藉，正是東君不管人憔悴。

（么篇）榆散靑錢亂，梅攢翠豆肥，輕輕風趁蝴蝶隊，霏霏雨過蜻蜓戲，融融沙煖鴛鴦睡，落紅踏踐馬𨂐塵，殘花醞釀蜂兒蜜。

以上曲，可說情景相融，堪稱含蓄。至第三折離別之詞，也可稱警策。如：

（沈醉東風）夢驚破情緣萬結。路迢遙煙水千疊。常言道有親娘有後爺。無親娘無疼熱。

他要送我到官司。逞盡豪傑，多謝你把一雙幼女癡兒好覷著。我待信拖拖去也。

（甜水令）端端共重陽，他須是你斐家枝葉。孩兒也啼哭的似痴呆，這須是我子母情腸廝廝惹。兀得不痛殺人也。

（折桂令）果然人生最苦是離別。方信道花發風篩，月滿雲遮，誰更敢倒鳳顛鸞。撩蜂剔。打草驚蛇。壞了咱牆頭上傳情簡帖。折開咱柳陰中鶯燕蜂蝶。兒也咨嗟。女又攔截。既墜簪折，咱義斷恩絕。

（鴛鴦煞）休把似殘花敗柳冤仇結，我與你生男長女填還徹。指望生則同衾，死則同穴。唱道題柱胸襟，當爐的志節。也是前世前緣。今生今業。少俊呵。與你乾駕了合香車，把這沒氣性的文君送了也。

千金受盡折磨與羞辱，終於狠下心，離別骨肉兒女去了。傷感怨恨。少俊一舉狀元及第任洛陽尹來尋千金，懇求和好如初。千金性烈不肯屈從：

（普天樂）你待結綢繆。我怕遭刑獄。我人心似鐵，他官法如鑪。你娘並無那子母情。你爺怎肯相憐顧。問的個下惠先生無言語。他道我更不賢達。敗壞風俗，怎做家無二長，男遊九郡，女嫁三夫。

（石榴花）常言道好客不如無，搶出去又何如？我心中意氣怎消除，你是窨付負與何辜，既爲官怎臉上無羞辱。你道我不識親疏。雖然是眼中沒的珍珠處，也須知略辯個賢愚。

（鬥鵪鶉）一個是八烈用公，一個是三移孟母。我本是好人家孩兒。不是娼人家婦女。也是行下春風望夏雨，待要做眷屬。枉壞了少俊前程。辱後了你裴家上祖。

千金的理直氣壯，說明了三貞九烈的性格，他在公公婆婆的勸告下仍不肯低頭回去。只有端端和重陽的以性命相逼迫，千金才拜了公婆，卻仍要數說公婆的不是；再來個簪折瓶墜可受不了。

（耍孩兒）告爹爹妳妳聽分訴。不是我家醜事。除今喻古，只一個卓王孫氣量捲江湖，卓文君美貌無如。他一時竊聽求鳳曲，異日同乘駟馬車。也是他前生福。怎將我牆頭馬上，偏輸卻沽酒當爐。至此，李千金花前月下，裴少俊牆頭馬上做了完滿的結局。這個戲的結構和主題，強烈的顯示出婚姻的自主性，正大光明。雖然千金思春，超出一般少女的矜持而爲人垢病。但誠如劉大杰中國文學發展史之所言：「牆頭馬上是一個最富於社會性的婚姻問題的劇本」。又說：「結構很完整，對白也較梧桐雨爲通俗，就是各折中的曲辭，也是俊語如珠，並不在梧桐雨之下。」因爲，「比起梧桐雨中那些富貴典麗的文句來，是較爲本色較爲通俗的事，是很明顯的。這樣看來，就戲曲的價值上說，牆頭馬上實要勝過梧桐雨了。」

所可論者，是裴行儉這位尚書的偏私專橫，不類唐高宗時文武全材功在國家的禮部尚書兼右衛大將軍的裴行儉。行儉於文學則有千古名言：「士之致遠者，當先器識而才藝。」此為文士立身行文之準則。於武功則有：孤軍深入萬里，不血刃擒西州十姓可汗同史那支送歸京師。以定襄道行軍大總管討平突厥阿史德溫傅，執其來降。其子元廷拜中書侍郎同中書門下平章事。及吏部尚書，獎拔沒進，用人惟才，悉尊其父仁儉立唐取士原則為一、身，形相端偉，二、言，辭章辯正，三、書，筆法遒勁，四、判，理論優長。如此斐家，是山西聞喜大家，自梁以來，斐家為國公將相者不知凡幾。唐時，斐度與斐行儉其尤著者。

## 馬致遠

馬致遠，號東籬，元大都人。鍾嗣成錄鬼簿：「江浙省務提舉」。王國維氏曲錄：「致遠號東離，大都人，江浙行省務官」。一般認為元人輕視漢人，省務提舉之類只是微不足道的小官。自號東籬，以無可進取，退居林下，以「酒中仙，塵外客，林間友」相值，渡其「剪裁冰雪，追陪風月，管領鶯花」的閒逸生活。元夏仲明凌波仙詞：「萬花叢裡馬神仙。百世集中說致遠，四方海內皆談羨。戰文場，曲狀元，姓名香貫滿黎園。漢宮秋，青衫淚，戚夫人，孟浩然，共庾白關老齊眉。」又：「元貞書會李時中，馬致遠，花李郎，紅字公；四高賢合捻黃粱夢，東籬翁，頭折冤。第二折，商調相從，第三折，大石調，第四折，是正宮；都一般愁霧悲風。」這書會，大約是文士藝人歌彈鼓吹之所，有若，關漢卿的「玉京書會」。梁乙眞元明散曲小史：「他所作的雜劇有十七種：漢宮秋、薦福碑、岳陽樓、黃粱夢、青衫淚、陳摶高臥、任風子、踏雪尋梅、桃源洞、酒德頌、齊後鐘、歲寒亭、戚夫人、金山寺、馬丹陽、孟浩然、牧羊記。」(金山寺叙蘇卿雙漸事)。

明寧獻王朱權「太和正音譜」：

馬東籬之詞，如朝陽鳴鳳。其詞典清麗。可與靈光、景福兩相頡頏，有振鬣長鳴，萬馬皆瘖之意。又若神鳳飛鳴於九霄，豈可與凡鳥共語哉。宜列群英之上。

此是就其詞米風格推崇備至的說法。王國維氏以唐詩喻之：「東籬似李義山。」以宋詞喻之：「東籬似歐陽永叔」。任訥「曲譜」說：

雜劇推元四家，余謂散曲必獨推東籬，小山雖亦散曲專家，終是別調耳，餘人則皆非專家。既然散劇兼長，則古今辭英，以東籬爲領袖，可謂至當矣。

在「金元散曲」中錄有小令一百支，套數十六。其中的小令「紫芝路」咏明妃：

雁北飛。人北望。抛閃煞明妃也漢君王。小單于把盞呀剌剌唱。青草畔有收酪牛。黑河邊有扇尾羊。他只是思故鄉。

馬嵬坡咏明皇貴妃：

睡海素。春將晚。恨不得明皇掌中看。霓裳便是中原患。不因這玉環。引起那祿山。怎知蜀道難。

壽陽曲中洞庭秋月中有些歌謠，非常動人如：

從別後，音信杳。夢兒裏也曾來到。問人知行到一萬遭，不信你眼兒不跳。

心間事，說與他。動不動早言兩罷。罷字兒磣可可你道是耍。我心裡怕那不怕。

最出名的是天淨沙秋思

枯籐老樹昏鴉。水橋流水人家。古道西風瘦馬。夕陽西下。斷腸人在天涯。

唐詩人溫飛鄉「商山早行」詩：

**晨起動征鐸，客行悲故鄉，雞聲茅店月，人跡板橋霜。**

**槲葉落山路，枳花明驛牆。因思杜陵夢，鳧雁滿曲塘。**

其中「雞聲茅店月，人跡板橋霜」的孤塞氣象，尚無秋思的鑽人愁腸。柳永八聲甘州詞；其中：漸霜風淒慘，關河冷落，殘照當樓，王國維言：格高千古。耆卿羈旅行役，尤屬擅長。但秋思酉，於動靜迴轉間，又令人黯然消魂。

致遠潑不斷有曲云：

**菊花開。正歸來。伴虎溪僧鶴林友龍山客。似杜工部、陶淵明，李太白。洞庭柑東陽酒西湖蟹。哎·楚三閭休怪。**

他自比前輩詩人的心情，在這系列詩中，閒適自得，正如怪迷所咏：

**世事飽諳多。二十年漂泊生涯。天公教我平生假。剪裁冰雪。追陪風月。管領鶯花。**

人生一切都是假象，只有「漢宮秋」雜劇流傳於世，才是永久的價值。

清黃文暘曲海總目提要：「漢宮秋，元馬致遠撰，記王昭君事，以漢元帝於宮中憶之，故云漢宮秋。略云：單于呼韓邪請公主和婚。時元帝以後宮寂寞，毛延壽請選良家女入宮。圖形以進，按圖臨幸。延壽大索賂賄，王嬙獨無，延壽毀其狀，嬙不得幸。後於宮中彈琵琶，帝聞召見，遂獲大寵。知延壽納賄，將殺之。壽逃於單于，圖嬙以獻。單于呼韓邪來朝，請居光綠塞下，求公主和婚，按圖索嬙。帝不許，朝臣皆請從之。嬙亦願以身報國，遂從之。出塞，行過黑水，嬙投水死。單于感其義葬之。而縛延壽送漢。元帝在宮中，秋夜憶嬙，形諸夢寐。醒而單于縛延壽至，乃斬延壽祭嬙，中外和好如初。」漢書匈奴傳並無毛延壽之事，只說：「竟寧元年，呼韓邪單于入朝，自言願婿漢氏以和親。元帝以後宮良家子王嬙字昭君賜單于，號寧胡閼氏，生一男伊屠智牙師，爲右日逐王。呼韓邪死，立雕陶莫皋，爲復株絫若鞮單于，復妻王昭君，生二女，長女云爲須卜居次，小女爲當於居次。新都侯王莽秉政，乃風單于，令遣王昭君女須卜居次云入侍」後漢書西匈奴傳云：「昭君字嬙，南郡人也。元帝時以良家子選入掖庭。時呼韓邪來朝，帝敕以宮女五人賜之。昭君入宮數月，不得見御，積悲怨。乃請掖庭令求行。呼韓邪臨辭大會，帝召五女以示之。昭君豐容盛飾，光明漢宮，顧影裴回，竦動左右。帝見大驚，意欲留之，而難於失信，遂與匈奴。生二子。呼韓邪死，其前閼氏子代立，欲妻之。昭君上書求歸，成帝敕令從胡俗，遂復爲後單于閼氏」。至西京雜記，始增添毛延壽畫工之事。（西京雜記晉葛洪著見說唱藝術一書）清焦循劇說卷五說：「王昭君事見漢書，西京雜記有誅畫工事，元明以來，作昭君雜劇者，有四家，馬東籬漢宮秋一劇，可稱絕調。臧晉叔元曲選爲第一，良非虛美。但西京雜記謂：王嬙自恃容貌，不肯與，工人乃醜圖之，工人不專指毛延壽，所誅畫工，延壽而外又有安陵陳敞，新豐劉白，龔寬，下杜陽望，樊裔。同月棄市。東籬則歸咎毛延壽一人。又本青塚事，謂昭君死于江，而以元帝一夢作結。薛反此作昭君夢，則謂已嫁單于，而發入漢宮也。惟陳正陽昭君出塞一折，一本西京雜記，不言其死，亦不言其嫁。寫至出玉門關即止。最爲高妙。尤西堂作吊琵琶，前三折全本東籬，末一折寫蔡文姬祭青塚，彈胡笳十八拍以吊之。雖爲文人狡獪，而別致可觀。元人張時起，有昭君出塞劇，今不傳。」

杜甫詠懷古跡之一

群山萬壑赴荊門，生長明妃尚有村，一去紫臺連朔漠，獨留青冢向黃昏。
畫圖省識春風面，環珮空歸月夜魂。千載琵琶作胡語，分明怨恨曲中論。

昭君村在湖北宜昌府興山縣南。紫臺指的是漢宮、江淹恨賦：「明妃去時，仰天太息；紫臺稍遠，關山無極。」昭君因避晉文帝（司馬昭）諱改爲明君。青冢在今綏遠省歸綏城南郊。此黑江並非黑龍江，是東籬的筆誤。三十里，近黑河。金人王元節詩云：「環珮影搖青塚月，琵琶聲斷黑江秋，漢家多少征西將，泉下相逢也含羞。」讚頌昭君貞節之可貴。琴操：「昭君在外恨帝，始不見遇，乃作怨思之歌，後人名爲昭君怨。」

賀昌群元曲概論：「破幽夢孤雁漢宮秋，元曲選甲集上。這劇寫『明妃出塞』的事，論者謂爲元曲中之傑作。末折寫昭君去後，元帝鬱鬱無歡，夜嘗夢見昭君，醒後則正聞孤雁掠長空而悲鳴，其情調至爲淒楚。」

此劇第一折元帝巡辛永巷。昭君於夜深孤悶，試理琵琶逍遣。元帝似有未卜先知的感覺云：

（混江誠）料必他珠簾不掛，望昭陽一步一天涯，疑了些無風竹影，恨了些有月窗紗，他每見弦管聲中龍玉輦，恰便似斗牛星畔盼浮槎。是誰人彈一曲，寫出嗟呀。莫便要忙使聖旨，報與他家，我則怕乍蒙恩，他不定心兒，怕驚起宮槐宿鳥，庭樹棲鴉。

元帝見了昭君容貌出衆，心中喜樂，不由的興高彩烈；竟和西施做了比較：

（醉中天）將兩葉賽宮樣眉兒畫，把一個宜梳裹臉兒搽，額角香鈿貼翠花，一笑有傾城價。若是越句踐姑蘇台上見他，那西施半籌也不納，更敢早十年敗國亡家。

元帝聽說昭君出身秭歸農家，不由的放下帝王的尊貴，開起玩笑來。

（金盞兒）我看你眉掃黛，鬢堆鴉，腰弄柳，臉舒霞，那昭陽到處難安插。誰問你一犁兩壩做生涯。也是你君恩留枕簟，天教雨露潤桑麻，既不沙淹江山千萬里，直尋到茅舍兩三家。

元帝既不拍禮敎，輕鬆的氣氛因爲美色當前，不僅遊戲挑逗，且更諧謔輕浮：

（金盞兒）你便晨挑菜，夜看瓜。春種穀，夏澆麻。情取棘針門，粉壁上除了差法，你向正陽門改嫁的榮華，俺官職頗高，如村社長。這宅院剛大似縣官衙，謝天地，可憐窮女婿，再誰敢欺負俺丈人家。

東籬在此兩支曲子上，巧設身段，把元帝和昭君的感覺從帝王與鄉農，宮院與縣衙，村社長窮女婿，做了巧妙的對照。針線穿密之處，的確是天衣無縫，而在「明夜裡西宮閣下，你是必悄聲兒接駕，我則怕六宮人攀倒撥琵琶」。把昭君開了個你卻等我來的玩笑。清梁廷栴曲話說：「寫景寫情，當行出色，元曲中第一義也。」不過，自第三折開始（新水令）「錦貂裘，生改盡漢宮妝。我則索看昭君畫圖模樣。舊恩金勒短。新恨玉鞭長，本是對金殿鴛鴦，分飛翼。怎承望。」正是掩抑頓挫。王國維宋元戲曲考指其「梅花酒」以下三曲，是自然有境界的代表作。也活現了一個「那堪這散風雪旌節影悠揚。動關山鼓角聲悲壯」，百無聊賴，氣息衰敗的君王：

（梅花酒）呀。俺向著這迥野悲涼，草已添黃，色早迎霜，犬腿得毛蒼。人搠起纓槍，馬負著行裝，車運著餱糧。打獵起圍場。他他他傷心辭漢主。我我我攜手上河梁。他部從入窮荒。我鑾輿返咸陽。返咸陽。過宮牆。過宮牆。遶迴廊。遶迴廊。近椒房。近椒房。月昏黃。月昏黃。夜生涼。夜生涼。泣寒螿。泣寒螿。綠紗窗，綠紗窗。不思量。

（收江南）呀。不思量。除是鐵心腸。鐵心腸也愁淚滴千行。美人圖今夜掛昭陽。我那裡供養，便是我高燒銀燭照紅妝。

（鴛鴦煞）我煞大臣行說一個推解謊。又則怕筆尖兒那火編修講。不見他花朵兒精神。怎趁那草地裡風光。唱道竚立多時。徘徊半晌。猛聽的塞雁南翔，呀呀的聲嘹喨。卻原來滿目牛羊。是兀那載離恨的氈車，半坡裡響。

這種連綿珠落，深至蕩漾的曲詞，一層層灩瀲流轉的精彩悲切的造字遣句，實爲元曲格調最大的成就。至第四折仍有餘韻纏綿，感人肺腑的詞藻：

（剔銀燈）恰纔這樣兒單于王使命呼喚俺那昭君名姓，偏寡人喚娘娘不肯燈前應。卻原來畫上的丹青。猛聽得仙音院鳳管鳴。更說甚簫韶九成。

（白鶴子）多管是春秋高。觔力短。莫不是食水少。骨毛輕。待去後，愁江南網羅寬，悲切似唱三疊陽關令。

（小上樓）早是我神思不寧。又添個寃家纏定。他叫得慢。一會兒，緊一聲兒，和盡寒更。不爭你打盤旋。這搭裡同聲相應。可不差訛了四時節令。

孤雁的叫聲是漢宮秋的主題，這和梧桐雨的淒涼是同樣的蕭瑟，但漢宮秋典麗幽雅，已出乎通俗口語之上，這種風格，特爲戲文曲家所依傍，故元明論者推舉東籬爲首選。

馬東籬雜劇十三種，現存者有九種。但都比「漢宮秋」爲遜色。「青衫淚」寫白居易與裴興奴嫁作商人婦，因元微之出面把興奴還歸居易。正目：一曲撥成鶯燕的，四弦續上鴛鴦會；得現商婦琵琶行，江州司馬青衫淚。正目：江州司馬青衫淚。這是從白居易琵琶行「江州司馬青衫淚」轉化編成本子。「踏雪尋梅」寫孟浩然故事。「薦福碑」寫文人張鎬落魄不遇，又爲張浩冒認其官職。因其咒罵神龍，寺僧助其拓印其薦福壽碑，不料爲雷轟碎。但最終爲范文正公所救。正史中的張鎬，肅宗時官至同平章事，代宗時封平原郡公，起自布衣，位極人臣。與劇中人大不相同。「陳摶高臥」述趙玄郎爲平民時，嘗于洛陽竹橋與高士陳摶問卦，摶言其他日必有人主之尊，後果然。玄郎遣使求之于西華山中，摶無意功名不出。「岳陽樓」敘呂洞賓在岳陽樓度化，郭馬兒賀臘梅夫婦事。「馬丹陽」原名「馬丹陽三度任風子」述任屠隨馬眞人成道事。「誤入桃源」全名「劉阮誤入桃源洞」本於宋「綠窗新話」「劉阮遇天台女仙」（出齊諧記）。「黃粱夢」敘漢鍾離度呂洞賓事。

## 鄭光祖

鄭光祖字德輝，平陽襄陵人，屬山西平陽府，今稱河東道。以儒補杭州路吏，元鍾嗣成錄鬼簿：「爲人方直，不妄與人交，故諸公多鄙之。久則見其情厚，而他人今及也」。又說：「名聞天下，聲徹閨閣，伶倫輩稱『先生者，皆知爲德輝也。』」明朱權太和正音譜：「鄭德輝之詞如九天珠玉，其詞出語不凡，若咳唾落中九天，臨風而生珠玉，誠傑作也。」明何良俊於四友齋叢說：馬、關、白四大家，當以鄭爲第一。王國維宋元戲曲考：「鄭德輝清麗芊綿，自成馨逸，不失爲第一流。以唐詩喻之，德輝似溫飛卿。以宋詞喻之，德輝似秦少游。」盧冀野說他是第二期的作家。而生卒年不詳，死後火葬於西湖靈芝寺。

王國維曲錄：「李太白醉寫秦樓月一本，醜齊后無鹽破連環一本。陳後主玉樹後庭花一本，放太甲伊尹扶湯一本，（也是園書目作立成湯伊尹耕莘），三落水鬼泛采蓮船一本，秦趙高指鹿爲馬一來，傷梅香翰林風月一本，「元曲選，元人雜劇選本」，崔懷寶月夜聞箏一本，醉思鄉王粲登樓一本（元曲選本），周公輔成王攝政一本，王太后捧印哭孺子一本。迷靑瑣倩女幽魂一本（元曲選本，在名家雜劇選本），虎牢關三戰呂布一本，齊景公哭晏嬰一本，謝阿蠻梁園樂府一本（太和正音譜作梁園樂府），周亞夫細柳營一本，紫雲孃一本，（右均見錄鬼簿，太和正音譜），哭孫子一本（見太和正音譜），鍾離春智勇定齊一本（見也是園書目）右十九種；元鄭光祖撰。其中哭孫子即王太后摔印哭孺子。孫係孺之誤，鍾離春智勇定齊即醜齊后無鹽破連環，實得十七種。盧前元人雜劇全集，鄭德輝雜劇存目，賀易群元曲概論，鄭振鐸插圖中國文學史皆有誤列。

今存伊尹耕莘，周公攝政，智勇定齊，王粲登樓，三戰呂布，老君堂，傷梅香，倩女離魂八種，明臧晉叔元曲選有「倩女離魂、王粲登樓、傷梅香」三種。他的雜劇名氣很大，散曲少而清麗。如蟾宮曲，夢中作：

半窗幽夢微茫。歌罷錢塘。賦罷高唐。風入羅幃，爽人窗牖。月照紗窗，縹渺見犂花淡粧、依稀聞蘭麝餘香。喚起思量。待不思量，怎不思量。

飄飄泊泊航纜定沙汀。悄悄冥冥，江樹碧熒熒。半明不滅一點漁燈、冷冷清清瀟湘景晚風生。淅笛淅零暮雨初晴。皎皎潔潔照櫓蓬剔留圓欒月明。正瀟瀟颯颯和銀箏留䄍刺秋聲。見希颩胡都茶客微醒、細尋尋思思雙生雙生。你可閃下蘇卿。弊裘塵土壓征鞍鞭倦裊蘆花。可弓劍蕭蕭。一竟入煙霞。動羈懷西風禾黍秋水蒹霞。千點萬點老樹昏鴉。三行兩行寫高寒呀呀雁落平沙，曲岸西邊水渦魚網綸竿釣艖。斷橋東下傍溪沙，䄍籬茅舍人家。見滿山滿谷。江葉黃花。離人又在天涯。

以上小令是脫不了馬致遠，白樸的痕跡的。套數中梧桐樹題情如：

（東甌令南）情山遠。意波遙。咫尺粧樓天樣高。月圓若被陰雲罩。偏不把離愁照。玉人行處教吹簫，辜負了這良宵。

他的古典氣息，是承接宋人的詞采，又加以琢磨的工夫。他的俊語爲人稱道，也所以成爲一太家，且有若干影響於後人的，仍在於他的曲文的蘊藉美好。

「王粲登樓」題目「假託名蔡邕薦士」正名「醉思鄉王粲登樓」。第一折述王粲來京師投靠叔父蔡丞相邕，困居店肆。邕知王粲矜驕傲慢，要涵養他些銳氣，託曹植之手贈給金帛鞍馬薦書，令謁劉表。第二折王粲投劉表，劉表命蒯越蔡瑁接待他，三人談論韜略，王粲口若懸河，目中無人。又因其貌不揚，矜驕傲慢，亦被二人輕慢。每三折，劉表聽信蒯越，蔡瑁二人讒言，不用王粲。王粲上萬言書給曹植，期得回報。幸有許達安慰垂顧，於重陽佳節登高，治酒於溪山風月樓，王粲懷鄉思母，不覺感傷。許達以此樓係其父所造賦詩爲倡，王以五絕回答：「危樓高百尺，手可摘星辰。不敢高聲話，恐驚天上人。」王粲於此情懷中興起思鄉的悽怨：

（迎仙客）雕簷外紅日低。畫棟畔彩雲飛。十二欄干，欄干在天外倚。我這裡望中原。回故里。不由我感嘆酸嘶。越攬得我這一片鄉心碎。

（紅綉鞋）淚眼盼秋水長天遠際。歸心似落露孤鶩齊飛。則我這襄陽倦客苦思鄉。我這裡憑闌望。母親那裡倚門悲。爭奈我身貧歸未得。

在此調中，德輝引用王勃滕王閣序裡的名句在內。

（普天樂）楚天秋山疊翠。對無窮景色。總是傷悲。好教我動旅懷難成醉。枉了也壯志如虹英雄輩。都做助江天景物淒其。氣呵做了江風淅淅。愁呀做了江聲瀝瀝。淚呀彈做了江雨霏霏。

王粲於此作搗練歌一首，復作詩云：

寒蛩唧唧細吟秋，夜夜寒聲到枕頭。獨有愁人聽不得，愁人聽了越添愁。

第四折，王粲因進獻萬言策，召授天下兵馬大元帥，邕與植具道二人苦心涵養其銳氣，使其擔當元帥重任，並蓋下重堂，賠了房奩，匹配了蔡女桂花千金爲妻而圓滿收場。

趙景深中國文學史新編：「王粲登樓給了後來作曲者很大的影響，無名氏的舉案齊眉，凍蘇秦，以及最晚出的漁樵記都摹仿王粲登樓的結構。」

㑳梅香正名㑳梅香翰林風月，這是倣照西廂記的人物佈局結構而編出的雜劇，故有小西廂之名。劇中樊素如紅娘，白敏中和斐小蠻則如張生與鶯鶯的戀情與婚約。不過辭曲別有耐人尋味，蘊藉含蓄處。如第一折：

（那吒令）搖叮玲玉聲。蹴金蓮步輕，踏蒼苔月明。浸凌波襪冷。九十日春意濃。千金價春宵永。端的個樂事難併。

（鵲踏枝）花共柳。笑相迎。風與月。更多情。醞釀出嫩綠嬌紅，淡白深靑。對如此良辰美景。可知道動騷人風調才情。

此時，母樊素作詞，敏中撫琴，樊素與小蠻，二人到窗外去聽歌。

（么篇）他曲未終腸先斷。俺耳纔聞愁越增。一程程捱入相思境。一聲聲總是相思令。一星星盡訴相思病。不爭向琴操中。原訴著你飄零。可不道窗兒外，更有個人孤零。

　第二折攀素寄簡傳書，又因紫香囊給了敏中，敏中相思成病，小蠻便著樊素送了四句詩給他：

　寂寂深園裏，翻爲今夜春；還將寄詩意，憐取眼前人。

　樊素敎敏中夜深休睡等小姐來：

（隨煞尾）你聽那禁鼓鼕鼕將黃昏報。等的宅院裡沈沈都睡卻。悠悠的聲揭譙樓品畫角。瑲瑲的水滴銅壺玉漏敲。刷刷的風颭芭蕉鳳尾搖。厭厭的月上花梢樹影高。悄悄的私出蘭房離繡幕。擦擦的行過闌干上甬道。霍霍的搖動珠簾你等著。巴巴的彈響窗櫺恁時節的是俺來了。

　第三折白敏中赴小姐約會，反而著了慌。樊素敎訓他：

（調笑令）劈面的便搶和俺那病裏王。呀，怎生來翻悔了巫山窈窕娘。滿口兒之乎者也無攔當。用不著忝儉溫良。說的那有情人恨無個地縫兒藏。羞殺我也傅粉何郎。

（禿廝兒）這一學士休心勞意攘。俺小姐則是作耍難當。這的是我傳書寄簡，請受的賞，誰承望，向咱行。倒有風霜。

（聖藥王）他道是這一場。這一樁，都是這辱門敗戶小婆娘。殺人呵要見傷。拿賊呵要見臟，諸記起來波，多愁多病俏才郎。這是誰與他的紫香囊。

　第四折佳人才子成了美眷：

（沽美酒）漢相如志已諧。卓文君笑盈腮。這的是一段姻緣天上來。現如今名楊四海，正淑女配多才。「倩女離魂」全名「迷靑瑣倩女離魂」，這是根據唐人陳元祐離魂記傳奇小說改作。事述張鎰女倩娘幼即與王宙爲婚，及長，鎰應賓寮之選者求。王宙憤而赴京。夜間，倩娘徒步跣足至。遂居蜀五年生二子。後歸衡州至鎰家，倩娘病已數年。宙謂人在船中。鎰聞不之信，倩娘歸家，二女合爲一體。德輝易女名爲張倩女許字王文舉，文舉應試而去，倩女一病不起，魂隨文舉去。文舉與倩女依錦還鄉，魂與倩女病體合而爲一。結構雖屬平直，但曲詞較傷梅香尤爲艷麗。

第一折述倩女爲文舉神魂顚倒似：

（仙呂點絳唇）「捱徹涼宵。颯共驚覺紗窗曉。落葉蕭蕭，滿地無人掃。」

（混江龍）可正是暮秋天道。儘收拾心事上眉梢。鏡台兒何曾覽照。繡針兒不待拈看。常恨夜坐，窗前燭影昏。一任晚妝樓上月兒高。俺本是乘鸞艷質。他須有中雀豐標。苦被煞中，堂間阻爭把掩情意輕拋。空誤了幽期密約。虛過了月夕花朝。無緣配合。有分煎熬，情默默難解自無聊。病懨懨則怕娘知道。窺之遠天寬地窄，染之重夢斷魂勞。

（天下樂）只知道他讀書人志氣高。元來這淒涼甚日了。想俺這孤男寡女忒命薄。我安排著鴛鴦宿。錦被香。他盼望著鸞鳳鳴。琴瑟調。怎做得蝴蝶飛。錦樹鏡。

（村里迓鼓）則他這渭城朝雨。洛陽殘照。雖不唱陽關曲本。今日相送長安年少。兀的不取次棄舍，等閒拋掉。因而零落。恰楚澤深。秦關杳。泰華高，嘆人生離多會少。

（元和令）盃中酒和淚酌。心間事對伊道。似長亭折柳贈柔條。哥哥。你休有上梢沒下梢。從今虛度可憐宵。奈離愁不了。

第二折也有好的曲調：

（紫花兒序）想倩女心間離恨。趕王生柳外蘭舟。似盼張騫天上浮槎。汗溶溶瓊珠瑩臉，亂鬆鬆雲髻堆鴉。走的我筋力疲乏。你莫不夜泊秦淮賣酒家。問斷橋西下。疎刺刺秋水菰蒲，冷清清明月蘆花。

（小桃紅）我驀聽得馬嘶人語鬧喧嘩。掩映在垂陽下，諕的我心頭丕丕那驚怕。原來是響璫璫鳴榔板。捕魚蝦。我這裡順西風悄悄聽沈罷。趁著這厭厭露華。對著這澄澄月下。驚的那呀呀呀寒雁起平沙。

（禿廝兒）你覷遠浦孤鶩落霞。枯藤老樹昏鴉。聽長笛一聲何處。發欸乃，櫓咿啞。

（聖藥王）近蓼洼纜釣槎。有折蒲衰柳老蒹葭。傍水凹，折藕芽。見煙籠寒水月籠沙。茅舍兩三家。

（麻郎兒）你好以舒心的伯牙，做了後路的渾家。你道我爲甚麼私離繡榻。待和伊同走天涯。

（洛照娘）你拋內咱。比及見咱。我不瘦殺。多應害殺，他若是趕上咱待怎麼，常言做著不怕。

第三折：倩女卧病在床，或言或笑，一徑合眼，便與王生一處。相思病害的昏昏沈沈。

（迎仙客）日長也愁更長。紅稀也信尤稀。春江也奄然人未歸，我則道相別也數十年。

我則道相隔著幾萬里。爲數歸期。則那竹院裡刻偏琅玕翠。
（紅繡鞋）去時節楊柳西風秋日。如今又過了梨花暮雨寒食。則兀那龜兒卦無定准。枉央及喜蛛兒難憑信，靈鵲兒不誠實，燈花兒何太喜。

倩女離魂的造句遺詞不僅是一種新文體也是新語言，第三折堆砌影像也到了令人稱奇的高峰，這是遺字造句，逼向自然境界的成就。形容人情事物，不僅穠麗的文字中採用俗言俚語，也用各種相關人情事物的襯字，加深了影像的逼人而來，更把色聲氣象的自然妙處，給人以身歷其境的感覺。這也是元曲的價值，超越時空的意義之所在。

## 喬吉

喬吉（一作吉甫）字夢符，（一作孟符）號笙鶴翁，又號惺惺道人，太原人。元陶宗儀說他博學多能，以樂府稱。鍾嗣成錄鬼簿：「美容儀，醉辭章。」他自己說：作樂府亦有法曰：「鳳頭、豬肚、豹尾」六字，起要美麗，中要浩蕩，結要響亮。尤要首尾貫串，意境清新。如能是，斯可以言樂府。這個樂府大致如折桂令水仙子之類。明朱權太和正音譜「喬夢符之詞，如神鼇鼓浪，若天吳跨神鼇，噀沫於大洋，波濤洶湧，截斷衆流之勢。」早年馳逐章台，多所題贈，與維揚名妓李楚儀熱戀，生活有似杜牧七言絕句遺懷：「落魄江湖載酒行，楚腰纖細掌中輕。十年一覺揚州夢，贏得青樓薄倖名。」他的折桂令「文章杜牧風流。照夜花燈。載月蘭舟。老我江湖。少年談笑，薄倖留名，贈楊柳人初病酒，採芙蓉已驚秋。

醉夢悠悠，雁到南樓，寄點新愁。」在他的散曲中贈李楚儀即有「今州判文從周自維揚來道楚儀李氏意，陳此外另有一賈侯席上贈李楚儀，席上賦李楚儀歌以酒送維揚賈侯。楚儀贈香囊以報，嘲楚儀，楚儀來因我贈之，別楚儀」等，見於其小令者如「楚儀來戲贈之」、「碧梧月冷鳳凰枝。空守風流志，楚雨湘雲總心事、許多時。江兒裡不道個胡倫字。慇懃謝伊，雖無傳示，來探了兩遭兒。」「別楚儀」：「一樽別酒斷腸詞。難說心間事。行李匆匆怎酬志。自尋思，從今別卻文章士，至如小子。十分不是，好處也想些兒。」夏侯席上贈李楚儀：「洗粧明雪色芙蓉。默默情懷。楚楚儀容。甚煙雨江頭。移根何在。桃李場中。儘劣燕嬌鶯宂宂。笑落花飛絮濛濛。湘水西東。悵望蹇衣，玉立秋風。」在此小令中，他說秦樓楚館中多是「劣燕嬌鶯」的「宂宂」下品，惟有楚儀「雪色芙蓉」、「楚楚儀容」，令他傾倒石榴裙下。在「席上賦李楚儀以酒送維揚賈侯」：「鴛鴦一世不知愁。何事年來盡白頭。芙蓉水冷胭脂瘦。占西賞曉鏡秋。菱花漫替人羞。擎架著十分病。色籠著百倍憂。老死也風流。」「楚儀贈香囊賦以報之」：「玉絲寒皺雪紗囊，金剪裁成冰筍涼。梅悔不許春搖蕩。和清愁一處裝。芳心偷付檀郎。懷兒裡放。枕袋裡藏。夢繞龍香。」嘲楚儀：「順毛兒樸撒翠鸞雛。暖水兒溫存比目魚。碎磚兒疊就陽台路。望朝雲思暮雨。楚巫娥偷取些工夫。殢酒人歸未，停歌月上初，今夜何如。」從以上這些情詞中，可以見出來他們中有位夏侯。但因二人雖有情意，但好事未成就，想必不假。除了他特別鍾愛楚儀而爲夏侯所奪外，題曲小桃紅贈給「劉牙兒」，郭蓮兒，朱阿嬌，以折桂令贈南湖歌者，劉夢鸞，張天香，徐德可，瞿子成，羅眞眞，周氏宜，王玉蓮，以雙調贈江雲，王柔卿，朱阿嬌，孫蓮哥，常鳳哥，李婉卿，朱翠英，顧觀音，吳姬，孫梅哥等，可說鶯鶯燕燕之大觀，但終究不如楚儀之難忘。這段悲傷的往事，可能是造成他中年以後，頗以威嚴自飭，浪跡江湖的一大原因。他在自述中說：「華陽巾，鶴氅蹁躚。鐵笛吹雲。竹杖撐天。伴柳怪花眠。麟祥鳳瑞。酒賢詩禪。不應舉江湖狀元。不恩月風神仙。斷簡殘編。翰墨雲煙。香滿山川。」又說：「不占龍頭選。不入名賢傳。時時酒聖。處處詩禪。煙霞狀元。江湖醉仙。笑談便是編修院。留連。批風抹月四十年。」他晚年改變了很多，頭戴華陽巾，身披鶴氅，手拿竹杖，口吹鐵笛。自稱酒聖狀元。詩禪神仙。元鍾嗣成錄鬼簿「江湖四十年，欲刊所作，竟無成事者。至正五年二月，病卒於家。」鍾嗣成以凌被仙詞吊他：

平生湖海少知音，幾曲宮商大用心。百年光景還爭甚，空贏得雲鬢侵！跨仙禽，路遶雲深。欲卦墳前劍，重聽膝上琴，漫攜琴載酒相尋。

「錄鬼簿」：記其雜劇十一種，「怨風月嬌雲認玉釵，杜牧之詩酒揚州夢，玉簫女兩世姻緣。死生交托妻寄子。馬光祖勘風塵，荊公遺妾，唐明皇御斷金錢記。節婦碑，賢孝婦，九龍廟，燕樂毅黃金台」。今存兩世姻緣、揚州夢、金錢記三種，夢符散曲亦有三卷，即惺惺道人樂府，文湖州折集詞和摭遺。

「金錢記」正名「李太白匹配金錢記」這故事本自唐人許堯佐撰「柳氏傳」述韓翊滯貧，李生家累千金，愛翊才，以柳氏薦枕韓翊。世亂，柳氏爲蕃將吵吒利劫去。俠士許俊犯關排闥，復歸柳氏於韓翃。而「金錢記」則述韓飛卿於九龍池畔巧遇王府尹之女柳眉兒，情戀不已。其中詞有：

(那吒令) 俺則見香車載楚娃。各刺刺雕輪碾落花。王孫乘駿馬。撲騰騰金鞭裊落花。遊人指酒家。虛飄飄青旗颺落花。寬綽綽，翠亭邊蹴踘場。笑呷呷粉牆外鞦架。香馥馥。蘭麝薰。羅綺交加。

二人相見情意相通，只因說話不便，眉兒便把身邊開元通寶金錢五十文，撒下為表記。此時友人賀知章前來尋他勸他仔細，他則一路尋向王府中去。卻為王府尹捉住吊了起來，幸賀知章到放了，並著他做門館先生。第三折眉兒來看，飛卿卻以為夢中相見：

(迎仙客) 穩稱身。玉壓腰。高梳髻、玉搔頭。則見他背東風佯不瞅。美也飽看取襪如鉤。愛用了那腰似柳。我見他欲語含羞，則見他半掩著泥金袖。

(白鶴子) 這搭兒裡廝撞著。俺兩個便意相投。我見他恰行過這牡丹亭。又轉過芍藥圃薔薇後。玉府尹發現飛卿有金錢在手，又把他吊起來問，賀知章來傳聖旨要他入朝。第四折，李太白為了韓飛卿狀元及第，同賀知章到王府尹宅保親為媒，柳眉兒嫁了韓飛卿，成就了二人的好事。

「揚州夢」正名「杜牧之詩酒揚州夢」，此劇述杜牧別豫章太守張紡，張好好歌舞餞行。杜牧到揚州見牛僧孺，僧孺待他甚厚。後杜牧回京，僧孺送好好給他。但他貪戀花酒之名，為皇帝所知，意欲責罪與他因京兆尹張尙之力保他，才得無事。並與張好好成婚。

此劇第一折到揚州有詞讚矣：

（混江龍）江水如舊。竹西歌吹在揚州。三分明月，十里紅樓，綠水芳塘浮玉榜。珠簾繡幕上金鉤。列一百二十行經商財貨，潤八萬四千戶人物風流。平山堂、觀音閣、閒花野草。九曲池、小金山、浴鷺眠鷗。馬市街、米市街，如龍馬聚。天寧寺、咸寧寺，似蟻人稠。茶房內泛松風。香酥鳳髓、酒樓上、歌挂月、擅板鶯歌。接前廳、通後閣，馬蹄階砌。近雕闌、穿玉戶、龜背毬樓。全盤露、瓊花露、釀成佳醞。大官羊、柳蒸羊，撰列珍饈。看官場，慣軃袖，垂肩蹴踘。喜教坊、善清歌、妙舞俳優。大都來一個個著輕紗籠異錦。齊臻的按春秋。理繁弦吹急管，鬧吵吵的無昏晝。棄萬兩赤資資黃金買笑。拼百段大設設紅錦纏頭。

朱僧孺收張好好爲義女，在宴樂上又相逢，其中有：

（那吒令）側金鉼鳳頭，捧瓊漿玉甌。蹴金蓮鳳頭，並淩波玉鉤。整金釵鳳頭，露春纖玉手。天有情天亦老，春有意春須瘦，秀無心雲也無愁。

其中「天有情，天亦老」句出自李長吉金銅仙人辭漢歌「衰蘭送客咸陽道，天若有情天亦老」句。第二折在翠雲樓上再與好好相逢，醒來卻是一夢。杜牧想念好好：

（南呂一枝花）溫柔玉有香。旖旎春無價。多情楊柳藥。解語海棠花。壓盡越女吳娃。從頭髻到鞋襪。覓包彈無半掐。更那堪百事聰明。模樣兒十分喜恰。

想不到他在員外文禮家筵中得知好好消息。第四折京兆尹張尙之，牛太守儒孺與白文禮俱都到齊，以好好長大成人，聘與杜牧之爲夫人。題目是張好好花月洞房春。正說明這劇的內容。其實杜牧的青年生活，不啻是夢符自己的寫照。

「兩世姻緣」事出唐人玉簫傳。劇情大略是：成都韋皐少耽花酒與妓韓玉簫有白首之盟。朝廷掛榜招賢。假母迫皐前往。臨行，與玉簫約定得官來娶。數年，絕耗，玉簫病歿。臨終，自寫眞容一幅，詩一首。其母尋皐不得而還。皐歷官至鎭西大元帥，往娶玉簫，始悉玉簫亡故。經赴任荆州，舊友節度使張延賞邀宴，以義女侑酒，貌與玉簫無異。皐呼玉簫，女應。女名亦爲玉簫，且對皐有情，皐請索此女，延賞怒，二人絕裂，幾至以武相向，旋因玉簫母持寫皐與詩至，延賞知其始末，皐遂得與玉簫完婚。

第一折韋皐與玉簫相戀，許氏勸皐趕選登科，玉簫十里長亭送別：

（後庭府）今日在汴河邊倚畫船。明日在天津橋聞杜鵑。最苦是相思病。極高的離恨天，空教我淚漣漣。凄涼殺花間鶯燕。散東風楡莢錢。鎖春愁楊柳煙。斷腸在過雁前。銷魂向落日邊。苦懨懨恨怎言。急煎煎情慘然。

（靑歌兒）天那。人在這離亭離亭開宴。酒和愁怎生怎生吞嚥。狠毒娘下的也麼天。情緖綿綿，想柳畔花邊。月下星前。共枕同眠。攜手憑肩。離暮雨亭軒。望落日山川。問雕鞍何日是歸年。俺和你重相見。

第二折皐去無音訊，玉簫廢寢忘餐病勢沈重。

（集賢賓）隔紗窗日高花弄影。聽何處囀流鶯。虛飄飄半衾幽夢。困騰騰一枕春醒。趁著那遊絲兒。恰飛過竹塢桃溪。隨著這蝴蝶兒。又來到月榭風亭。覺來時倚著這翠雲十二屏。恍惚似墜露飛螢。多咱是寸腸千萬結。只落得長嘆兩三聲。

（逍遙樂）猶古自身心不安。倚遍危樓。望不見長安帝京。何處也。薄情多應戀金屋銀屏。想則想於咱不志誠。空流下磣磕磕海盟山誓。赤緊的關河又遠。歲月如流。魚雁無憑。

（尚京馬）我覷不得雁行弦斷卧瑤箏。鳳嘴聲殘冷玉笙。獸面香消閒翠鼎。半掩悄悄冥冥。斷腸和淚夢初醒。

（梧葉兒）火燎也是身軀熱。錐剜也似額頭疼。即漸裡瘦了身形。這幾日茶飯上不待吃。睡卧又甚不寧。若將這脈來憑。多管是廢寢忘餐、病症。

梅香問他怎麼這等想姐夫，他就說了韋臯許多好處：

（酣葫蘆）看了他容貌兒，實是撐衣冠兒別樣整。更風流、更灑落。更聰明。唱一篇小曲兒官調清。一團兒軟款溫柔情性。兀的不坑了人性命。引了人魂靈。

（金菊香）想著他錦心繡腹那才能，怎教我月下花前不動情。信口裡小曲兒編捏成。端的是剪雪裁冰。惺惺的自古惜惺惺。

（浪裡來）假若我乍吹簫別院聲。他便眼巴巴簾下等。直等到星移年轉二三更。入門來畫堂春自生。緊緊的將咱摟定，那溫存。那將惜。那勞承。

（後庭花）想著他，和薔薇花露清。點胭脂，紅蠟冷。整花朵，心偏耐。畫娥眉，手慣輕，梳洗罷，將玉肩憑。恰似對鴛鴦交頸。到如今，玉肌骨減了九停。粉香消沒了半星。空凝盼，秋水攢。甚情將雲鬢整。骨岩岩，瘦不勝。悶懨懨，扮不成。」

他自知病勢沈重，自畫了像並寫了長相思一首詞。（此詞出自唐蕭本傳）：

**長相思。短相思。長短相思楊柳枝。斷腸千萬絲。**

**生相思。死相思。生死相思無了時。寄君斷腸詞。**

第二折。韓玉簫病歿。韋皐至四川在張權節度使宴席上見到其義女張玉簫。出來把盞。

（調笑令）這生我那裡也曾見他。莫不是我眼睛花。手抵著牙兒是記咱。不由我心兒裏相牽掛。莫是五百年歡喜冤家，何處綠陽曾繫馬。莫不是夢兒裡雲雨巫峽。

（小桃紅）玉簫吹徹碧桃花。端的是一刻千金價。他背影裡斜將眼稍抹。諕的我臉烘霞。俺主人酒盃嫌殺春風凹。俺新年十八未曾招嫁。俺主人培養出牡丹芽。

張節度使以爲韋皐調戲其女，大怒之下，幾乎鬧成廝殺。

第四折韓媽媽許氏聞知，常帶女兒眞容，上京給張節度使看。聖人恩旨兩家成就親事。

正應了題目：韋元帥重諧配偶。

喬吉另有：黃金台述燕昭王爲郭隗築台，以招天下賢士。荆公遣妾述荆公夫人爲買一妾，荆公問知爲軍人將部米運失舟，買婦以償。荆公以九十萬付償，令其夫婦如初。勘風塵以文士踰牆偷香，反得及佳偶爲情節。另有：認玉釵，托妻寄子，節婦碑，九龍廟，賢孝婦等八種均已佚亡。

他的散曲與張小山齊名，今存小令近二百首，套數十首。原有題西湖梧葉兒百篇亡佚。

李中麓刊其小令卷序，言：「蘊藉包含。風流調笑，種種出奇，而不失之怪。多多益善，而不失之繁。句句用俗，而不失其爲文。自謂可與之傳神。元之張、喬，其唐之李、杜乎」。又說：

「讀其小令，灑落俊生，如遇翁之風韻於紅牙錦瑟間。時更三朝，名猶鼎鼎，洵不數也。」其詞有和黃子常賣花聲一首。黃詞云：「人過天街，曉色檐頭紅紫。滿筠筐浮花浪蕊。畫樓睡醒，正眼橫秋水。聽新腔一聲喚起。吟紅叫白，報沒蜂兒知未？隔東西餘音軟類。迎門爭賣，早斜簪雲髻，助春嬌粉香簾底。」夢符之和詞云：「侵曉園丁，叫道嫩紅嬌紫。巧工夫攢枝短蕊。行歌佇立，灑洗於妝水。捲香風看街簾起。深深巷陌，有個重門開未？忽聽他驚尋夢美。穿窗透閣，便憑伊喚取，惜花人在誰根底。」他的詞如賣花聲，雖是吉光片羽，但也俊爽清麗，可吟可誦。

元曲六大家，關漢卿大都人。元史類編則說他是解州山西人。金亡不仕。

王實甫大都人。由金入元，生年與漢卿相近。

白樸山西人。生地陝州今河曲，後居眞定。生於金哀宗正大三年。較關王稍晚。

馬致遠大都人。

鄭光祖山西人。生於平陽襄陵，唐爲晉州。今爲平陽縣屬河東道。

喬吉山西人。生於太原，唐爲并州。

以上六人，生於大都者有三人。生於山西者三人。若關漢卿是山西人，長於大都，則山西戲劇家六人中將占四人。可謂：漪歟盛哉。諸宮調爲山西人孔三傳所倡。如此而言，山西與元戲曲的關係之密切，尤在大都之上。而北曲之興盛，六大家皆又稱之爲：「梨園領袖，雜劇班頭，引領風騷，以至於今。」

# 明代戲曲

## 明代戲曲述要

南曲的萌生，較北曲爲早，明以後，南曲以寫傳奇者爲多，元人走後，北曲的光輝，逐漸爲南曲所奪。主要的原因是，南曲有了新的腔調產生，它將原由南曲細膩婉轉的優長發揮，且又吸收了北曲沈長闊大的風格，融鑄而爲新的戲曲，稱之爲崑曲。崑曲的暢行，又與弋陽腔、海鹽腔、餘姚腔，相互爲用，而又取得皮黃的傳承而擴大它的影響，歷三百年而不衰。徐文長南詞敘錄說：「今唱家稱弋陽腔，則出於江西、兩京、湖南、閩廣用之。稱餘姚腔者，出於會稽、常、洞、池、太、揚、餘用之。稱海鹽腔者，嘉、湖、溫、台用之。唯崑山腔止行於吳中。」

弋陽腔初用鼓板而出之於弦索，有似淘眞之類，是流行於民間的遊方藝人所唱。海鹽腔則變弋揚的村言俚語爲官語，至魏良輔而有梁辰魚，靜志居詩話之說：「時邑人魏良輔能喉囀聲音，如變弋揚海鹽調爲崑腔。」海鹽腔以官語入戲曲，遂能通行南北。明何元朗四友齋叢說：「近世北曲雖鄭衛之音，然猶在者總章北里之韻，黎園教訪之調，是可證也。近日海鹽南曲，士夫稟心房之情，從婉孌之習者，風靡如一。甚者北士亦移而耽之，更數世後，北曲亦失傳矣。」海鹽的戲曲是以弦索爲主的音樂，崑曲則又加上了簫笛，餘姚腔遂轉而爲紹興戲，我以爲這是值得加以研究的。

魏良輔吸收了南曲的精華而度出了新聲，他是戲曲的聲樂家，能把他腔的長處納爲己用，是一位去陳出新的高手。據明張元長梅花草堂筆談說：「魏良輔，別號尙泉，居太倉之南關，能諧聲律，轉音若絲，張小泉、戴梅川、包郎郎之屬，爭師事之，惟肖。而良輔自謂不如戶侯過雲適，每有得必往咨焉。過稱善乃行。不即反覆數交勿厭。時吾鄉有陸九疇者，亦善轉音，願與良輔角，旣登壇，即願出於良輔下。梁伯龍聞，起而效之。考訂元劇，自翻新調，作江東、白苧、浣紗諸曲。又與鄭思笠精研音理。唐小虞、陳棋泉五七輩，雜轉之。金石鏗然，譜傳藩邸戚畹，金紫熠爚之家，而取聲必宗伯龍氏，謂之崑腔。」胡應麟少室山房筆叢：「張進士新勿善也，乃取良輔校本，出靑於藍，偕趙瞻雲、雷敷民與其叔小泉翁，踏月郵亭，往來唱和號南馬頭曲。其實稟律於梁，而自以其意，稍爲韻節，崑腔之用，不能易也。」

由是而言魏良輔、梁伯龍之改革創新崑曲者，是一個改革小組，一個人才齊備的創作教坊。余懷寄暢園聞歌記：「南曲蓋始於崑山魏良輔，良輔初習北音，絀於北人王友山。退而縷心南曲，足跡不下樓者十年。當是時，南曲率平直無意致。良輔轉喉押調，度爲新聲，疾徐高下，清濁之數，一依本宮。取字齒唇間，跌換巧掇，恆以深邈助其淒唳。吳中老曲師如袁髯尤駝輩，皆瞠乎自以爲不及也。——而同時婁東人張小泉、海鹽人周夢山，競相附和。

惟梁谿人潘荊南獨精其技，至今雲仍不絕於梁谿矣。合曲必用簫管，而吳人則有張梅谷，善吹洞簫。毘陵人則有謝林泉工擫管，以管從曲，皆與良輔遊。而梁谿人、陳夢萱、嚴渭濱、吳起渭輩，並以簫管擅名。」沈寵綏度曲須知亦說：「嘉隆間，有豫章魏良輔者，流寓婁東鹿城之間，生而審音，憤南曲之訛陋也，盡洗乖聲，別開堂奧。調用水磨，拍捱冷板，聲則平上去入之婉協，字則頭腹尾音之畢勻。功深鎔琢，氣無煙火，啓口輕圓，收音純細。所度之曲，則皆『折梅逢使』、『昨夜春歸』諸名筆。採之傳奇，則有『拜星月』、『花陰夜靜』等調。要皆別有唱法，絕非戲場聲口。腔曰崑腔，曲對曲。聲場稟爲曲聖，後世依爲鼻祖。」以上所言，對魏良輔的貢獻，備及贊揚。徐文長說：「崑山腔……流麗悠遠，出乎三腔之上，聽之最足蕩人，妓女尤妙此。」由此而見，在戲的方面，有新的作品，在曲的方面則笛管笙琵絲弦合奏，洞簫月琴，鼓板輕敲，不由的令人想起姜白石：「小紅低唱我吹簫」，以及柳耆卿：「今宵酒醒何處？楊柳岸，曉風殘月」的情調。明顧起元客座贅語說：「歌者只用一小柏板，或以扇子代之，間有用鼓板者。今則吾人益以洞簫月琴，益爲悽慘，聽者殆欲墮淚。大會則用南戲，其始止二腔，較海鹽，更爲清柔而婉折也。」如此情調，有類楊州與蘇州之評詞了。這也就是崑腔習染所至，風靡東南的一個主要原因。

梁辰魚字伯龍，號仇池外史，崑山人。徐又陵蝸居雜訂說他：「風流自賞，修髯美姿容，身長八尺，爲一時詞家所宗，艷歌清引，傳播戚里間。白金文綺，異香名馬，奇伎淫巧之贈，絡繹於途，歌兒舞女不見伯龍，自以爲不祥也。其教人度曲，設大案西向坐，序列左右，遞傳疊和，所作浣紗記至傳海外。」王元美詩：「吳閶白面冶遊兒，爭唱梁郎雪艷詞」正是指此。在「浣紗記」中他自況於紅林擒近：「佳客難重遇，勝遊不再逢，夜月映台館，春風叩簾櫳。何暇談名說利，漫自倚翠偎紅。請看換羽移宮，興廢酒杯中。驥足悲伏櫪，鴻翼困樊籠。試尋往古，傷心全寄詞鋒。問何人作此？平生慷慨負荆，吳市梁伯龍。」從詞意看，他仍傾吐出懷才不遇之嘆。

他撰的三本劇曲，浣紗記是傳奇，紅線與紅綃同是雜劇。浣紗記述西施故事，在聲腔上做了突出性的改良，這是戲曲發展上一大成就。「琵琶記」爲南曲開創新的格局，以完整的體貌，在劇場上爭光，出乎雜劇之上。浣紗記的成就，爲南曲的崑腔，作了藝術上的擴張。劇說卷五：雋區云，傳奇當以張伯起爲第一，若紅拂、竊符、灌園、祝髮四本，巧妙悉敵。次則推梁伯龍浣紗。梅禹金玉合，當與琵琶西廂分路揚鑣。劇說卷二：

譚輅云：紅線一傳，雖虞初之談，其說本于淮南，楚將子發事，友人梁伯龍，據其傳作院本。湧幢小品云：紅線雜劇乃梁伯龍所著，今時所用。不知胡懋禮已先之，更勝于梁。客座贅語云：胡秋宇先生在翰林日，以言忤政府，出爲藩參，先生文雅風流，不操常律，所著小說書數種，多奇艷，間亦有閨閤之靡，人所不忍言。如蘭芽等傳者，今皆秘不傳。所著紅線新劇，大勝梁辰魚所作。又記：

張鳳翼伯起，長州人，與其弟獻翼幼于，並有才名。吳人語曰：前有三皇後有三張，伯起老于公車，好度爲新聲，所著紅拂記，黎園子弟皆歌之。游宦餘談云：虬髯客傳，紀遇李衛公于靈右旅店，約往太原見州子，于汾陽橋侯之，余入太原，初過靈右，縣次汾陽，橋無所謂靈右者，意傳奇考中所云者。乃抄錄柳傳之誤。

此是，將紅線作一比較，浣紗記亦有批評者。徐復祚曲論：「梁伯龍作浣紗記，無論其關目散緩，無骨無筋，全無收攝，即其詞亦出口便俗，一過後，便不耐再嚼。然其所長，亦自有在，不用春秋以後事，不裝八寶，不多用韻，平仄甚諧。宮調不失，亦近來詞家所難。」吳天成曲品：「浣紗羅織富麗，局面甚大，第恨不能謹嚴，中可減處，當一刪耳。」因爲它的詞語通俗，也成爲流行的一個主因。也有專門尋他的玩笑的，如顧曲雜言上說：「浣紗初出時，梁遊青浦，屠緯眞（屠隆字緯眞，號赤水，作有傳奇彩毫、曇文、修文三記，叙李白事者即彩毫記）以上客禮之，即令優人演出其新劇爲壽。每遇佳句，輒浮大白酬之。梁亦豪飲自快。寫自出獵時，有所謂『擺開！擺開』者，屠厲聲曰：『此惡語，當受罰！』蓋已預備滂水，以酒海灌三大盂。梁氣索，強盡之，大吐委頓，次日不別竟去。屠每言及，必大笑爲得意事。」

關於紅線女的故事，採自唐劍俠類傳奇。先父王公止峻據其劇情寫有「紅線盜盒傳千古」一文，可當作戲文與小說看；錄之於後：

## 紅線盜盒傳千古

## 梁伯龍一曲成絕唱

紅線記作者梁辰魚，字伯龍，江蘇崑山人，明代後期戲曲家，與魏良輔齊名，所著有紅綃妓女語情傳、浣紗記及紅線女夜竊黃金盒等，唐代政治，是藩鎮制度，藩鎮的主管長官，都有其所直轄的軍隊與地區，唐初設六都護，以管轄附庸屬國，今北韓之平壤，屬安東都護府管轄，安南、緬甸，屬交州都護府管轄。內地設十節度使以統轄之，安史亂後，武人據地自雄，養兵收賦，視中央若贅瘤，而原有之十節度使制，已遭破壞，潞州節度使薛嵩，魏博節度使田承嗣，即係破壞舊制度，而成立之新藩鎮。潞州節度使薛嵩，山西省汾州府絳州人氏，祖父仁貴，高宗朝，封平陽郡公大將軍，其父楚玉，官拜范陽平盧節度使，薛嵩襲父餘蔭，掌管潞州節度使，與魏博節度使田承嗣，滑臺節度使胡章，犬牙交錯，壤地連接，嵩女嫁田承嗣之男，嵩男娶胡章之女，三姓交締，結爲婚姻，兒女親家，本可相安和睦，不意魏博節度使田承嗣，欲大心野，竟欲攻取河東，佔據中原形勝之地，一段風波，由此而起。潞州節度使薛嵩，坐帳點兵，念曰：「漠南春色到滹沱，邊柳青青塞馬多，萬里江山今不閉，漢家頻許郅支和」，本節度使境內安謐，戰守略備，今日春和日暖，不免帶軍士們城南較獵一番，多少是好，正是：「三戰漁陽再度遼，彫弓在臂劍橫腰，匈奴若欲知名姓，且傍陰山再射雕」，薛嵩較獵回轅，便問紅線何在？紅線出場，念道：錦帳春閒畫角哀，日斜劍戟影徘徊，軍中無事抛書卷，坐待城南蹴踘回，自家潞州節度使薛爺帳下小青衣紅線是也，幼諳音律，長擅阮咸，素熟兵機，並驅孫武，前世誤投醫藥，今生謫降塵寰，墮落女胎，爲人執役，雖作深閨之妾，實爲入幕之賓，每學劍術，驚飛樹杪袁公，常結俠徒，絕倒車中女子，因此軍中書檄，朝庭奏章，悉出賤妾之手，主公較獵城南，尚未歸來，且喜軍中多暇，奴不免小步庭院，觀看春色漫爛，花木扶疏，多少是好，耳邊遠遠聽得鸞鈴叮噹，馬蹄雜踏，想是主公較獵歸來，纔聞主公呼喚之聲，不免整容上前叩見，主公問道，上奏朝庭之公文，是否繕發？奴答道，已繕發，又問，與田胡兩節度使的公函，是否也已繕發？答道，都已繕發，主公點頭說道：很好，今日本公興緻勃勃，妳命廚下準備酒菜，陪本公寬飲幾杯，閒論古今，以消永晝，紅線即命廚夫備好酒菜，擺在棹上，自己敬了主公三杯，薛嵩開口說道：妳以一個輕年少女，竟然博古通今，文才武略，集於一身，眞是少有的妙齡奇才，本公得妳參佐戎幕，眞是三生有幸，妳且說說本朝自安史亂後的政治情況，給本公一聽，紅線答道：婢女想唐家山河，本來金甌無缺，氣勢雄偉，國運興隆，可以億萬斯年，乃玄宗爺，以天下承平，遂恣意荒淫，寵愛貴妃楊娘娘，朝歡暮樂，怠於國政，委政於楊國忠，又來了一個李林甫，二賊狼狽爲奸，忠臣張九齡已老退休，韓休宰相又死，朝事日壞，人心日離，被狼子野心的安祿山覷破弱點，假清君側之名，爲驅君自爲之實，躍馬長驅，提兵深入，一出盧龍之寨，遂搗函谷之關，污穢六宮，蹂踐三輔，把一個嬌滴滴的貴妃娘娘送入黃泉去，豈不可憐可惜，正是：萬里潼關一夜呼，走的來君王沒處宿，虎的那楊家姐姐兩眉蹙，古佛堂西畔墳前土，馬嵬驛南下川中路，方才想起匡君的張九齡，誤國的李林甫，雨霖鈴空響人何處？

只落得渺渺獨愁予，薛嵩呵呵大笑道：女人呵，總是維護女人，唐朝不是楊貴妃一人狐媚惑王，不至於今日的糟亂邪，紅線答道：我紅線雖生長閨房，但每臨戎陣，則兒女情少，風雲氣多，方今四海未平，鄰邦作梗，一旦竊發，玉石俱焚，主公故爾偷安，賤妾豈能坐視？此訊雖然未露萌孽，間或已現跡象，主公不可大意呵，薛嵩聽後，懍然覺得有理，席罷，薛嵩少憩，紅線步出客廳，瞥見兩個使女，正在花叢中，手拿小扇，撲打蛺蝶，一個使女口中念道：曉來心事亂如麻，另一個念道：去折牆頭桃李花，頭一人念道：驚起錦香雙蛺蝶，另一個念道：乘伊飛去到西家，紅線看二女低頭玩的天眞活潑可愛，不禁歎口氣道：二位妹妹，姐姐看妳們天眞無邪，玩的眞是有趣，二位使女答道：我們在宮中居住，也不隨便出去，所以有時感覺悶悶不樂，現在姐姐來看我們，正好，姐姐也參加我們撲打蛺蝶玩耍吧，紅線不忍過拂二位少女的情意，也參加撲打蛺蝶一回後，即邀二女坐在草地上閒談，紅線說：我以姐姐的身份，奉勸兩位妹妹，有空時，不要儘貪著玩耍，也要看看列女傳，學學針指，到了及笄年齡，都要憑媒出嫁丈夫，成家立業哩，二位少女，聽得頻頻點稱是，談著談著，不覺日已西沈，玉兔東升，遂各歸房就寢，正是：銀燭秋光冷畫屏，輕羅小扇撲流螢，天階夜色涼如水，坐看牽牛織女星。

## 三尺青萍生身花柳

魏博節度使田承嗣，唐明皇天寶年間，原係平盧節度使，後叛爲燕王安祿山的部將先鋒官，又爲史朝義的前導官田承嗣，安史亂後，爲僕固懷恩元帥收編，保奏爲魏博節度使，戎馬生涯之餘，酬居節度使顯職，北與河東節度使薛嵩，結爲兒女親家，如能和好相處，作唐朝之東方屏障干城，不特於國有利，亦且於已有益，但此老雖已年邁蒼蒼，肺病在身，而野心勃勃，尚欲向外擴張，以求勢力之膨脹，環顧四境，惟有親家翁河東節度使薛嵩之轄地，是其理想中發展之目的地，蓋佔有之後，既可以高屋建瓴，向外擴張，亦可因氣候寒冷乾燥，醫其多年之肺病，故不顧姻親關係，積極準備侵略，計有壯少戰士十萬，魁偉衛士三千，號令一頒，即行北侵。河東節度使薛嵩，已得情報，知邊境戰事將啓，自感兵力薄弱，寡不敵衆，終日愁眉苦臉，憂思喟歎，紅線女早知個中究竟，她說：我紅線女本欲神游物外，豈宜久處閨中，但主公正處危難之中，怎肯置身事外？昨聞魏博節度使田承嗣這廝，竟欲併呑河東，實屬狂妄之極，我乘此時，一顯身手，解除困難，報答主公培養之德，好脫身於塵寰之中，歸隱於仙境之地也是好的，正是：「三尺青萍怨翠煙，生身花柳總無緣，一心自有匡君策，笑殺貂蟬嫁奉先」。時夜漏方深，轅門已閉，紅線女輕輕來到薛嵩寶帳，跪道：紅線女叩見主公，薛嵩道：紅線，妳尚未睡？紅線女道：賤婢平時常見主公橫槊賦詩，打球走馬，甚是快樂，近半月來，寢食不遑，面現愁苦，不知爲著甚麼？薛嵩道：紅線我兒，妳是個女孩子，那知國事糾紛，不問也吧，紅線女道：主公，我雖是一個少女，但幼受異人傳授，學就一身超人武功，且一生下來，身體就靈異非常，主公莫以爲紅線是一矯矯弱女，說句托大的話，我卻身懷絕技，智慧過人哩，說吧，身子一聳，已在數丈之外，再一眨眼，卻仍跪在他的身前，這一來，樂得薛嵩連連拍手叫好，說道：紅線我兒，妳是眞人不露相，這些年來，我一直矇在鼓中了，快快起來，我說我的憂苦原因，當就魏博節度使，謀侵佔河東情形，略述一遍，並說：我兒，妳知道咱們轄區內，兵力單薄，難以抵禦田承嗣的侵掠，有甚辦法可以免此大難呢？紅線女答道：紅線有此能力，免去這個大難，薛嵩聽的驚異非常，精神爲之一振，忙移坐椅，令紅線亦坐椅移近，懇切地問道：我兒，有甚好辦法免此大難，紅線女從容地答道：今天是七月初七，到了夜晚三更時候，紅線改裝赴魏博節度使署一行，察看究竟，相機行事，四更時候，可以回來，主公這裡預備健馬一騎，探夫一名，寒喧書一份，待紅線回來，即令探夫持函騎健馬，到魏博使署致送寒喧書，薛嵩聽後說：那我準備鞍馬，點起健卒，護送妳前去，紅線女擺手笑道：這些都用不著，我略事改裝，隻身前往，主公竚聽好音便了，俄頃，紅線女改裝已畢，但見：頭包黑帕，身束緊衣，背插太阿寶劍一支，足穿小蠻靴一雙，兩眼神彩炯炯，彎腰向薛嵩一躬道：紅線去了，一躍穿垣而去，再看時，恍若流星穿空，瞬忽不見，驚的薛嵩目瞪口呆，河東使署到魏博使署，途程七百里，三更未盡，紅線女已到魏博使署，此時雖然夜色沈沈，但魏博使署內，仍然燈燭輝煌，照耀如同白晝，紅線女進入使署，到了田承嗣寢室，門外不少衛士，手執兵刃，東倒西斜地，或臥地，或依牆，倦極酣睡，門內不少女侍，亦均倦極而睡，頑皮的紅線女，開了一個女侍的衣釦，剪了另一個女侍的秀髮，她們都因倦極了，酣睡不覺，紅線女到了田承嗣的床前，他也是鼻息如雷，呼呼大睡，床頭上放著一個金光閃閃的金盒，揭開一看，內書田承嗣的生身甲子，與北斗神名，是田承嗣的命數寶物，紅線女來此不虛，有了收獲，納入懷內，看看田承嗣睡的如同一隻狗熊，不禁啞然一笑說，我取你的狗命，易如反掌，權且饒你，你向薛節度使懺悔請罪罷，說罷，越牆而北，回返河東，回到河東使署，才是四更盡五更初的時候，遠近村雞，已開始在鳴叫，薛嵩和衣躺在床上，睜的兩雙大眼，正在竚候好消息哩，一見紅線歸來，他忙坐起來問道：紅線我兒，妳是未去魏博使署吧？才是一更剛過的時間呀，紅線女笑著答道：婢子已去過回來啦，主公不信？請看此物，當將金盒，交與薛嵩，薛嵩一看，是田承嗣把玩的寶物，數年前兩家結姻親時，薛嵩在魏專使署見過此物，是眞不假，但兩地相距七百里，一更多的時間，竟能往返一次，除非神仙，無此能力，紅線我兒：這些年來，我屈待妳了，當即將預備好的致田承嗣的寒喧信，及紅線女盜回來的金盒，趕命親信探夫，帶信盒，騎健馬，星夜馳往魏博使署，送交田節度使，卻說：魏博節度使田承嗣，在床上睡夢中蘇醒起來，自言自語的說道：昨夜睡夢中好奇怪呀，好像有人到我床前，我怎麼不能蘇醒？扭頭一看，床頭金盒不見了，內有我生身甲子，及北斗神名，急忙坐起，床上床下，偏尋不著，甚麼人到我寢室內？我室牆垣高峻，警衛森嚴，何人有此能力進入，倘若是敵國奸細，爲何不要我的性命？就飄然去了？此事殊爲可怕，侍衛們！侍女們！你妳們睡死啦，奸細到了我的卧室內，你妳們尚不知道，該死！該打！今點齊三千侍衛，天色已明，分批出發，到城內城外，街坊弄巷，五家一追尋，十家一搜檢，務將我的金盒找回，尋獲者就賞千金，無獲者各問重罪，魏博使署，鬧的人心惶惶，一片混亂之際，河東探馬，一騎飛來，到了轅門，言奉薛節度使命，要見田節度使，拜見之後，忙將寒暄書及金盒獻上，書辭謙抑，盒物無缺，田承嗣羞愧之餘，忙備名馬二百匹，錦緞三萬疋，即請來探押運回河東，以表懺悔感謝之情，從此戢其野心，兩親家和好相處。

## 紅線臨別華封三祝

話說紅線女去魏博節度使署途中的行裝：但見曲灣灣月捲修眉，亂紛紛雲垂秀髮，花簇簇絲履雙穿，翠亭亭金釵對插，急滔滔海浪驚奔，嚮冷冷天風亂颭，閃爍爍把匕首拿，虛飄飄將鶴背踏，羞殺了，遠迢迢衝水的輕帆，氣騰騰戰場的走馬。紅線女返回河東使署途中，但見漳水東流，雀臺高峙，晨鐘動野，斜月在林，忿田節度使忘于行役，感報德副于密謀，聽夜漏三更入危邦，一道往返七百里，經過五六城，俄頃回舊邸，回到河東節度使署，見了薛嵩，呈上所盜田承嗣的金盒，自己神氣飛揚的話：田承嗣是個井底蛙，不用抓，我是女孩家，不必性兒狹，就饒了他，走回家，主公，看我一身風露，滿面塵沙，怯便是霧鎖牡丹花。紅線女盜回金盒一舉，解消了田承嗣的野心，恢復了兩親家的和睦，於是薛嵩看待紅線女，如掌中的珠寶一般，什麼東西沒有比她貴重了，我兒長，我兒短，口中不斷的叫喚著，終日在庭中踱著方步，走來走去，其是高興。一日曾見紅線女改換道裝，珊珊走來，眞是綽約腰肢風擺柳，分明花洞小書仙，薛嵩不禁驚訝問道：我兒，妳爲何改換道裝？紅線女答道：啓稟主公，今日拜別主公，正要將婢女的身世來歷，向主公一爲陳述，竊婢女前身，本係一個鬚眉男子，游學江湖，精研神農藥學，爲人診病，救人疾患，一日，遇一孕婦，患有蠱疾，婢女爲之診脈開方，以芫花酒下之，婦與腹中二子，不勝藥力，遂遭毒斃，是婢女錯用藥劑，致一舉而殺三人，上帝震怒，加以懲處，罰爲女子，使身居賤隸，藉以贖罪，幸生寄於主公之家，今十九年矣，蒙公厚愛，口窮珍羞，寵待有加，榮華亦甚；況國家順治，慶享平和，今兩地保其城池，萬人全其性命，使亂臣知懼，列士謀安，在婢女一婦人，能爲主公與田節度使恢復和好，於願足矣，今當贖其前罪，遂其本形，便當擺脫紅塵，棲心物外，澄清一氣，專事修練了，主公，主公，我今日別了你，決心要去了呵？薛嵩道：紅線我兒，妳忍心割捨我，就這樣飄然去嗎？紅線女答道：主公？您看，月有圓缺陰晴，人有悲歡離合，寒來暑往，天道之常，再看，這兩日呵，天上是牽牛織女正分離，地上是離群孤雁向南飛，草木黃落，狐兔奔馳，人間一片淒清，人生逝如駒隙，主公！您！地轄方鎮，位極人臣，富貴榮華，均已享受，持盈保泰，實爲至要，婢女固已厭離人世，志在必走，主公亦宜覷定時機，急流勇退，以保盛名，以娛晚景，薛嵩靜聽紅線女所說的一片大道理，不禁頻頻點首，但他又顧忌紅線女別後的生活起居，莊重的問道：紅線我兒：妳？面如牆外桃花，腰似窗前嫩柳，深山窮谷，草舍茅菴，妳能耐此艱苦生活嗎？紅線女答道：主公？您見我平日行徑呵，認如牆外花，窗外柳，豈知我日夜夢魂縈繞在海中島，雲外山，婢女即今要東游碧海，西走崑崙，神游八荒，一證仙果，也要到蟠桃會上親傳授，嚼仙桃，喝長壽酒哩，說時，眉飛色舞，神氣揚揚，薛嵩觀其言談舉止，知紅線女去志已堅，難以挽留，當即說道：

紅線我兒，既是留妳不住，我只得放妳去，隨吩咐侍衛軍校，一面準備酒席，一面到幕中請冷參軍軍，劉郎中，楊員外等人前來，共爲紅線女惜別餞行，這時正是一天風露報新秋的時候，但見萬里晴空，金菊滿園，耳聞蟬鳴高樹，鴨噪池塘，好一派清新秋景也，節度使署大庭中，重新佈置一番，酒席三棹，彩緞舖地，侍女們花枝招展，往來穿梭招待著，俄而冷參軍，劉郎中，楊員外，及其他高級軍佐們，紛紛駕到，都知道爲一個身懷絕技的俠女，今日的宴會，可能是慶賀其盜取金盒的成功哩，酒過三巡，薛嵩起立，坐在薛嵩身旁的紅線女，亦盈盈起立，薛嵩說：河東節度使，與魏博節度使，南北壤地相接，不幸發生誤會，險些兒兵戎相見，幸賴我兒紅線身懷絕技，弭禍於無形，難以描述，本擬委以重任，佐我軍疆，豈知仙凡有別，難以共處，今日特請諸位來此，共爲紅線我兒餞行，紅線女瀝瀝銀聲的答道：小女子何德何能？蒙諸位伯伯厚愛，先此致謝了，薛嵩繼又說道：紅線生有宿根，身懷絕技，今日一別，歸山訪道，未知將來能否再會，此一人間奇事，不可不留紀念，諸位均係文武全材之士，即請各詠詩一首，以誌不忘，冷、劉、楊三位，皆擅吟詠，劉郎中即席吟云：「獨上雲梯入翠微，濛濛雲氣護岩扉，送君去向中峰住，遙禮靑山恨不歸」，薛嵩道：好詩好詩，紅線我兒，敬劉伯伯一杯，楊員外吟道：「幕府歌鐘花外亭，翠蛾紅粉散雲屏，舞衣脫去餘香在，今日花前學誦經」，薛嵩道：好詩好詩，紅線我兒，敬楊員外一杯，冷參軍吟云：「採菱歌怨木蘭舟，送客魂消百尺樓，還是洛妃乘霧去，碧天無際水空流，」薛嵩道：好詩好詩，紅線我兒，也敬冷伯伯一杯，酒足飯飽，日已西垂，紅線起立說道，今日紅線臨別，仿華封三祝，敬祝諸位：一祝恩官坐潞州，早封候，想富貴功名不到頭，得罷休時即罷休。二祝諸位伯伯，同享富貴，共臻遐齡。三祝朝庭萬歲，海晏河清。說罷，環拱一拂，飄聲而起，一道流星，穿窗而飛，眨眼不見，但聞大庭之中，驚歎聲不絕。

## 琵琶記

琵琶記的作者高明字則誠，浙江溫州瑞安人。生於永嘉。元末至正五年進士。授處州錄事，後辟行省掾。父名甚著。至正十六年方國珍稱號於慶元，始撫幕下，辭走寧波鄞縣，避居櫟社。溫州原是雜劇興盛之地，則誠以詞曲自娛，留青日札上說：「初，東嘉以伯喈爲不忠不孝，夢伯喈謂之曰：公能易我爲全忠全孝，當有以報公，遂以全忠全孝易之。東嘉後果發解。」發解者言其必中進士。是此琵琶記應在則誠中進士前居櫟社之作。古以琵琶爲名者有王昭君、漢宮秋、琵琶出塞。白居易的琵琶行、青衫淚。則誠的琵琶記是走出宮庭與樂詩，行之民間以琵琶爲伴侶，奔波尋夫的故事。焦循劇說卷二：

琵琶記說者各不同。留青日札：高明，溫州瑞安人，以春秋中元至正四年乙酉第。授處州錄事。改調浙東幕都事、轉江西台掾。又轉福建行省都事。方國珍留幕下，不從。初寓明州櫟社，以初曲自娛。因成劉後村詩，作琵琶記。有王四者，以字聞，則誠與友善。勸之仕，登第後，棄妻周氏，贅太師不花家。則誠作此以諷。取琵琶上四字爲王四云爾。元人呼牛爲不花，故謂牛太師。而伯喈曾附董卓，乃以之託名焉。高祖微時，常奇此戲文，御極召則誠，以疾辭，使者以記上，於是捕王四置極刑。東嘉後卒于寧海。曲藻云：高則誠琵琶記，其意欲以譏當時一士大夫，而託名蔡伯喈，不知其說。偶關說郛所載唐人小說，牛僧孺之子繁與同人蔡生邂逅，文字交，尋同舉進士，蔡生，欲以女第適之，蔡已有妻趙矣。力辭不得，後牛氏與趙處，能卑順自將，蔡仕至節度副使，其姓事相同，一至於此。則誠何不直舉其人，而顧誣衊賢者至此耶。毛德音評琵琶記，引大圜索隱云：高東嘉名則誠，元末人，與王四相友善，王四亦當時知名士，後以顯達改操，遂棄其妻周氏，而坦腹於時相不花氏家。東嘉欲挽救不可得，乃作此書諷之。而託名蔡邕者。以王四少賤，嘗爲人傭菜。趙五娘者，以姓傳自趙至周而適王也。牛丞相者，以不花家居牛渚也。記以琵琶名。以有四王字也。所謂張太公者，東嘉自寓也。又眞細錄云：明祖彙刪元人詞曲。偶見琵琶記而異之，後廉知爲王四而作，遂執王四赴之法曹。二說與留青日札同，吾里餘坦庵則主牛僧孺事，余按宋人詩云：斜陽古柳趙家莊，負鼓盲翁正作場，死後事非誰管得，滿村聽說蔡中郎。輟耕錄所列雜劇之目，亦有蔡伯喈，意者高則誠之作琵琶，當本于宋元以來所相承，如西廂之本於鶯鶯六么耳。僧孺之女，固爲適合。王四之諷，亦未足憑。閒中今古錄云：元末，永嘉高明，字則誠，登至正元年進士，歷任慶元路推官，文行之名重于時，見方國珍來據慶元，避世於鄞之櫟社，以詞曲自誤，因劉後村有死後是非誰管得，滿村聽唱蔡中郎之句。（作者按：此詩爲陸游小舟遊近村之作，誤爲劉後村詩者）因編琵琶記，用雪伯喈之恥。洪武中徵辟，辭以心疾不就，使復命。上曰：朕聞其名欲用之，原來無福。既卒，有以其記進。上覽畢曰：五經四書如五穀，家家不可缺，高明琵琶記，如珍饈百味，富貴家豈可缺邪。其見推許如此。

由上而言，琵琶記這一民間故事，相傳已久。蔡邕爲生於東漢末年的大文學家，蔡琰文姬是他的女兒。蔡琰所作胡笳十八拍，是被虜匈奴悲慘生活的一段辛酸記錄，曹操與蔡邕相交甚篤，以重金將文姬從匈奴贖歸，這就是文姬歸漢的故事，也有戲曲爲之表揚。蔡邕其人其才，爲則誠所崇敬，作此戲曲，以正世人視聽，且將之寫成「辭試不從、辭婚不從、辭官不從」的三不從，而突顯題旨爲：「極富極貴牛丞相，施仁施義張廣才；有貞有烈趙貞女，全忠全孝蔡伯喈」，則誠的用心是可以想見的。琵琶記爲南曲開了新記元，是因爲作者付出了極大的心血，元末明初，朝代接替，田園寥落，骨肉離散，悲歡涕泣之事見於亂世，尤多感喟，書生將滿腔憂傷塊壘寄託於毫末，抒人世之不幸，撫時代的辛酸，矢志專一於創作，亦可歌可泣之盛事。周櫟園書影說：虎林昭慶寺僧舍中，有高則誠中郎傳奇時几案，常拍處痕深寸許。俞樾詩：「何當更訪西湖寺，尚有東嘉舊几案。」即指此。有相傳當其寫到五娘吃糠一場，几上兩支燭燄交接爲一。足見則誠苦心研磨歌詠之深切摯誠。雕邱雜錄說：「高則誠作琵琶記，閉閣謝客，極力苦心歌詠，久則吐涎沫不絕，按節拍則腳點樓板皆穿。」這種描述，是可信的。

琵琶記的情節簡單的說，大致如下：

蔡邕與趙五娘結婚了兩個月，父親要他上京應舉，他不得不去。到京以後，果然中了狀元。而當時的一位牛太師，要招他作女婿，他不從，上表求歸。但太師請天子主婚，不准他的假。他只得勉強的與牛女配合。這時，他家中，自他一出來，年遭饑荒，日漸窮迫。趙五娘侍奉二老，自己只能吃糠。不幸二老相繼而死，五娘剪髮營葬，用麻裙包土築墳。於是背一面琵琶和翁姑的眞容，入京尋夫去了。既到牛府，與牛小姐相見，遂留居府中。蔡邕回府，牛小姐告訴一切，邕知父母俱亡，哭著要見五娘。他們又回去掃墓，此後牛小姐，趙五娘同度其安樂生活，全劇於是告終了。

琵琶記是一本四十二齣的長篇結構，它的劇目和登場人物是：

| | | | | | |
|---|---|---|---|---|---|
| 第一齣 | 副末開場 | 第二齣 | 高堂稱慶 | 第三齣 | 牛氏規奴 |
| 第四齣 | 蔡公逼試 | 第五齣 | 南浦囑別 | 第六齣 | 丞相教女 |
| 第七齣 | 才俊登程 | 第八齣 | 文場選士 | 第九齣 | 臨粧感嘆 |
| 第十齣 | 春宴杏園 | 第十一齣 | 蔡母嗟兒 | 第十二齣 | 奉旨招婿 |
| 第十三齣 | 官媒議婚 | 第十四齣 | 激怒當朝 | 第十五齣 | 金閨愁配 |
| 第十六齣 | 丹陛陳情 | 第十七齣 | 義倉賑濟 | 第十八齣 | 再報佳期 |
| 第十九齣 | 強就鸞鳳 | 第二十齣 | 勉食姑嫜 | 第廿一齣 | 糟糠自厭 |
| 第廿二齣 | 琴訴荷池 | 第廿三齣 | 代嘗湯藥 | 第廿四齣 | 宦邸夏思 |
| 第廿五齣 | 祝髮買葬 | 第廿六齣 | 拐兒紿誤 | 第廿七齣 | 感格墳成 |

第廿八齣 中秋賞月　第廿九齣 乞丐尋夫　第三十齣 細問衷情
第卅一齣 幾言諫父　第卅二齣 路途勞頓　第卅三齣 聽女迎親
第卅四齣 寺中遺像　第卅五齣 兩賢相遘　第卅六齣 孝婦題眞
第卅七齣 書館悲逢　第卅八齣 張公遇使　第卅九齣 散髮歸林
第四十齣 李旺回話　第四一齣 風木餘恨　第四二齣 一門旌獎

從來一般論者認爲琵琶記是倫理名教之作，如詩中少陵，文中陳情表（李密），湯臨川說：

> 琵琶記都在性情上著工夫，並不以詞調巧倩見長。

日本鹽谷溫在中國文字概論中說：

> 毛聲山是琵琶記底忠臣，他把琵琶記作爲「第七才子書」，其評與金聖歎之於西廂同樣，評文論理曾爲琵琶一吐其萬丈的氣焰，所以讀琵琶記的不可不兼讀其評語。琵琶記第二齣高堂稱慶，可作爲南曲樸素的一個例證：

**第二齣　高堂稱慶**

〔正宮引子〕〔瑞鶴仙〕〔生〕十載親燈火，論高才絕學，休誇班馬，風雲太平日，正驊騮欲騁，魚龍將化，沈吟一和怎離卻雙親膝下，且盡心甘旨，功名富貴付之天也。

〔鷓鴣天〕宋玉多才未足稱，子雲識字浪傳名，奎光已透三千丈，風力行看萬里程。經世手，濟世英，玉堂金馬豈難登。要將萊綵歡親意，且戴儒冠盡子情。蔡邕沈酣六籍，貫串百家，自禮樂名物，以及詩賦詞章，皆能窮其妙；由陰陽星曆以至聲音書數，靡不得其精。抱經濟之奇才，當文明之盛世，幼而學，壯而行，雖望青雲之萬里，入則孝，出則弟，怎離白髮之雙親。到不如盡菽水之歡，甘虀鹽之分，正是孝行於已責報於天。自家新娶妻房，纔方兩月，卻是陳留郡人，趙氏五娘，儀容俊雅，也休誇桃李之姿，德性幽嫻，儘可寄蘋蘩之託。正是夫妻和順，父母康寧。詩中有云：爲此春酒，以介眉壽。今喜出旣壽而康，對此春光，就花下酌杯酒與雙親稱壽，多少是好。昨已囑付五娘子，安排酒席，催促則個。娘子，酒完了，請爹媽出來。〔日內應科〕〔外扮蔡公，淨扮蔡婆上〕

〔雙調引子〕〔寶鼎現〕〔外〕小門深巷，春到芳草，人間清晝。〔淨〕人老去星星非故，春又來年年依舊。〔旦扮趙五娘上〕最喜今朝春酒熟，滿目花開如繡。〔合〕願歲歲年年人在花下嘗春酒。〔外云〕孩兒你請我兩個出來做甚麼？〔生跪科〕告爹媽得知，人生百歲，光陰幾何，幸喜爹媽年滿八旬，孩兒一則以喜，一則以懼，當此青春光景，閒居無事，聊具喫杯蔬酒，與爹媽稱壽則個。〔淨笑云〕阿老有得吃，〔外云〕阿婆，這是子孝雙親樂，家和萬事成。〔生進酒科〕

〔雙調過曲〕〔錦堂月〕〔生〕簾幙風柔，庭幃晝永，朝來峭寒輕透，親在高堂，一喜又還一憂，惟願取百歲椿萱長似他三春花柳。〔合〕酌春酒，看取花下高歌共祝眉壽。

〔前腔〕〔旦〕輻輳，獲配鸞儔，深慚燕爾，持杯自覺嬌羞，怕難主蘋蘩，不堪侍奉箕帚，惟願取偕老夫妻，長侍奉暮年姑舅。〔合前〕

〔前腔〕〔外〕還愁，白髮蒙頭，紅英滿眼，心驚去年時候，只恐時光催人去也難留，孩兒惟願取黃卷青燈，及早換金章紫綬。〔合前〕

〔前腔〕〔淨〕還憂，松竹門幽，桑榆暮景，明年知他健否安否。歎蘭玉蕭條，一朵桂花堪茂。媳婦惟願取連理芳年，得早遂孫枝榮秀。〔合前〕

〔醉翁子〕〔生〕回首，歎瞬息烏飛兔走，喜爹媽雙全，謝天相知，〔旦〕不謬，更清淡安閒，樂事如今誰更有。〔合〕相慶處，但酌酒高歌，共祝眉壽。〔外云〕孩兒個今日爲我兩個慶壽，這便是爾的孝心，人生須要忠孝兩全，方是個丈夫，我纔是想得起來，今年是大比之年，昨日郡中有吏來辟召，爾可上京取應，倘得脫白掛綠，濟世安民，這纔是忠孝兩全。

〔生云〕爹媽高年在堂無人侍奉孩兒豈敢遠離實難從命。

〔前腔〕〔外〕卑陋，論做人，要光前耀後。勸我兒，青雲萬里，早當馳驟。〔淨〕聽剖，眞樂在田園，何必區區公與候。〔合前〕

〔僥倖令〕〔生旦〕春花明彩袖，春酒泛金甌，但願歲歲年年人長在，父母共夫妻相歡。

〔前腔〕〔外淨〕夫妻好廝守，父母願長久。坐對兩山排闥青來好，看將一水護田疇綠繞流。

〔十二時〕山青水綠還依舊，嘆人生青春難又，惟有快活是良謀。

〔外〕逢時對景且高歌　〔淨〕須信人生能幾何

〔生〕萬兩黃金未爲貴　〔旦〕一家安樂值錢多

王國維論琵琶的文詞說則誠「獨鑄偉詞，其佳處，殆兼南北之勝」。這是說他吸收了北曲的樸實，也表現了南曲的深情，如糟糠自厭，祝髮買葬，感格墳成，中秋賞月，乞丐尋夫等幾段，都是情深意切，嘔心瀝血傳世之作：

（商調過曲）（山坡羊）（旦）亂荒荒不豐稔的年歲，遠迢迢不回來的夫婿，急煎不耐煩的二親，軟怯怯不濟事的孤身體。衣典盡寸絲不掛體，幾番拚死了奴身已，爭奈沒主公婆教誰看取。思之，虛飄飄命怎期。難捱，實丕丕災共危。』

（前腔）滴溜溜難窮盡的珠淚，亂紛紛難寬解的愁緒，骨崖崖難扶持的病身，戰兢兢難捱過的時和歲。這糠，我待不喫你呵，教奴怎忍飢？我待喫你呵，教奴怎生喫？思量起來，不如奴先死，圖得不知親死時。思之，虛飄飄命怎期，難捱，實丕丕災共危。』

（雙調過曲）（孝順歌）（旦）『嘔得我肝腸痛，珠淚垂。喉嚨尚兀自牢嗄住。糠那，你遭礱被舂杵，篩你簸揚你，喫盡控持，好似奴家身狼狽，千辛萬苦皆經歷！苦人喫著苦滋味！兩苦相逢，可知道欲吞不去。』

（前腔）（旦）『糠和米本是相依倚，被簸揚作兩處飛。一貴與一賤，好似奴家與夫婿，終無見期。丈夫便是米呵，米在他方沒處尋，奴家便似糠呵，怎的把糠來救得人飢餒？好似兒夫出去，怎的教奴供膳得公婆甘旨？』

（前腔）（旦）『思量我生無益，死又值甚底？不如忍飢死了爲怨鬼。只一件公婆老年紀，靠奴家相依倚，只得茍活片時。片時茍活雖容易，到底日久也難相聚，漫把糠來相比。這糠尚兀自有人喫，奴家的骨頭，知他埋在何處』

「前腔」這是穀中膜，米上皮，將來■■堪療饑，嘗用古賢書，狗彘食人食，也強如草根樹皮，齧雪吞氈，蘇卿猶健，餐松食柏，到做得神仙侶，這糠呵縱爲吃些何慮，爹媽休疑，如須是你孩兒的糟糠妻室。

「雁過沙」苦沈沈向冥途，空教我耳邊呼公公婆婆，我不能夠盡心相奉事，反教你爲我歸黃土，教人道你死緣何故？怎生割捨得拋棄了奴？

「前腔」婆婆氣全無，教奴怎支吾？呀，丈夫呵，我千辛萬苦，爲你相看顧，如今到此難回護，我只愁母死難留父，況衣衫盡解，囊篋又無。

「乞丐尋夫」——「胡揚練」辭別去，到荒坵，只愁出路煞生受，畫取眞容聊藉手，逢人將此免哀求。

「三仙橋」一從他每死後，要相逢不能夠，除非夢裡暫時略聚首。若要描描不就，暗想像，教我未描先淚流，描不出他苦心頭。描不出他饑症候，描不出他望孩兒睜睜雙眸，只畫的他髮颼颼，和那衣衫敝垢，休休若畫做好容顏，須不是趙五娘的姑舅。

「前腔」我待要畫他個龐兒帶厚，他可又肌荒消瘦，我待要畫他個龐兒展舒，他自來長恁面皺，若畫出來眞是醜，那我更心憂，也做不出他歡容笑口。只見他兩目稍優遊。其餘都是愁。我只記他形衰貌朽，便做他孩兒收，也不認得是當初父母，縱認不得蔡伯喈當初爹娘，須認得是趙五娘近日來的姑舅。

「前腔」非是奴尋夫遠遊，只怕我公婆絕後，奴見夫便回，此行安敢久，路途中奴怎走，望公婆相保佑，我出外州，他兀自沒入看守，奴何來相保佑。只怕奴去後，冷清清有誰來祭掃？縱使過春秋，一陌紙錢怎有。休休。你生是受凍餒的公婆，死做個絕祭的姑舅。

「憶多嬌」公公他魂渺漠，我沒依託，程途萬里，教我懷夜壑，此去孤墳望公公看看，舉目蕭索，滿眼盈盈淚落。

「鬥黑麻」奴深謝公婆，便相允諾，從來的深恩怎敢忘卻，爲怕路途遠，體怯弱，病染災纏，衰力倦腳，孤墳寂寞，路途滋味惡，兩處堪悲，萬愁怎摸。

從「山坡羊」，開始，刻劃趙五娘賢淑、堅貞、善良、樸素的性格，百般困苦，美端強韌；由柔弱而至堅強的性格，恰如老子所言：「至柔克至剛」，於死無出路的仄徑通向生必有活的精神體貌。掙扎出一片淒惻動人的性格的昇華意境，淨化人性的心靈，至斯爲極。不屈服環境的逆流，而能鮮明顯示死中求生的道理。也反襯出蔡邕懦弱遊移，苟且過活，以眼前的榮耀掩飾內心的矛盾，兩相對照，蔡邕無疑是一個徬徨猶移的人物。三仙橋一段，顯示五娘知書識禮，且是個人物描繪的美術奇才，想像與寫實結合爲公婆苦難生涯中望子痛苦的神情寫照。又創造了五娘的才情非比尋常。把五娘的美德隨劇情推舉出高潮的動人情操，對公婆的眞實描寫，張廣才的仁德義誠也做了適當描述。徐文長說：「或言琵琶之高處，在慶壽、成婚、彈琴、賞月、諸大套，此猶有規模可尋，惟食糠、嚐藥、祭墳、寫眞之諸作，從人心流出，如嚴滄浪言「水中月空中影」最不可到。如十八答句句是扭常言俗語而作曲子，點鐵成金，信是妙手。」王世貞藝苑卮言說：「刖誠所以冠絕諸劇者，不惟其琢句之工，使事之美而已。其體貼入微，委婉曲盡，描寫物態，彷彿如生。問答之際，不了無扭造，所以佳耳。至其腔調微有未諧，譬如見鍾王跡不得其合處，當精思心求詣，不當執末以議本也。」何元朗四友齋叢說：「高則誠才藻富麗，爲琵琶記長空萬里，是一篇好賦。」

曲藻云：偶見歌伯喈者云：浪暖桃花欲化負，期逼春闈，詔赴春闈，郡中空有辟賢春。心戀親闈，難捨親闈。頗疑兩下句意各重，後得一善本，乃浪暖桃香欲化魚，期逼春闈，難捨親闈，都中空有群賢書，心戀親闈，難赴春闈。意旣不重，益見作者之工。談輅云：嘗見琵琶記草本，醉扶歸綵筆本潤二句，所作詞源倒流二句，今刻本已從之矣。又見一本，三不從做成災禍，一似天來大。改云：三不從把好事翻成禍。惜未有從之者。改筆皆草書旁注，意必東嘉手筆。秦淮劇品云：曲引之有呼韻，自趙五娘之呼伯喈始也。而無雙之呼王家哥哥，西施之呼范大夫，皆有悽然之韻。

琵琶記是一部立意醇厚重大的家庭倫理劇。反映了社會種種不平的現象。趙五娘困於災荒，度日如年，蔡伯喈墜落富貴，無法擺脫，一面是饑餒交迫，一面是洞房花燭，一面是吃糠充饑，一面是荷塘消夏，一面是祝髮買葬，一面是中秋賞月，一面是乞丐尋夫，一面是細問衷情。由於悲喜交結，歡泣錯綜，似怨似嘆，或歌或泣，使觀衆隨了戲劇情節的起伏，人事的頓挫，抑揚沈浮的戲劇效果，控制了觀衆的心靈與情緒，此劇乃收到了教育的極大效果。故明呂天成曲品卷下有云：「其詞之高絕處在布景寫情」，由於「串插甚合局段，苦樂相錯，具見體裁，可師可法，而不可及也。」結構全在於融情入戲的編織，才是成功的主因。但李漁對其關節牽強處，亦有批評，並加以改作。對琵琶記的演出成就，卻無「背理妨倫」（笠翁語）之功。

## 牡丹亭（還魂記）

牡丹亭就是還魂記，作者湯顯祖，江西臨川人。故稱湯臨川、字義仍，號若士，又號清遠道人，生於明世宗嘉靖二十九年庚戌。少善屬文，有名聲。萬曆十年三十四歲中進士，初授南京太常寺博士，尋遷禮部主事。萬曆十年，以論輔臣科臣疏，彈劾權責得罪當朝，謫廣東徐聞典吏，旋遷浙江遂昌知縣。因縱囚放牒，得罪上司，二十六年罷官，家居二十年，以作劇自娛。明史本傳中說他「少善屬文，有時名」。又說當時「張居正欲其子及第，羅海內名士以張之、聞顯祖及沈懋學名，命諸子延致。顯祖謝勿往。懋學遂與居正子嗣修偕及第。顯祖至萬曆十一年始成進士」，張居正有明一代炙手可熱的權相，湯氏竟敢辭謝他的延攬，以致遲誤了功名。可見湯氏自少即有相當的骨氣，一心只想憑藉自己的本領，不想依傍別人的門戶。故明史又說：「顯祖意氣慷慨，善李化龍、李三才、梅國楨。後皆通顯有建豎，而顯祖蹭蹬窮老。三才督漕淮上，遺書迎之，謝不往。」這是顯祖居家以後的事。他寧願閉門讀書，從事著述，不願重作馮婦，再出做官。列朝詩集說：「窮老贈蹬，所居玉茗堂，文史狼藉，賓朋雜坐。雞塒豕園，接跡庭戶，蕭閒咏歌，俯仰自得。」作文以宋濂爲宗，但以不合時流，絕意仕途，寧心一志，創作戲曲。寫有：臨川四夢，這就是紫釵記、還魂記、南柯記、邯鄲記。紫簫記是最早的作品，後來改作爲紫釵記。就中以牡丹亭還魂記的才華最高，成就最大。不過在當時，他是很受到崇尚格律派的沈璟他們那一流人物攻擊的，自然指他的牡丹亭諸作不合律，形式主義不是他所追求的，他在牡丹亭題詞中說：

天下女子有情，甯有如杜麗娘者乎？夢其人即病，病即彌連，至于畫形容，傳於世而後死。死三年矣，復能溟莫中求得其所夢者而生，如麗娘者，及可謂之有情人耳。情不知所起，一往而深。生者可以死，死者可以生，生而不可與死，死而不可復生者，皆非情之至也。夢中之情，何必非眞，天下豈少夢中之人耶？

人生有夢，夢竟成眞。而可生死人者，竟繫於情之一字。批點玉茗堂牡丹亭叙說：

若士有稱一生四夢，得意處惟在牡丹。情深一敘，讀未三行，人已魂消肌粟，而安頓齣字，亦自確妙不易。其款置數人，笑者眞笑，笑即有聲。啼者眞啼，啼即有淚。歎者眞歎，歎即有氣。杜麗娘之妖也，柳夢梅之痴也，老夫人之輭也，杜安撫之古執也，陳最良之霧也，春香之牢也，無不後筋節竅髓以探其七情生動之微也。

批點凡例中說：

牡丹亭傳奇，以詩人忠厚之旨，爲詞人麗則之言，句必尖新，義歸渾雅。高東嘉爲曲聖，湯玉茗爲曲仙。詢樂府中醇中醇者。

其於曲律說：

玉茗所署曲名，因填詞時多意疾書，不甚檢核宮譜。以故諸舛致處。然被之管弦，竟無一字不合，且無一音不妙。蓋爾玉茗之神明於曲律也。

牡丹亭是戲曲中，最適靈於想像奇麗，造意特出才華的妙構。琵琶厚　而牡丹熱選，琵琶以理致入木三分，牡丹以情性出乎九天。玉茗壺全集天牘卷之四茗呂晏州（見部振鐸出衆文庫選錄）：「凡反以言、氣、神、色爲主，四者到時，或有麗詞俊聲可用。兩時能一顧九宮的聲否？如必描寫摸聲，即有宮滯迸泄之苦，恐不能成句矣。」此之謂，林流水，一去窅然別有天地非人間也。

靜志屬詩話說：

義仍塡詞，妙絕一時，語雖嶄新，彈亦出於關、馬、鄭、白，其牡丹曲來，尤其筆動人，人或勸之薄字，答曰：諸公所語當性，僕所言者情也。

顧曲雜言說：

牡丹亭一曲，家傳户誦，西廂爲之減價。

牡丹亭的背景取自南宋，全本五十五齣，錄之如下：

第一齣　標目　第二齣　言懷　第三齣　訓女　第四齣　腐歎

第五齣 延師　第六齣 悵眺　第七齣 閨塾　第八齣 勸農
第九齣 肅苑　第十齣 驚夢　第十一齣 慈戒　第十二齣 尋夢
第十三齣 訣謁　第十四齣 寫眞　第十五齣 虜諜　第十六齣 詰病
第十七齣 道覡　第十八齣 診祟　第十九齣 牝賊　第二十齣 悼殤
第廿一齣 謁遇　第廿二齣 旅寄　第廿三齣 冥判　第廿四齣 拾畫
第廿五齣 憶女　第廿六齣 玩眞　第廿七齣 魂遊　第廿八齣 幽媾
第廿九齣 旁疑　第三十齣 懽撓　第卅一齣 繕備　第卅二齣 冥誓
第卅三齣 秘議　第卅四齣 詗藥　第卅五齣 回生　第卅六齣 婚走
第卅七齣 駭變　第卅八齣 淮警　第卅九齣 如杭　第四十齣 僕偵
第四一齣 耽試　第四二齣 移鎭　第四三齣 禦淮　第四四齣 急難
第四五齣 寇間　第四六齣 折寇　第四七齣 圍釋　第四八齣 遇母
第四九齣 淮泊　第五十齣 鬧宴　第五一齣 榜下　第五二齣 索元
第五三齣 硬拷　第五四齣 聞喜　第五五齣 圓駕

故事情節大致是，杜甫後裔杜實寶南安太守，夫人甄氏，生一女名麗娘，天生麗質。年二八學於老儒陳最良。暇日，麗娘與侍婢春香遊麗園。歸來倦而入夢，青年折柳枝伴麗娘重遊後園，至牡丹亭交歡，醒後寤寐思之，抑鬱相思。自畫芳容題詞云：「他年得傍蟾宮客，不是梅邊是柳邊。」置於牡丹亭下遂逝。杜公夫婦葬之於梅樹下，以石道姑與陳儒看守。別往揚州爲安撫使。柳夢梅爲柳宗元之後，鄉試及第，一日夢見梅花旁一美人，改名夢梅。發憤上進，赴臨安應試，途遇風雲停止南安，入梅花觀，得麗娘畫像，念念不忘。

麗娘逝世已及三年，石道姑擇吉日，爲設道場。其夕，麗娘魂出現，道姑見之。柳生一夕在房中，燈下展現畫像時，忽一陣風至，燈花飛，幾欲燒畫。乃收之，就床復睡。未幾，麗娘魂來敲門，怪而開門。見一美女，整容而立，即彷佛與前夢所見立梅樹下呼生者。遂導之入房，與共枕蓆，不待雞鳴，辭去。夜夜如此。一夕麗娘魂告柳生曰：「奴家便是畫中人也，前任杜太守女魂也。願君發後園之墳，令妾再生」。翌日，謀之道姑。遂擇吉日，發墳，使麗娘再生。靜養數日，精神漸形爽快。兩人遂僱舟偕石道姑，向揚州出發。求父母許婚。生至臨安京中，應科舉。

此時金國舉大軍南下，欲攻宋，使溜金王李全先騷擾江淮之地。李全楚州人，出沒江淮間而爲盜者。降金後，封爲溜金王。其妻楊婆。亦武勇，助夫督兵。杜安撫受命樞密院，自揚州移鎮淮安，當防禦金兵南下之責。淮安城爲李全軍重圍，苦戰。一方陳最良驚悉麗娘墳爲人發掘，欲報知杜安撫。至揚州，將轉途赴淮安。途中爲賊所捕，引至李全處。李全知其欲赴杜安撫處者。乃思一計，令其赴杜安撫處，詐報夫人及婢女已被殺，以挫杜銳氣，且使陳勸杜讓出淮安城。杜安撫聽陳最良之言，雖一時悲哀，然不久即恢復原狀。使陳爲使，致一書於李全妻楊婆，以巧言說其降宋之利。楊婆意動，勸夫降宋。遂解淮安之圍。

先是，安撫夫人與春香自揚州避難臨安，途中包宿一人家。適與再生之麗娘相遇。柳生受麗娘託，攜其自畫像，爲證據，欲請婚。至杜安撫處。會淮安圍解，安撫正擺太平宴。柳生稱安撫婿，再三請謁。以其服裝襤褸。不許。強請謁，遂觸安撫怒，縛之。安撫命人牽出柳生拷問，見其所攜麗娘畫像，驚甚。以爲此人旣持有此畫，發我女墳者，必爲此人，命左右吊打之。柳生告知麗娘再生事，分辯甚力，絕不聽取。然此時發榜，柳生狀元及第。報喜者尋柳生至此處，撫復不之信。考官遂自往證之，令著衣冠，插金花，安撫怒猶不止。

此時陳最良因前爲安撫任招安賊軍使者得功，授黃門奏事官。來賀小姐再生，女婿登科。安撫尙不之信。杜安撫以柳生事奏明天子。柳生亦奏上一本辯疏，兩人爭是非於闕。麗娘亦登朝託陳黃門伏奏，令其父承認其再生。天子遂命黃門官取照膽鏡，辨別麗娘爲人爲鬼。又審問其死前死後事，明悉其爲再生無誤，勅命父子夫妻相認返邸成親。及歸，安撫猶不肯認。麗娘努力爲父與柳生解釋。聖旨一至，一家悉有所陞進，一同謝恩，全劇團圓終場。

戲曲中「遊園驚夢」是最動人性情的歌舞劇，是崑曲的精華。日本文學家鹽谷溫說：

死人再生元是奇怪至極的事，然畢竟人是情塊，情之所鍾，故可以死可以生。以天外的奇想與絕妙的巧詞，稱爲曲中之仙實獨步古今。杜麗娘之妖，柳夢梅之痴，老夫人之軟，杜安撫之古執，陳最良之固陋，春香之刁乖，都把七情生動的微機描寫到極處了。在此引麗娘春香遊於後花園最膾膫人心者：

〔遶地遊〕〔旦上〕夢回鶯囀，亂煞年光徧，人立小亭深院，〔貼〕炷盡沈煙，拋殘繡線，憑今春關情似去年。〔烏夜啼〕〔旦〕曉來望斷梅關，宿妝殘。〔貼〕儞側著宜春髻子恰憑闌，〔旦〕剪不斷，理還亂，悶無端，〔貼〕已分付催花鶯燕借春看，〔旦〕春香。可曾叫人掃除花徑？〔貼〕分付了，〔旦〕取鏡臺衣服來，〔貼取鏡臺衣服上〕雲髻罷梳還對鏡，羅衣欲換更添香，鏡臺衣服在此。

〔步步嬌〕〔旦〕裊晴絲吹來閒庭院，搖漾春如線，停半晌，整花鈿，沒揣菱花，偷人半面迤逗的彩雲偏。〔行介〕步香閨怎把全身現，〔貼〕今日穿插的好。

〔醉扶歸〕〔旦〕儞道翠生生出落的裙衫兒茜，豔晶晶花簪八寶塡，可知我常一生兒愛好是天然，恰三春好處無人見，不隄防沈魚落雁鳥驚諠，則怕的羞花閉月花愁顫。〔貼〕早茶時了，請行，〔行介〕儞看畫廊金粉半零星，池館蒼苔一片靑。踏草怕新繡襪。惜花疼煞小金鈴。〔旦〕不到園林，怎知春色如許。

〔皂羅袍〕原來姹紫嫣紅開徧，似這般都付與斷井頹垣。良辰美景奈何天，賞心樂事誰家院。恁般景致，我老爺和奶奶再不提起。〔合〕朝飛暮捲，雲霞翠軒，雨絲風片，煙波畫船，錦屛人忒看的這韶光賤。〔貼〕是花都放了，那牡丹還早。

〔好姐姐〕〔旦〕徧青山啼紅了杜鵑，荼蘼外煙絲醉軟。春香呵，牡丹雖好他春歸怎占的先。〔貼〕成對兒鶯燕呵〔合〕閒凝眄，生生燕語明如翦，嚦嚦鶯歌溜的圓〔旦〕去罷，〔貼〕這園子委是觀之不足也。〔旦〕提他怎的？〔行介〕

〔尾聲〕觀之不足由他繾，便賞徧了十二亭臺是枉然，到不如興盡回家閒過遣。

「山坡羊」凌亂裡，春情難遣；驀地裡，懷人幽怨。則爲我生小嬋娟，揀名門一例，一例裡神仙眷，甚良緣，把青春抛的遠？俺的睡情兒誰見？則索因循腼腆。想幽夢誰邊，和春光暗流轉。遷延，這衷情，那處言？淹煎，潑殘生，除問天。

「山桃紅」，則爲你如花美眷，似水流年，是答兒閒尋遍，在幽閨自憐。轉過芍藥欄前，緊靠著湖水石邊，和你把領扣鬆，衣帶寬，袖梢兒搵著牙兒苫也，則待你忍耐溫存一晌眠。是那處曾見？相看儼然，早難道好處相逢無一言。（生）姐姐。身子乏了將息。我再來瞧你那。何來春色三分雨。睡去巫山一段雲。（下）（旦作驚醒低叫介）秀才秀才，將去了也。（又作痴睡介）……

「綿搭絮」（旦）雨香雲片，纔到夢兒邊，無奈高堂，喚醒紗窗睡不便。潑新鮮冷汗黏煎。閃的俺心悠步嚲，意軟鬟偏，不爭多費盡神情。坐起誰忺待去眠。

（尾聲）（旦）困春心遊賞倦。也不索香薰繡被眠。天呵，有心情那夢兒還去不遠。

似這等細巧描寫女兒家的心曲，借穠麗的文筆，傳曼倩的思情，眞有點鐵成金，翩然化蝶之妙。這就是藝術駕臨一切格律形式上的春色牡丹，迎風招展，幽香撲鼻之處。琵琶記五娘能盡出清雅的面貌，牡丹亭麗娘也能描繪娟秀的芳容，這相似的才情，相似的迷人。

劇說卷五說：

相傳臨川作還魂記運思獨苦，一日家人求之不可得，遍索。乃臥庭中薪上，掩袂痛哭，驚問之。曰：填詞至賞春香，還是舊羅裙句也。

又據黎瀟雲語：

內戶一女子，自矜才色，不輕許人，讀還魂而悅之，逕造西湖訪焉，願奉箕帚。湯若士以年老辭。女不信。一日，若士湖上宴客，女往觀之，見若士皤然一翁，傴僂扶扙而行。女歎曰：吾生平慕才，將托終身，今老醜若此，命也，因投於水。

張某俞娘傳云：婁江兪娘，麗人也，行二。幼婉慧。體弱常不勝衣，迎風輒頓，十三疸苦在肋，彌連數月，小差，而神兪不支，媚婉之容，不可逼視，年十七夭。當兪娘之在床褥也，好觀文史，父憐而授，且讀且疏，多父所未解，一日，授還魂記，凝睇良久，情色黯然曰：書以達意，古來作者多不盡意而出。如生不可死，死不可生，皆非情之至，斯眞達意之作矣。飽研砂丹，密圍旁注。往往自寫所見，出人意表，爲感夢一齣，注曰：吾每喜睡，睡必有夢，夢則耳目未經涉者，皆能及之。杜女故先我著鞭耳。

兪娘有妹，落風塵中。一時稱仙子，靜志居詩話云：婁江女子兪二娘，酷嗜牡丹亭曲，斷腸而死，故義仍作詩哀之云：晝燭搖金閣，眞珠泣繡窗，如何傷此曲，偏只在婁江。此三說，蓋一事而傳聞異詞也。又相傳張江陵欲以鼎甲畀其子，羅海內名士以張之，令諸郎因其叔延致湯、沈兩生，湯臨川獨不往，而宣城沈君典，遂與江陵子懋修偕及第。邯鄲夢中宇文，即指江陵也。兩夢中吊打、欽定、諸劇，皆極詆訕，至云狀元能値幾文來，憤恨極矣。蔣心餘太史本此諸事，作臨川傳奇。

紫釵記本於唐小說蔣防撰「霍小玉傳」寫唐詩人李益與霍小玉傳奇悲劇，玉茗堂尺牘卷二。與帥公子從升從龍田內有：「紫釵記版本，寄送惟審總帳前，曼聲歌之，知其幽賞耳！」邯鄲記及南柯夢富貴功名靈幻，本於唐人小說李泌撰「枕中記」。「南柯記」本於唐李公佐「南柯記」言「一覺醒來，竟是南柯一夢耳」。

清梁延枬曲話說：「玉茗四夢，牡丹最佳，邯鄲次之，南柯又次之，紫釵則強弩之末耳。」吳天成曲譜：「杜麗娘事甚奇，而著意發揮懷春慕色之情，驚心動魄，且巧妙百出，無境不新，眞堪千古矣。」不過，王驥德曲律中說：牡丹亭爲「藥頭異香」。說出了吳梅在戲曲概論中之言：「以臨川之筆，協吳江之律。」如此則才情與曲律合二者爲一，才是完美之至的傑作。牡丹亭如彩雲仙子優遊天上，尚未能深入民間，爲鄉野草民完全接受，蓋因其高華文采，是魚翅燕窩，而不是粗茶淡飯，饅頭大蒜也。

## 荊釵記

劇說卷二：

荊、劉、拜、殺，爲劇中四大家，荊釵、柯丹邱作，白兔即劉也，拜月施君美作，君美名惠，元武林人，今名幽閨記，殺狗俗名玉環，徐畦仲由作，仲由淳安人，洪武中徵秀才，至藩省辭歸，有巢雲集，自稱曰：吾詩文未足品藻，惟傳奇詞曲，不多讓古人。

荊釵記是元末明初的作品，故事述王十朋與錢玉蓮訂婚以荊釵爲聘禮。十朋友孫汝權家本富豪，見玉蓮美貌，爭以財富聘，玉蓮不從與十朋草草成婚，十朋上京應試得中狀元。修書回家，孫汝權落第，改寫十朋家書，言人贅萬俟丞相家。逼玉蓮改嫁。玉蓮投江自殺。爲錢安撫救起，收爲義女，同赴福建。十朋聞玉蓮死訊，萬分悲痛。萬俟丞相因十朋拒婚，改調廣東湖陽僉判。玉蓮請錢安撫派人打聽，又誤傳死去的王士宏僉判爲十朋。玉蓮仍不肯改嫁，願爲十朋守節。五年後，十朋任吉安太守，友人說嫁錢玉蓮，二人皆不肯答應，事有湊巧，十朋於玄妙觀祈亡妻冥福，不料玉蓮也來祈願，二人乃得相逢，玉蓮以荊釵爲信物，夫妻終得團圓。

劇說卷二：

甌江逸志云：王十朋字龜齡，年四十七歲，魁天下以書報其弟夢齡、昌齡曰：今日喟名，蒙恩賜進士及第。惜二親不見，痛不可言。嫂及聞詩、聞禮可以此示之。詩、禮其二子也。此二語者，上念二親，而不以科名爲喜，特報二弟，而不以妻爲先。孝弟之意可見矣。爲御史，首彈丞相史浩。今世所傳荊釵記，玉蓮乃梅溪女，孫汝權乃梅溪同榜進士。史客故謬其說耳。又一說，玉蓮實錢氏，本倡家女，初王與之狎，錢心許嫁，後王狀元及第歸，不復顧，錢憤投江。聽雨筆記云：孫汝權乃宋朝名進士，有文集行世。玉蓮則王十朋女也。十朋劾史浩八罪，乃汝權嗾之。理宗雖不聽，而史氏不嫌姓（孫）怨兩人刺骨，遂作荊釵記，以玉蓮爲十朋妻，而汝權有奪配之事。其實不根之謗也。冬夜殘記、天祿識餘，與此略同。按史載陳之茂曾毀史浩，浩擬之茂進職。上曰：卿以德報怨邪？曰：臣應知有怨。若以爲怨，而以德報之，是有心也。書濟詆浩尤甚，浩薦濟掌內制。上曰：濟非議卿者乎？浩曰：臣不敢以私害人。浩寬厚如此。何其容獨惡于龜齡，而見諸詞曲？書影亦辨之云：荊釵後人謂史之黨爲之以詈王者。宋時安得有傳奇也。南窗閒筆云：錢玉蓮宋名妓，從孫汝權，某寺殿成，梁上題信士孫汝權同妻錢玉蓮喜捨。此亦以玉蓮爲妓。而前則以爲王不顧而投江，此則以爲從孫而施寺，恐皆緣傳奇而傅會耳。河上楮談云：或謂高作琵琶，陳留人多病之，乃作荊釵，蓋王梅溪，孫汝權皆永嘉人，故欲以報之，升菴集云：潛說友宋之安撫使，今傳奇王十朋有此人，譌爲錢。

王十朋與錢玉蓮的事，大致如上所述。曲論：「琵琶拜月以下，荊釵以情節關目勝。然純是委巷俚語，粗鄙之極。而用詞卻嚴，本色當行，時離時合。」品曲：「荊叙以眞切之詞，寫眞切之情，情文相生，最不易及。」在「時禮」一析中，表現俚俗，卻能動人：

「雁兒落」（生）徒捧著淚盈盈一酒巵，空擺著香馥馥八珍味，慕音容，不見你：訴衷曲，無回對。俺這裡再拜自追思，重相會是何時？搵不住雙垂淚，舒不開咱兩道眉，先室，俺只爲套書信的賊施計，賢妻，俺若是昧誠心，自有天鑒知。

「僥僥令」（老旦）這話分明訴與伊，須記得聖賢書，懊恨娘行太簿劣，抛閃的兩分離在中路裡，兩分離在中路裡。

「收江南」（生）早知道這般樣拆散呵，誰得要赴春闈，便做到腰金衣紫待何如，說來又恐外人知，端的是不如布衣，端的是不如布衣！俺只索要低聲啼哭自傷悲。

「園林好」（老旦）免愁煩回辭奠儀，拜馮夷多加護持，早早向波心中脫離，惟願取免沈溺，惟願取免沈溺。

（沽美酒）『紙錢飄，蝴蝶飛，紙錢飄，蝴蝶飛。血淚染，杜鵑啼，覩物傷情越慘悽。靈魂恁自知，靈魂恁自知。俺不是負心的，負心的隨著燈滅！花謝有芳菲時節，月缺有團圓之夜；我呵，徒然間早起晚寐，想伊念伊。妻，要相逢，除非是夢兒裡，再成婚契！』

（尾聲）『昏昏默默歸何處？哽哽咽咽思念你，直上姮娥宮殿裡。』

## 白兔記

劉名白兔記，因爲敘述劉知遠的故事，這是與劉知遠諸宮調同一題材的。說劉知遠被繼父逐了，飄遊於外，被李文奎招回家去。文奎有二子洪義，洪信，一女三娘。一天，他見知遠晝卧，火光透天，知他將來必大貴，就把三娘嫁他。文奎死後，洪義逐知遠，又逼寫休書。他爲守瓜園，得了石匣裝的頭盔衣甲，兵書寶劍。他就別妻出去，建立功業。三娘在家，受不盡兄嫂磨折，不久，生下一子，名咬臍郎。兄嫂要害其子，三娘偷偷的託竇老抱去，送與知遠。知遠這時又娶了岳氏，便留孩子下來。後來知遠討賊立功，封九州安撫使，咬臍郎已長大，出外遊獵，因趕白兔，到沙陀村，遇了三娘。後來知遠接她去了。又把兄嫂追住，並且取香油麻布，把她嫂子，點了通天燭。劇情便止於此。這劇作者甚難考出，大約也是元末明初的作品。其文辭之樸質，爲四大傳奇之最。想來未必出於文人之手，而是民間傳唱所集成的，因此，作者也不知是誰，劉知遠是五代史後漢高祖，出身軍伍，李三娘爲農家女，都有事實根據。白兔記有六十種曲本，與富春堂本。六十種曲本上下兩卷四十齣，富春堂本，共三十九折。此處錄卷下

第三齣（旦上）：

「慶青春」冷清清關懷，慽傷情，好夢難成。明月穿窗，偏然奴獨守孤零。

一種黃連分兩下，那也受苦這邊愁。自從丈夫去後，被兄嫂凌逼，兒失杳無音信回來，好苦！

（集賢賓）當初指望諧老年，和你厮守百年。誰想我哥哥心改變，把骨肉頓成抛閃，凝望眼穿空，自把欄杆倚遍。兒大去遠，悄沒個音書回轉。常思會，何日裡再得團圓。

（丑上）長江後浪推前浪，世上新人趲舊人。姑娘爲何啼哭？（旦）嫂嫂，奴家丈夫不在。腹中有孕，因此愁悶。（丑）姑娘，你哥哥說道：「劉郎去後，杳無音信回來，未知死活存亡？不如嫁個門當戶對的，也是了當。」

（攬群羊）（旦）嫂嫂話難聽，激得我心兒悶！一馬一鞍，再嫁傍人論。夫去投軍，誰敢與媒證！那有休書？誰敢來詢問。你爲何交奴交奴再嫁人？

（前腔）（丑）姑姑！你試聽：日夜裡成孤零，尋個良媒，嫁個多聰俊。虛度青春，白髮來侵鬢。你如何如何不改嫁人？

姑娘，嫁得好多住幾日；嫁的不好，就回來也不難。（旦）說那裡話！（淨上）恨小非君子，無毒不丈夫。娘子，著你與叫妹了嫁人，如何？（丑）他千不肯，萬不肯。（淨）他是這般說，叫他過來。（旦）姑娘，你哥哥叫你。（旦）哥哥，有何話說？（淨）嫂嫂叫你嫁人，如何不肯？

（前腔）（旦）哥哥，共乳同胞每生。今日為何為面嗔？休聽枕邊言聒，且自寧心親舊情。親姊妹莫相爭，待奴身孕始傾。若待後來重復事，金甌再覆李家門。

（淨）若不嫁人，依我四條門路。（旦）那四條門路？（淨）一條，三十三天玉皇殿上捉漏。（旦）交我上天無路，（淨）二條門路去十八層地獄閻王前去淘米。（旦）那是入地無門。（淨）第三條路，早早嫁人。（旦）決不改嫁。（淨）第四條，日間挑水三百擔，夜間挨磨到天明。（旦）奴家願從第四條門路。

（三學士）（淨）堪笑非親即是親，把你做乞丐看承。劉郎去了無音信，何不改嫁別人？你若不依兄嫂說，打交身軀不值半分，（合）從今後挨磨到四更，挑水到黃昏。

（前腔）（旦）一世為人只要勤，那得閒衣閒飯養閒人！（旦）爹娘產業都有分，何故苦樂不均平。（丑）丈夫言語須當聽，有眼何曾識好人！（合前）

（前腔）（旦）好笑哥哥人不仁，不念同胞兄妹情。劉郎去了無言信，何故改嫁別人？況兼奴有身懷孕，再嫁旁人作話文。（合）奴情願挨磨到四更，挑水到黃昏。

（尾聲）哥哥嫂嫂沒前程，苦逼奴家再嫁人，日間挑水三百擔，夜間挨磨到天明。

這樣樸素的文字，全無雕琢，出口便是家常話，其間科白的自然，也是其他三種傳奇所

沒有的，再看第十九齣母子相逢：（生上）

（卜冥子）盼望旌旗，每日耳聞消息，聞得孩兒回來。孩兒郊外打圍，這時候還不見回來！（少生上）柳陰枝下一佳人，夫婿孩兒同姓名，好似和針呑卻線，刺人腸肚繫人心。爹爹，孩兒拜揖。（生）孩兒回來了，打得多少飛禽走獸？（小生）聽孩兒告稟：

（普天樂）望蘆葭淺草中，分圍跨馬，見一個白兔前面過，趕到前村柳陰之下，見一個婦女自落薄，跣足蓬頭喫折挫。被兄嫂曰夜沈埋，他行行淚灑，口口聲聲怨劉大。

（生）我兒說話不明，如昏鏡不磨。你只管說什麼劉大！劉大！我問你，打了多少飛禽走獸？（小生）告爹爹知道，孩兒前往郊外打圍，草中趕走一個白兔，孩兒一箭正中那白兔，連箭便走。孩兒加鞭拍馬，直趕到徐州沛縣，地名沙陀村，八角琉璃井邊，有一個婦人跣腳蓬頭。問起根由，卻被哥嫂磨滅，在井邊汲水。我問他可有丈夫？他的丈夫名字與爹爹相同。問他可有孩兒與孩兒的名字與孩兒相同，我問他丈夫那裡去了？他說：「往九州按撫投軍去了。」我就對他說：「俺爹爹九州按撫，俺回去稟過爹爹，軍中貼出告示，捱問你丈夫出來，夫妻重會。」那婦人拜孩兒兩拜，孩兒跌倒兩次，不知爲何？（生）孩兒，你不要受他兩拜便好。（小生）爹爹好差矣，孩兒是九州按撫之子，受那村僻婦人兩拜不起？（生）我兒，做爹爹幾次要對你說，因你不知世事。你道爹爹官從何處來？渴飲刀頭血，困在馬上眠；受盡苦中苦，方爲人上人。

（歌兒）我在沙陀村受狼狽，也是沒極奈何。爲父的日間在馬鳴王廟中棲身，兒既來問我，華堂享富貴的是你繼母，那村僻婦人是你親母。剖剖心腸，磨房中生你兒一個。

（小生）華堂享富貴的？（生）是繼母。（小生）井邊打水的？（生）就是汝親娘。（小生哭介）兒對嚴尊把事提，誰知母子各東西！舅舅不會同胞養，一子初生號咬臍。繼母堂前多快樂，卻教親母受孤恓。爹爹，忘恩負義非君子。不會糟糠李氏妻。今日還我親娘來見面，萬事全休不用提。若還親娘不見面，孩兒便死待何如！（小生哭倒介。生）夫人快來！（小旦上）隔牆須有耳，窗外豈無人？我兒娘在此。（小生）你不是我親娘。（小旦）畜生！嘴邊乳腥未退，胎髮未除，雖無十月懷胎，也是三年乳哺，那見得不是你親娘？（生）夫人請息怒，聽下官分剖。祖屬沙陀村裡，流落在馬鳴王廟中，李太公收留我回家，他把嫡親女兒招我爲婿。兩老皆亡過後，被大舅爭強，逼勒鸞鳳兩下，只得投奔從軍。感蒙你父不嫌微賤，招我爲女婿。因孩兒打獵井邊，認了親娘。畜生休得要尋死覓活，休得要號天哭地。若不是夫人抬舉，怎年得一十六歲？還不過來拜了母親！（小旦）畜牲，看不著相公分上，著實打你一頓。相公，既有前妻姐姐在家，何不將我鳳冠接取到來，同享榮華，願爲姐妹。（生）若得賢哉夫人美意，勝似萬般週擠。

（江兒水）（小生）那日因遊獵，見村中一婦人，滿懷心事從頭訴。裙布釵荊添凄楚，蓬頭跣足身落薄，卻元來親娘生每。爹爹，你負義辜恩，全不會糟糠之婦。

（生）我兒不要啼哭，明日與史弘聲叔叔說，點起三千壯士，把李家莊圍住了，拿了李洪義夫妻兩口，綁將出來刀刀割肉，劍劍抽筋。

彩鳳金冠去取妻，此情莫與外人知。
黃河尚有澄淸日，豈人可無得運時。
呂天成曲品說「白兔詞極古樸，味亦恬然，古色可挹，世稱蔡荆劉殺，雖不敢望蔡荆，然亦非今人所能作。」靑木正兒以爲此劇有野趣，有情味，有惻然迫人處，荆釵拜殺應數第一。這裡寫的最厚的人情是在結尾，李三娘受了十六年挑水磨麥的苦，知道忍辱負重的可貴，何況，岳小姐替他撫養兒子長大，劉知遠再婚要寬恕。兒子有了才是福。

## 拜月亭

劇說卷六：露書云：琉球居常所演戲文，則閩中子弟爲多。其宮春喜開華音，每作，輒從簾中窺。識天使，恆跪請。典雅題目，如拜月如西廂之類皆不演。即岳武穆破金，班定遠破虜，亦以爲嫌，惟荆釵、姜詩、王祥之屬，則所常演，嘖嘖歎華人之節孝云。

不演拜月、西廂之類，因關係男女愛情者多，不宜爲官眷所知也。王國維宋元戲曲考說：

拜月佳處大都蹈襲關漢卿閨怨佳人拜月亭雜劇，但變其體製耳。

明柯良俊四友齋叢說（卷三十七）：

余謂其出於琵琶記遠甚，蓋其才藻雖不及高，然終是當行。其「拜月亭二折，隱括關漢卿雜劇之語。他如走雨、認錯、上路、館驛中相逢數折，彼此問答，皆不需賓白，而敍説情事宛轉評盡，令不費詞，可謂絕妙。

由上二則評論，可知，拜月亭因襲關漢卿閨怨佳人拜月亭，而又在體裁上加以翻新，在語詞上，加以隱括，在賓白上加以圓潤，在動作上加以講究（如逃難和風雨中人物動作），沈德符顧曲雜言說：

拜月則字穩括，與彈掐膠黏，蓋南詞全本可上弦索者惟此耳。

一般看法，拜月亭的優長不在敎化，而在於彈搊合拍，淋漓酣暢，爲南戲一大傑作。

拜月作者施惠字君美，杭州人。錄鬼簿上說他：「居吳山城隍廟前，以坐賈爲業，每承接款，多有高論。詩酒之暇，惟以塡詞和曲爲事。有古今砌話，亦成一集，其好事如此。」錄鬼簿上不曾提到拜月亭爲施惠作。但何元朗曲論，王世貞藝苑卮言，王驥德曲律，沈德符顧曲雜言都說拜月亭爲施惠所撰，遂成定論。

拜月亭的結構，採用男女主角四人，雙線進行的布局，三人對唱的手法。故事大致如下：

蔣世隆與妹瑞蓮在家讀書。當時蒙古侵略金人。金臣陀滿海牙主不遷都，以其兒子興福禦敵；大臣聶賈主遷都避元之鋒。金主信聶賈，殺陀滿海牙。興福避難，一日，入蔣氏園中，世隆知其故，遂和他拜了弟兄。興福過一山，爲盜所推，作了頭領。尚書王鎭，奉命緝盜。有一女，名瑞蘭。此時金正遷都，各處大亂，蔣世隆與瑞蓮，以及瑞蘭母女都飄流奔走，世隆失散了妹妹，瑞蘭失散了母親。世隆叫著瑞蓮，偏遇了瑞蘭，假作夫婦，同路逃走。王母叫著瑞蘭，偏遇了瑞蓮，認了母女，也一路逃了。世隆二人過一山。爲盜捉去；盜魁正是興福。贈金作別，到了一家旅舍，正式成了婚。世隆忽生了病，王鎮剛經過此地，聽瑞蘭說婚事，大怒，強迫瑞蘭跟他回去。鎮到官驛。遇到妻子和瑞蓮。後來，元軍已退，金庭赦免諸罪，舉行貢舉，興福約了世隆，各中了文武狀元。鎮奉旨招兩狀元爲婿。那知世隆與瑞蘭俱不從命。鎮請世隆到府中宴會，認了妹妹，又說明了一切，才與瑞蘭重圓。

其中如萍跡偶合：

（銷金帳）（老旦）『黃昏悄悄助冷風兒起。想今朝思向日，曾對這般時節，這般天氣。羊羔美酒，銷金帳裡。兵亂人荒，遠遠離鄉里。如今怎生，怎生街頭上睡！』

（前腔）（旦）『初更鼓打，哽咽寒角吹，滿懷愁分付與誰？遭逢這般磨折，這般離別，鐵心腸打開，打開鸞孤鳳隻，我這裡恓惶，他那裡難存濟。翻覆，怎生，怎生獨自個睡！』

（前腔）（小旦）『鼕鼕二鼓，敗葉敲窗紙，響撲簌聒悶耳。誰楚這般蕭索這般岑寂，骨肉到此，伊東我西去，又無門住，又無依倚。傷心，怎生街頭上睡！』

（前腔）三更漏轉，寒雁聲嘹嚦，半明滅燈火煤，尋思這般沈疾，這般狼狽，相別到今，到今凶吉未知，冷落空房，茶食誰調理？床兒上怎生，怎生獨自個睡？

（前腔）（老旦）樓頭四鼓，風捲簷鈴碎，略朦朧驚夢回，娘女這般相逢，這般重合，諷然覺來，覺來孩兒那裡？多少傷悲，多少縈牽繫，教人怎生？怎生街頭睡？

（前腔）（小旦）五更又催，野外疏鐘急，莫通宵，幾嘆息，應這般煩惱。這般孤悽，一身苟活，苟活成得什的？俺這裡愁煩，那壁廂長呼氣，聽得怎生？怎生獨自個兒睡？

（思園春）（旦）阻尊顏想念勤。（老旦）此逢將謂是夢和魂。（旦）奴是不應親者，今日強來親。于母夫妻苦分散，無心中完聚怎由人？

（粉孩兒）（老旦）匆匆地離皇朝，你心不穩，棄家私老小，去得安忍？（外）只知國難識大臣，不提防萬馬千軍犯京城，君去民逃，常言道龍鬥魚損。

（福馬郎）（旦）那日裡風寒雨又緊，正裏行裏喊聲如雷震，無處藏身，急向林榔中躲，道途上奔。（老旦）其時節，亂紛紛，身難保，命難存。

（紅芍茶）外兵擾擾，陽隔關津，思量著，役夢芬魂，眼見深家中受危困，望吾鄉，有家難奔，（老旦）歷盡苦共辛，娘逢人見人尋問，只愁你舉目無親，及父每何處廝認……？

「越恁好」（外）辦集般隻，辦集船隻，指日達帝京。（小旦）漸行漸遠，親兄長不知死和存？（旦）愁人見說愁更新，欲言又忍，心兒裡痛切切如刀刎，眼兒裡淚滴滴如珠搵。

「紅繡鞋」（丑）畫船已在江濱，江濱，不勞馬足車輪，車輪，離孟津，望前進，風力順，水程緊，咫尺是汴梁城。

（尾聲）別離令合皆緣份，受過憂危心自忖，縱令暮木朝歡還再整。

這一段皇華悲遇，由戰亂分散，流浪到相逢，歸京，寫來流暢而周至，應是一大佳構。

## 殺狗記

殺狗記，是徐畛作。畛字仲由，淳安人，明洪武初徵秀才。有巢松閣集。他自己說：『吾詩文未足品藻，惟傳奇詞曲，不多讓故人。」殺狗記是據蕭德祥殺狗勸夫而作，吳瞿安先生頗懷疑此劇出於仲由之手的。他說：『余嘗讀其小令曲滿庭芳，——語之俊雅，雖東籬小山，亦未多遜，不知所作傳奇，何以醜劣乃爾。或者殺狗久已失傳後人僞託仲由之作，羼入歌場中耳。」

滿庭芳小令：「烏紗裹頭，清霜籬落，紅葉林邱。淵明彭澤辭官後，不事王侯。愛的是青山舊友，喜爲是綠酒新芻。相迤逶，金尊在手、爛醉菊花秋。」這齣小令優遊自然，而殺狗記的卑俚粗俗，不類出於徐畛之手，但徐畛卻自認爲「傳奇詞曲，不多讓古人。」小令可與張小山比肩，但傳奇則距馬東籬的樸實渾厚，多所不及，但於通俗簡明處，也有一些成就。所以，也列入四大傳奇之末。此處多根據元簫德祥楊氏女殺狗勸夫雜劇編寫，舊的痕跡仍在。故事是頗適合鄉人村民的口味的，簡單的叙述一下，孫華與結拜兄弟柳龍卿胡子傳二人，日耽酒色。華弟孫榮勤謹好學不爲柳胡所喜，被華驅逐出去。榮初在旅店借居，金盡，窮途無路，遂乞食爲生。雪夜，華醉歸，卧雪中幾凍死。榮看見了，救醒，送回家中。華見榮，不獨不感，且打罵不已。華妻楊月眞，屢諫不聽。淸明節，有老僕藉掃墓機會，又勸華，華更恨榮。後來楊氏出一計策：買了一隻狗，殺死了，穿上人的衣服，乘夜放在家門口。華這夜又醉歸，踏狗上，滿身染了血，以爲一個死人，驚得無計可施。去找柳胡，柳胡畏罪不來，於是楊氏勸華招榮。榮來，慨然自任，自將屍體背去埋了。華才感榮之至誠，招他回家。不再和胡柳往來。胡柳怨恨，想報復，把孫華殺人事告到官，裁判下來，眞相大明，胡柳以誣告得罪，而孫榮之悌，楊氏之義，都與以表彰。文如：

（宜春令）『心間事難推索，我官人作事全不知錯。存心不善，結交非義謀凶惡。更不思手足之親，把骨肉埋在溝壑。嚇得人戰戰兢兢，撲簌簌淚珠偷落。』（見第二十五齣）

這樣淺顯的句子，也是受人喜歡的大一原因。王國維宋元戲曲考中說：

元之南戲，以荊劉拜殺並稱，得琵琶而五。此五本尤以拜月，琵琶爲眉目，此明以來之定論也。元南戲之佳處，亦一言以蔽之，曰自然而已矣。申言之，則亦不過一言，曰：有意境而已矣。故元代南北二戲，佳處略同。惟北劇悲壯沈雄，南戲淸柔曲折，此外殆無區別。此由地方風氣，及曲之體例使然。而元曲之能事，則固未有間也。

## 四聲猿

四聲猿的作者徐渭，在盧冀野的明代雜劇中有切要的評價，他說：

在明代的雜劇中，有一怪傑，他在後來的雜劇上最重要。他是誰呢？就是山陰徐渭。渭字文清，一字文長，號青藤道士，天池山人，有時署田水月。他所作雜劇，名四聲猿，有全隻附刻本，李告辰本，暖紅室本。胡宗憲督師浙江時，招致他入幕府，筦書記。時胡氏有勢，一時將官，莫敢仰視。渭以書生與相抗衡。戴敝烏巾，衣白布澣衣，非時闖門而入，長揖就座，奮袖縱談。幕中有事，急，召之不至，夜深開戟門以待。偵者還報，徐秀才方泥飲大醉，叫不可致，宗憲聞之，顧稱善。文長知兵，好奇計。宗憲餌王徐諸虜用間鉤致，皆用文長說。及宗憲被殺，文長懼被禍，佯狂而去。後因殺繼室，坐罪論死，賴張元忭力救，才得免卒。年七十二。袁宏道瓶花齋集說到他：『文長放浪麴蘗，恣情山水，走齊魯燕趙之地，窮覽朔漠。其所見山奔海立，河起雲行，風鳴樹偃，幽谷大都，人物魚鳥，一切可驚可愕之狀，一一皆達之於詩。其胸中又有一段不可磨滅之氣，英雄失路，託足無門之悲。故其爲詩如嗔如笑，如水鳴峽，如種出土，如寡婦之夜哭，羈人之寒起。當其放意，平疇千里，偶爾幽峭，鬼路秋墳。善作書，筆意奔放如其詩，誠八法之散聖，字林之俠客也。間以其餘旁及花草竹石，皆超逸有致。』王驥德評他的雜劇道：『至吾師徐天池先生所爲四聲猿而高華爽俊，穠麗奇偉，無所不有，稱詞人之極則，追躅元人。』又：『徐天池先生四聲猿，故是天地間一種奇絕文字。木蘭之北，與黃崇嘏之南，尤奇中之奇。先生居與余僅隔一垣。作時，每了一劇，輒呼過齋頭，朗歌一過，津津意得。余拈所警絕以復，則舉大白以醻，賞爲知音。中月明度柳翠一劇，係先生早年之筆。木蘭，禰衡得之新創。而女狀元則命余更覓一事，以足四聲之數，余舉楊用條所稱黃崇嘏春桃記爲對。先生遂以春桃名嘏。今好事者以女狀元並余舊所譜陳子高傳稱爲男皇后，並刻以傳，亦一的對，特余不敢與先生匹耳。先生好談詞曲，每右本色。於西廂琵琶皆有口授心解。獨不喜玉玦，目爲板漢。先生逝矣，邈成千古。以方古人，蓋眞曲中縛不住者，則蘇長公其流哉。』又『山陰徐天池先生瑰瑋濃鬱，超邁絕塵木蘭崇嘏二劇，刳腸嘔心，可泣神鬼，惜不多作。』(皆見曲律)而沈德符顧曲雜言有不滿之意，他說：『徐文長渭四聲猿盛行，然以詞家三尺律之，猶河漢也。』這未免太苛刻了。『狂鼓史漁陽三弄』，在四聲猿中，是一折的短劇。是說禰衡不久要上天作天官子，判官察幽，請他把當日擊鼓罵曹的事，實地演出來。其中油葫蘆，天下樂兩支曲文，最沈痛。

(油葫蘆)第一來逼獻帝遷都，又將伏后來殺。使郗慮去拿。唉，可憐那九重天子，救不得一渾家。帝道：后少不得你先行，咱也只在目下。更有那兩個兒又不是別樹上花，都總是姓劉的親骨血，在宮中長大。卻怎生把龍雛鳳種，做一甕鮓魚蝦。

(天下樂)有一個董貴人，是漢天子第二位美嬌娃。他該甚麼刑罰？你差也不差！你肚子裡又懷著兩三月小哇哇，既殺了他的娘，又連著胞一搭。把娘兒們兩口，砍做血蝦蟆！

玉禪師翠鄉一夢，是二折的雜劇。第一折，是妓女紅蓮去破玉通禪師的法體。第二折玉通投胎去到柳宣教家做女兒，名喚柳翠。也陷爲娼妓，以報前仇。幸虧師兄月明和尚把她喚醒。在湖壖雜記上：『今俗傳月明和尚度柳翠。』就是這個故事了。二折末尾收江南一支，袁中郎評爲『石破天驚，語語叫絕』的，眞是絕世奇文。

（收江南）（旦）師兄，和你四十年好離別。（外）師弟，你一霎時做這場。（合）把奪舍投胎，不當燒一寸香。（旦）師兄，俺如今要將。（外）師弟，俺如今不將。（合）把要將不將，都一齊一放。（外）小臨安，顯出俺黑風波浪。（旦）潑紅蓮，露出俺粉糊糊糨。（合）柳家胎，漏出俺血團氣象。（此下外起旦接，一人一句。）（外）俺如今改腔換妝。俺如今變娼做娘。弟所爲，替虎倀穽羊。兄所爲，把馬轠絪韁。這滋味，蔗漿拌糖。那滋味，蒜秧擣薑。避炎途，趨太陽早涼。設計較，如海洋斗量。再簸舂白粱米糠。莫笑他郭郎袖長。精哈哈，帝皇霸強。好胡塗，平良馬臧。英傑們，受降納疆。吉凶事，弔喪弄璋。任乖刺，嗜菖吃瘡。幹功德，掘塘救荒。佐朝堂，三綱一匡。顯家聲，金章玉璫。假神僊，雲床月窗。眞配合，鴛鴦鳳凰。頹行者，敲璫打梆。苦頭陀，柴扛碓房。這一切萬椿百忙。都只替無常背裝。捷機鋒刀槍鬥鋩，，鈍根苗蜣螂跳牆。肚疼的假孀，海棠。報怨的幾霜，鵲鷦。塡幾座鵲潢寶扛。幾乎做鴇乘乃堂。費盡了啞佯妙方。纔成就滾湯雪煬。兩兄弟一雙雁行。老達摩裹糧渡江。腳根踹蘆蔣葉黃。霎時到西方故鄉。依舊嚼果匡雁王。遙望見寶幢法航。撇下了一囊，賊臟。交還他放光，洗腸。（合唱）呀，纔好合著掌，回話祖師方丈。

雌木蘭替父從軍，也是二折的劇。本於古詩木蘭辭。劇中較詩的本事，略有增加。如擒賊，如姓花名弧，如嫁王郎，都是以作者之意給她添上的。

焦循「劇說」卷五：

「徐文長本古樂府木蘭歌，演爲雌木蘭雜劇與狂鼓吏。翠御夢女狀元，爲四聲猿。然木蘭歌不詳木蘭之所終。而徐文長則有王郎成親之科白。考商邱志，有孝烈將軍祠，至城東西營郭鎭北。一名木蘭祠。元人傒有造作孝烈將軍詞辨正記云：將軍魏氏，本處子，名木蘭，亳之譙人也。世傳可汗募兵，孝烈痛父耄羸，弟妹皆稚騃，慨然代行，服甲冑鞬，揮戈躍馬，馳神攻苦，鈍剉戎陣，膽氣不少衰。人莫窺非男也，歷年一紀。交鋒十有八戰，策勛十二轉，天子喜其功勇，授以尚書，隆寵不赴，懇奏省親，擁兵還譙，造文室，釋戎服，復閨妝，舉皆驚駭，咸謂自有生民以來，蓋未見也。以異事聞於朝，召復赴闕，欲納宮中，將軍曰：臣無媲君禮制，以死誓拒之，勢力加迫，遂自盡，所以有追贈孝烈之謚也。至始癸亥冬，歸德募府官孫思榮，來自完州，附郡儒韓彥，舉述完志，謂古完廟貌凡五，今所有者四。歲遇四月八日，有司率耆士邦民，大享祀此。故太子贊喜劉廷直所撰完碑，睢陽郡南東距八十里曰營部，即古亳方域，孝烈之墟故也。亦建祠像，土人亦以四月八日致祭，乃將軍生朔，沿習古老之云也。……又云：木蘭詩……於隋詩以下，此詩唐眷方節度使韋元甫。始得于民間，可汗之稱，始自突厥，突厥世居朔塞，將軍譙人，譙即今亳州也……詩稱點兵問欲，皆云可汗，遍考國史，隋恭帝義此地，突厥立劉武周爲定陽可汗，立梁師都爲始畢可汗，國號梁，改元永隆，師都乃迎突厥，居河南之地，故此境之兵，稱隸可汗之繇也。……」其收尾：

『我做女兒則十七歲，做男兒倒十二年；經過了萬千瞧，那一個解雌雄辨，力信道辨雌雄的不靠眼。』

此又爲後來吳偉業的『畢竟婦人家難決雌雄，則願那雌雄的放出個男兒勇』之所本了。女狀元辭凰得鳳，是五折的劇。按十國春秋，黃崇嘏好男裝，以失火繫獄。邛州刺史周庠，愛其豐采，欲妻以女。崇嘏乃獻詩云：『幕府若容爲坦腹，願天速變作男兒！』庠驚召問，乃黃使君之女。幼失父母，與老嫗同居。庠命攝司戶參軍，已而罷歸，不知所終。文長此劇卻把她變成狀元，後來嫁給周丞相的兒子。在四聲猿中此劇最少生氣，根本就是罷了。四聲猿之外，文長還有一本歌代嘯，較四聲猿本色得多。前有凡例七則，有云：『此曲以描寫諧謔爲主，切鄙談猥事，俱可人調，故無取乎雅言。』四句。『正名』是：

沒處洩憤的，是冬瓜走去，拏瓠子出氣。有心嫁禍的，是丈母牙疼，灸女婿腳跟。眼迷曲直的，是張禿帽子，教李禿去戴。胸橫人我的，是州官放火，禁百姓點燈。

借這每一句俗語，拍合一個故事。又以此四故事，用張李二和尙爲中心，一氣將牠聯貫起來，結構極趣。雖間有斧鑿之痕，大體是很自然的。書前有袁石公的序：『歌代嘯不知誰作，大率描景十七，摛詞十三，而呼照折，字無虛設。又一一皆本地風光，似欲直問王關之鼎，說者謂出自文長。』卷頭又題著『山陰徐文長撰。』想出於文長，是無可疑議的。

四聲猿大致如前所述，但四聲猿的流風所及，發生很大影響，因爲，模擬四聲猿的大有人在。盧冀野曾做了研究：

此處我所要說者，就是那些以四件事作成一本的雜劇，這些作家，很可以看出他們的確是有意的模擬四聲猿的。第一，如續四聲猿。作者張韜，字權六，號紫微山人，浙江海寧人。生平事蹟，不甚可考。只知道他曾司訓烏程。又和毛際可，徐倬，韓純玉幾個人往還而已。此劇自序云：『猿啼三聲，腸已寸斷，豈更有第四聲，況續以四聲哉？但物不得其平則鳴，胸中無限牢騷，恐巴江巫峽間，應有兩岸猿聲啼不住耳。徐生莫道我饒舌也。』這是顯然的步徐渭後塵。劇中包含杜秀才痛哭霸亭廟，戴院長神行薊州道，王節使重續木蘭詩，李翰林醉草清平調四種。其中薊州道寫戴宗與李逵同往薊州訪公孫勝，宗在途中，作弄李逵，事全本水滸，頗有趣味。木蘭詩寫王播貴後，至木蘭院重續早年所題『慙愧闍黎飯後鐘』句，事見唐摭言。其餘二種，與嵇作尤作相同。再有以後四聲猿名者，作者爲桂馥。時間略後於權六。馥字冬卉，號未谷別署老落，山東曲阜人。乾隆庚戌，年已五十五歲，才成進士，後爲滇南永年令，卒於官，年七十。他不但是一個作劇家，而且是一個經學大師。他這本後四聲猿，是道光已酉年才刻出來，刻者憐芳居士，即以此劇繼承徐渭。在序上說：『引商刻羽，倅色揣聲，寫萬不得已之情，悽然紙上。令讀者如過巴東三峽，聽啼雲嘯月之聲，無往而不見其哀也。也是宜於青藤之後，增以四聲。抑宜於青藤之上，置此四聲。惜乎未谷生青藤後，不能親較四聲之高下。余又生未谷後，不識未谷之四聲，抑有感於青藤之不偶，而故爲此先後之同聲一哭焉否耶？』其中包含放楊枝北調一套，題園壁南調一套，謁府帥北調一套，投圂中南調一套。這樣一北一南的問搭著，是不甚合式的。這四段題材，卻極富有詩趣。王定柱在此書的序上謂：『先生才如長吉，（投圂中本事）望如東坡，（謁府帥本事）齒髮衰白如香山，（放楊枝本事）落落不自得，乃取三君軼事，引宮按節，吐臆抒感。與青藤爭霸風雅。獨題園壁一折，意於戚串交游間，當有所感，而先生曰無之，要其爲猿聲一也。』我們於此，可知作者之意。本來陸務觀出這段故事，是值得爲之悵惘的，以這垂暮的衰翁，來寫這樣一段的情懷，是很可注意者。此外，一本包含四故事以模擬四聲猿的，還有裘璉的四韻事，曹錫黼的四色石。就是後來舒位的修簫譜，也還逃不出這個範圍。裘璉，字殷玉，號蔗村，別署廢莪子，浙江蕬谿人。生而孤露，聰敏過人，二十補博士弟子。援例入太學，蹭蹬場屋之中，有五十年之久。一直到康熙甲午，才舉順天鄉試，次年成進士改庶常，他已七十多歲了。他所作劇曲，一定不少。在四韻事之首，自題：玉湖樓第三種傳奇，想來還有第一第二的。四韻事是以四件不相涉的事，四個短劇合組而成的。其實在他之前，還有黃兆森的四才子，以杜牧爲主角的夢揚州雜劇，和以王維爲主角的鬱輪袍雜劇，至今還存在。四韻事呢？一，是昆明池。敘上官婉容侍唐中宗，評時於池上事。二，是集翠裘。敘狄仁傑與張昌宗雙陸贏集翠裘事。三，是鑑湖隱。敘賀知章歸隱事。四，是旗亭館。敘王昌齡，王之渙，高適旗亭聞伎歌詩事。璉自稱：『予亦用此自娛耳。』此四韻事者，本沒有什麼寄託，但曲文倒還工穩。又其中每種有總評，折評，在他家書中不多見。譬如集翠裘第一折後，其折評曰：『譜入韻事，要從唐太宗覺魏鄭公嫵媚處想來。曲白俱有氣力，確是天池子對手。』足見他也曾以徐渭爲模擬的對象咧。曹錫黼，字萩圃，上海人。與兄容圃，並有才名。錫黼早歲得功名，乾隆間任員外郎。歿年不滿三十。所作雜劇，除以崔護謁漿的故事，所寫桃花吟四折外，便是四色石了。四色石是：張雀網廷平感世，敘翟公去官，寡客冷落；復官後，客又大集。序蘭亭內史臨波，敘王羲之宴集蘭亭事。宴滕王子安檢韻，敘王勃作滕王閣序事。寓同谷老杜興歌，敘杜甫寓於同谷，感時歌吟事。以杜甫爲劇中主角的，恐怕此劇以外，不可多見呢。舒位的修簫譜，我附在此地說一說。舒位字立人，號鐵雲，大興人。他是乾隆三十年生的，死於嘉慶二十年的，死於嘉慶二十年的，較以上諸家晚得多了。他二十四歲中了舉，會試屢不第，遂絕意仕進。所作瓶笙館修簫譜，也是包含四種：一，卓女當壚。二，樊姬擁髻。三，酉陽修月。四，博望訪星。據鷗波漁話，在嘉慶十三四年的時候，舒位會試落第以後，流落在北京。剛剛有一位朋友叫做畢筆珍，客於禮親王邸，舒與畢同精音律，偶有所作，輒付邸中樂部演習。王給潤筆之資，有時有千金之鉅。修簫譜當即作於此時。卓女當壚，是寫司馬相如與文君開酒店的事；這故事太爲人所熟悉了，不必再說。再舒氏此劇的白文，極其幽默，非他種所能及。姑舉末段爲例：

（末指淨介）官人認得這人麼？（生）依稀。（淨轉介）慚愧。（末）請商量。（生）承挈帶。

(末)縣令有言，(生)丈人無賴。(淨)如今學楚囚，(生)當日非秦贅。(淨向末)願將家業平分，(末向生)可肯生涯略改？(生向淨)三生有幸可依從？(末向淨)一言既出休翻悔！(淨)爲我即日拜覆本官。(末)問你幾時再添令愛？(各大笑介)不枉了國風好色，大學生財。

這簡直是絕妙好詞，樊姬擁髻，是本伶元飛燕外傳中事，敘伶元和樊姬讀飛燕往事，當戒色淫。博望訪星，敘張騫溯黃河至天河，訪問牛郎織女。酉陽修月，卻以月中吳剛奉嫦娥命，督理諸仙修理月缺事。其中訪星一齣，在不久的時候，還出演於梨園。或說舒位尚有琵琶賺，桃花人面等雜劇，但未刊行。修簫譜也是這四聲猿式的作品。我們雖未能一一搜集起來，卻於此知道『四聲猿式』的雜劇，在當時是最流行的。

這四聲猿式的雜劇，就是續合四件事作成一本的雜劇，是新的格式，新的流行。所以，能夠帶動這種風潮，使徐渭享有大名，在佯狂殺了後妻後，還有張岱的先人，張元忭鼎力救他。他在此一改革戲劇的風格之時，又有短劇大家楊潮觀的新創：

## 吟風閣雜劇

楊潮觀，字宏度，號笠湖，無錫人，乾隆元年舉人。任四川邛州知州。他卓文君妝臺，蓋了一座舞臺，自寫短劇，每一折成，即付伶人。他所哮吟風閣，共三十二種雜劇。卷首附小序，自叙作劇之旨。一折的雜劇，到了他才集其大成，案頭場上，兩得其便。如橄欖之在口，以少許勝多許，而其味彌雋永。與西方的獨幕劇性質相同，不過此有曲文，更饒詩意。

此處且錄其小序：

『新豐店，思行可也。命世無人，而馬周巷遇，爲世美談。敷陳其事，聊慰夫懷才未試者。

大江西，思任運也。江行萬里，消受無邊風月，懷古之餘，倚帆清嘯，忘其於役之遙。

行雨，思濟世之非易也。以學養才，歛才歸道，非大賢以上，其孰能之？

黃石婆，思柔節也。易用剛，黃老用柔。光武言吾治天下，亦欲以柔道行之，柔勝剛，弱勝強，柔之時義大矣哉！

快活山，思分定也。即榮啓期之意，而長言之，至樂性餘，至靜性廉，雖異伐木之旨，其亦神聽和平者乎？

錢神廟，思狂狷之士也。豐嗇由天，狂者胸中無物，若狂而不狷，君子奚取焉？

晉陽城，思雪讒也。溫郎固英物，在當時國士無雙，而有絕裾之謗。求忠臣於孝子門，吾決其必不然；而事或有因，茲之所云云爾。或者曰：近世征衣之製，多缺一襟，非獨便鞍馬，蓋即溫郎遺事，以儆夫游子忘歸者。

邯鄲郡，思失職也。譬之車酸馬，能無仰首一鳴，然知命者怨而不怒，有風人之義。

賀蘭山，思知己之難過，而賢者忠愛之至也。汾陽偉人，太白奇士，思其事想見其爲人，慨當以慷，庶幾乎登場遇之。

朱衣神，思賢路也。文章一小技，而名器歸之。『九品中正』以後，舍此則其道無由，及其權重而取精用宏，進退予奪之際，可勝慨哉！

夜香臺，思愼罰也，武宣之際，吏事刻深，不疑亦快吏也。史稱其嚴而不殘，訓由賢母，獲以功名終。若夫嚴延年，母雖賢，曾莫救其子之惡。悲夫！

發倉，思可權也。爲國家者，患莫甚乎棄民。大荒召亂，方其在難，君子饑不及餐，而曰待救西江，不索我於枯魚之肆乎？詩曰：載馳載驅，周爰咨度。汲長孺有焉。

魯連臺，思達節也。戰國策士縱橫，干秦貨楚惟魯連於世無求，獨伸大義於天下。其賢於人遠矣！世稱魯不死，嘗讀太史公書子房東見滄海君，求力士而不著其姓名。誰爲滄海君，其即魯連子非耶？

荷花蕩，思託孤寄命之難也。自昔衣冠多賢智，而愚不可及，每於廝養中得之。

二郎神，思德馨也。禮有功德於民者，則祀之。能捍大災禦大患者，則祀之。灑沈澹菑。禹之明德遠矣。三代以降，遠績禹功而大庇民者，其惟蜀之二郎乎？香火千年，蜀火尊爲川主。思其德而歌舞之，宜矣。惟是神之姓氏，傳聞異辭，在正史爲李氏子，在虞初家皆以爲楊豈灌口有兩二郎耶？

笏諫，思遺直也。唐人有相笏經，當時吉凶頗驗，而不知美惡之在人。若夫萬笏朝天，而魏鄭公用以諫君顯，段太尉用以擊賊聞；此眞笏之美者也。物以人重，信夫！

配普，思重匹也。孝子順孫，義夫節婦，天性淳篤，可維風化者，輶軒所及，代有旌揚。而連類及之，從無特奬義夫者。近事可徵，是用隱其名，顯其事，以備激揚之缺典云爾。

露筋，思勵俗也。煙花三月，歲歲楊州，詎二十四橋月色簫聲之外，有自苦如露筋娘者。來往邗江，敬瞻祠宇，輒借哀絲豪竹，濫寫其幽怨焉。

掛劍，思古交也。以劍何足道，而死生然諾之際，情見乎詞。

欲金，思祖德也。家藏有四知圖像，並被諸絃歌，亦白圭三復之義。

下江南，思武德也。夫武，禁暴戢兵。兵民和衆。宋初李煜出降，錢氏納土，皆以全取勝。東南之民晏然，孰知百年而後，東南即其子孫獲以偏安處也。曹彬之後當昌，又其小焉者爾。

藍關，思正直之不撓也。道之布天者日，其在人者心，心君氣母，內不受邪，則光曜直達，通徹三界，吾於昌黎發之。

荀灌娘，思奇節也。至性所動，然鬚眉巾幗，無總角成人，臨事激昂，則智勇俱出。如當日灌娘之救父，豈非動天地而泣鬼神者乎？

葬金釵，思補遺也。當日信陵破秦，歸魏封侯生之墓，弔晉鄙之魂，而爲如姬發哀。蓋情事之所必有，而史不及載，輒用悲歌以補之。

偷桃，思譎諫也。遊方之外，飾智驚愚，愚實易驚，非實智。知之者，其滑稽之雄乎？

換扇，思攖寧也。攖寧者，攖而後寧。若夫得全於天，胸無滯礙，非夢亦非覺，何人而不自得乎！

西塞山，思物外觀也。風雨晦明，安危憂喜，頃刻萬端，用參物變。

忙牙姑，思死封疆之臣也。周也遣戍及勞旋帥之詩，所以慰其心者，至矣。而於死事者，缺焉。孔明瀘江酹酒，哀動三軍，僉曰：吾師待死者如此，兄其生者乎？

凝碧池，思志義之士也。妻子具則孝衰矣，爵祿具則忠衰矣，上失而求諸士，士失而求諸伶工賤人焉。昔晏子有言：非其私暱，誰敢任之。若雷海青者，其可同類而共薄之耶！

大葱嶺，思返本也。是儒是釋，誰見道眞，求諸語言文字之間，抑亦末矣。

罷宴，思罔極也。長言不足而嗟嘆之，不自知其淚漬紙，哀絲急管，風木增聲，恐聽者與蓼莪具廢爾！

翠微亭，思英特也。蘄王忠智，出則天婦同獎王室，退則闔門養威重；不出家而得泉石之友，似此唱隨，亦賢矣哉！

三十二種的本事，與其作意，都可從小序中見之。焦循劇說：『吟風閣雜劇中，有寇萊公罷宴一折，淋漓慷慨，音能感人。阮大中丞巡撫浙江，偶演此劇，中丞痛哭，時亦之罷宴。』其實吟風閣中可以感人的，不止此折，楊潮觀以嬉笑怒罵，來自寫其懷抱。而在戲劇上，固定了短劇的規模，開文士劇的風氣，其功終不可埋沒的。

# 四弦秋

四弦秋作者蔣士銓，字心餘，又字苕生，號清容，藏園，別號定甫；江西省鉛山縣人。雍正三年十月二十八日卯時生於南昌省城。博覽群書，二十六歲總纂「南昌縣志」，乾隆二十六年進士，官編修。主持紹興府蕺山書院，揚州安定書院。五十七歲以侯補御史終職。乾隆五十年二月二十四日去逝，享年六十歲。他所作「簪筆集」，「銅絃詞」與袁子才，趙翼同稱江左三大家。

在他所作紅雪樓九種曲中，一片石，第二碑，四絃秋三種是雜劇，此外有忉利天，康衢樂，長生籙，昇平瑞。（這四種雜劇，是他二十七歲時，爲江西紳民，遙祝皇太后萬壽而作）還有采石磯，採樵圖二種，也都是雜劇。但以一片石，第二碑，四絃秋三劇流行最遍。一片石，敘的是彭青原爲婁妃立墓石事。第二碑，又名後一片石，敘的也是實事：一個不得志的詩人阮龍光，讀一片石後，極佩服蔣士銓，拜訪士銓，聞婁妃墓還須廓清，於是爲向他舅父吳山鳳慫恿，出貲給前佔墓地者，而新建令又給墓前居者金，同日遷去。於是墓道廓如，並且封樹門坊了。一片石是他少年之作，作第二碑時，他已五十二歲。垂暮之年，其情懷迥不是當日的光景了。如：

『狂歌醉吟，獨自首頻搔。無人與語，閑行狎漁樵。青衫半曳，也如君年少。今日呵，便酒樓依舊，向闌干重靠！還恐那守墓神鴉，認不出前度詩人有二毛！』

這樣文章，也很有些感動的人。四絃秋，固是他雜劇中出色的作品，就在他全體的戲曲中，恐怕也要算壓卷之作。四絃秋根據白居易琵琶行，很忠實的敘述，較元馬致遠的青衫淚，似乎還勝一籌。詩人朱湘曾作蔣士銓一文，評到四絃秋，有六特色：「第一，四絃秋極爲忠於本事。第二，四絃秋可以用了本事中的一點小種子，發出很美麗的花來。即如琵琶行中有『血色羅裙翻酒污』一句，而蔣氏衍之成『你看這一點半點暈痕原有，天長地久，鸞交鳳友，但只願洗不淡的濃情，沁奴心，都似酒』一段妙文。又如琵琶行中『夢啼妝淚紅闌杆』一句之中的夢字，被蔣氏衍成了一齣美妙的『秋夢』皆是。第三，四絃秋解釋事實，極爲滿意。如琵琶妓在南，何以知道北方的事以及白居易爲何貶謫等問題。四絃秋中都回答的很圓滿。第四，蔣氏他的四絃秋中讓他的詩才自發奇花，於是我們遂有看見：『恨採茶人掐斷春芽，把一縷茶煙吹折；待要消人渴吻熱，轉丟卻自己風生兩腋』這一類佳句的眼福。第五，四絃秋描寫活現，如第一齣中的吳名世想去又留一種猶豫的光景，以及一言束裝一種堅決的光景，都是很活跳的。第六，四絃秋的最大好處，便是全劇的結構美妙。尤其是最末一齣，白居易與琵琶妓一問一答，一聲高似一聲，逼到山窮水盡的時候，逼出一場情緒的大發洩來。不單青衫淚，就是琵琶行原文也沒有這樣的靈心慧舌。」『秋夢』這一齣，最是我所酷愛的，猶記其尾聲云：『少年情事堪追究，淚珠兒把闌干紅透。唉！但不知他那一擔的新茶可曾賣去否？』

「空谷音」是朱湘讚賞的少年著作：

一種蓬勃茂盛的氣象不自己的流露出來，曲中文思巧妙的地方簡直是數不勝數。蔣氏的詩的天才也在本曲中可以尋出許多完美的表現，並且，本曲的用典完全入了化境，加以布局緊湊，寫女主要人物寫的極爲周到；依我的意思說來，我簡直要大聲的呼出：這是蔣士銓的代表著作！中國詩劇中恐怕還不只佔有二甲一名（蔣氏朝無名次）的傳臚位置哪！

又說：

講到此曲中蔣氏詩的天才的表現，廣義說來，則此曲全篇就是一齣很好的詩劇。他提出一些供大家咀嚼的好句子：

見春去生憎花瘦損，不惜你鶯幫遴襯；
終朝閑門，寂靜靜，茆簷對著荷香路；
我是一朵火中蓮，從心裡直苦到枝柯，怎扭作並頭荷；
不成交頸鳥，險作沒頭鵝；
人似黃花瘦，心比寒江濸；

在結構上，他認爲全曲中要算「飲刃」一齣最爲完善。第一，吳家老夫人何以肯讓姚夢蘭走了；一因她不信世上有不愛富的人（「痴丫頭，小家兒女看見官府人家，這樣光景，只怕口要笑歪了！有甚氣㖧？」）而姚夢蘭的謊言不與這位老太太（老太太們是好行其是的）

的話針鋒相對；二因姚夢蘭所舉的回家理由很是充足（「哎呀！女孩兒箱籠，除了母親之外，就是作爹爹的也必須迴避；別人如何取得？」）這位老太太聽到了這些話，想起自己的經驗，也是很表同情的。第二接新人怎會走了，因爲怕老太太命官司。第三，死人悉能再生；卜外科以前已經提起過了，劇此便不唐突，自自在在的入了虎穴，自自在在的出了虎穴。蔣氏的文筆與姚氏的機智簡直是一樣。

他也舉了些姚夢蘭的曲文：「埋怨壓生儂不蠢，又另外加些愁悶」；「道得他網彌大張弋人羅，卻不道鳥自高飛奈我何？縱修翎飛不上青天闊，地窟裡猶堪過活！甚大事值得將牙閑嗑？況沒個親和眷難割捨？即便死，還留得們淸淸白白的我。」「啼鵑不許殘魂化，眞是教人沒法！甚的好年華，十六載將人活怕！」

如這些鮮花般的例子，朱湘舉了很多，他認爲這是一齣好戲。至於「冬青樹」他是不喜歡的。「第二碑」也不佔高位置，他說：

> **蔣氏最大的長處，是他的文字。**

蔣氏曲詞寫的好，推原其故，「一則得力於元人，得流走之神，如四弦秋送客一齣中小旦的唱詞便是一個很暢快的例子；二則蔣氏將他詩歌中的稟賦移到了戲曲中栽植。」所以在他戲曲中：

> **微雲定些，隱隱隨人欹；涼煙趁些，悄悄將人拽；樹稍風來，撐持不迭，把人逗的靈怯；遍身明月，奴的影兒何處也？**

這一類的想像幽倩的文章是多似春水葩的，二則他用典極爲工巧，如：

蠹魚不許線魚近，鴻案難將雪案親。

這一類暢快的句子在他的曲文中實在是多如夏夜的繁星。除了曲詞，他的詩才又在上場詩中表現「斜風轉破廊，薄雪埋空竈，蓬蒿列蟻封，上有寒鴉吊」等。

由上而言，蔣氏的特采是以詩人寫戲曲，以詩文入戲曲，是詩、曲的成分多於一般戲劇的通俗自然。可視爲一種詩劇，讀者應細咏讀。

# 清代名劇人

## 張岱

張岱，在「中國人名大辭典內」只有極簡略的介紹說：

張岱，劍州人，僑寓錢唐，字陶菴，自號蝶菴居士，有「西湖夢尋」。

「西湖夢尋」之外，尚有張岱的重要著作，「陶菴夢憶」和「瑯環文集」。

伍崇曜在「陶菴夢憶」的跋語上說：

陶菴夢憶一卷，明張岱撰。按岱字宗子。山陰人。考邵邦采思復堂集明遺民傳，稱其書輯明一代遺事爲石匱藏書。

「石匱藏書」輯的是「遺民傳」，何以如此呢？「陶菴夢憶」的自序上有以下的說明：

陶菴國破家亡，無所歸止，披髮入山，駴駴爲野人。故舊見之，如毒蛇猛獸，愕窒不敢與忙。作自輓詩，每欲引決；因石屢書未成尚視息人世，然瓶粟屢罄，不能舉火。……因想余生平，繁華靡麗，過眼皆空，五十年來，總成一夢。

研雲甲編原序上說：（見「陶菴夢憶」）

陶菴老人著作等身，其自信者尤在石匱一書，…老人工帖括，不欲以諸生名。大江以

> 南，凡黃冠，劍客，緇衣，伶工，畢聚其廬。

這裡可注意的是「黃冠、劍客、緇衣、伶工，畢聚其廬」的話，他的有容乃大，所交人物之多之俗，可說名聞遐邇了。序上又說：

> 老人家龍阜，有園亭池沼之勝，木奴秫秫。歲入緡以千計，以故鬥雞，臂鷹，蹴踘六博，彈琴，劈阮諸技，老人亦靡不為。

他的興趣之廣泛，生活的豐富，民間之技藝所好，亦非比尋常，但，此序的下面卻掉轉筆頭寫的是：

> 今已矣，三十年來杜門謝客，客亦漸辭老人去。間策杖入市，人有不識其姓氏者，老人輒自喜，遂更名石公，又曰蝶菴，其所著石匱書埋之嫏嬛山中。

回顧其自序中所言：「繁華靡麗，過眼皆空，五十年來，總成一夢」的話，可以瞭解當時，老人的心境，當年縱情聲色，暮年那堪回首。

從「嫏嬛文集」諸文中，我們知道他是官宦人家子弟，他的高祖做過太僕寺卿，曾祖得有「文恭」特謚。他的祖父與父親都喜收藏書籍古玩，他的仲叔做過揚州府同知，外祖父做過秦州州同。祖父在時，喜講究聲伎，多養珍玩。父與叔父雅好琴棋書畫，而他自己則是性近文學藝術，彈琴弄曲，雅人名姬無不交往，可以說吟風弄月，太平年間，享盡了艷福。他的遊踪極廣，於「陶菴夢憶」中所見除本鄉紹興外，江南名勝地，均留下了他的足跡。

他晚年的蕭瑟是與他的志節有關，明亡之後，他無所歸止，披髮入山，甚至貧困到「瓶粟屢罄，不能舉火」的地步。因此「陶菴夢憶」所記皆其歡樂勝事，瀟灑前塵。對於戲曲方面的記述，尤多「知雋有味」，每在浪漫的記述中，見出戲曲表演的情景。而其爲人，又是磊落而重情感的。我們看「瑯嬛文集」有：

## 祭義伶文

崇禎辛桿。義伶夏汝開死。葬於越之敬亭山。明年寒食。其舊主。張長公屬其同儕王畹生李岕生持酒一甌。甌割羽牲一。至其隴。招其魂而祭之。並招其同葬之父鳳川同食。諭之曰。夏汝開。汝尚能辨余談話否耶。汝在越四年。汝以余爲可倚。故攜其父母幼弟幼妹共五人來。半年。而父死。汝來泣。余典衣一襲以葬汝父。又一年。余從山東歸。汝病劇臥外廂。不得見。閱七日。而汝又死。汝蘇人。父若子不一年而皆死於茲土。皆我殮之。我葬之。亦奇矣。亦慘矣。汝爲人跋扈而戇直。今死。後忘其爲跋扈。而僅存其戇直。余安得不思之。不惜之。汝未死前。以弱妹質余四十金。汝死後。余念汝。舊所逋俱不問。仍備糧糈。買舟航。送汝母與汝弟若妹歸故鄉。使汝妹適良人。汝知耶。不知耶。汝母臨別。言汝妹得所。當來收汝父子骸骨。今竟杳然。何耶。余憶天下有無心之言。遂爲奇讖。余四年前，糾集衆優。選其尤者十人。各製小詞。夏汝開曰。羈人寒起。秋墳鬼語。陰壑鳴泉。孤舟泣嫠。重重土繡聲難發。鐘出峽。驚軍觸石。石初裂。聲崩決。狂風送怒濤。千層萬疊。直至檣顛柁折方纔歇。見者可謂酷肖。今試讀之。語語皆成讖矣。異哉。今汝同儕十人。逃者逃。叛者叛。

強半不在。汝不幸而蚤死，亦幸而蚤死。反使汝爲始終如一之人。豈天玉成汝爲好人耶。汝生前。傅粉登場。努眼張舌。喜笑鬼諢。觀者絕倒。聽者噴飯。無不交口讚夏汝開妙者。綺席華筵。至不得不以爲樂。死之日。市人行道兒童婦女無不歎惜。可謂榮矣。吾想越中多有名公巨卿。不死則人祈其速死。既死則人慶其已死。有奄奄如泉下。未死常若其已死。既死反若不死者比比矣。夏汝開未死。越之人喜之讚之。既死。越之人歎之惜之。又有舊主且思之祭之。汝亦可以瞑目於地下矣。汝其收淚開懷。招若父同飲酒食肉。頹然醉焉。余有短歌一闋。汝其按拍。而歌之。歌曰。彼山之阿兮汝可以嬉。白骨粼粼兮青冢壘壘。淒風苦雨兮群鬼聚語。疑汝父子兮不辨汝鄉語。見汝煢煢兮或來欺汝。今見有人祭汝兮。當不嗤汝爲他鄉之餒鬼。

從這篇祭文，我們看到張岱與伶人夏汝開二人的交往，夏汝開生前有父母弟妹依賴張岱生活。其父與夏汝開先後死，張岱均先後葬之。只遂汝開「以弱妹質錢四千金」。汝開死後，使她能適良人。並送其母其弟妹歸鄉。這就是張岱的仁厚。

祭文中說：「汝生前，傅粉登場，努眼張舌，喜笑鬼諢，觀者絕側，聽者噴飯，無不交口讚夏汝開妙者。綺席華筵，至不得不以爲樂」。前文說：「汝爲人跋扈而憨直，會死後忘其爲跋扈，而僅存其憨直。」於續文說：「死之日，市人行道兒童婦女無不歎惜，可謂榮矣。」後面文說：「吾想越中多有名公臣卿，不死則人祈其速死，既死則人慶其已死。」復說：「夏汝開未死，越之人喜之讚之。既死，越之人歎之惜之。又有舊主且思之祭之。汝亦可瞑目於地下矣。汝其收淚開境，招若父同飲酒食肉，頹然醉焉。」此種祭文有情有性，有歌有泣，對名公巨卿活著時徵逐名利，爾虞我詐，死去則爲人唾罵說的一錢不值。如夏汝開一貧苦的伶人，其才藝於表演時，能充分的流露，使觀衆聽衆無不爲其絕倒，爲其噴飯。他死了，人人紀念他想念他。因爲他給人帶來歡樂這才眞是藝人的風範，令人難於忘懷的。

在「嫏嬛文集」中，張岱所交如「魯雲谷傳」言其「自小多藝，凡羌笛胡琴，鳳笙班管，無不精妙。而尤喜以洞簫，和人度曲，向與李玉成竹肉相得。後惟王公端與之合調，餘皆非其敵也。」如「祭祁文載文」言其「游戲詞壇，教習黎園有老優教師所不曾經見者」。又如「聲伎滿前，賓朋滿座，傾酒如泉，揮金似土。撥阮彈箏，以卜晝夜。被放歸里，時時凝碧，日日黎園。演劇徵歌，纏頭撒縵。」的豪情勝慨。如「祭周戩伯文」言其：「與之怡情劇戲，則顧曲周郎」的趣味。如「公祭張噩文」中言：「噩仍精於音律，其所著之劇，皆寫其胸中鬱勃，而見有黎園子弟歌喉清雋，必鑒賞精詳，盤旋不去。如公瑾之按拍審音，而半字差訛，必得周郎之一顧。」的雅緻。

由以上可見，張岱所交，盡皆對戲曲愛好深入，交往密切之士。至於「陶菴夢憶」於其生年習染戲曲，舉凡足跡所到，眼耳所至，都有陶然美景，無窮樂趣。言情淑世，益有足多。

「祭戲伶文」可見張岱家是蓄養優伶的貴族之家，他的督教優伶，管理自然得法，而對人仁厚，是本性慈善，所寫「祭義伶文」不是下筆能言就成，是要下筆能使人感動才成。他與明末一些愛好戲曲的貴族朋友相交，重義氣也重趣味。明代戲曲家徐渭（文長）和他家同是山陰人，世代交好。文長的「四聲猿雜劇」成名，但得了狂疾殺了後妻入獄，張岱的曾祖父張文恭公名元汴，是隆慶五年狀元，是理學家，王陽明再傳弟子，對文長加以援手。「百計出之」。文長自訂年譜，尊奉他曾祖父和祖父入「紀恩」人物，深心感謝，文見「徐文長佚稿」。由此可見，明代中晚葉，他家與戲曲界人物文往之厚。「牡丹亭」作者湯顯祖「玉茗堂集」詩文中屢次提到與他家交往的情形，並有書信往返。

「夢憶」自序上說：

遙思往事，憶即書之，持向佛前，一一懺悔。不次歲月，異年譜也。不分門類，別志林也。偶拈一則，如遊舊徑。如見故人。城郭人民，翻用自喜。眞所謂痴人說夢矣。

他的意思是所「夢憶」所記，不依年月次序，隨回憶之所見，記載個人之所經歷，所感慨，所詠唱，所歌泣的事事物物，是其自傳，也是他的生活。於片段中，見出其嗜好，遊蹤，個性，風格。書中所記多方言巷語嘻笑瑣屑事，其於戲曲風雅，聲色娛樂，所述一百二十三篇美文中，歷歷如繪，息氣相通，是明代戲曲生涯，一大發見。所以，他有史料的價值，也有戲曲活動的珍貴鏡頭：

## 金山夜戲

崇禎二年中秋後一日。余道鎮江往兗。日晡。至北固。艤舟江口。月光倒影入水。江濤呑吐。露氣吸之。噀天爲白。余大驚喜。移舟過金山寺。已二鼓矣。經龍王堂。入大殿。皆漆靜。林下漏月光。疏疏如殘雪。余呼小僕攜戲具。盛張燈火大殿中。唱韓蘄王金山及長江大戰諸劇。鑼鼓喧嗔。一寺人皆起看。有老僧以手背撥眼。翕然張口呵欠與笑嚏俱至。徐定晴。視爲何許人。以何事何時至。皆不敢問。劇完。將曙。解纜過江。山僧至山腳。目送久之。不知是人是怪是鬼。

篇中說在鎭江金山寺「余呼少僕攜戲具。盛張燈火大殿中，唱韓蘄王金山及長江大戰諸劇。」顯然，張岱是帶了個戲班子在金山寺演出韓世忠，梁紅玉水戰金兵的大戲。一寺人都起來看，僧衆必然稱奇，所以有不知是人是怪是鬼的嘲弄的話。

## 朱雲崍女戲

朱雲崍教女戲。非教戲也。未教戲。先教琴。先教琵琶。先教提琴弦子簫管鼓吹歌舞。借戲爲之。其實不專爲戲也。郭汾陽楊越公王司徒女樂。當日未必有此。絲竹錯雜。檀板清謳。入妙腠理。唱完以曲白終之。反覺多事矣。西施歌舞。對舞者五人。長袖緩帶。繞身若環。曾撓摩地。扶旋猗那。弱如秋藥。女官內侍。執扇葆璇蓋金蓮寶炬紈扇宮燈。二十餘人。光燄熒煌。錦繡紛疊。見者錯愕。雲老好勝。遇得意處。輒盱目視客。得一讚語。輒走戲房。與諸姬道之。俋出俋入。頗極勞頓。且聞雲老多疑忌。諸姬曲房密户。重重封鎖。夜猶自巡歷。諸姬心憎之。有當御者。輒遁去。互相藏閃。只在曲房。無可覓處。必叱吒而罷。殷殷防護。日夜爲勞。是無知老賤。自討苦吃者也。堪爲老年好色之戒。

朱雲崍是教女戲的老師，他教戲先教琴，琵琶，弦索歌舞，使之通樂，曲，知舞蹈。他調教女戲，極爲嚴格，戲房與曲戶「重重封鎖」，「般般防護」，可見其「好勝」，「勞頓」。此雲老教戲之一班。篇中所言「無知老賤，自討苦吃」之語，也透露出諸姬接受戲劇訓練，不得不受雲老的約束，因爲，身不由己，所以「諸姬心憎之。有當御者，輒遁去。」可見女戲的苦衷。關於學琴一事，有以下一篇：

## 紹興琴派

丙辰。學琴於王侶鵝。紹興存王明泉派者推侶鵝。學漁樵問答列子御風。碧玉調。水龍吟。搗衣環珮聲等曲。戊午。學琴於王本吾。半年。得二十餘曲。雁落平沙。山居吟。靜觀吟。清夜坐鐘。烏夜啼。漢宮秋。高山流水。梅花岸。淳化引。滄江夜雨。莊周夢。又胡笳十八拍。普庵咒等小曲十餘種。王本吾指法圜靜。微帶油腔。余得其法。練熟還生。以澀勒出之，遂稱合作。同學者。范與蘭。尹爾韜。何紫翔。王士美。燕客。平子。與蘭士美燕客平子俱不成。紫翔得本吾之八九而微嫩。爾韓得本吾之八九而微迂。余曾與本吾紫翔爾韜。取琴四張彈之。如出一手。聽者誠服。後本吾而來越者。有張慎行。何明台。結實有餘。而蕭散不足。無出本吾上者。

張岱學琴於王侶鵝，與王本吾。其中對本吾極爲推崇。「余曾爲本吾，學翔，爾韜，取琴四彈之，如出一手，聽者駴服。」是知張岱的琴藝頗精至。他曾組織「絲社」說：

越中琴客不滿五六人。經年不事操縵。琴安得佳。余結絲社。月必三會之。有小檄曰。中郎音癖。清溪弄三載乃成。賀令神交。廣陵散千年不絕。器繇神以合道。人易學而難精。幸生嵒壑之鄉。共志絲桐之雅。清泉磐石。援琴歌水仙之操。便足怡情。澗響松風。三者皆自然之聲。政須類聚。偕我同志。爰立琴盟。約有常期。寧虛瑩日。雜絲和竹。用以鼓吹清音。動操鳴絃。自令衆山皆響。非關匣裡。不在指頭。東坡老方是解人。但識琴中。無勞絃上。元亮輩政堪佳侶。既調商角。翻信肉不如絲。諧暢風神。雅羨心生於手。從容祕翫。莫令解穢於花奴。抑按盤桓。敢謂倦生於古樂。共憐同調之友聲。用振絲壇之盛舉。

這種邀琴客五六人結社同好，是與戲曲發展，有相當密切的關係的。

## 不繫園

甲戌十月。攜楚生住不繫園看紅葉。至定香橋。客不期至者八人。南京曾波臣。東陽趙純卿。金壇彭天錫。諸暨陳章侯。杭州楊與民。陸九。羅三。女伶陳素芝。余留飲。章侯攜縑素爲純卿畫古佛。波臣爲純卿寫照。楊與民彈三絃子。羅三唱曲。陸九吹簫。與民復出寸許界尺。據小梧。用北調說金瓶梅一劇。使人絕倒。是夜彭天錫與羅三民與串本腔戲。妙絕。與楚生素芝串調腔戲。又復妙絕，章侯唱村落小歌。余取琴和之。牙牙如語。純卿笑曰。恨弟無一長以侑兄輩酒。余曰。唐裴將軍旻居喪。請吳道子畫天宮壁度亡母。道子曰。將軍爲我舞劍一迴。庶因猛厲以通幽冥。脫衣纏結。上馬馳驟。揮劍入雲。高十數丈。若電光下射。執鞘承之。劍透室而入。觀者驚慄。道子奮袂如風。畫壁立就。章侯爲純卿畫佛而純卿舞劍。正今日事也。純卿跳身起。取其竹節鞭重三十觔。作胡旋舞數纏。大噱而去。

「不繫園」的情調，尤其令人激賞，來客皆藝壇名士，畫佛寫照之外，「楊與民彈三弦子，羅三唱曲。陸九吹簫。與民復出寸許界尺，據小梧，用北調說金瓶梅一劇，使人絕倒。」南人以北調說金瓶梅一劇，是北劇南演。又說：「是夜彭天錫與羅三民與串本腔戲」，所言本腔戲，「與琴生素芝串調腔戲，又復妙絕」此是二人對唱。又有「小歌」，近似小唱，舞劍之外有胡旋舞。以上節目，可稱是一小型的戲曲大觀了。

篇中有「嚴助廟」，述百戲雜陳，其中有：

自帝王宗廟社稷壇壝所不能比隆者。十三日。以大船二十艘載盤軨。以童崽扮故事。無甚文理。以多爲勝。城中及村落人。水逐陸奔。隨路兜截轉摺。謂之看燈頭。五夜。夜在廟演劇。梨園必倩越中上三班。或僱自武林者。纏頭日數萬錢。唱伯喈荆釵。一老者坐臺上對院本。一字脫落。群起噪之。又開場重做。越中有全伯喈全荆釵之名起此。天啓三年。余兄弟攜南院王岑。老串楊四。徐孟雅。圓社河南張大來輩。往觀之。到廟蹴踘。張大來以一丁泥一串珠名世。毬著足。渾身旋滾。一似黏疐有膠提掇有線穿插有孔者。人人叫絕。劇至半。王岑扮李三娘。楊四扮火工竇老。徐孟雅扮洪一嫂。馬小卿十二歲扮咬臍。串磨房撇池送子出獵四齣。科諢曲白。妙入筋髓。

又復叫絕。遂解維歸。戲場氣奪。鑼不得響。燈不得亮。

戲中演出荆釵記，老者對院本，一字脫落，群起鼓噪。又演白兎記，李三娘，馬少卿十二歲扮咬臍。十二歲以前馬少卿即已入戲班，接受過嚴格的舞台訓練，演出時，受人重視，故特別標舉出來，可知當時二戲的流行的受觀衆的歡迎。

於「世美堂燈」一篇燈會中說：

有蒼頭善製盆花。夏間以羊毛鍊泥墩高二尺許。築地湧金蓮。聲同雷砲。花蓋畝餘。不用煞拍鼓鐃。清吹鎖吶應之。望花緩急爲鎖吶緩急。望花高下爲鎖吶高下。燈不演劇。則燈意不酣。然無隊舞鼓吹。則燈焰不發。余敕小傒串元劇四五十本。演元劇四齣。則隊舞一回。鼓吹一回。弦索一回。其間濃淡繁簡鬆實之妙。全在主人位置。使易人易地爲之。自不能爾爾。故越中誇燈事之盛。必曰世美堂。

文中不僅說到盆花之美，哨吶的酣暢。「余敕令小傒串元劇四五十本。演元劇四齣，則隊舞一回，鼓吹一回，弦索一回。其間濃淡繁簡鬆實之妙，全在主人位置。」此燈會之龐大繁複，以戲曲烘托，有聲色之美，自得稱之爲絕妙。

## 張氏聲伎

謝太傅不畜聲伎。曰畏解，故不畜。王右軍曰。老年賴絲竹陶寫。恆恐兒輩覷。曰解曰覰。古人用字深確。蓋聲音之道。入人最微。一解則自不能已。一覰則自不能禁也。我家聲伎。前世無之。自大父於萬曆年間。與范長白。鄒愚公。黄貞父。包涵所諸先生。講究此道。遂破天荒爲之。有可餐班。以張綵。王可餐。何閏。張福壽名。次則武陵班。以何韻士。傅吉甫。夏清之名。再次則梯仙班。以高眉生。李岕生。馬藍生名。再次則吳郡班。以王畹生。夏汝開。嘯楊生名。再次則蘇小小班。以馬小卿。潘小妃名。再次則平子茂苑班。以李含香。顧岕竹。應楚煙。楊騄駬名。主人解事日精一日。而傒僮技藝亦愈出愈奇。余歷年半百。小傒自小而老。老而復小。小而復老者凡五易之。無論可餐武陵諸人。如三代法物。不可復見。梯仙吳郡間有存者。皆爲佝僂老人。而蘇小小班亦強半化爲異物矣。茂苑班則吾弟先去。而諸人再易其主。余則婆娑一老。以碧眼波斯。尚能別其妍醜。山中人至海上歸。種種海錯。皆在其眼。請共舐之。

張岱說，因其大父講究此道，而有可餐班之設立，次則有武陵班，再次則有梯仙班，又次則有吳郡班，復次有蘇小小班，茂苑班，其中有名角色，皆列舉其名。夏汝開義伶則在吳郡班中。「主人解事日精一日，而傒僮技藝亦愈出愈奇。余歷年半百，小傒自小而老，老而復小，小而復老者凡五易之。無論可餐武陵諸人，爲三代法物，不可復見。梯仙吳郡間有存者，皆爲佝僂老人。而蘇小小班亦強半化爲異物矣。」感嘆如此，歲月凋零，能不傷懷？因「張氏聲伎」一文之紙短情長，可一睹其當年盛況，不可復見。即以伶伎而言，小則五六歲習藝至其成熟表演，十五六歲成名，已接受舞台訓練十年，至其表演生涯，在舞台上不過三十歲，即是年老，應該退出舞台。義伶夏汝開之蚤死，意亦二十七歲而已。聲伎之被遺散，想來不會過三十歲。

對柳敬亭說者時摹倣武松神情：「武松到店沽酒，店內無人，謈地一孔，店中空缸空甓皆瓮瓮有聲」，柳敬亭的一張嘴因陶菴的一枝筆，也可說是同傳千古了。

談到女戲中的奇情變幻，則以「劉暉吉女戲」演「唐明皇遊月宮」不出於一般的規格，如朱雲崍女戲，初教之以絲弦管樂，此則於舞台設計，有似幻術之應用，我們看張岱的說法：

**劉暉吉女戲**

女戲。以嬌冶恕。以嘽緩恕。以態度恕。故女戲者全乎其爲恕也。若劉暉吉奇情幻想。欲補從來梨園之缺陷。如唐明皇游月宮。葉法善作。場上一時黑魆地暗。手起劍落。霹靂一聲。黑縵忽收。露出一月。其圜如規。四下以羊角染五色雲氣。中坐常儀桂樹吳剛。白兔搗藥輕紗幔之內。燃賽月明數株。光燄青藜。色如初曙。撒布成梁。遂躡月窟。境界神奇。忘其爲戲也。其他如舞燈。十數人手攜一燈。忽隱忽現。怪幻百出。匪夷所思。令唐明皇見之。亦必目睜口開。謂氍毹場中。那得如許光怪耶。彭天錫向余道。女戲至劉暉吉。何必男子。何必彭大。天錫曲中南董。絕少許可。而獨心折暉吉家姬。其所賞鑒。定不草草。

舞台一片黑暗中，出現月宮情景的境界，張岱稱之爲神奇「忘其爲戲」。舞燈的手法，也是「怪幻百出，匪夷所思」。照張岱的說法有點邪魔外道，超出妖治、嘽緩，以「恕」爲雅緻的態度。彭天錫稱道備至，是與他的觀點不同的。所謂曲中南董的天賜爲此心折，似乎有點「草草」。不過，在女優中，他對朱楚生是另眼看待，極爲推崇的。在「朱楚生」一篇中說：

## 朱楚生

朱楚生。女戲耳。調腔戲耳。其科白之妙。有本腔不能得十分之一者。蓋四明姚益城先生精音律。與楚生輩講究關節。妙入情理。如江天暮雪。霄光劍。畫中人等戲。雖崑山老教師。細細摹擬。斷不能加其毫末也。班中腳色。足以鼓吹楚生者。方留之。故班次愈妙。楚生色不甚美。雖絕世佳人。無其風韻。楚楚謖謖。其孤意在眉。其深情在睫。其解意在煙視媚行。性命於戲。下全力爲之。曲白有誤。稍爲訂正之。雖後數月。其誤處必改削如所語。楚生多遐想。一往深情。搖颺無主。一日。同余在定香橋。日晡煙生。林木窅冥。楚生低頭不語。泣如雨下。余問之。作飾語以對。勞心忡忡。終以情死。

本篇爲小品文中之佳構，初說：「朱楚生，女戲耳，調腔戲耳，其科白之妙，有本腔不能得其十分之一者。」他對楚生天份之高，穎悟之能，調腔科白之無人能及，端在於楚生「性命於戲，下全力爲之。」楚生演的「江天暮雪」，「霄光劍」，「畫中人」等戲「雖崑山老教師，細細摹擬，斷不能如其毫末也。」且「班中腳色，足以鼓吹楚生者，方留之。」可見楚生亦有人和之便。「江天暮雪」，「霄光劍」，「畫中人」應都是崑曲戲，如湯顯祖的「牡丹亭」

也都是。張岱描寫楚生「色不甚美，雖絕世佳人。無其風韻。楚楚謖謖，其孤意在眉，其深情在睫。其解意在煙視媚行。」可見楚生的氣質高華，行止生情，是個不類凡俗的藝人。只是「一往情深，搖颺無主」，終以情死。此段描寫紙短情長，可以延伸爲一篇好小說。

對於彭天錫，他也有一篇妙文寫他。在不繫園和劉暉吉女戲中，都提到他。不繫園中彭天錫與朱楚生，各串本腔戲，與調腔戲，此篇則專寫彭天錫串戲：

## 彭天錫串戲

彭天錫串戲妙天下。然齣齣皆有傳頭。未嘗一字杜撰。會以一齣戲。延其人至家。費數十金者。家業十萬。緣手而盡。三春多在西湖。曾五至紹興。到余家串戲五六十場。而窮其技不盡。天錫多扮丑淨。千古之姦雄佞倖。經天錫之心肝而愈狠。借天錫之面目而愈刁。出天錫之口角而愈險。設身處地。恐紂之惡。不如是之甚也。皺眉眯眼。實實腹中有劍。笑裡有刀。鬼氣殺機。陰森可畏。蓋天錫一肚皮書史。一肚皮山川。一肚皮機械。一肚皮磥砢不平之氣。無地發洩。特於是發洩之耳。余嘗見一齣好戲。恨不得錦包裹。傳之不朽。嘗比之天上一夜好月。與得火候一盃好茶。祇可供一刻受用。其實珍惜之不盡也。桓子野先山水佳處。輒呼奈何奈何。眞有無可奈何者。口說不出。

彭天錫的表演妙絕天下。他演出的戲，本來都有來歷。他延請老師到家裡學戲，「家業十萬，緣手而盡。」他扮演且丑淨「千古之姦雄佞倖，經天錫之心肝而愈狠，借天錫之面目而愈刁，出天錫之口角而愈險。設身處地恐紂之惡，不如是之甚也。」他能夠顯現惡人心肝，刻劃惡人的面目，鋒利惡人的口角。作表唸唱活脫脫一個惡人豬狗豺狼的形象，把惡人的心肝肚腸剖解於觀衆看，張岱進一步說：「皺眉眯眼，實實腹中有劍，笑裡有刀，鬼氣殺機，陰森可畏。」彷佛把惡人變成了鬼魅模樣，非人世所有的怪物。此種演技是心理與生活內在與外形結合，如醫師把脈，經過病理而來，舞台的形象，因此而有性格與生動的生命。何以致此呢？張岱說彭天錫是：一肚皮書史，一肚皮山川，一肚皮機械，一肚皮磥砢不平之氣。指出他的學識，經歷，磨練與對人生的透徹的了解，對戲劇的體驗，對人生世相，蘊藏於內心的一股不平之氣，發而爲外形的現象。這也是張岱對藝人尊崇的一種表徵。

前面說到串戲，是南曲表演中的一種風尙，我們看：

### 過劍門

南曲中。妓以串戲爲韻事。性命以之。楊元楊能顧眉生李十董白以戲名。屬姚簡叔期余觀劇。傒僮下午唱西樓。夜則自串。傒僮爲興化大班。余舊伶馬小卿陸子雲在焉。加意唱七齣戲。至更定。曲中大咤異。楊元走入房謂小卿曰。今日戲。氣色大異何也。小卿曰。坐上坐者余主人。主人精賞鑒。延師課戲。童手指千。傒僮到其家。謂過劍門。焉敢草草。楊元始來物色余。西樓不及完。串教子。顧眉生周羽楊元周娘子楊能周瑞隆楊元膽怯膚慄。不能出聲。眼眼相覷。渠欲討好不能。余欲獻媚不得。持久之。伺便喝采一二。楊元始放膽。戲亦遂竣。嗣後曲中戲。必以余爲導師。余不至。雖夜分。不開臺也。以余而長聲價。以余長聲價之人而後長余聲價者多有之。

所說南曲就是當時的妓院，妓以串戲爲韻事，性命以之。許多名妓學唱戲曲，不遺餘力，因爲，這是風雅的事。妓院裡唱戲，也有出名的班子參加演出。張岱等友人在坐觀賞。因爲演出精采，和平常不同，問什麼原因。馬小卿說：坐上坐者余主人，主人精賞鑒，延師課戲，童手指千，傒僮到其家謂過劍門，焉敢草草。過劍門的意思就是過關，過了關才及格，才能揚眉吐氣。

在妓女中他欣賞王月生，有段記載，十分佻達有趣：

## 王月生

南京朱市妓。曲中羞與爲伍。王月生出朱市。曲中上下三十年。決無其比也。面色如建蘭初開。楚楚文弱。纖趾一牙。如出水紅菱。矜貴寡言笑。女兄弟閒客多方狡獪嘲弄咍侮。不能勾其粲。善楷書。畫蘭竹水仙。亦解吳歌。不易出口。南中勳戚大老力致之。亦不能竟一席。富商權胥得其主席半晌。先一日送書帕。非十金。則五金。不敢褻訂。與合巹。非下聘一二月前。則終歲不得也。好茶。善閔老子。雖大風雨。大宴會。必至老子家啜茶數壺。始去。所交有當意者。亦期與老子家會。一日。老子鄰居有大賈。集曲中妓十數人。群誶嘻笑。環坐縱飲。月生之露臺上。倚徙欄楯。眠娗羞澀。群婢見之。皆氣奪。徙他室避之。月生寒淡如孤梅冷月。含冰傲霜。不喜與俗子交接。或時對面同坐。起若無睹者。有公子狎月。同寢食者半月。不得其一言。一日。口囁嚅動。閒客驚喜。走報公子曰。月生開言矣。鬨然以爲祥瑞。急走伺之。面頳。尋又止。公子力請再三。噻澀出二字曰。家去。

「阮圓海戲」篇與他篇不同，其意在說戲之理，妙在優演有肉有骨，與阮大鋮的爲人不同。

我們不談其人，只看他的內容：

阮圓海家優。講關目。講情理。講筋節。與他班孟浪不同。然其所打院本。又皆主人自製。筆筆勾勒。苦心盡出。與他班鹵莽者又不同。故所搬演本本出色。腳腳出色。齣齣出色。句句出色。字字出色。余在其家看十錯認摩尼珠燕子箋三劇。其串架鬥筍插科打諢意色眼目。主人細細與之講明。知其義味。知其指歸。故咬嚼吞吐。尋味不盡。至於十錯認之龍燈，之紫姑。摩尼珠之走解。之猴戲。燕子箋之飛燕。之舞象。之波斯進寶。紙札裝束。無不盡情刻畫。故其出色也愈甚。阮圓海大有才華。恨居心勿淨。其所編諸劇。罵世十七。解嘲十三。多詆毀東林。辯宥魏黨。爲士君子所唾棄。故其傳奇。不之著焉。如就戲論。則亦簇簇能新。不落窠臼者也。

目蓮戲在唐以前俗講中，已有眉目，此處則更見民間之所好：

### 目蓮戲

余蘊叔演武場搭一大臺。選徽州旌陽戲子。剽輕精悍。能相撲跌打者三四十人。搬演目蓮。凡三日三夜。四圍女臺百什座。戲子獻技臺上。如度索舞絚翻桌翻梯觔斗蜻蜓蹬臼跳索跳圈竄火竄劍之類。大非情理。凡天神地祇牛頭馬面鬼母喪門夜叉羅剎鋸磨鼎鑊刀山寒冰劍樹森羅鐵城血澥，一似吳道子地獄變相。

「目連戲」是廟會演的戲，徽州旌陽戲子演出，類似雜戲。也是野台戲，有時是百戲中的一種表演。熱鬧非凡。廟會的演出也有純屬大戲如「琵琶記」，「白兔記」的演出，十分嚴肅，不能出差錯，「紹興燈景」說到燈戲，「金山競度」說到樓船，樓船戲，是水上戲台。「嚴助廟」演荆釵記，其盛況歷歷如在目前。演戲成爲張岱生活中一大享受，他的感性與親切，給戲曲以極深刻的印象，讀之令人興嘆而難忘。他的「夢憶」恰似春風三月，十里荷花。明月在天，情景如畫。但於戲曲的理論的建設，稍嫌不足。然於描述明末戲曲的概況，則與戲劇的關係，有切膚骨肉之親，是值得後世戲劇史重視的寶貴資料。

## 焦循

焦循，淸甘泉人，字里堂，乾隆舉人，於學無所不通。於經無所不治。著有「劇說」、「曲考」、「花部農談」等。

「劇說」卷一開篇說：

乾隆壬子冬月。於書肆破書中得一帙。雜錄前人論曲論劇之語。引輯詳博。而無次序。嘉慶乙丑。養病家居。經史苦不能讀。因取前帙。參以舊聞。凡論宮調音律者不錄。名之以劇說云。穀雨日記。

他是喜歡讀書的人，於書肆得到一本前人談論戲曲之類的書，後來他在家養病，便把這本書中有關戲劇的論說輯成一本，這書就名為「劇說」。他輯的這本「劇說」，大致可以分別為腳色、雜劇、南北曲、劇本、傳奇以及源流的幾個部分，互相都有連帶關係，難以分割。

先說腳色之類：

輟耕錄云。唐有傳奇。宋有戲曲唱諢詞說。金有院本雜劇。其實一也。國朝院本、雜劇。始釐為二。院淨本則五人。一曰副淨。古謂之參軍。一曰副末。胡古謂之蒼鶻。鶻能擊禽鳥。末可打副。故云。一曰引戲。一曰末泥。一曰孤裝。又謂之五花爨弄。或曰。宋徽宗見爨國人來朝。衣裝鞵履巾裹。傅粉墨。舉動如此。使優人效之以為戲。又有談段。亦院本之意。但差簡耳。取其如火燄易明而易滅也。其間副淨有散說。有道念。有筋斗。有科汎。教坊色長魏、武、劉三人鼎新編輯。魏長于念誦。武長于筋斗。劉長于科汎。至今樂人宗之。

原來唐傳奇，宋唱諢詞，金院本雜劇，是一脈相承的，是戲曲發展的一個過程。談段就是艷段。艷段一，正雜劇二，雜扮一……雜扮或名雜旺，又叫技和，是雜劇的散段。如此言，雜劇應可分做四段。

「知新錄」上說：

合生即院本雜劇也。唐書武平一傳云。中宗宴殿上。胡人襪子何懿唱合生。而歌言淺穢。平一上書曰。比來妖伎胡人。街童市子。或言妃主情貌。或列王公名賢。歌詠舞踏。號曰合生。始自王公。稍及閭巷。按此。則知唐明皇梨園之戲。又本於此。又懷鉛錄云。古梨園傳粉墨者謂之參軍。亦謂之艶。艶、廣韻云。妝飾也。今傳粉墨謂之淨。蓋艶之僞也。扮婦人者謂之狚。又與獮通。莊子云。猨徧狚以爲妻。東廣微云。猨以獮爲婦。蓋喻婦人意。遂省作旦也。蒼鶻謂之末者。周禮四夷之樂有韎。東都賦云。傑佅兜離。罔不畢集。蓋優人作外國裝束也。一曰末泥。蓋倡家隱語。如爆炭崖公之類。省作末。又云末泥色。主張引戲分付。副末色打諢。又都城紀勝。雜扮或名雜旺。又名鈕元子。又名拔和。乃雜劇之散段。多是借裝爲山東、河北、村人以資笑。今之打和鼓。撚梢子。散耍皆是也。今之丑腳。蓋鈕元子之省文。古杭夢遊錄作雜班扭元子拔和。又云。演戲而以班名。自宋雲韶起。考宋教坊外。又有鈞容直。雲韶班、二樂。宋太祖平嶺表。得劉氏閹官聰慧者八十人。使學于教坊。初賜名簫韶部。後改名雲韶班。鈞容直、軍樂也。在軍中善樂者。初名引龍直。以備行幸騎導。淳化中改爲鈞容直。後世總稱爲班也。

這裡也說到雜劇、腳色名稱、梨園和班部等等。並且提到「傑佅兜離。罔不畢集，蓋優人作外國裝束者也。」外國裝束是怎樣的裝束呢？

元陶宗儀「輟耕錄」說：院本名目五人，副淨，參軍，劉末，蒼鶻……「一曰引戲，一曰末泥，一曰孤裝，又謂之五花爨弄。」五花指的就是院本名目五人，這五種腳色的表演，叫做「爨弄」。是因爲宋徽宗見爨人來朝，他們這些使者「衣裝鞵履巾裹，傅粉墨，舉動如此，使優人效之爲戲。」這種爨弄裝扮，帶給搬演的五花，有所假借，過去是假面，代面，喬裝扮像，今則五人衣裝是鞣履巾裹傳粉墨，把爨人妝裹帶進了戲曲中。爨人是雲南地區的苗傜同胞。說郛卷三十六頁十九元李京（字景山河間人）撰「雲南志略」四卷並附錄「雲南總叙」說：「爨人之名始初，晉武帝以爨深爲興吉太守，會曲靖也，會有廟在晉寧州，爨人之名始此」又記載說：「唐開元初以爨歸王爲南寧州都督理石城郡即今曲靖也。爨人之名原此。」又說：「白人爲爨，羅爲黑爨。」說的就是今之夷人：

金齒白夷，記識無文學，刻木爲約。酋長死，非其子孫自立者，衆共擊之。男女文身，去髭鬚，鬢眉睫，以赤白土傅面。綵繒束髮，衣赤黑衣，躡繡履，帶鏡。呼痛之聲曰：「阿也韋」。絕類中國優人。不事稼檣，唯護養小兒。天寶中，隨爨歸王入朝于唐。今之爨弄實原于此。

在「諸夷風俗」中說僰人：

妙子暮夜游行，或吹蘆笙，或作歌曲，聲韻之中，皆寄情意，情通私耦，然後成婚。

爨人，僰人，皆今日西雙板納一帶居民，我們可以說他們是雲南的土著。李京在元大德六年冬從脫脫平章平撫「越雋之變」，居滇久，目之所見，耳之所聞，其言可信。「爨弄」搬演於舞台的形象，由此可見一二，對於戲曲的發展，也有助力。

名義考云：今角戲者有生、旦、淨、丑之名。嘗求其義而不得。偶思樂記注如彌猴之說。乃知生狌也。猩猩也。山海經。猩猩人面豕聲似小兒啼。旦、狚也。猵狚也。莊子猨猵狚以爲雌。淨、猙也。廣韻似豹一角五尾。又云。似狐有翼。丑、狃也。廣韻。犬性驕。又狐狸等獸跡。謂俳優之人如四獸也。所謂雜子女也。末猶末厥之末。外猶員外之外。猥談云。生、淨、丑、末等名。有謂反其事而稱。又或託之唐莊宗。皆謬也。此本金元闤闠談吐。所謂鶻伶聲嗽。今所謂市語也。生即男子。旦曰妝旦色。淨曰淨兒。末曰末泥。孤乃官人。即其土音。何義理之有。南戲出于宣和以後。南渡時謂之溫州雜劇。後漸轉爲餘姚、海鹽、弋陽、崑山、諸腔矣。道德錄云。元人院本。打者一副淨。一副末。一引戲。一末泥。一孤裝。猶梨園之有生、旦、外、末、淨、丑、貼、七字之義。或云反語。生爲熟。丑爲好。旦爲夜。貼爲幫。淨爲鬧。末爲始。可也。若外爲內。則牽強矣。

劇中角色的分配，到明寧獻王的話裡，便分爲九種：

㈠正末（當場男子能指事者，即俗言末泥）。
㈡副末（執磕瓜以朴靚，即古謂蒼鶻）。
㈢（當場之伎（妓），狙狷之雌者，其性好淫，俗稱爲旦）。
㈣狐（當場之官，今俗稱孤）。
㈤靚（傳粉墨，獻笑供諂者，古稱靚妝，即靚妝色，今俗稱爲淨）。
㈥鴇（妓女之老者，鴇似雁而大，無後趾，虎文，喜淫而無厭，諸鳥求之即就，世乎獨豹者）。
㈦猱（凡妓女總稱，猱亦狷屬，喜食虎肝腦，虎見而愛之，輒負於背，猱乃取蝨虎首，虎即死，取其肝腦食焉，以喻少年愛色者，亦如愛猱然，不至喪身不止。）

(八)捷譏（古謂之滑稽，雜劇中取其便捷譏誚，故名）。

(九)引戲（即院本中之狚也）。

他說的九種，是較宋之五花爨弄爲多，正末是正生，副末是二生，狚即旦，靚即淨，鴇即老旦，猱即貼旦，捷譏即丑，引戲即雜腳。

說生、旦、淨、丑有各種名目，指排優如四獸，在形象上和意義上，自然是不倫不類的說法，不過增加些玄奇的色彩。市語至梨園的說法是常情上的判斷，雖然牽強附會，但確已接近世人的生活，戲劇是人性的表現，角色所扮演的，誠如蘇東坡詩，搬演古人事，出入鬼門道。因爲戲中人大都是往昔的人，把死去的古人演給觀衆看，正是腳色的事，「劇說」中說：

生旦淨丑考元曲無生之稱。末即生也。有正末。又有沖末、副末、小末。任風子劇中。沖末扮馬丹陽。正末扮任屠。碧桃花。沖末扮張珪。副末扮張道南。貨郎兒。沖末扮李彥和。小末扮李春郎是也。小末亦稱小末尼。東堂老正末同小末尼上是也。沖末又稱二末。神奴兒。沖末扮李德義。後稱李德義爲二末是也。（今人名刺。或稱晚生。或稱晚末、眷末。或稱眷生。然則生與末通稱。尚爲元人之遺歟。）旦有正旦、老旦、大旦、小旦、貼旦、色旦、搽旦、外旦、旦兒、諸名。中秋切鱠。正旦扮譚記兒。旦兒扮白姑姑。碧桃花。老旦扮張珪夫人。正旦扮碧桃。貼旦扮徐端夫人。張天師夜斷辰句月。搽旦扮封姨。旦兒扮桃花仙。正旦扮桂花仙。救風塵。外旦扮宋引章。貨郎旦。外旦扮張玉娥。玉壺春。貼旦扮陳玉英。神奴兒。大旦扮陳氏。陳摶高臥。鄭恩引色旦上。誤入桃源。小旦上云。小妾是桃源仙子侍從的是也。有單稱旦者。抱妝盒。正旦扮李美人。旦扮劉皇后。旦兒扮寇承御。倩女離魂。旦扮夫人。正旦扮倩女是也。丑、淨、外三色。名與今同。乃碧桃花。外扮薩眞人外。又扮馬、趙、溫、關、天將。是同場有五外。陳州糶米。外扮韓魏公、呂夷簡。爭報恩。外扮趙通判外。又扮孤。楚昭公疏者下船。外扮孫武子、伍子胥。小尉遲認父歸朝。外扮徐茂公、房元齡皆同場有二外。謝金吾詐拆清風府。外扮焦贊、孟良、岳勝。是同場有三外。百花亭。二淨扮雙解元。柳殿試鬧上。舉案齊眉。二淨扮張小員外、馬舍上。殺狗勸夫、東堂老。並二淨扮柳隆卿、胡子傳合汗衫。淨扮卜兒。淨扮陳虎。陳州糶米。淨扮劉衙內。淨扮小衙內。皆同場有二淨。副淨之名。見竇娥冤之張驢兒。牆頭馬上。沖末扮裴尚書。引老旦扮夫人上。第二折夫人同老旦孃孃上。是當場有二老旦。蝴蝶夢。外引沖末扮王大、王二。范張雞黍。正末扮范巨卿。同沖末扮孔仲仙、張元伯。是當場有二沖末。桃花女。小末扮石留住。又小末扮增福。第四折石留住、增福。同場。是當場有二小末。陳州糶米。丑扮楊金吾。又二丑扮二斗子。是同場有三丑。末旦淨丑之外。又有孤、俫兒、孛老、邦老、卜兒、等目。貨郎旦。沖末扮孤。殺狗勸夫。外扮孤。勘頭巾。淨扮孤。扮孤者無一定也。金線池。搽旦扮卜兒。秋胡戲妻、王粲登樓。並老旦扮卜兒合汗衫。淨扮卜兒。是扮卜兒者無一定也。貨郎旦。淨扮孛老。瀟湘雨。外扮孛老。薛仁貴榮歸故里。正末扮孛老。硃砂擔。沖末扮孛老。是扮孛老者無一定也。蓋孤者。官也。卜兒者。婦人之老者也。孛老者。男子之老者也。俫兒多不言以何色扮之。惟貨郎旦李春郎。前稱俫兒。後稱小末。則前以小末扮俫兒。蓋俫兒者。扮爲兒童狀也。春郎前幼。當扮爲兒童。故稱俫兒。後已作官。則稱小末耳。邦老之稱。一爲合汗衫之陳虎。一爲盆兒鬼之盆罐趙。一爲硃砂擔之鐵旛竿白正。皆殺人賊。皆以淨扮之。然則邦老者。蓋惡人之目也。

上面說到許多劇目，角色扮演的各種人物，生、旦、淨、丑，男、女、老、幼。各有其面目與職司，說「殺狗勸夫」以及「貨郎旦」等戲中的道具；其實砌末就是腳色外，一切腳色所用的物件、連刀、槍、棍、棒，行李包裹，瓦盆，木魚，手鐲，書信等等都是。

祇從取砌末上。謂所埋之死狗也。貨郎旦。外旦取砌末付淨科謂金銀財寶也。梧桐雨。正末引宮娥挑燈拿砌末上。謂七夕乞巧筵所設物也。陳摶高臥。外扮使臣引卒子捧砌末上。謂詔書纁幣也。冤家債主和尚交砌。末科謂銀也。誤入桃源。正末扮劉晨。外扮阮肇。各帶砌末上。謂行李包裹或採藥器具也。又淨扮劉德。引沙三王留等將砌末上。謂香主中羊酒紙錢之屬也。

又說到角色的法度、口氣，自有其規矩：

元曲正旦、正末唱。餘不唱。其爲正旦、正末者。必取義夫、貞婦、忠臣、孝子。他宵小市井不得而干之。余謂時文人口氣。代其八論說。實同干曲劇。而如陽貨、王驩、等口氣之題宜斷作。不宜代其口氣。吾見近人作此種題文。竟不啻身爲孤裴邦老。甚至助爲訕謗口角。以偪肖爲能。是當以元曲之格度爲法。

優人不是不學無術，有時且是兼通儒、釋、道三教之學的，李可及其人，就是個博學之士，看了下面一條，就知道把優人比之爲四獸就是看輕了他們的人格尊嚴，在情理上都說不通，且是淺薄的論調：

唐闕史云。咸通中。優人李可及者。滑稽諧戲。獨出輩流。嘗因延慶節。緇黃講論畢。次及倡優爲戲。可及乃儒服斂巾。褒衣博帶。攝齊以升崇座。自稱三教論衡。其隅坐者問曰。既言博通三教。釋迦如來是何人。對曰。是婦人。問者驚曰，是何也。對曰。金剛經云。敷座而坐。或非婦人。何煩夫坐然後兒坐也。上爲之啓齒。又問曰。太上老君何人也。對曰。亦婦人也。問者益所不喻。乃曰。道德經云，吾有大患。是吾有身。倘非婦人。何患於有娠乎。上大悅。又曰。文宣王何人也。對曰。婦人也。問者曰。何以知之。對曰。論語云。沽之哉。沽之哉。我待價者也。向非婦人。待嫁奚爲。上意極歡。寵錫甚厚。

李可及學識淹博辯才無礙，其人不僅詼諧，極富幽默感，令人想到「優孟衣冠」表演孫叔敖，以爲孫叔敖復生的才智卓越，非一般死讀書可比。

古來的雜劇是放在百戲中表演的，或者就是百戲的一種，「劇說」引用：

莊嶽委談云。古教坊有雜劇而無戲文者。每公家開宴。則百樂具陳。兩京六代。不可備知。唐宋小說。如樂府雜錄、教坊記、東京夢華錄、武林舊事、等編錄頗詳。唐制。自歌人之外。特重舞隊。歌舞之外。又有精樂器者。若琵琶、羯鼓、之屬。此外俳優雜劇。不過以供一笑。其用蓋與傀儡不甚相遠。非雅士所留意也。宋世亦然。南渡稍見淨丑之目。其用無以大異前朝。浸淫勝國崔、蔡、二傳奇迭出。才情既富。節奏彌工。演習梨園。幾半天下。雖有眾樂。無暇雜陳矣。

俳優雜劇，僅供一笑，演的是滑稽。到了西廂與琵琶二傳奇出來，才奠定了戲曲不朽的地位。丹邱先生論曲，其所舉亦不過四獸之局面，只是，可做前面供一笑的滑稽，作一注解：

丹邱先生論曲云。雜劇有正末、副末、狚、狐、靚、鴇、猱、捷譏、引戲、九色之名。正末者。當場男子能指事者也。俗謂之末泥。副末執磕瓜以扑靚。即古所謂蒼鶻是也。當場之伎曰狚。狚、猨之雌者也。其性好淫。今俗譌爲旦。狐、當場裝官者也。今俗譌爲孤。靚、傳粉墨。戲笑供諂者也。粉白黛綠。古稱靚妝。故謂之妝靚色。今俗譌爲淨。妓女之老者曰鴇。鴇似雁而大。無後趾。虎文喜淫而無厭。諸鳥求之即就。世呼獨豹者是也。凡妓女總稱曰猱。猱亦猨類。喜食虎肝腦。虎見而愛之。輒負于背。猱乃取蝨遺虎首。虎即死。取其肝腦食焉。以喻少年愛色者。亦即遇猱然。不至喪身不止也。捷譏、古謂之滑稽。雜劇中取其便捷譏謔故云。

「九色之名」是爲腳色正名嗎？說來稀奇，意爲巧立名目，與腳色眞正的性質是不相類屬的。我們姑妄聽之罷。

雜劇段數在「武林舊事」中有記載說：

曰六么。曰瀛府。曰梁州。曰伊州。曰新水。曰薄媚。曰大明樂。曰降黃龍。曰胡渭州。曰逍遙樂。曰石州。曰大聖樂。曰中和樂。曰萬年歡。曰熙州。曰道人歡。曰長壽仙。曰法曲。曰延壽樂。曰賀皇恩。曰採蓮。採蓮隊見宋史樂志。其餘可類推矣。又有所謂爨者。如鐘馗爨、天下太平爨、之類。有所謂孤者。如思卿早行孤、迓鼓孤、之類。有所謂姐者。如襤哮店休姐、老姑遣姐、之類。有所謂酸者。如襤哮負酸、眼藥酸、之類。輟耕錄所列院本名目。所謂法曲、伊州、新水、瀛府、逍遙樂、萬年歡、降黃龍、屬和曲院本。所謂孤、酸、旦等。目爲諸雜大小院本。考元人劇中。其題目正名。有云還牢末者。則正末當場也。有云貨郎旦著。則正旦當場也。錄鬼簿。關漢卿有擔水澆花旦、中秋切繪旦。吳昌齡有貨郎末泥。尚仲賢有沒興花前秉燭旦。楊顯之有跳神師婆旦。其義亦同。孤謂官。酸謂秀士。凡稱酸。謂正末扮秀士當場也。至有云酸孤旦者。則三色當場。有云雙旦降黃龍者。具兩旦當場云。旦判孤云老孤遣旦皆可類推。

這裡也可證明「爨弄」在宋時的情況，其中如「摻水澆花旦」、「中秋切繪旦」、「花前秉燭旦」、「跳神師婆旦」「酸孤旦」、「雙旦」等，是表演當時，叫出來的名目。

把歌舞說唱、樂曲連在一起說到勾欄雜劇，以及西廂記的一條，出於「西河詞話」：

西河詞話云。古歌舞不相合。歌者不舞。舞者不歌。即舞曲中詞。亦不必與舞者搬演照應。自唐人作柘枝詞、蓮花旋歌。則舞者所執。與歌者所措詞。稍稍相應。然無事實也。宋末有安定郡王趙令時者。始作商調鼓子詞。譜西廂傳奇。則純以事實譜詞曲間。然猶無演白也。至金章宗朝。董解元不知何人。實作西廂搊彈詞。則有白有曲。專以一人搊彈幷念唱之。嗣後金作清樂。仿遼時大樂之製。有所謂連廂詞者。則帶唱帶演。以司唱一人。琵琶一人。笙一人。笛一人。列坐唱詞，而復以男名末泥。女名旦兒者。幷雜色人等。入句欄扮演。隨唱詞作舉止。如參了菩薩。則末泥祗揖。只將花笑撚。則旦兒撚花類。北人至今謂之連廂。曰打連廂。唱連廂。又曰連廂搬演。大抵連四廂舞人而演其曲。故云。然猶舞者不唱。唱者不舞。與古人無法無以異也。至元人造曲。則歌舞合作一人。使句欄舞者。自司歌唱。而第設笙笛琵琶。以和其曲。每入場以四折爲度。謂之雜劇。其有連數雜劇而通譜一事。或一劇。或二劇。或三四五劇。名爲爲院本。西廂者。合五劇而譜一事者也。然其時司唱猶屬一人。仿連廂之法。不能遽變。往先司馬從寧庶人處。得連廂詞例。謂司唱一人。代句欄舞人執唱。其曰代唱。即已逗句欄舞自唱之意。但唱者止二人。末泥主男唱。旦兒主女唱也。若雜色入場。第有白無唱。謂之賓白。賓與主對。以說白在賓。而唱者自有主也。至元末明初。改北曲爲南曲。則雜色人皆唱。不分賓主矣。少時觀西廂記。見一劇末必有絡絲娘煞尾一曲。于演扮人下場後復唱。且復念正名四句。此是誰唱誰念。至末劇扮演人唱清江引曲齊下場後。復有隨煞一曲。正名四句。總目四句。俱不能解唱者念者之人。及得連廂詞例。則司唱者在坐間。不在場上故雖變雜劇。猶存坐間代唱之意。

從以上的論說，使我們感覺雜劇的形成，是逐漸把歌舞、說唱結合起來，造成雜劇在形式等內容上的綜合性的統一。關於劇本，卷二說到白樸的梁祝之所本，是民間的故事：

> 錄鬼簿載白仁甫所作劇目。有祝英臺死嫁梁山伯。宋人詞名亦有祝英臺近。錢塘遺事云。林鎮屬河間府。有梁山伯祝英臺墓。乾隆乙卯。余在山左。學使阮公。修山左金石志。州縣各以碑本來。嘉祥縣有祝英臺墓碣文。為明人刻石。丙辰客越。至寧波。聞其地亦有祝英臺墓。載于志書者。詳其事云。梁山伯祝英臺墓。在鄞西十里接待寺後。舊稱義婦冢。又云。晉梁山伯、字處仁。家會稽、少遊學。道逢祝氏子。同往肄業三年。祝先返。後山伯歸。訪之上虞。始知祝為女子。名曰英臺。歸告父母求姻。時已許鄮城馬氏。山伯後為縣令。嬰疾弗起。遺命葬鄮城西清道原。明年祝適馬氏。舟經墓所。風濤不能前，英臺臨冢哀痛。地裂而埋壁焉。事聞于朝。丞相謝安封義婦冢。此說不知所本。而詳載志書如此。乃吾郡城北槐子河旁。有高士。俗亦呼為祝英臺墳。余入城必經此。或曰。此隋煬帝墓。謬為英臺也。

「鎖麟囊」這齣名劇，亦有其所本，文中並另述其他二劇之本事，好像專為忠孝節義創世：

隻塵談又云。徽歙間。某年月嫁娶日。適兩新婦與同憩周道。一極貧女。一極富女。始而皆哭。久而貧女哭獨哀。富女曰。遠父母。哭固當。若是其哀歟。命伴媼與側叩之。貧女曰。聞良人饑餓莫保。今將同併命耳。奚而不哀。富女心惻解荷包贈之。蓋上輿時祖母遺嫁物也。貧女止哭。未及道姓氏。各散以去抵門。景況蕭索。新郎掩歎迎婦人。忍淚告曰。吾家固貧。塡溝壑分也。今以累君。奈何。婦以荷包付之。開視。則黃金二錠。重四兩許。易銀三十餘兩。以其零市錢米酒饌。行合巹禮。問金之所來。婦語以故。乃合夥經商。一歲中獲利數倍。凡貿遷無不如志。不十年。成巨富。苦不知贈金者何人。心懷歉恨。于宅後起樓。供荷包祀之。以誌不忘。顧富家女于歸後。夫家父家。連被回祿。繼以疾疫。屢遭破敗。十年以內。如水刷沙。貲財立盡。貧女財既豐。又得男。謀所以乳之者。遍覓無意者。媒嫗以富家女薦之。甚合。兩婦相見。彼此敬愛。誼如姊妹。都不知途中曩日事。越一歲。乳娘抱兒往後樓禮拜。見荷包。視之。所繡花物。類己針法。忽念舊事。不覺淚下。婢詗之。告主婦。問哭之故。則曰。記嫁時途中。曾以此物贈貧女。止料吾今日之貧。感慨今昔。故酸心耳。主婦語其夫。明日請族長四鄰。及乳媼之翁。奉酒安位。肅若上賓。夫婦再拜曰。愚夫婦以待塡溝壑之身。藉此享有今日。日思報德。靡道之從。今天誘其衷。幸賜識認。貲財若干物。皆荷包中物也。物歸原主。宜也。乳媼曰。是何言歟。發富是君家大福分。我何與焉。荷包倘在我家。亦同盡耳。必欲成君高誼還荷包原賜物倍之足矣。衆賓曰。前茲道旁之贈仁也。今茲傾家之還。義也。仁至義盡。加以辭讓。德之美也。衆賓與有光寵焉。原居間剖分之。俾仁義各不相傷。可乎。乃依衆賓剖分之。而世爲婚姻。以仁義世其家。朱青川云。此事若付洪昉思、孔云亭、諸君。佐以曲子賓白。竟是一本絕好傳奇矣。余嘗閱程史中望江二翁事。及輟耕錄所載釋怨結婚事。及此。思爲三院本。付之伶人。以寬鄙而敦薄。錄二事于左。以待暇時獲此願也。望江二翁事云。舒之望江。有富翁曰陳國瑞。以鐵冶起家。嘗爲其母卜地。青烏之徒輻集。莫適其意。有建寧王生也。以術聞延之。踰年。始得吉于近村。爲張翁者之業。國瑞治家。未嘗問有無。一以諉其子。王生乃與其子計所以得地。且曰。陳氏卜葬。環數百里莫不聞。若以實言。則壟斷取資。未易厭也。于是僞使其治之隸如張翁家。議圈豕若以禱者。因眺其山木之美而譽之曰。吾治方乏炭。此可窯以得貲。翁許之乎。張翁固弗疑也。曰諾居數日。復來。遂以三萬錢約。國瑞始來相其山。大喜。築垣繕廬。三閱月而大備。遂葬之。明年清明拜墓上。王與子偕。忽顧其子曰。此山得之何人。厥直凡幾。子以實告。又顧王曰。使不以計勝。則爲直當幾何。曰。以時價商口。雖廉。猶三十萬也。國瑞亟歸。命治具鞍馬。謁張翁而邀之。至則館焉。盛殽醞相與款洽者幾月。語不及他。翁既久留。將告歸。復張正堂而讌之。酒五行。輦錢緡三百。置之阼。實縑于篚。酌酒于斝。而告之曰。余葬余母。人謂其直之腴。請以此爲翁壽。翁錯愕曰。吾他日伐山而薪。不盈千焉。三萬過矣。此惡敢當。

國瑞曰。不然。葬而買地。宜也。詭以爲治。則非也。余子利一時之微。以是紿翁。人皆曰直實至是。用敢以爲請。凡余之爲。將以愧吾子之見利忘義者。翁卒辭曰。當時固已許之。實又過値。子欲爲君子。老夫雖賤。可強以非義之財耶。固授之。往反撐拒。詰旦拂衣去。國瑞乃怒其子曰。汝實爲是。必爲我致之。不得已。密召其子畀焉。曰。是猶翁也。翁竟不知。釋怨結姻事云。揚州泰興縣馬駝沙。農夫司大者。其里中富人陳氏之佃家也。家貧。不能出租以輸主。乃將以所佃田。轉質于他姓。陳氏田傍有李慶四者。亦業佃種。潛賂主家兒。約能奪田與我。而不以與司氏者。以所酬錢十倍之一分之。家兒素用事。因以利啗其主。主聽奪田歸李氏。司固無可奈何。既以穀田不相侔。輕其直十之一。司愈不平。會歸。而李與嘗所用力及爲券者。殺雞飲酒。因隨所之。李欲卻司。輒先將一卮酒飲之。司忿恨去。對妻語所以李怨仇之故。妻苦口諫曰。吾之窮命也。奈何仇人哉。不聽。夜持炬火。往燒其家。忽聞得內有人娩。司竊念吾所讎者。其家公也。何故殺其母子。遂棄火溝中而歸。司無以爲養生計。即所償錢爲豆乳。釀酒貨賣以給食。久之不復乏絕。更自有餘。而李日益貧。更十年。李復出所佃田質陳氏。司還用李計復其田。過種之錢。比前又損其一。爲券悉値前人。相視驚歎。司計爲李所辱時。今幸可一報復。遂具雞酒亦如之。李忘前過。不自責。反怨薄己。怒甚。歸積膏火破盎中。夜抵司家。司妻方就蓐。李猶豫間。聞人啓户。懼事覺。遺火亟走。而司家實不有人。旦得火器場中。驗器底有李字。因悟昔我焚彼家。以其家人產子。不欲焚。今彼焚我家。而我之妻亦產子而不被焚。此天也。非人也。持錢五千。往李曰。昨日小人無狀。失禮。義不得共飲。茲願少伸謝意。幸毋督過。李疑。給以疾臥不起。強請不已。遂同之酒家。邀酤兒與飲。酒半。自起酌酒。勸李曰。子之孫某年月日夜子時生。而吾子亦夜者子時生。怨仇之事。愼勿復爲。具白前所仇事。瀝酒爲誓。語酤兒曰。子識之。試用此警世間人。不善愼勿爲也。劇飲盡歡。乃更約爲婚姻。自是李亦不貧。兩家至今豐給。

王實甫「西廂記」本於「董西廂」，而「董西廂」則本於「崔鶯鶯傳」，關於二劇之評論，亦有以下文可爲後之評論借鏡：（此文已見112頁中，重錄以爲對照）

詞旨載西廂警策。不下百十條。如竹索纜浮橋。檀口搵香腮等語。不知皆撰自董解元西廂。竹索上有寸金二字。檀口句則曰檀口微微笑吐丁香舌。被郎輕嚙卻更增人劣。較漢卿奇麗精采十倍。見黃嘉惠董解元西廂記序。案。王實甫長亭送別一折。稱絕調矣。董解元云。莫道男兒心如鐵。君不見滿川紅葉。盡是離人眼中血。實甫則云。曉來誰染霜林醉。總是離人淚。淚與霜林。不及血字之貫矣。又董云。且休上馬。苦無多淚與君垂。此條情緒你爭知。王云。閣淚汪汪不敢垂。恐怕人知。董云。馬兒登程。坐車兒歸舍，馬兒往西行。坐車兒往東拽。兩口兒一步兒離得遠如一步也。王云。車兒投東。馬兒向西。兩處徘徊。落日山橫翠。董云。我郎休怪強牽衣問你西行幾日歸著路裡小心呵且須在意。省可裡晚眠早起。冷茶飯莫吃好將息。我專倚著門兒專望你。王云。到京師服水土趁程途節飲食。順時自保揣身體。荒村雨露宜眠早。野店風霜要起遲。鞍馬秋風裡。最難調護。須要扶持。董云。驢鞭半裊。吟月雙聳。休問離愁輕重。向個馬兒上馳也馳不動。王云。四圍山色中。一鞭殘照裡。人間煩惱塡胸臆。量這大小車兒如何載得起。董云。帝里酒釅花濃，萬般景媚。休取次共別人便學連理。少飲酒省遊戲。記取奴言語。必登高第。妾守空閨。把門兒緊閉。不拈絲管。罷了梳洗。你咱是必把音書頻寄。王云。你休憂文齊福不齊。我只怕停妻再娶妻。一春魚雁無消息。我這裡青鸞有信頻宜寄。你切莫金榜無名誓不歸。君須記。若見異鄉花艸。再休似此處棲遲。董云。一個止不定長吁。一個頓不開眉黛。兩邊的心緒。一樣的愁懷。王云。他在那壁。我在這壁。一遞一聲長吁氣。兩相參玩。王之遜董遠矣。若董之寫景語。有云。聽塞鴻啞啞的飛過暮雲重。有云。回首孤城依約青山擁。有云。柳堤兒上把瘦馬兒連忙解。有云。一徑入天涯。荒涼古岸。衰艸帶霜滑。有云。馳腰的柳樹上有漁槎。一竿風旆茅簷上挂。澹煙消洒。橫鎖著兩三家。有云。淅零零地雨打芭蕉葉。急煎煎的促織兒聲相接。有云。燈兒一點甫能吹滅。雨兒歇。閃出昏慘慘的半窗月。云：披衣獨步，在月明中凝睛看天色。有云：野水連天天竟白。有云：車風兩岸線揚搖。馬頭西接著長安道。正是黃河津要。用十金竹索纜著浮橋。前人比王實甫爲詞曲中思王、太白。實甫何敢當。當用以比擬董解元。李空同云：董子崔張劇，當直繼騷。

關於劇本，有出於藍者，雖然不多。劇本之有所本，而狗尾續貂，下斯濫者，亦有例證可爲戒者：

劇之有所原本。名手所不禁也。王實甫之本董解元。尚矣。他如本竇娥冤而作金鎖。本翠鸞女而作桃符。本曲江池而作繡襦。本合汗衫而作破羅衫。本張生煮海、柳毅傳書、而作蜃中樓。本劉晨阮肇而作長生樂。他如本元人而故變化出之者。則如黃粱夢之呂岩化爲盧生。麗春堂之四丞相化爲尉遲敬德。或有用其一節者。若龐居士之羅和。長生殿之唐明皇。雖不能青勝于藍。然亦有所見。惟夢釵緣一劇。直襲西廂、西樓、而合之。已爲傖父可笑。又有玉劍緣者。亦有彈詞一齣。夫洪昉思襲元人貨郎旦之九轉貨郎兒。其末云。名喚春郎身姓李。洪云。名喚龜年身姓李。至玉劍緣又云名喚珠娘身姓李。生吞活剝。可稱笑柄。近則有爲富貴神仙者。竟至襲玉劍緣與夢釵緣之襲西廂、西樓、同。若此又何必爲之。聊舉一二于此。以爲之戒。

劇本之可貴，在於創新，創作前人所無，必爲世所尊。說到傳奇，有一條說：

莊嶽委談云。凡傳奇以戲文爲稱也。無往而非戲文也。故其事欲謬悠而無根也。其名欲顚倒而無實也。反是而求其當焉。非戲也。故曲欲熟而命以生也。婦宜夜而命以旦也。開場始事而命以末也。塗汙不潔而命以淨也。凡此咸以顚倒其名也。中郎之耳順而婿卓也。相國之絕交而娶崔也。荊釵之詭而夫也。香囊之詭而弟也。凡此皆以謬悠其事也。近爲傳奇者。若良史焉。古意微矣。古無外與丑。丑即副淨。外即副末也。

又云。今優伶輩呼子弟。大率八人爲朋。生、旦、淨、丑、副、亦如之。元院本止五人。故有五花之目。一曰副淨。一曰副末。又名蒼鶻。可擊群鳥。猶副末可打副淨。一曰末泥。一曰孤裝。古之參軍也。而無所謂生旦者。蓋院本與雜劇不同也。元雜劇旦有數色。所謂裝旦。即正旦也。小旦。即今副旦也。以墨點破其面。謂之花旦。今惟淨丑爲之。

他說的「謬悠其事」，其實是戲劇情節中發展出來的事件。「太和正音譜」說：「雜劇者雜戲也；院本者行院之本也。」雜劇以演出之種類爲名，院本以演出的地點得名。故輟耕錄說：「院本雜劇其實也」。不論他們的腳色如何，但雜劇與院本同樣是戲曲發展中的節目，只異地而處，而有不同。如南北曲因地理環境及其背景不同，而產生了相同與不同的差異。在南北曲方面，「劇說」引：

谿山餘話云。歌詞代各不同。而聲亦易亡。元人變爲曲子。今世踵襲。大抵分爲二調。曰南曲。曰北曲。胡致堂所謂綺羅香澤之態。綢繆宛轉之度。正今日之南詞也。登高望遠。舉首高歌。而逸懷浩氣。超乎塵垢之表者。近于今日之北詞也。彙苑詳注云。曲者詞之變。金元所用北樂。緩急之間。詞不能按。乃更爲新聲以媚之。而諸君如貫酸齋、馬東籬輩。咸富有才情。兼善音律。遂擅一代之長。但大江以北。漸染北語。時時採入。而沈約四聲。遂闕其一。東南之士。未盡顧曲之周郎。蓬掖之間。又稀辨撾之王應。稍稍復變新體。號爲南曲。高拭則誠。遂掩前後。大抵北主勁切雄麗。南主清峭柔遠。雖本才華。務諧音律。譬之同一師承。頓漸分敎。俱爲國臣。文武異科。今談曲者。往往合而擧之。良可笑也。

南、北曲有音色的不同，是因爲南音因杏花春雨，鶯飛草長的景色溫柔而委婉纏綿。北曲因爲冀北、秋風、野馬，大漠飛沙，天蒼野茫的氣象雄闊而聲宏豪壯。故南有嬌媚軟語之女，北有慷慨悲歌之士。（其中說到高栻則誠其實是高明則誠之誤，在此辨明）。

「劇說」中有何元朗蓄家僮習唱一條，並說塡詞之難：

嘉隆間。松江何元朗。畜家僮習唱。一時優伶俱避舍。然所唱俱北詞。尚得蒜酪遺風。何又敎女鬟數人。俱善北曲。爲南敎坊頓仁所賞。頓隨武宗入京。盡傳北方遺音。獨步東南。暮年流落。無復知其伎者。其論曲謂南曲簫管。謂之唱調。不入弦索。不可入譜。沈吏部南九宮譜盛行。而北九宮反無人問。頓老又云。弦索九宮。或用滾弦。或用花和大和釤弦。皆有定則。若南九宮無定則可依。且笛管稍長短。其聲便可就板。弦索若多一彈。少一彈。即呆板矣。吳下以三弦合南曲。而又以簫管叶之。此唐人所云錦襖上著簑衣也。簫管可入北詞。而弦索不入南詞。蓋南曲不伏弦節奏也。北詞中亦有不叶弦索者。如鄭德輝、王實甫、間亦不免。元人多嫺化北調。而不及南音。成弘間。沈青門、陳大聲輩。南詞宗匠。同時康對山、王渼陂。俱以北擅場。王初學塡詞。先延名師。學唱三年。而後出手。章邱李太常中麓。亦以塡詞名與康、王、交。而不嫺度曲。如所作寶劍記。生硬不諧。且不知南曲之有入聲。自以中原音韻叶之。以致見誚吳儂。同時惟馮海粟差爲當行。此外吳中詞人。如唐伯虎、祝枝山、梁伯龍、張伯起輩。縱有才情。俱非本色矣。今傳誦南曲。如東風轉歲華。云是元人高則誠。不知乃陳大聲與徐髯翁聯句也。陳名鐸。號秋碧。大聲其字也。金陵人。官指揮使。節錄蝸亭雜訂。

眞珠船云。元曲如中原音韻、陽春白雪、太平樂府、天機餘錦、等集。范張雞黍、王粲登樓、三氣張飛、趙禮讓肥、單刀會、敬德不伏老、蘇子瞻貶黃州、等傳奇。率音調悠揚。氣魄雄壯。後有作者。鮮與爲京。蓋當時台省元臣。郡邑正官。及雄要之職。中州人多不得爲之。每沈抑下僚。志不得伸。如關漢卿乃太醫院尹。馬致遠省行務官。宮大用釣台山長。鄭德輝杭州路吏。張小山首領官。其他屈在簿書。老于布素者。尚多有之。于是以其有用之才。而一寓之乎聲歌之末。以抒其拂鬱感慨之懷。所謂不得其平而鳴焉者也。又云。古之四方皆有音。今歌曲但統爲南北二音。如伊州、涼州、甘州、渭州、本是西音。今並爲北曲。是觀之。則繫壤、康衢歌、卿雲、南風、白雲、黃澤、之類。詩之篇什。漢之樂府。下逮關、鄭、白、馬、之撰。雖詞有雅、鄭。並北音也。若南音則孺子、接輿、越人、紫玉、吳歈、楚艷、以及今之戲文皆是。然三百篇無南音。周南、召南、皆北方也。

元曲以不平之音，述拂鬱感慨之懷。所以，悲歌慷慨之氣，寓于俳諧戲幻之中，最爲本色，最能感人心魄。至於戲劇續補之說另有一條，可作焦循的喟嘆，彷彿「陶菴夢憶」然。

自有西廂。續者不一而足矣。然關漢卿之續。乃補其未完之書。如琵琶、拜月。續者皆然。若尋親記。又有續尋親記。必言張員外之發配。亦到金山。而爲其子誤殺。一捧雪又有後一捧雪。必言莫成、雪艷、之登仙。莫昊之婚于戚少保。牡丹亭又有後牡丹亭。必說癩頭龜之爲官清正。柳夢梅以理學與考亭同貶。凡此者果不可以已乎。乃余則欲爲續邯鄲夢。以寫宋天保事。相傳宋天保者。紹興人。罷官過邯鄲。謁盧生廟。以詩題壁。有要與先生借枕頭之句。時年羹堯征青海出都。亦過此。見詩曰吾當借以枕頭。即檄浙撫。徵宋至軍前。閉扃一寺中。一軍將伴之。時其飲食。不容出閾。如是數年。憂疑已甚。問軍將則不答。一旦忽啓門。言已得知府。即委署。令走馬即之任。至任所。則妻女奴婢先在。詫甚。問之曰。自君出門後。不時有家信寄銀歸。頗賴以溫飽。今又得君書。言接來此上任。宋益詫異。姑理知府事。署事數月。又置他所。凡三任。公廉辦事。甚得民譽。忽有摘印者至。鎖拿不容與妻子別。執至軍前。有訊之者。責以誤軍事當斬。宋茫然不知所措。亦不容辨。囚諸獄。凡數月。向者相伴之軍將來。放之使歸。有一字札封錮。屬其至家開視。先開視恐得禍。宋乃歸紹興。則妻子奴婢已在家。問之。對曰。自君被執去。一家倉皇無措。有持君書。言事已白。但罷官。令我等先歸來。宋開札視之。則向年邯鄲題壁之詩耳。方恍然。十餘年眞不啻身在夢中。

從焦循輯錄的「劇說」一書中，我們可以領會到腳色，雜劇，院本，南北曲，傳奇在戲曲的發展中，逐漸融會一體的關係。自然不當把他輯錄的各條分別來看，在各條似乎不相同的資料中，而有細流歸宗的感覺。雖然他的輯錄缺少一些有系統整理，如戲班子的演出和演員的面目動作，我們看不到。但大體說來，我們能夠知道他輯錄「劇說」的目的，是對戲曲的一種熱愛，使我們對他的這種貢獻，也是由衷敬佩的。

## 李　漁

李漁是清初的戲曲家，本名仙侶，號天徒。後改名漁，字笠翁，又名笠鴻，謫凡。別著有笠道人、湖上笠翁、覺世稗官、隨庵主人、新亭樵客等。浙江蘭溪人。少年時代在江蘇如臯及原籍度過。三十歲前。他幾次參加鄉試，均落第。弘光元年，曾一度在金華同知許檄彩處作幕賓，約順治五年以後，他移家杭州，過著『賣賦以餬其口，吮毫揮灑怡如』（黃鶴山農《玉搔頭》序）的生活，他的小說和戲曲作品大部份寫於此時。順治十四年前後，遷居金陵（今南京市），結交了不少社會名流，如吳偉業、尤侗、王士禎、周亮工等人，和他們有唱和之作。他的生活來源除開設『芥子園』書鋪，編寫出版書籍，還以家姬組成戲班，親自編寫劇本，組織排演，周遊各地，在達官貴人之間『打抽豐』。康熙十六年，遷回杭州。三年後去世，葬於西湖方家峪外蓮花峰。

李漁生平著述甚豐，作有傳奇《奈何天》、《比目魚》、《蜃中樓》、《憐香伴》、《風箏誤》、《愼鸞交》、《凰求鳳》、《巧團圓》、《玉搔頭》、《意中緣》十種，合稱《笠翁十種曲》。清黃文暘《曲海目》，將《偷甲記》、《四元記》、《雙錘記》、《魚籃記》、《萬全記》五種傳奇，皆錄爲李漁撰，不確。此五種傳奇實爲范希哲作。此外，他還有詩文集《一家言》，小說《織錦迴文傳》，短篇小說集《十二樓》、《無聲戲》，編輯《芥子園畫譜初集》、《資治新書》等。

笠翁不僅是戲家曲且是詞和戲曲批評家，特別於戲曲評論建立起前人未有的成果，元曲雖然如焦里堂「易餘籥錄」所言元曲的好處在自然。作者「但摹寫其胸中之感想與時代之情狀，而眞摯之理與秀傑之氣時流露其間」。然在語言結構方面，不免將一些俚野俗字，和一些粗言亂語雜襯其間，實爲楚騷漢賦，以至唐時宋詞之所無。雖「寫情則沁人心脾，寫景則在人耳目，述事則如出其口」。於思想結構，詞采格局之漫無標準，則尚待整飭。笠翁目光如矩，有見於此，宏觀元曲之優長，以一家之言補其偏頗，故有曲論之發明，此其智識經驗之累積，亦理論創作的雙峰。

笠翁曲評內容分詞曲與演習二部門。詞曲部分六項三十七條。析述：一、結構—㈠戒諷刺，㈡言主腦，㈢脫窠臼，㈣密針線，㈤減頭緒，㈥戒荒唐，㈦審虛實。二、詞采—㈠貴顯淺，㈡重機趣，㈢戒浮泛，㈣忌塡塞。三、音律—㈠恪守詞韻，㈡凜遵曲譜，㈢魚模當分，㈣廉監宜避，㈤拗句難好，㈥合韻易重，㈦愼用上聲，㈧少塡入韻，㈨別解務頭。四、賓白—㈠聲務鏗鏘，㈡詞求肖似，㈢詞分繁簡，㈣字分南北，㈤文貴精潔，㈥意取光彩，㈦少用方言，㈧時防漏孔。五、科諢—㈠戒淫褻，㈡忌俗惡，㈢重關係，㈣貴自然。六、格局—㈠家門，㈡沖場，㈢出腳色，㈣小收煞，㈤大收煞。以上學理與實務並重。演習部分五項十六條，析述：一、選戲—㈠別古今，㈡劑冷熱。二、調變—㈠縮長爲短，㈡變舊爲新。三、授曲—㈠解明曲意，㈡調熟字音，㈢字忌模糊，㈣曲嚴分合，㈤鑼鼓忌雜，㈥吹合宜低。四、教白—㈠高低抑揚，㈡緩急頓挫。五、脫金—㈠衣冠惡習，㈡聲音惡習，㈢科諢惡習。這裡是把實務與驗證相合。就清初當時的立說，實開了前人論曲的先河，就其論點而言，都是從實際的經驗得到，絕非隔空點穴，而是針砭流俗之蕪濫，冀求因其曲論，改善不求精進的情態。用心之善，良堪敬佩。

戲曲到清初，已發展和經歷了元雜劇和明傳奇兩大創作與表演的潮流與時代，但於戲曲評論的建設，尚有待新的理路與指標，爲已有的舞台藝術和風格樹立更上層樓的階梯。故於塡詞製曲，構想戲曲原則原理與製作企業整理研究，分析其可行可改進之道，作較爲全面的整合，較有系統的提出成果與結構。這就是笠翁論曲的本旨。

## 結構第一

在「詞曲部」，他不否認「塡詞」的重要，因爲「高則誠王實甫諸人，元之名士也，舍塡詞一無表見，使兩人不撰西廂琵琶，則沿至今日，誰復知其姓字，是則誠實甫之傳，琵琶西廂傳之也。」此崇尚詞曲之可觀。塡詞僅有法脈準繩，但差之毫而謬千里「如塡生旦之詞，貴於莊雅，製淨丑之曲，務帶詼諧，此理之常也。乃忽過風流放佚之生旦，反覺莊雅爲非，作迂腐不情之淨丑，轉心詼諧爲忌。」他恐爲文章者，天下之公器，非我之所能私。是非者，千古之定評，豈人之所能倒。」故取人之長，舍我之短，遵守成法，乃是塡詞的不二法門。但「塡詞之設，專爲登場。」因此一「登場」的特點，他提出了「塡詞」首重音律，而其獨先結構者，以音律有書可考，如棋枰布子，有其定格可以遵循。

至於結構二字。則在引商刻羽之先。拈韻抽毫之始。如造物之賦形。當其精血初凝。胞胎未就。先爲制定全形。使點血而具五官百骸之勢。倘先無成局。而由頂及踵。逐段滋生。則人之一身。當有無數斷續之痕。而血氣之中阻矣。

結構有如胎兒之成人，是血肉命脈之所繫，他比喻說：

工師之建宅亦然。甚走初平。間架未立。先籌何處建廳。何方開户。棟需何木。梁用何材。必俟成局了然。始可揮斤運斧。倘造成一架而後再籌一架。則便於前者，不便於後。勢必改而就之。未成先毀。猶之築舍道旁。兼數宅之匠資。不足供一廳一堂之用矣。故作傳奇者。不宜卒急拈毫。袖手於前。始能疾書於後。有奇事。方有奇文。未有命題不佳。而能出其錦心。揚爲繡口者也。嘗讀時髦所撰。惜其慘澹經營。用心良苦。而不得被管絃。副優孟者。非審音協律之難。而結構全部規模之未善也。

結構就是造房屋，有多大的土地，基礎要打多大，材料是多少，水泥樑柱，間架磚瓦齊備，工匠才能造作。這也可說是創作劇本的規模，設計好緊密的結構，才能發揮塡詞引商刻羽，戛金敲玉，以至縱橫流蕩的功用。如何使結構完美，他提出「戒諷刺」，因爲

愚夫愚婦。識字知書者少。勸使爲善。誡使勿惡。其道無由。故設此種文詞。借優人

說法。與大衆齊聽。謂善者如此收場。不善者如此結果。使人知所趨避。是藥人壽世之方。救苦弭災之具也。」

戲曲之登場表現，是正人君子之所爲，若果「爲文僅稱點鬼之談，著書惟供覆瓿之用，雖多亦奚爲。」且因：

但慮七情以內。無境不生。六合之中。何所不有。幻設一事。即有一事之偶同。喬命一名。即有一名之巧合。焉知不以無基之樓閣。認爲有樣之葫蘆。是用瀝血鳴神。剖心告世。倘有一毫所指。甘爲三世之瘖。即漏顯誅。難逋陰罰。此種血忱。業已沁入梨棗。印證寰中久矣。

以血忱「戒諷刺」，即是腳本應以眞情感人，使能俾益人心世道。依次他說到「立主腦」，指出：

主腦非他。即作者立言之本意也。傳奇亦然。一本戲中。有無數人名。究竟俱屬陪賓。原其初心。止爲一人而設。即此一人之身。自始至終。離合悲歡。中具無限情由。無窮關目。究竟俱屬衍文。原其初心。又止爲一事而設。此一人一事。即作傳奇之主腦也。

主腦的意思和主體以及主線的情形略同，以人物而言，指的就是主角的事件：

然必此一人一事果然奇特實在可傳而後傳之。則不媿傳奇之目。而其人其事。與作者姓名。皆千古矣。如一部琵琶。止爲蔡伯喈一人。而蔡伯喈一人。又止爲重婚牛府一事。其餘枝節。皆從此一事而生。二親之遭凶。五娘之盡孝。拐兒之騙財匿書。張大公之疏財仗義。皆由於此。是重婚牛府四字。即作琵琶記之主腦也。一部西廂。止爲張君瑞一人。而張君瑞一人。又止爲白馬解圍一事。其餘枝節。皆從此一事而生。夫人之許婚。張生之望配。紅娘之勇於作合。鶯鶯之敢於失身。與鄭恆之力爭原配而不得。皆由於此。是白馬解圍四字。即作西廂記之主腦也。

其次是「脫窠臼」，就是「陳言之務去，求新之謂也」。陳言之務去，原來是韓愈文起八代之衰的話，千古以來，此說不移。他說：「古人呼劇本爲傳奇者，因其事甚奇特。未經人見而傳之，是以得名。」傳奇亦即創新，若傳奇的情節，已見於劇場，則已不足爲奇。故而：「吾謂塡詞之難，難於洗滌窠臼。而塡詞之陋，亦莫陋於盜窠臼。」

「密針線」一條說：「論戲如縫衣」。又說：

其初則以完全者剪碎。其後又以剪碎者湊成。剪碎易。湊成難。湊成之工。全在針線緊密。一節偶疏。全篇之破綻出矣。每編一折。必須前數折。後顧數折。顧前者。欲其照映。顧後者。便於埋伏。照映埋伏。不止照映一人。埋伏一事。凡是此劇中有名之人。關涉之事。與前此後此所說之話。節節俱要想到。甯使想到而不用。勿使有用而忽之。

瞻前顧後，勿使針線疏漏，他對琵琶疏漏予以指出，於其緊密處則有：

琵琶之可法者原多。請舉所長以蓋短。如中秋賞月一折。同一月也。出於牛氏之口者。言言歡悅。出於伯喈之口者。字字淒涼。一座兩情。兩情一事。此其針線之最密者。

針線密處之感人，由此可見。

「減頭緒」主腦立，不可芰蔓失度，他說：

「頭緒繁多傳奇之大病也。荆劉拜殺（荆釵記。劉知遠。拜月亭。殺狗記。）之得傳於後。止爲一線到底。並無旁見側出之情。三尺童子。觀演此劇。皆能了了於心。便便于口。以其始終無二事。貫串衹一人也。」又說：作傳奇者。能以頭緒忌繁四字。刻刻關心。則思路不分。文情專一。其爲詞也。如孤桐勁竹。直上無枝。雖難保其必傳。然已有荆劉拜殺之勢矣。

於「戒荒唐」一條說：

昔人云。畫鬼魅易。畫狗馬難。以鬼魅無形。畫之不似。難於稽考。狗馬爲人所習見。一筆稍乖。是人得以指摘。可見事涉荒唐。即文人藏拙之具也。而近日傳奇。獨工於爲此。噫。活人見鬼。其兆不祥。矧有吉事之家。動出魑魅魍魎爲壽乎。移風易俗。當自此始。吾謂劇本非他。

他對於四書五經，左國史漢以及唐宋諸大家之說人情物理，「及今家傳戶頌，有怪其平易而廢之者乎？」對於怪誕不經之事，他是不讚成入戲的。

於「審虛實」就是表忠節勸人爲善之劇，他解釋說：

傳奇所用之事。或古或今。有虛有實。隨人拈取。古者。書籍所載。古人現成之事也。今者。耳目傳聞。當時僅見之事也。實者。就事敷陳。不假造作。有根有據之謂也。虛者。空中樓閣。隨意構成。無影無形之謂也。人謂古事多實。近事多虛。予曰不然。傳奇無實。大半皆寓言耳。欲勸人爲孝。則舉一孝子出名。但有一行可紀。則不必盡有其事。凡屬孝親所應有者。悉取而加之。

所謂虛就是基於事實而加以虛構，有人有事，有理有情，如眞的一樣。

## 詞采第二

詞采，實際上就是戲曲語言的藝術。傳奇之曲不像詞句句珠璣，因爲詞短曲長。他說：「吾於古典之中，取其全本不懈，多瑜鮮瑕者，惟西廂能之。」又說：「荊劉拜殺之傳，則全賴音律，文章一道，置之不論可也。」戲曲的語言藝術。他提出：「貴顯淺」，是人人聽的懂的街談巷議，直說明言，不是詩文的詞采。典雅深奧何以如此呢？焦里堂說：「一代有一代之所勝，欲自楚騷以下，撰爲一集詩則專取其賦，魏晉六朝至隋，則專錄其五言詩；唐則專錄其律詩；宋則專錄其詞；元專錄其曲」他說：「元人非不讀書，而所製之曲，絕無一毫書本氣。」他以湯若士還魂一劇分析說：

問其精華所在則以驚夢尋夢二折對。予謂二折雖佳。猶是今曲。非元曲也。驚夢首句云。裊晴絲。吹來閒庭院。搖漾春如線。以遊絲一縷。逗起情絲。發端一語。即費如許深心。可謂慘澹經營矣。然聽歌牡丹亭者。百人之中。有一二人解出此意否。若謂製曲初心。並不在此。不過因所見以起興。則瞥見遊絲。不妨直說。何須曲而又曲。由晴絲而說及春。由春與晴絲。而悟其如線也。若云。作此原有深心。則恐索解人不易得矣。索解人既不易得。又何必奏之歌筵。俾雅人俗子。同聞而共見乎•其餘停半響。整花鈿。沒揣菱花。偷人半面。及良辰美景奈何天。賞心樂事誰家院。遍青山。啼紅了杜鵑等語。字字俱費經營。字字皆欠明爽。此等妙語。止可作文字觀。不得作傳奇觀。至如末幅似蟲兒般蠢動。把風情搧。與恨不得肉兒般團成片。也逗的箇日下胭脂雨上鮮。尋夢曲云。明放著白日青天。猛教人抓不到夢魂前。是這答兒壓黃金釧扁。此等曲。則去元人不遠矣。而予最賞心者。不專在驚夢尋夢二折。謂其心花筆蕊。散見於前後各折之中。診崇曲云。看你春歸何處歸。春睡何曾睡。氣絲兒。怎度的長天日。夢去知他實實誰。病來只送得箇虛虛的你。做行雲。先渴倒在巫陽會。又不是困人天氣。中酒心期。魆魆的常如醉。承尊覷。何時何日。來看這女顏回。憶女曲云。地老天昏。沒處把老娘安頓。你怎撇下。萬里無兒白髮親。賞春香還是你舊羅裙。玩眞曲云。如愁欲語。只少口氣兒呵。叫的你噴嚏似天花唾。動凌波。盈盈欲下。不見影兒那。此等曲。則純乎元人。置之百種前後。幾不能辨。以其意深詞淺。全無一毫書本氣也。

「意深詞淺，全無一毫書本氣」正是他說的「貴淺顯」，淺顯而動人，不是咬文嚼字，聽了令人摸不著頭腦。

「戒浮泛」是「貴淺顯」的另一面，淺顯而不是粗俗。情景二字於人各有不同。

景書所署。情發欲言。情自中生。景由外得。二者難易之分。判如霄壤。以情乃一人之情。說張三要像張三。難通融於李四。景乃衆人之景。寫春夏盡是春夏。止分別於秋冬。

又說：

詠物者。妙在即景生情。如前所云琵琶賞月四曲。同一月也。牛氏有牛氏之月。伯喈有伯喈之月。所言者之。所寓者心。牛氏所說之月。可移一句於伯喈。伯喈所說之月。可挪一字於牛氏乎。夫妻二人之語。猶不可挪移混用。況他人乎。

怎樣才是善塡詞者呢？他提出「專一」二字說：

「人謂此等妙曲。工者有幾。強人所不能。是塞塡詞之路也。予曰不然。作文之事。貴於專一。專則生巧。散乃入愚。專則易於奏工。散者難於責效。」

相關於此的是：引古事，用人名，書現成之句，必須在戲文中，有所分別，就是「忌塡塞」他說：

其事不取幽深。其人不搜隱僻。其句則採街談巷議。即有時偶涉詩書。亦係耳根聽熟之語。千端調慣之文雖出詩書。實與街談巷議無別者。總而言之。傳奇不比文章。文章做與讀書人看。故不怪其深。戲文做與讀書人與不讀書人同看。又與不讀書之婦人

> 小兒同看。故貴淺不貴深。

在「音律第三」部分，他對南西廂有極嚴格的評論：

> 詞曲中音律之壞。壞於南西廂。凡有作者。當以之爲戒。不當取之爲法。非止音律。文藝亦然。請詳言之。塡詞除雜劇不論。止論全本。其文字之佳。音律之妙。未有過於北西廂者。自南本一出。遂變極佳者爲極不佳。極妙者爲極不妙。推其初意。亦有可原。不過因北本爲詞曲之豪。人人贊羨。但可被之管絃。不便奏諸場上。但宜於弋陽四平等俗優。不便強施於崑調。以係北曲而非南曲也。茲請先言其故。北曲一折。止隸一人。雖有數人在場。其曲止出一口。從無互歌迭詠之事。弋陽四平等腔。字多音少。一洩而盡。又有一人啓口。數人接腔者。名爲一人。實出衆口。故演北西廂甚易。崑調悠長。一字可抵數字。每唱一曲。又必一人始之。一人終之。無可助一臂者。以長江大河之全曲。而專責一人。即有銅喉鐵齒。其能勝此重任乎。此北本雖佳。吳音不能奏也。作南西廂者。意在補此缺陷。遂割裂其詞。增添其白。易北爲南。撰成此劇。亦可謂善用古人。喜傳佳事者矣。然自予論之。此人之於作者。可謂成之首而罪之魁矣。所謂功之首者。非得此人。則俗優競演。雅調無聞。作者苦心。雖傳實沒。所謂罪之魁者。千金狐腋。剪作鴻毛。一片精金。點成頑鐵。若是者何。以其有用古之心而無其具也。今之觀此劇者。但知關目動人。詞曲悅耳。亦曾細嘗其味。深繹其詞乎。使讀書作古之人。取西廂南本一閱。句櫛字比。未有不廳卷掩鼻。

而怪穢氣薰人者也。使王實甫復生。看演此劇。非力叫怒罵。索改本而付之祝融即痛哭流涕。對原本而悲其不幸矣。

以此，他提出「凜遵曲譜」、「魚模當分」、「廉監宜避」、「拗句難好」、「含韻宜重」、「愼用上聲」、「少塡入韻」、「別解務頭」八種建議，使音律有所規正。

「賓白第四」中言其重要性說：

嘗謂曲之有白。就文字論之。則猶經文之於傳註。就物理論之。則如棟梁之于榱桷。就人身論之。則如肢體之於血脈。

略而言之，賓白是結構不可少的一個連環。這連環「因得一句好白，而引起無限曲情。」這好白的第一要點是「聲務鏗鏘」，使之「遍地金聲」。且「詞曲一道，止能傳聲，不能傳情，欲觀者悉其顚末，調其幽微，單靠賓白一著。」且因：「賓白就是立言，立言即立心，我當設身處地，代生端正之想，即遇立心邪辟者，我亦當舍經從權，暫爲邪辟之思。務曲隱微，隨口唾出，設一人，肖一人，勿使雷同，弗使浮泛。若水滸傳之叙事，吳道子之寫生」。賓白能擲地有聲，需要「詞別繁簡」「要詢其好說不好說，聽不中聽。」要而言之，說出的是話，不是文章。「字分南北」，「北字近於粗豪，易入剛勁之口，南音多與嬌媚，便施窈窕之人。」登場演戲，不可不知。又需「文貴潔淨」，潔淨者簡省之別名。「多而不覺其多，多即是潔，少而尙病爲多者，少亦近蕪，予所謂多」。潔淨即是增一字爲多，減一字爲少，恰得其當。更需「意取尖新」他認爲尖新即是纖巧，「愈纖愈密，愈巧愈精」。眉揚目歷，聞之未聞，「即文中之尤物」，人人趨之若鶩。尤需「時防漏孔」所謂千言萬語，言多必失，前呼後應，自相矛盾「總之文字短少者，易於檢點，長大者，難於照顧。」

「科諢第五」插科打諢「塡詞之末技也，然欲雅俗同歡，智愚共賞，則當全在此處留神」。因爲插科打諢是驅除睡魔，抖擻精神的不二法門。他舉例說：

如說口頭俗語。人盡知之者。則說半句。留半句。或說一句。留一句。令人自思。則慾事不掛齒頰。而與說出相同。此一法也。如講最褻之話。慮人觸耳者。則借他事喻之。言雖在此。意實在彼。人盡了然。則慾事未入耳中。實與聽見無異。此又一法也。得此二法。則無處不可類推矣。

插科打諢亦要「忌俗惡」、「重關係」、「貴自然」，俗惡則令人倒胃，關係則見生、旦、淨丑之不同。「雅中帶俗」，又于俗中見雅，活處寓板，即於板處證話。」關係有別，即在嘻笑詼諧之處。自然不勉強，才是絕妙的科諢。

「格局第六」。開場謂之家門，先有一上場小曲，即古人之冒頭，時文破題，務使開門見山，說出本傳中立言大意。開場第二折謂沖場，沖場者，人未上而成我先上也，必用一悠去引子，引子唱完，繼以詩詞及六四排語，謂之定場白，「務以寥寥數語，道盡本人一腔心事。」繼之爲「出腳色」主角腳色尤需於適當時間出場不可前亦不可後。「小收煞」言止半部之末齣，暫攝情形，略收鑼鼓，以待下文。「大收煞」是爲全本收場，結束一部戲，要水到渠成，餘音繞樑。他說「千古傳奇，當推西廂第一。」其於金聖漢之評西廂，言其長短淺深之處，別有會心。「文章一道，實實通神，非欺人語，千古奇文，非人爲之，神爲之，鬼爲之也。人則鬼神所附者耳。」

演唱部：選劇第一。他認爲：「詞曲佳而搬演不得其人，歌童好而教率不得其法，皆是暴殄天物，此其罪遇，與裂繒毀壁等也。」他引伸說：

吾論演習之工。而首重選劇者。誠恐劇本不佳。則主人之心血。歌者之精神。皆施于無用之地。使觀者口雖贊歎。心實咨嗟。何如擇術務精。使人心口皆羡之爲得也。

選劇授歌童，首需「別古今」，因爲：「優師教曲，每加工於舊。」故：

開手學戲。必宗古本。而古本又必從琵琶荊釵幽閨尋親等曲唱起。蓋腔板之正。未有正于此者。此曲善唱。則以後所唱之曲。腔板皆不謬矣。舊曲既熟。必須間以新詞。切勿聽拘士腐儒之言。謂新劇不如舊劇。一概棄而不習。

學舊劇是規格之正。習新劇閱新詞是要定其美惡，參酌新舊，方知優劣，以至：

梨園風氣。丕變維新。必得一二縉紳長者。主持公道。俾詞之佳者必傳。劇之陋者必黜。則千古才人心死。現在名流。有不以沉香刻木而祀之者乎。

可見梨園之有所成就，仁人志士，出錢出力的重要。

其次是要「劑冷熱」，他說：「傳奇無冷熱，只怕不合人情。」如其：

離合悲歡。皆爲人情所必至。能使人哭。能使人笑。能使人怒髮沖冠。能使人驚魂欲絕。即使鼓板不動。場上寂然。而觀者叫絕之聲。反能震天動地。是以人口代鼓樂。

贊歎爲戰爭。較之滿場殺伐。鉦鼓雷鳴。而人心不動。反欲掩耳避喧者爲何如。豈非冷中之熱。勝于熱中之冷。俗中之雅。遜于雅中之俗乎哉。

變調第二，是「變古爲新」，他比喩說：

古文。與佳人所製錦繡花樣。無不隨時更變。變則新。不變則腐。變則活。不變則板。至于傳奇一道。尤是新人耳目之事。與玩花賞月。同一致也。

天然生動有趣，是變化而來，化腐朽爲神奇，這創新觀念，是笠翁的高見。在「縮長爲短」中，他說的「觀場之事，宜晦不宜明」。與象徵的手法十分類似，又接近短篇小說「集中表現」的觀點。於戲曲來說，其情節就是毫無鬆懈，一氣呵成。「變舊爲新」一條，他比喩舊劇如古董。其體質不宜變者，可變其丰姿。爲的是：

凡人作事。貴于見景生情。世道遷移。人心非舊。當日有當日之情態。今日有今日之情態。傳奇妙在入情。即使作者至今未死。亦當與遷移。自囀其舌。必不爲膠柱鼓瑟之談。以拂聽者之耳。況古人脱稿之初。便覺其新。一經傳播。演過數番。即覺聽熟之言。難于複聽。即在當年。亦未必不自厭其繁。而思陳之務去也。我能易以新詞。透入世情三昧。雖觀舊劇。如閱新篇。豈非作者功臣。

於此，他對於「琵琶記」提出他的批評，他說：

趙五娘于歸兩月。即別蔡邕。是一桃夭新婦。算至公姑已死。別墓尋夫之日不及數年是猶然一冶容誨淫之少婦也。身背琵琶。獨行千里。即能自保無他。能免當時物議乎。張大公重諾輕財。資其困乏。仁人也。義士也。試問衣食名節。二者孰重。衣食不繼則周之。名節所關則聽之。義士仁人。曾若是乎。此等缺陷。就詞人論之。幾與天傾西北。地陷東南無異矣。可少補天塞地之人乎。若欲于本傳之外。劈空添出一人。送趙五娘入京。與之隨身作伴。妥則妥矣。猶覺傷筋動骨。太涉更張。不想本傳內現有一人。儘可用之而不用。竟似張大公止圖卸肩。不顧趙五娘之去後者。其人爲誰。著送錢足助喪之小二是也。剪髮白云。你先回去。我少頃就著小二送來。則是大公非無僕從之人。何以吝而不使。予爲略增數語。補此缺略。附刻于後。以政同心。此一事也。明珠記之煎茶。所用爲傳消遞息之人者。塞鴻是也。塞鴻一男子。何以得事嬪妃。使宮禁之內。可用男子煎茶。又得密談私語。則此事可爲。何事不可爲乎。此等破綻。婦人小兒。皆能指出。而作者絕不經心。觀者亦聽其疏漏。然明眼人遇之。未嘗不啞然一笑。而作無是公看者也。若欲于本家之外。鑿空搆一婦人。與無雙小姐從不謀面。而送進驛內煎茶。使之先通姓名。後說情事。便則便矣。猶覺生枝長節。難免贅疣。不知眼前現有一婦。理合使之而不使。非特王仙客至愚。亦覺彼婦太忍。彼婦爲誰。無雙自幼跟隨之婢。仙客現在作妾之人。名爲采蘋是也。無論仙客覓人將意。計當出此。即就采蘋論之。豈有主人一別數年。無由把臂。今在咫尺。不圖一見。普天之下。有若是之忍人乎。予亦爲正此迷謬。止換賓白。不易填詞。與琵琶改本。並刊于後。以政同心。

# 琵琶記尋夫改本

(胡搗練)(旦上)辭別去。到荒坵。只愁出路煞生受。畫取眞容聊藉手。逢人將此勉哀求。鬼神之道。雖則難明。感應之理。未嘗不信。奴家昨日在山上築墳。偶然力乏。假寐片時。忽然夢見當山土地。帶領著無數陰兵。前來助力。又親耳囑付。著奴家改換衣裝。往京尋取夫婿。及至醒來。那墳臺果然築就。可見眞有神明。不是空空一夢。只得依了夢中之言。改換做道姑打扮。又編下一套淒涼北調。到途路之間。逢人彈唱。抄化些資糧糊口。也是一條生計。只是一件。我自做媳婦以來。終日與公姑廝守。如今雖死。還有個墳塋可拜。一旦撇他而去。眞個是舉目淒然。喜得奴家略曉丹青。只得借紙筆傳神。權當個丁蘭刻木。背在肩上行走。只當還與二親相傍一般。遇著小祥忌日。也好展開祭奠。不枉做媳婦的一點孝心。有理。有理。顏料紙張。俱已備下。只是憑空摹擬。恐怕不肖神情。且待我想像起來。(三仙橋)自從他每死後。要相逢。不能勾。除非夢裡暫時略聚首。如今該下筆了。(欲畫又止介)若要描。描不就。暗想像。教我未描先淚流。(畫介)描不出他苦心頭。描不出他饑症候。(又想介)描不出他望孩兒的睜睜兩眸(又畫介)只畫得他髮颼颼和那衣衫敝垢。畫完了待我細看一看(看介)呀像倒極像只是畫得太苦了些全沒些歡容笑口呀公婆公婆。非是媳婦故意如此。休休。若畫做好容顏。須不是趙五娘的姑舅。

待我懸掛起來。燒些紙錢。奠些酒飯。然後帶出門去便了。（掛介）噯。我那公公婆婆呵媳婦只爲往京尋取丈夫。撇你不下。故此圖畫儀容。以便隨身供養。你須是有靈有感。時刻在暗裡扶持。待媳婦早見你的孩兒。痛哭一場。說完了心事然後趕到陰司。與你二人做伴便了。阿呀。我那公婆呵。（哭介）

（前腔）非是奴尋夫遠遊。只怕我公婆絕後。奴見夫便回。此行安敢久。路途中。奴怎走。望公婆。相保佑。拜完了。如今收拾起身。論起理來。該先別墳塋。然後去別張大公纔是。只爲要託他照管墳塋。須是先別了他。然後同至墳前。把公婆的骸骨。交付與他便了。（鎖門行介）只怕奴去後。冷清清。有誰來祭掃。縱使春秋。一陌紙錢怎有。休休。你生是受凍餒的公婆。死做個絕祭祀的姑舅。

來此已是。大公在家麼。（丑上）收拾草鞋行遠路。安排包裹送嬌娘。呀五娘子來了。老員外有請。（末上）衰柳寒蟬不可聞。金風敗葉正紛紛。長安古道休回首。西出陽關無故人。呀。五娘子。我正要過來送你。你卻來了。（旦）因有遠行。特來拜別。大公請端坐。受奴家幾拜。（末）來到就是了。不勞拜罷。（旦拜末同拜介）（旦）高厚恩難報。臨岐淚滿巾。（末）從今無別事。拭目待歸人。（末起旦不起介）（末）五娘子請起。呀。五娘子。你爲何跪在地下。不肯起來。（旦）奴家有兩件大事奉求。要大公親口許下。方敢起來。（末）孝婦所求。一定是綱常倫理之事。老夫一力擔當。快些請起。（旦起介）（末）叫小二。看椅子過來。與五娘子坐了講話。（旦）告坐了。

（末）五娘子。你方纔說的。是那兩件事。（旦）第一件。是怕奴家去後。公婆的墳塋。沒人照管。求大公不時看顧。每逢令節。代燒一陌紙錢。（末）這是我分內之事。自然照管。何須你囑付。第二件呢。（旦）第二件。因奴家是個少年女子。遠出尋夫。沒人做伴。路上怕有嫌疑。求大公大發婆心。把小二借與奴家做伴。到京之日。即便遣人送還。這一件事。關係奴家的名節。斷求慨允。（末）五娘子。這件事情。比照管墳塋還大。莫說待你拜求。方纔肯許。不是個仗義之人。就是聽你講到此處。方纔思念起來。把小二送你。也就不成個張廣才了。我昨日思想。不但你隻身行走。路上嫌疑。就是到了京中。與你丈夫相見。他問你在途路之中。如何宿歇。你把甚麼言語答應他。萬一男子漢的心腸。多疑少信。將你埋葬公婆的大事。且不提起。反把形跡二字。與你講論起來。如何了得。這也還是小事。他三載不歸。未必不在京中。別有所娶。我想那房家小。看見前妻走到。還要無中生有。別尋說話。離間你的夫妻。何況是遠遠尋夫。沒人做伴。若把幾句惡言加你。豈不是有口難分。還有一說。你丈夫臨行之日。把家中事情。拜託于我。我若容你獨自尋夫。有礙他終身名節。日後把甚麼顏面見他。就是死到九泉。也難與你公婆相會。這個主意。我先定下多時了。已曾分付小二。著他伴你同行。不勞分付。放心前去便了。（旦起拜介）這等多謝大公。奴家告別了。（末）且慢些。再請坐下。我且問你。你既要尋夫。那路上的盤費。已曾備下了麼。（旦）並不曾有。（末）既然沒有。如何去得。（旦指背上琵琶介）這就是奴家的盤費。不瞞大公說。已曾編下一套淒涼北調。譜入絲絃。一路彈唱而行。討些錢米度日。（丑）這等說來。竟是叫化了。這樣生意。我做不慣。不要總承。快尋別個去罷。（末）我自有主意。不消多嘴。五娘子。你前日剪髮葬親。往街坊貨賣。倒不曾問得你賣了幾貫錢財。可勾用麼。（旦）並無人買。全虧大公周濟。（末）卻又來。頭髮可以作髢。尚且賣不出錢財。何況是空空彈唱。萬一沒人與錢。你還是去的好。轉來的好。流落在他鄉。不來不去的好。那些長途資斧。我也曾與你備下。不勞費心。也罷。你既費精神。編成一套詞曲。不可不使老朽聞之。你就唱來。待我與你發個利市。（旦）這等待奴家獻醜。若有不到之處。求大公改政一二。（末）你且唱來。（旦理絃彈唱。末不住掩淚。丑不住哭介）

（北越調鬥鵪鶉）靜理冰絃。凝神息喘。待訴衷腸。將眉略展。怕的是聽者愁聽。聞聲去遠。雖不比杞梁妻。善哭天。也去那哭倒長城的孟姜不遠。

（紫花兒序）俺不是好雲遊。閒離閨閫。也不是背人倫。強抱琵琶。都則爲遠尋夫。苦歷山川。說甚麼金蓮窄小。道路迍邅。鞋穿。便做到骨葬溝渠。首向天。保得過面無慚腆。好追隨。地下姑嫜。得全名。死也無冤。

（天淨沙）當初始配良緣。備饔飧。尚有餘錢。只爲兒夫去遠。遭荒罹變。爲妻庸。禍及椿萱。

（金蕉葉）他望賑濟。心穿眼穿。俺遭搶奪。糧懸命懸。若不是遇高鄰。分糧助饘。

怎能勾慰親心。將灰復燃。

(小桃花)可憐他遊絲一縷命空牽。要續愁無線。俺也曾自餍糟糠親膳。要救餘年。又誰料攀轅臥轍翻成勸。因來灶邊。竊奴私嘸。一聲兒。哭倒便歸泉。

(調笑令)可憐。葬無錢。虧的是一位恩人。竟做了兩次天。他助喪非強。由情愿。實指望吉回凶轉。因災致祥無他變。又誰知。後運同前。

(禿廝兒)俺雖是厚面皮。無羞不腆。怎忍得累高鄰。鬻產輸田。只得把香雲剪下。自賣錢。到街坊。哭聲喧。誰憐。

(聖樂王)俺待要圖卸肩。赴九泉。怎忍得親骸朽露飽飛鳶。欲待把命茍延。較後先。算求無幸可徼天。哭倒在街前。

(麻郎兒)感義士。施恩不倦。二天外。又復加天。則為這好仗義的高鄰。忒煞賢。越顯得受恩的。淺深無辨。

(么篇)徒跣。把羅裙自撚。裹黃泥。去築墳圈。感山靈。神通畫顯。又指去路。勸人赴遠。

(絡絲娘)因此上。顧不的。鞋弓襪淺。講不起。拋頭露面。手撥琵琶。原非自遣。飄訴出衷腸一片。

(東原樂)暫把喪衣覆。喬將道服穿。為缺資財。致使得身容變。休怪俺孝婦啼痕學杜鵑。只為多愁怨。漬染得縗麻如茜。

（拙魯速）可憐俺日不停。夜不眠。飢不餐。冷不燃。當日呵了。辨不出桃花人面。分不開藕瓣金蓮。到如今藉絲花片。落在誰邊。自對菱花錯認椿萱。止為憂煎。纔信道家寬出少年。

（尾）千愁萬緒提難遍。只好綰緣一線。聽不出眼淚的休解囊。但有酸鼻的仁人。請將鈔袋兒展。

（末）做他做得好。彈也彈得好。唱也唱得好。可稱三絕。（出銀介）這一封銀子。就當潤喉潤筆之資。你請收下。（旦謝介）（末）小二過來。他方纔彈唱的時節。我便為他聲音淒楚。情節可憐。故此掉淚。你知道些甚麼。也號號咷咷。哭個不了。（丑）不知甚麼原故。聽到其間。就不知不覺。哭將起來。連我也不明白。（末）這等我且問你。方纔送他的銀子。萬一途中不勾。依舊要叫化起來。你還是情愿不情愿。（丑）情愿情愿。（末）為甚麼以前不情愿。如今忽然情愿起來。（丑想介）正是為甚麼原故。忽然改變起來。連我也不明白。（末）好。這叫做孝心所感。鐵人流淚。高僧說法。頑石點頭。五娘子。你一片孝心。就從今日效驗起了。此去定然遂意。我且問你。你公婆的墳塋。曾去拜別了麼。（旦）還不曾去。要屈大公同行。好對著公婆當面拜託。（末）一發見得到。就請同行。叫小二。與五娘子背了琵琶。（丑）自然。莫說琵琶。就是要帶馬桶。我也情愿挑著走了。（末）五娘子。我還有幾句藥石之言。要分付你。和你一面行走。一面講罷。（旦）既有法言。便求賜教。（行介）

(鬥黑嘛)(末)伊夫婿。多應是貴官顯爵。伊家去。須當審個好惡。只怕你這般喬打扮。他怎知覺。一貴一貧。怕他將錯就錯。(合)孤墳寂寞。路途滋味惡。兩處堪悲。萬愁怎摸。

(末)已到墳前了。蔡大哥。蔡大嫂。你這個孝順媳婦待你二人。可謂生事以禮。死葬以禮。祭之以禮。無一事不全的了。如今遠出尋夫。特來拜別。將墳墓交託于我。從今以後。我就當你媳婦。逢時化紙。遇節燒錢。你不消慮得。只是保佑他一路平安。早與丈夫相會。他一生行孝的事情。只有你夫妻兩口。與我張廣才三人知道。你夫妻死了。止剩得我一個在此。萬一不能勾見他。這孝婦一片苦心。誰人替他表白。趁我張廣才未死。速速保佑他回來待我見他一面把你媳婦的好處。細細對他講一遍。我張廣才這個老頭兒。就死也瞑目了。噯。我那老友呵。(旦)我那公婆呀。(同放聲大哭丑亦哭介)(末)五娘子(憶多嬌)我承委託當領略。這孤墳。我自看守。決不爽約。但願你途中身安樂。(合)舉目蕭索。滿眼盈盈淚落。

(旦)公婆。你媳婦如今去了。大公。奴家去了。(末)五娘子。你途間保重。早去早回。小二。你好生伏侍五娘子。不要叫他費心。(丑)曉得。

(旦)爲尋夫婿別孤墳。(末)只怕兒夫不認眞。

(合)流淚眼觀流淚眼。斷腸人送斷腸人。

(旦掩淚仝丑先下)(末目送作哽咽不能出聲介)噯。我我我明日死了。那有這等一

個孝順媳婦。可憐可憐。（掩淚下）

笠翁十種曲，相近於元曲的地方，是元戲劇家用元代俗文字來寫他們的曲子。笠翁則用清代人的俗文字來寫他的曲子。且大都用了他自己評論曲的方法。因此，他寫的戲曲，任那一種，都能在戲台上搬演出。讓看的人懂得，雖然句句不是典雅的詩文，但卻句句是通俗的戲文，他的戲曲功效達到寓教爲樂的地步。他的戲曲也做了「去舊爲新」，「去繁爲簡」，「出人意表」如他不寫「鳳求凰」，而寫「凰求鳳」。「奈何天」不寫生旦團圓，而寫丑旦和合。戲中戲也是他喜歡的如「比目魚」。其次他也做到結構較詞采爲重要，針線密而少疏漏，布局好而爲造屋，比如「凰求鳳」的瞻前顧後，用心良苦。再有，他的戲沒有冷場，做到了各種腳色，搭配周全，熱鬧好看，沖場時武行上演打鬥，其至百獸珍禽也可上場，穿針引線，使觀衆鼓掌叫好，尤其是他的戲曲插科打諢，玩笑逗趣，詼諧滑稽，諷諭說白，既引人發笑，復於喜劇的效果中，收獲人生的甘苦酸甜，恰如一齣有益身心的戲曲。

這十種曲各有各的不同，且各有各的趣味，他不是錦繡文章，錄了來給人讀的，而是大好戲文，表演出來，讓觀衆欣賞的。

## 「明心鑑」

「明心鑑」原是手鈔本，由清時代咸同三慶班名演員盧勝奎傳出，經夢菊居士交給北平京華印書館出版鉛印本「梨園原」。原著者是黃旙綽，根據他對戲曲表演藝術的認識，以及歷來舞台動作的形態，戲童訓練要訣，演員聲口表情，演技增進，單除藝病，使之成爲上選的演員。此鑑是崑曲一型戲劇演員的手冊，亦戲曲參考的教材。由此教材的教學方法與實踐方法的可行，使我們不能不欽佩原著者黃幡綽的這位老藝人。那麼在「明皇雜錄」，段安節「樂府雜錄」，崔令欽「教場記」中的老藝人黃幡綽就是「明心鑑」的原始著作者了。黃幡綽是唐明皇延入內宮，擔任教坊，梨園教頭的老樂師。（請參考「說唱藝術」）如果，此說不錯，那麼「明心鑑」應該是從唐代傳下來的珍品，經後人整理成書的。我們錄其精華部分於下：

## 明心鑑

詞曰：閑來仔細看端詳，關心音韻論幾莊：三仄還應分上去，兩手要辨陰陽。辨一番形狀、腔、白、情、文理，揣摩曲意合詞章。要將關目作家常，宛若古人一樣。樂處顏開喜悅，悲哉眉目怨傷，聽者鼻酸淚兩行，直如眞事在望。個個點頭讚嘆，人人拍手聲揚。余前多受良方，今日始知無恙。

夫除恙者，非人之染疾病之恙，乃除梨園藝病之恙也。人病以藥療之，藝病豈有不求療治之法。求療治之法如何？必須於書中求之。可嘆人不知自己之藝病，不肯虛心，遂成各種難改之藝病，病根一深，則雖欲再治，但恐不易耳，我梨園子弟務須愼之謹之。不必求其有功，只求其無有藝病，日久技藝必精，則可成爲上好之角色。即如人，不必求身體何等強壯，如能善養，使其永無疾病，則自然日見強壯矣。技藝十道亦然。

## 藝病十種

曲腫「腿變也」，白火「說白過火」，錯字「認字不眞」，訛音「將字唸訛」，口齒浮「口齒無力」，強頸「項頸不動」，扛肩「聳肩」，腰硬「腰不靈活」，大步「行步太忙」，面目板「臉上不分喜怒」。

### 曲踵

無論踢腿、抬腿、坐時、常時，必須將腿伸直，不可曲彎。而行遠時更須腿直，身不動，方能合乎臺步。萬不可如平常人隨便走路，曲直不定也。

### 白火

說白固須字字清楚，不可含混，然而要分出陰陽、輕重、急徐，按其文之緩急，查當時之情形，應念急則急，應念緩則緩，方爲上乘。若一意急念，用力過猛，必致不合乎戲文，日久習慣，成過火之病也。

### 錯字

每讀劇本之時，必須字字斟酌，如有不認識者，或領教於人，或查閱字彙，必使其字音、字義全然了了，然後出口。總之，虛心好問，即無此病矣。

### 訛音

訛音者，似是而非也。比如「遺詔」念成「一道」，「舞蹈」念成「無道」，均係以訛傳訛，不但其音不對，聽者無從解釋，而其義亦無法解釋也。

**口齒浮**

唱曲、說白，凡必須口齒用力，一字重千斤，方能達到聽者之耳；不然，廣園曠地，人數衆多，未必人人聽淸。

**強頸**

凡唱念之時，總須頭頸微搖，方能傳出神理；若永久不動，則傀儡矣。

**扛肩**

聳肩則覺項短，於台下視之，尤不美觀。

**腰硬**

腰硬則全身不靈活。文則如上馬，武則如舞弄刀、槍，皆仗腰間之靈活，方能出色。

**大步**

台步須大、小合宜。大則野，小則遲，行走過忙，勢必全身搖動，冠帶散亂，殊不雅觀。

**面目板**

凡演戲之時，面目上須分出喜、怒、哀、樂等狀。面目一板，則一切情狀俱難發揮，不足感動人心，則觀者非但不啼不笑，反生厭惡也。

以上十病，皆係平素怠惰而得，切宜早日醫治。有詩如下：「藝病渾身染，多因舊日惰。虛心當藥餌，病則立除卻。」

## 曲白六要

音韻。句讀。文義。典故。平聲。尖團。

### 音韻

每發一字，先審唇、齒、喉、舌、鼻、半喉或半舌、半齒、半鼻，均須辨明。各有一定部份，不可強使歸於他部。特製出一表列下，按表類推，則或不致有誤矣。

唇——非夫奉微
齒——至恥是射
喉——號奥靠歐
舌——黎樓亮列
鼻（無純乎鼻音，皆係與他音相輔者）——西一令進。

按上表所列類推之，則發出之音，自然字正音圓，不致有唱「天」聽者爲「焉」，唱者爲「地」聽者爲「息」，唱者爲「元」聽者爲「言」，唱者爲「黃」聽者爲「旁」之弊也。

### 句讀

句者，一整句也；讀（音逗）者，半句也，唱曲時不分句、讀，尚有腔以繩之；惟說白必須句、讀分明。方能達出本意。如「豈不知聖人云」，「豈不知」三字爲讀，至「聖人云」

始爲一句。說白至讀時，微略一頓，不可過久；至一句，則稍久亦無妨也。

**文義**

曲白須先知其講解，又有字同義不同、字同音不同之別。

字同義不同：容易，從容，容貌。

字同意不同：華山（音畫）華夏（音划）華蕚（音花）。

以此類推，虛心學習，可免訛字、訛音之疵。

**典故**

詞曲說白之內，往往引用古人典故，務須查明出處，心中了了，則可以傳神。

**五聲**

五聲係陰平、陽平、上、去、入，唱曲不知發聲、收聲之理，則其字音出口即變。要知五音之別，須將下列之表讀熟千遍，然後逢字即知陰陽矣。

**五聲表**

| 陰平 | 陽平 | 上 | 去 | 入 |
|---|---|---|---|---|
| 風 | 縫 | 諷 | 奉 | 父 |
| 煙 | 言 | 眼 | 宴 | 易 |
| 聲 | 繩 | 省 | 盛 | 是 |

書　贖　屬　樹　朔

陰平——由高而低。發音高，收音低。

陽平——由低而高。發音低，收音高。

上——其音向上。

去——其音向前。

凡工尺短者，可以脫口而出；工尺長者，須將一字分爲數音；如「人」字，若工尺長，則可分爲「任」、「惡」、「恩」，徐徐吐之。惟陰平字不宜分音，神而明之，得其三昧矣。

### 尖團

尖字、團字之分，近日罕有知其據者，往往團字變爲尖字，實爲曲白之大病。夫尖字係半齒音。如酒，箭，線，乃半齒音，故應用尖；久，劍，現，則不然，非隨意可以念成尖字也。近時多不察之。

## 身段八要

辨八形。分四狀。眼先引。頭微晃。步宜穩。手爲勢。鏡中影。無虛日。

### 辨八形

身段中有八形，須細心分清。

貴者：威容　正視　聲沉　步重

富者：歡容　笑眼　彈指　聲緩
貧者：病容　眞眼　抱肩　鼻涕
賤者：冶容　邪視　聳肩　行快
癡者：呆容　吊眼　口張　搖頭
瘋者：怒容　定眼　啼笑　亂行
病者：倦容　淚眼　口喘　身顫
醉者：困容　糢眼　身軟　腳硬

## 分四狀

四狀爲喜、怒、哀、樂。
喜者：搖頭爲要　俊眼　笑容　聲歡
怒者：怒目爲要　皺鼻　挺胸　聲恨
哀者：淚眼爲要　頓足　呆容　聲悲
驚者：開口爲要　顏赤　身戰　聲竭
但看兒童有事物觸心，則面發其狀，口發其聲；喜、怒、哀、樂、驚現於面，歡、恨、悲、竭發於聲。

## 眼先引

凡作各種狀態，必須用眼先引，故昔人有云：「眼靈睛用力，面狀心中生。」

**頭微晃**

頭須微晃，方顯活潑，然只能微晃，不可不晃及亂晃也。

**步宜穩**

台步不可大，盡人皆知矣。然而亦不可過小，總之，須求其適中，以穩爲要；雖於極快、極忙時，亦要清楚。

**手為勢**

凡形容各種情狀，全賴以手指示。

**鏡中影**

學者宜對大鏡演習，自觀其得失，自然日有進益也。

**無虛日**

言其日日用功，不可間斷，間斷一日，則三日不能復原，學者切記之。

書末另有「寶山集八則」，內容和上述「藝病十種」「曲白六要」和「身段八要」大致相同，我懷疑是黃氏所傳由元至淸，再由歷代的弟子「各出心得」，增補而成的，這些部份，也可做爲訓練演員和舞臺表演的方法之參考。

## 洪　昇

洪昇字昉思，號稗畦，一名稗村，浙江錢塘人，生於淸世祖順治二年，卒於聖祖康熙四十三年六月一日，酒後溺水而去，得年六十歲。洪家先世，聲位顯赫。但到他這一輩，才絕仕進。他的夫人黃蘭次，是吏部尚書，相國黃機的孫女，深通音律，他們是青梅竹馬，婚後的感情濃蜜。昉思親友衆多，交遊廣闊，師友皆名流雅士，曾學詩於王漁洋，從施愚山游。朱彝尊爲他的名劇「長生殿」作序，他與「紅樓夢」作者曹雪芹的祖父曹寅相識。昉思的性情仁厚而疏狂，度曲時神采俊拔，神氣活現，他的女兒之則也是通音律的，他於康熙十八年開始寫「長生殿」，寓有家國興亡之感，滿腔衷懷，獻給戲曲，他撰「長生殿」花了十年歲月，態度之認眞，彷彿「只要功夫深，鐵杵磨成針」。慶熙二十七年「長生殿」完成，一時傳說歌唱，讚美紛至。翌年八月十六日。演出這齣傳奇於查樓轟動四方。時爲國忌日，爲言官黃六鴻所劾。昉思和一班名士五十餘人，革功削籍，杜絕仕進。此即「可憐一曲長生殿，斷送功名到白頭。」從此結束他京華倦客的生涯。受此挫折，他心境的悲愴，是可以想見的。

長生殿全劇五十齣，分題爲：

| | | | | | | | |
|---|---|---|---|---|---|---|---|
| 第一齣 | 傳概 | 第二齣 | 定情 | 第三齣 | 賄權 | 第四齣 | 春睡 |
| 第五齣 | 禊游 | 第六齣 | 傍訝 | 第七齣 | 倖思 | 第八齣 | 獻髮 |
| 第九齣 | 復召 | 第十齣 | 疑讖 | 第十一齣 | 聞樂 | 第十二齣 | 製譜 |
| 第十三齣 | 權鬨 | 第十四齣 | 偷曲 | 第十五齣 | 進果 | 第十六齣 | 舞盤 |
| 第十七齣 | 合圍 | 第十八齣 | 夜怨 | 第十九齣 | 紫閣 | 第二十齣 | 偵報 |
| 第二十一齣 | 窺話 | 第二十二齣 | 密誓 | 第二十三齣 | 陷關 | 第二十四齣 | 驚變 |

| | | | |
|---|---|---|---|
| 第二十五齣　埋玉 | 第二十六齣　獻飯 | 第二十七齣　冥追 | 第二十八齣　罵賊 |
| 第二十九齣　聞鈴 | 第三十齣　情悔 | 第三十一齣　勦寇 | 第三十二齣　哭像 |
| 第三十三齣　神訴 | 第三十四齣　刺逆 | 第三十五齣　收京 | 第三十六齣　看襪 |
| 第三十七齣　尸解 | 第三十八齣　彈詞 | 第三十九齣　私祭 | 第四十齣　仙憶 |
| 第四十一齣　見月 | 第四十二齣　驛備 | 第四十三齣　改葬 | 第四十四齣　慫合 |
| 第四十五齣　雨夢 | 第四十六齣　覓魂 | 第四十七齣　補恨 | 第四十八齣　寄情 |
| 第四十九齣　得信 | 第五十齣　重圓 | | |

顯然的這是齣大戲，需要大排場，所謂排場，就是場面的佈局，戲的情節由角色的輕重，搭配套數作妥適暢當的安排，喜怒哀樂，悲歡離合的情調意境，生、旦、淨、丑出現舞台的分場，有集中表現者，有引線過渡者，有衆星捧月者，有獨唱合調者，莫不需作者爛熟於胸，層層湧現，在戲的最緊要處，掀起高潮，贏得觀家的讚嘆與感動。由以上五十齣場次與場題來看，就可看出花費的精神和心血，完全在串連出唐明皇與楊貴妃的愛情，有焦點的陳現。而無論其背景敷衍爲何？天寶遺事素材，以及楊玉環爲女道士入侍明皇前後的外傳色彩，曲折情節，李白懷才不遇，梅妃冷宮幽怨，嫦娥獨守月宮，以及安祿山穢亂後宮等種種的附會牽連；再加以元人雜劇「梧桐雨」的傑構，亦偏重於愛情的描寫，莫不直接和間接影響到「長生殿」的撰述。焦循「劇說」卷四說：

稗畦居士洪昉思昇，仁和人，工詞曲，撰長生殿雜劇。薈萃唐人諸說部中事，及李杜、元、白、溫、李、數家詩句。又剌取古今劇部中繁麗色段以闊色之，遂爲近代曲家第一。

又說：

在京師塡詞初畢，選名優譜之，大集賓客，是日國忌，與會凡數人，皆落職。趙秋谷時官贊善亦罷去，秋谷年二十三，典試山西回時一騾車中惟元人百種曲一部。日夜吟諷。至都門，值長生殿初成，因爲點定數折。昉思跌宕孤逸無俗情，年五十餘，墮水死。

以上所記，均與昉思身世作爲相合，復說：

毛西河長生殿院本序云：洪君昉思好爲詞，以四門弟子，遨遊京師，初爲西蜀吟，既而爲大晟府。又既而爲金元間人曲子。自散套雜劇以至院本，每用作長安往來歌詠酬贈之具，嘗以不得事父母，作天涯淚劇，以寓思親之旨。應莊親王世子之請，取唐人長恨歌事，作長生殿院本。一時勾欄多演之。越一年，有言日下新聞者，謂長安邸第，每以演長生殿曲，爲見者所惡。會國恤止樂，其在京朝官，大紅小紅已浹日，而纖練未除，言官謂遏密讀曲大不殺，賴聖明寬之，第褫其四門之員，而不予以罪。然而京師諸官，則從此有罷去者。

再說：

長生殿之本唐明皇（措梧桐雨）雖不能青勝于藍，然亦各有所見。

楊妃故事，歷代傳說，艷稱無已，內容豐富。「梧桐雨」外，有「長生殿」，亦所宜也。「楊太眞外傳」把楊玉環寫的十分淫穢。「長生殿」的玉環只是個癡情女子，情節略要是：

弘農楊玉環，幼年父母雙亡，養在叔父家。天生麗質，被選入宮極得玄宗寵愛，冊封貴妃。定情之夕，玄宗賜以金盒。自此以後，玉環便獨其寵。兄楊國忠因她的力量，擢做右相。姊三人封做秦國，韓國，虢國三夫人。三月三日這一天，貴妃與玄宗遊曲江，招三夫人相陪。還宮，召虢國夫人，賜以飲宴，深得玄宗歡心。不料楊妃嫉忌，因此玄宗大怒，將她貶出宮中。玉環剪斷青絲，託高力士獻與玄宗。玄宗反悔就又把她招進宮來。這時節度使張守珪有個部將安祿山，違犯軍法，送京問罪；因國忠之助，赦罪任職，又因貴妃之故，至封他東平郡王，賜新第。這時國忠與三夫人，新邸輝煌，炫耀一時。武舉郭子儀待命上京。一天在酒家，聽說楊氏新第輝煌，想外戚寵盛，感慨不平。安祿山又剛從樓下過，橫蠻驕勢，知後日必亂天下。因拜天德軍使之命，匆匆上任。玉環再入宮後，極力固寵，聞玄宗讚美梅妃，自己便努力歌舞，自作霓裳羽衣曲。六月初一，楊妃生辰，玄宗在驪山長生殿設宴，妃命樂部奏新曲，又親作盤旋之舞。玄宗大樂，益加寵愛。後來安祿山與國忠不和，玄宗命祿山出作范陽節度使。祿山自此心懷異志，養兵待動。靈武太守郭子儀早已看出來，時加留心，練兵以備不測。玄宗和貴妃時在華清宮，七月七夕，牛女兩星相會之夜，二人於長生殿指星立誓，願生生世世同爲夫婦。在溫柔夢好之中，祿山造反，兵入潼關的噩耗傳來，玄宗無法，受國忠之勸，帶著玉環往成都避難。行至馬嵬坡，誰知兵變了。結果玄宗爲安撫人心計，賜玉環死。匆匆入蜀，途中聞簷前鈴聲，爲之腸斷。祿山挾兵既入長安登帝位，文武百官爭來降順。在凝碧池頭大張慶筵時，命樂工奏樂，雷海青獨不受命，以琵琶擊祿山，終於被祿山殺了。梨園有個領袖李龜年，亂時走出長安流落江南，貲斧斷絕，便靠彈著琵琶賣唱自給。在青溪鷲峰寺大會中，自編一曲，（即九轉貨郎兒。）把楊妃盛時的事，一直叙到玄宗入蜀爲止，聞者皆爲感動。後來肅宗在靈武即位，任郭子儀爲朔方節度使，掃蕩安史，收復二都，才迎還聖駕。玄宗回鑾，途中命高力士往馬嵬坡建貴妃墳，不見尸體，但有一個香囊而已。雨夜聽張野狐唱雨鈴曲，百感叢生。夢中見楊妃差內侍來接，因召臨邛道士設法壇以尋玉環的芳魂。天上冥間，茫茫不見。畢竟在海外蓬萊仙山，找得了貴妃，貴妃給道士金釵，鈿盒，又一扇送與上皇。其後中秋，道士駕仙橋，導上皇入月宮，與玉環重聚。終以玉帝之旨，在忉利天宮永爲夫婦。

關於李龜年流落江南，賣唱度日，恰與杜甫相逢，工部便寫了那首千古絕唱的七絕：

岐王宅裡尋常見，崔九堂前幾度聞；
正是江南好風景，落花時節又逢君。

這首詩從當年開元盛世光明燦爛，歌詠太平的歲月，映證眼前落魄流浪的日子，想到李龜年的不幸，也是自己艱難苦恨的記錄，就寫了多層意象的這首好詩。

昉思此作，不獨有絕妙的文詞，而且有絕妙的聲樂。我們只看這貨郎兒九轉的一段罷：

（轉調貨郎兒）唱不盡興亡夢幻，彈不盡悲傷感歎！抵多少淒涼滿眼對江山，我只待撥繁弦，傳幽怨，翻別調，寫愁煩；漫漫的把天寶當年遺事彈。

（外）天寶遺事好題目也！（淨）大姐，他唱的是什麼曲兒？可就是喒家的西調麼？（丑）也差不多兒。（小生）老丈，天寶年間這事，一時那裡唱得盡者，請先把楊貴妃娘娘當時怎生進宮，唱來聽波。（末彈唱科）

（二轉）想當初慶皇唐太平天下，訪麗色把娥媚選刷。有佳人生長在宏農楊氏家，深閨內端的是玉無瑕。那君王一見了就歡無那，把鈿盒金釵親納，評跋做昭陽第一花。

（丑）那貴妃娘娘，怎生模樣波？（淨）可有喒家大姐這樣標致麼？（副淨）且聽唱出來者。（末彈唱科）

（三轉）那娘娘生的來仙姿佚貌，說不盡幽閑窈窕。端的是花輸雙頰，柳輸腰。比昭君，較西子。倍丰標。似觀音飛來海嶠，恍嫦娥偷離碧霄，更春情韻饒，春酣態嬌，春眠夢悄，抵多少百樣娉婷難畫描。

（副淨笑科）聽這老翁說的楊娘娘標緻，恁般活現，倒像是親眼見的，敢則謊也。（淨）只要唱得好聽，管他謊不謊。那時皇帝怎麼樣看待他？快唱下去者。（末彈唱科）

（四轉）那君主看承得似明珠沒兩，鎮日裡高擎在掌。賽過那漢飛燕在昭陽。可正是玉樓中集翡翠，金殿上鎖著鴛鴦。宵偎晝傍。直弄得那官家丟不得捨不得那半刻心兒上。守住情場，占斷柔鄉，美甘甘寫不了風流賬。行廝並坐一雙，端的是歡濃愛長，博得個月夜花朝眞受享。

（淨倒科）哎呀好快活，聽得喒似雪獅子向火哩。（丑扶科）怎樣說？（淨）化了。（衆笑科，小生）當日宮中有霓裳羽衣一曲，聞說出自御製，又說是貴妃娘娘所作。老丈可知其詳？請唱與小生聽咱。（末彈唱科）

（五轉）當日箇那娘娘在荷亭把宮商細按，譜新聲將霓裳調翻。晝長時親自教雙鬟，舒素手，拍香檀，一字字都吐自朱脣皓齒間。恰便似一串驪珠聲和韻閒，恰便似鶯與燕弄關關，恰便似鳴泉花底流谿澗，恰便似明月下泠泠清梵，恰便似緱嶺上鶴唳高寒，恰便似步虛仙珮夜珊珊。傳集了梨園部，教坊班，向翠盤中高族擁箇美貌如花楊玉環。

（小生）一派仙音，宛然在耳，好形容波。（外嘆科）哎，只可惜當日天子寵愛了貴妃，朝歡暮樂，致使漁陽兵起，說起來令人痛心也。（小生）老丈，只埋怨貴妃娘娘。當日只爲誤任邊將，委政權奸，以致廟謨顚倒，四海動搖，若使姚宋猶存，那見得有此。（外）只也說得是波。（末）嗨，若說起漁陽兵起一事，眞是天翻地覆，慘目傷心，列位不嫌累煩，待老漢再慢慢彈出來者。（衆）願聞。（末彈唱科）

（六轉）哎，恰恰正好喜孜孜霓裳歌舞，不提防撲鼕鼕漁陽戰鼓，剗地荒急急紛紛亂亂奏邊書，送得箇不九重內心惶懼。早則是驚驚恐恐倉倉卒卒，挨挨擠擠搶搶攘攘出延秋西路。攜著箇嬌嬌滴滴貴妃同去。又則見密密市市的兵，重重疊疊的卒，鬧鬧吵吵轟轟剨剨四下喧呼，生逼散恩恩愛愛疼疼熱熱帝王夫婦。霎時間畫就一幅慘慘悽悽絕代佳人絕命圖。

（外副淨同嘆科淚科）哎，天生麗質，遭此慘毒，眞可憐也。（淨笑科）這是說唱，老兄怎麼認眞掉下淚來！（丑）那貴妃娘娘死後，（小生）老丈，因何來到這裡？（末）俺只爲家亡國破兵戈沸，因此上孤兒流落在江南地。（小生）畢竟是誰？（末）恁官人絮叨叨苦葬在何處？（末彈唱科）

（七轉）破不刺馬嵬驛舍，冷淸淸佛堂倒斜。一代紅顏爲君絕，千秋遺恨滴羅巾血。半棵樹是薄命碑碣，一杯土是斷腸墓穴。再無人過荒涼野。（暖）葬天涯誰弔梨花謝，可憐那抱悲怨的孤魂，只伴著嗚咽的鵑聲冷唬月。

（外）長安兵火之後，不知光景如何？（末）哎呀，列位！好端端一座錦繡長安，自被安祿山破陷，光景十分不堪了。聽我再唱波。（彈唱科）

（八轉）自鑾輿西巡蜀道，長安內兵戈肆擾。千官無復紫宸朝，把繁華頓消，頓消。六宮中朱戶掛蠨蛸，御榻旁白日狐狸嘯，叫鴟梟也麼哥，長蓬蒿也麼哥，野鹿兒亂跑。苑柳宮花，一半兒凋。有誰人去掃，去掃，玳瑁空梁燕泥兒拋。只留得缺月黃昏照，歎蕭條也麼哥，染腥臊也麼哥，染腥臊，玉砌空堆馬糞高。

（淨）呸！聽了半日，餓得慌了。大姐咱和你喝燒刀子，喫蒜包兒去。（做腰邊解錢與末同丑諢下）（外）天色將晚，我每也去吧。（送銀科）酒資在此。（末）多謝了。（外）無端唱出興亡恨，（副淨）引得旁人也淚流。（同外下小生）老丈，我聽你這琵琶非同凡手，得自何人傳授？乞道其詳。（末）

（九轉）這琵琶曾供奉開元皇帝，重提起心傷淚滴。（小生）這等說起來，定是梨園部內了。（末）俺也曾在梨園籍上姓名題，親向那沈香亭花裡去承值。華清宮宴上去追隨。（小生）莫不是加貝老？（末）俺不是賀家的懷智。（小生）敢是黃旛綽？（末）黃旛綽同咱皆老輩。（小生）這等想必是雷海青。（末）俺雖是弄琵琶，卻不姓雷。他呵，罵逆賊久已身死名垂。（小生）這等想必是馬仙期了。（末）俺也不是擅場方響馬仙期，那些舊相識。都休嘎提起。問俺爲誰？則俺老令工名喚做龜年身姓李。

這一段長歌，唱盡了唐朝的好風光，也歌出了荒逸可以亡國的悲劇，叫人聽了心魄爲之震盪，熱淚爲之灑落。這樣悲劇的收場原是好的，從「情」字出發，在李龜年之外，也表揚了一個忠烈的樂師雷海青，以琵琶作武器，以義氣做後盾，對亂臣賊子給予凜冽的嚴正評擊。我們看這位不怕死的英雄人物上場的話：

武將文官總舊僚，恨他反而事新朝；綱常留在梨園內，那惜伶工命一條。

這四句話表明了他赴死的決心，他義憤的說：

那滿朝文武，半日裡高官厚祿，蔭子封妻，享榮華，受富貴，那一件不是，朝庭恩典？如今卻一個個貪生怕死，背義忘恩，爭去投降不迭！只因安樂一時，那顧罵名千古。哪！豈不可羞？豈不可恨？我雷海青雖是名樂工，那些沒廉恥的勾當，委實做不出來！

上面雷海青的義正嚴詞，不就是昉思的心聲嗎？叛徒賊子，人人得而誅之！雖然在安祿山手中，又怎能做無恥的降臣？清初之際，罵的是些做了貳臣傳中的走狗奴才，在這裡也就清楚浮現出了昉思的心境。雷海青又接著唱道：

仙呂（村裡迓鼓）雖則俺樂工卑濫，硜硜愚暗，也不曾讀書獻策，登科及第，向鵷班高沾。只這四性中，胸脯內，倒有些忠肝義膽。今日們睹了喪亡，遭了危難。值了慘變，不由人痛切齒聲聲吞恨銜。

（元和令）恨仔恨潑腥羶莽將龍座渰。癩蝦蟆亡想天鵝啖。生克擦直逼的個官家下殿走天南。你道恁胡行堪不堪？縱將他寢皮食肉，也恨難劖。誰想那一班兒沒掂三。歹心腸，賊狗男。

（上馬嬌）平日家張著口將忠孝談。到臨危翻著臉把富貴貪。早一齊兒搖尾受新銜。把一個君親仇敵當作恩人感。咱只問你蒙面可羞慚？

（勝葫蘆）眼見的去做忠臣沒個敢。雷海青呵若一把一肩擔，可不枉了戴髮含牙人是俺。但得綱常無缺，鬚眉無愧，便九死也心甘。

雷海青死了，卻讓四個僞官說，一個樂工也想做忠臣，殺得好！這種諷刺，實在到了「士大夫無恥，是爲國恥」的地步了。

李慈銘「越縵堂菊話」說：「長生殿寄託尤深，未易一二言之。」康熙認爲這是有心諷刺，興起「文字獄」，是針對昉思反清的思想而來的眞正原因。

「長生殿」如有微疵，那就是他一心想把悲劇收場爲喜劇，使凝聚的淚水化爲一嘆，令人婉惜。

## 孔尚任

孔尚任字季重，號東塘，又號，云亭山人。山東曲阜人，生於清順治五年九月十七日，是孔子六十四代孫，康熙年間官至工部員外郎。他曾隨康熙帝東巡，沿途講大學經義，爲康熙賞識說：「經筵講官不及也。」又諭：「孔尚任等講經，克副朕表，著不拘定例，額外錄用。」卒年約在康熙四十七年，得年六十七歲。從他的家教得知他是個精通音律的，且好古成癖的博學之士。作有小忽雷及桃花扇二劇。小忽雷是把胡琴，在康熙三十年，他做戶部主事時，無意中得到他，他記此事說：唐文宗朝，韓滉代蜀。得奇木，製爲胡琴二。名曰大小忽雷。

又記說：

> 康熙年末，予得自燕市，乃其小者。箕理之指，可方良玉，雕鏤之巧，疑出鬼工。

忽雷既是稀世尤物，這個好題目，不容放過，「小忽雷傳奇」一劇遂成於康熙三十三年甲戌，「桃花扇」始末漫述說：

> 前有小忽雷傳奇一種，皆顧子天石代予塡詞。

顧天石師夢鶴居士。桃衣扇卷有序言是他的手筆，後來改製南桃花扇的也是他。

> 桃花扇故事，是採至眞人實事，加以點染穿插。

夢鶴君士序中說：

六亭山人，以承平聖裔，京國賢曹，忽然興會所至，撰出桃花扇一書。斯時也，適然而郤奩之義姬，適然有掉舌之二客，適然而事在興亡之際，皆所傳奇，可傳者也。彼既奔赴於腕下，吾亦發抒其胸中，可以當長歌，可以代痛哭，可以弔零香斷粉，可以悲華屋丘山。雖人其人而事其事，若一無所通志者。然不必目爲詞史也。

他寫當時心情：

六亭山人小引中說：

桃花扇一劇，皆南朝新事，父老猶有存者，場上歌舞，局外指點。知三百年之基業於何人，敗於何事，消於何年，歇於所地；不獨令觀者感慨涕零，亦可懲創人心。爲末世一救矣。

由此可知，他作桃花扇是有所本，有所爲的。他想借戲曲傳南明的實史，他的自序說：

『族兄方訓，崇禎末，爲南部曹，聞宏光遺事甚悉，證以諸家稗記，無弗同者，香君面血濺扇，楊龍友以畫筆點成桃花亦係龍友言於方訓者；遂本此以撰傳奇於朝政得失文人聚散皆確考時地全無假借』。

李香君有李姬傳云：

李姬者，名香。母曰貞麗。貞麗有俠氣，嘗一夜博輸，千金立盡。所交接，皆當世豪傑，尤與陽羨陳貞慧善也。姬爲其養女，亦俠而慧。略知書。能辨別士大夫賢否：張學士溥，夏吏部允彝，亟稱之。少風調皎爽不群。十三歲，從吳人周如松，受歌玉茗堂四傳奇，皆能盡其音節。尤工琵琶調，但不輕發也。雪苑侯生，己卯來金陵，與相識。姬嘗邀侯生爲詩，而自歌之償之，初爲阮大鋮者以阿附魏忠賢城旦屏居金陵，爲清議所斥。陽羨陳貞慧，貴池吳應箕，實首其事。持之力。大鋮不得已，欲侯生爲解之，乃假所善王將軍，日載酒食，與侯生遊，姬曰：王將軍貧，非結客者，公子盍叩之。侯生三問將軍，乃屏人述大鋮意。姬私語侯生曰：妾少從假母，識陽羨君，其人有高義，聞吳君尤錚錚。今皆與公子善。奈何以阮公負至交乎？且以公子之世望，安事阮公？公子讀萬卷書，所見豈後於賤妾耶，侯生呼稱善。醉而臥。王將軍者，殊怏怏，辭而去。不復通。未幾侯生大下第，姬置酒桃葉渡。歌琵琶詞以送之。曰：公子才名文藻，雅不減中郎。中郎學不補行，今琵琶所傳詞固妄。然嘗昵董卓，不可掩也。公子豪邁不羈，又失意。此去相見未可期。願終自愛，無忘妾所歌琵琶調也。妾亦不復歌矣。侯去之後，而故開封府田仰者，以金三百鍰，邀姬一見。姬固卻之，開府慚而怒。且有以中傷姬。姬嘆曰：田公寧異于阮公乎？吾可向之所贊侯公子者謂何？今乃私其金而赴之。是妾賣公子矣，卒不往。

許之衡戲曲史上說：『按此劇語多徵實，即小小科諢，亦有所本，如香君渾名香扇墜見板橋雜記藍田叔寄居媚香樓見南都雜事記。王鐸書燕子箋，見阮亭詩註。以傳奇爲信兒，史，洵奇觀也。相傳當時進入內府康熙帝最喜此劇，演出設朝選優諸折，帝嘆曰：宏光雖欲不亡，其可得乎！往往爲之罷酒云。』桃花扇的情節，大概是如此的（此處從盧冀野說）：戶部尚書侯恂的兒子朝宗，應試落第，留在南京。一日，往約陳定生吳次尾，未遇，去訪柳敬亭，一個有氣節的賣藝的人。這時秦淮河上有一名妓李貞麗，貞麗的養女李香，年方十六才色雙絕。從曲師蘇崑生學唱牡丹亭。貞麗有一相知楊文驄，是罷官的一個縣令，常常過從。見李香，便想爲朝宗拉合，因朝宗正在尋求佳麗。魏忠賢黨阮大鋮，是受復社排斥的。一次，大鋮臨文廟的釋典，吳次尾等不讓他進去。並且毆打他。大鋮家蓄優伶，演燕子箋，名聞都下。陳定生宴客，將徵大鋮家伶，大鋮以爲藉此可以與復社消除意見了。那知定生等在宴會上，一說到國事，便把大鋮罵得狗血淋漓。大鋮心中益加怨恨。楊文驄就對大鋮說：侯朝宗是陳吳的好友，現在朝宗將娶名妓李香，不如你送他些錢，結好於他。大鋮以爲然，慨然出了三百金。朝宗在文驄口中，知道李香是如何的絕色了，但苦無餘金，不能如願。這天，出來踏青，遇見敬亭，同訪李香去。偏偏李香母女，赴煖翠樓盒子會去了，再到煖翠樓，楊文驄蘇崑生正在那兒，大家樓下相會。朝宗贈李香以自己的扇墜，香君也將汗巾包櫻桃，從樓上拋下來。兩下就這樣的定了情。過了一天，文驄又邀朝宗到香君處。一切由文驄布置好，而朝宗。坐享其成，當夕，方域以宮扇題詩，與李香兩情如漆。次日，文驄來，達大鋮意，朝宗還沒回答，李香就把釵環首飾衣裳，一律退還大鋮，認爲是不義之物。於是朝宗也謝絕文驄的請託。端陽節那一天，陳定生吳次昆這班復社的文人，在水榭看燈船，飲酒，看見朝宗李香的船經過，衆召之入座。適值大鋮乘船來，窺見復社之會，急忙逃走。在這時候，總兵左良玉駐兵武昌，因爲兵糧缺乏，將下令下江南。侍郎熊明遇急得沒有辦法，遂使楊文驄僞造侯恂書，因良玉原是侯恂舊部。柳敬亭送信到武昌，良玉就打銷下江南的意思，阮大鋮知道了這件事，乘機向當道說朝宗是良玉的內應。朝宗得信，就逃到史可法處。後來李自成陷北京崇禎縊死煤山的消息傳出來了，弘光帝也在南京即位了。馬士英任兵部尚書，阮大鋮任光祿寺卿，楊文驄是禮部主事。大鋮的鄉人田仰起用漕撫，仰託文驄買妾，文驄便以李香對。那裡知道李香誓死不肯。馬士英爲討好田仰，派家奴來強奪李香。李香拚死抵抗，剛拿著朝宗所贈的扇子，在自己臉上亂打，血滿頰上；文驄知不可屈，就命貞麗充著李香去，不久文驄再和蘇崑生去訪李香，李香獨在午睡，面横宮扇，血跡斑斑，文總便略施點染，成了一幅折枝桃花圖，笑著說：這眞是一柄桃花扇呢。香君醒，欲託人將此扇寄與朝宗，崑生自願任此責。經過困難，認眞交給朝宗了，然自崑生去後，李香被選入宮。媚香樓，住了一位畫家藍瑛，朝宗來見香君，又未能遇著。文驄來，便將後來香君事告訴他。藍瑛剛畫好桃源圖，朝宗就將滿腹牢騷，爲他題了一首詩。朝宗和蘇崑生去訪陳吳二人，經過三山街，不巧被大鋮見了，便將三人下了獄。崑生大憤，往求救於左良玉；良玉草檄命柳敬亭赴南京散布，也被大鋮捉了。及淸兵下南京，獄中人盡出。朝宗與敬亭暫避棲霞山，李香從宮中出來，同崑生也逃至棲霞山。七月十五這天，白雲庵建經壇，朝宗香君兩人才相見了。出扇叙情，被張道喝住，撕了扇子，道：在這時候還不斷私情，還能再談花月閑情麼？

兩人悔悟，就皈依其教。蘇崑生後來作了樵夫，柳敬亭作了漁父，隱居南京城外，常相會晤，一日相逢，歌出朝代興亡之感，這便是全劇的收尾餘韻這一齣了，正在歌時，忽有縣役走來，爲奉命求隱逸之士，要招他們，他們連忙就逃去了。這一齣餘韻的文章，在美麗之中有蒼涼的氣概：

（淨）那時疾忙回首，一路傷心，編成一套北曲，名爲哀江南。待我唱來：（敲板，唱弋陽腔介）俺樵夫呵，（哀江南）（北新水令）山松野草帶花挑，猛抬頭秣陵重到。殘軍留廢壘，瘦馬臥空壕。村郭蕭條，城對著夕陽道。（駐馬聽）野火頻燒，護墓馬楸多半焦。山羊群跑，守陵阿監幾時逃。鴿翎蝠糞滿堂拋，枯枝敗葉當階罩。誰祭掃，牧兒打碎龍碑帽。（沈醉東風）橫白玉八根柱倒，墮紅泥半堵牆高。碎琉璃瓦片多，爛翡窗櫺少。舞丹墀燕雀常朝，直入宮門一路蒿，往幾個乞兒餓殍。（折桂令）問秦淮舊日窗寮破？紙迎風，壞檻當潮，目斷魂銷！當年粉黛，何處簫笙！罷燈船，端陽不鬧，收酒旗，重九無聊。白鳥飄飄，綠水滔滔。嫩黃花有些蝶飛，新紅葉無個人瞧。（沽美酒）你記得跨青谿，半里橋，舊紅板，沒一條秋水長天人過少。冷清清的落照，賸一樹柳彎腰。（太平令）行到那舊院門，何用輕敲，也不怕小犬哰哰。無非是枯木頹巢，不過些磚苔砌草，手種的花條柳梢，儘意兒採樵。這黑灰是誰家廚灶？（離亭宴帶歇拍煞）俺曾見金陵玉殿鶯啼曉，秦淮水榭花開早，誰知道容易冰消！眼見他起朱樓，眼見他讌賓客，眼看他樓塌了。這青苔碧瓦堆，俺曾睡風流覺。將五十年興亡看飽；那烏衣巷不姓王，莫愁湖夜鬼哭，鳳凰臺棲梟鳥。殘山夢最眞，舊境丟難掉，不信這輿圖換稾！謅一套哀江南，放悲聲唱到老！

桃花扇寫出崇禎殉國後之沉痛，誠如尙任自述「南閩興亡遂繫之桃花扇底」，藉桃花扇作一開場。其中左良玉「哭主」一折及史可法兵敗揚州，投江而死的「沉江」一折，充滿著民族意識，梁啓超嘗言之：「桃花扇沉痛之調，以哭主，沉江兩齣爲最，此數折者，余每讀之，輒覺酸淚盈盈，承睫而下。」哭主只三段唱詞，前面一段是上場調，後面兩段才是哭主，左良玉唱：

（普天樂）撇下俺斷蓬船，拋下俺無家犬，叫天呼地千百遍。歸無路，進又難前。那滾滾雪浪拍天，流不盡湘纍怨。勝黃土一丈，江魚腹寬展，摘脫下袍靴冠冕。累死英雄到此日，看江山換主無可留戀。

（接下柳敬亭侯朝宗合唱古輪台）走江邊，滿腔憤恨向誰言？老淚風吹面。孤城一片，望救目穿。使盡殘兵血戰，跳出重圍，故國苦戀，誰知歌罷剩空筵！長江一線，吳頭楚尾三千，盡歸別姓，雨翻雲變，寒濤東捲，萬事付空煙。精魂顯大招，聲逐海天遠。

（餘文）山雲變，江南遷。一霎時，忠魂不見，寒食何人知墓田！

桃花扇一劇演出之後，受到各方面人士的讚美。那時距明亡不久，明朝的遺民看到這戲，莫不啼泣。這書的價値是把李香君和侯朝宗的（前腔合唱）宮車出，廟社傾，破碎中原費整，養文臣帷幄謀；豢武夫疆場不猛。到今日山殘水賸，對大江月明浪明，滿樓頭，呼聲哭聲，這恨怎平！有皇天作證。從今後，努力奔命，報國仇早復神京，報國仇早復神京！

此折「養文臣帷幄無謀，拳武夫疆場不猛」，將明朝亡國之由，罵個痛快。正如李自成的訂明檄文「君非甚暗，孤立而暘蔽恆多，臣盡徇私，比黨而公忠絕少」相類似，這正是一針見血之言。「沉江」是寫史閣部兵敗揚州，投江而死時的唱詞：（錦纏道）望煙烽，殺氣重，揚州沸喧，生靈盡席捲。這屠戮皆因我愚忠不轉。兵和將，力竭氣喘，只落得一堆尸軟。跨上白騾驪，空江野路，哭聲動九原，日近安長遠。加鞭雲裡指宮殿。香豔史作引子，藉此將前朝舊事羅列於觀衆之前，寫出亡國的沉痛，激起民族精神。前言許之衡的戲曲史說：「相傳當時進入內府，康熙帝最喜此劇，演出設朝，選優諸折，上嘆曰：宏光雖欲不亡，其可得乎？往往爲之罷酒云。」康熙之罷酒，恐怕不是爲了選優諸折，想是爲「哭主」「沉江」二折，劇中雖沒有詆毀滿清，但不無內疚於心。但孔尚任總算是幸運，所遇是康熙帝，如果是雍正，不僅他個人有悲慘的下場，恐怕還會牽連家族和戚友。桃花扇演出第二年之後，尚任就被免官了，他回到曲阜，過著閒散的生活，直到終老。

桃花扇全劇四十齣，錄之如下：

| | | | | | | | |
|---|---|---|---|---|---|---|---|
| 試一齣 | 先聲 | 第一齣 | 聽稗 | 第二齣 | 傳歌 | 第三齣 | 鬨丁 |
| 第四齣 | 借戲 | 第五齣 | 訪翠 | 第六齣 | 眠香 | 第七齣 | 卻奩 |
| 第八齣 | 鬧榭 | 第九齣 | 撫兵 | 第十齣 | 修札 | 第十一齣 | 投轅 |
| 第十二齣 | 辭院 | 第十三齣 | 哭主 | 第十四齣 | 阻奸 | 第十五齣 | 迎駕 |
| 第十六齣 | 設朝 | 第十七齣 | 拒媒 | 第十八齣 | 爭位 | 第十九齣 | 和戰 |

第二十齣　移防
閏二十齣　閒話
加二十一齣　孤吟
第二十二齣　守樓
第二十三齣　寄扇
第二十四齣　罵筵
第二十五齣　選優
第二十六齣　賺將
第二十七齣　逢舟
第二十八齣　題畫
第二十九齣　逮社
第三十齣　歸山
第三十一齣　草檄
第三十二齣　拜壇
第三十三齣　會獄
第三十四齣　截磯
第三十五齣　誓師
第三十六齣　逃難
第三十七齣　劫寶
第三十八齣　沉江
第三十九齣　棲眞
第四十齣　入道
續四十齣　餘韻

# 地方戲

民間文學口語性的質素，較之典雅文學詞藻性的闡發，其傳達的迅速，普遍深入，所以才有更爲豐富的題材和更爲多樣的聲色創作，其空間之大，可以說是齣齣散入百姓家。在百姓的需要下登場。因爲，它在不尙裝飾雕琢中有其天然本色，任何脂粉花鈿難掩其原有的美。民間文學有如無邊無垠的土壤，滋生萬物，也爲文學的內容，形式，意趣，境界提供取之不盡，用之不竭的資源。

## 地方戲的構成

在戲曲的起源中，已可見其端倪，並可窺其梗概。粗略而言，漢以來，隋唐的歌舞百戲，梨園敎坊的聚散集合是地方戲構成的基因。宋元以汴梁臨安的瓦子劇場，造成元曲的集大成，使戲曲成爲彈唱做表，巴色諸宮調、小說、雜劇的合拍縱弄，盡情揮灑，歌舞念打，世界絕無，惟有中國才有的綜合藝術，而到達典雅與俚俗並重，細微與粗豪比肩的境界。再加以明代時曲的香艷穠麗，歌謠的風流飄逸，進而使地方戲，噴放火燄的光彩，吐露嬌花樣的明媚，把人情世態，悲歡離合的內容，藉式樣繁多的形架，於地方的習俗，生活的背景上，展開無所不至，無奇不有，傾吐血淚，淋漓盡緻的表演，令城鄉士女，田野觀衆神魂顚倒，肉飛心酣。把戲曲當做苦悶中的調劑，寂愁中的滑潤，動人歡笑，以此為極。

焦循「劇說」卷一，有幾則例證，可視為地方戲構成的些許蛛絲馬跡。

樂府雜錄云。開元中。黃幡綽張野狐弄參軍。始自漢館陶令石耽。耽有贓犯。和帝惜其才。免罪。每宴樂。即令衣白夾衫。命優伶戲弄辱之。經年乃放。後為參軍。誤也。

復齋漫錄云。張景交通曹人趙諫。斥為房州參軍。累為屋壁記。略曰。近制州縣參軍無員數。無職守。悉以曠官敗守。違戾政教者為之。凡朔望饗宴使與焉。人一見之。必指曰。此參軍也。當為其罪矣。至于倡優為戲。亦假為之。以資玩笑。況眞為者乎。

穀城山房筆塵云。優人為優。以一人幞頭衣綠。謂之參軍。以一人髽角敝衣如僮僕狀。謂之蒼鶻。參軍之法。至宋猶然。似院本及戲文裝淨之狀。第不知其節奏耳。

近峰聞略云。參軍至唐為故事名副淨。

齊東野語云。女冠吳知古用事。內宴演參軍。教坊輩請簽文書。參軍怒曰。我方聽嚌栗。

黃幡綽與張野狐都是唐明皇時代的優伶，他們的弄參軍是因為漢綰陶令石耽貪贓犯法，帝不忍殺他，只令其衣白夾衫，令優伶戲弄以羞辱他，這就是弄參軍的由來。因弄參軍成為優伶玩笑的對象，所以，在第二則中有：「近制州縣參軍無員數，無職守，曠官敗守，違戾政教者爲之」。這說明參軍一職已是官員不願擔任的一個職守。優伶怎樣扮演參軍這一角色呢？第三則說：「以一人幞頭衣綠謂之參軍，以一人髽角敝衣如僮僕狀，謂之蒼鶻」，這就是弄參軍者的扮像。唐時參軍故事名副淨，而職守爲參軍的官員，心理上受到影響，內宴演參軍，他便守聽鬻栗，不肯去看演出了。另有幾則說：

雲麓漫抄云。近日優人作雜班。似雜劇而簡略。金官制有文班、武班。若醫、卜、娼、優、謂之雜班。每宴集。令人進曰雜班上。故流傳至此。

應菴隨錄云。古之優人。于御前嘲笑。不但不避貴戚大臣。雖天子后妃。亦無所諱。在唐中宗時。內宴唱回波詞是也。

煖姝由筆云。有白有唱著名雜劇。用弦索著名套數。扮演戲文。跳而不唱。名院本。

紫桃軒雜綴云。張鎡字功甫循王之孫。豪侈而有清尚。嘗來吾郡海鹽。作園亭自恣。令歌兒衍曲。務爲新聲。所謂海鹽腔也。

菽園雜記云。嘉興之海鹽。紹興之餘姚。寧波之慈谿。台州之黃巖。溫州之永嘉。皆有習爲倡優者。名曰戲文子弟。

宋史新編云。理宗在位久。董宋臣、盧允升、作夫容閣、蘭香亭。宮中進倡優傀儡。以奉帝遊宴。

宋史樂志云。女弟子隊六。曰採蓮隊。衣紅羅生色綽子。繫裙。戴雲鬟髻。乘彩船。執蓮花。

塵史云。衣冠之制。上下混一。嘗聞杜祁公欲令人吏技術等官。少爲差別。後韓康公又議改制。如人吏公袍倍加褑。俗所謂黃義襴者是也。幞頭合帶牛耳者。今之優人。多爲此服。

霏雪錄云。朱高宗時。饔人瀹餛飩不熟。下大理寺。優人扮兩士人相貌。各問其年。一曰。甲子生。一曰。丙子生。優人曰。此二人皆合下大理。高宗問故。對曰。飫子餅子皆生。與餛飩不熟者同罪耳。上大笑。赦原饔人。

四朝聞見錄云。韓用兵既敗。須髯皆白。莫知所爲。令優因上賜宴。設樊遲、樊噲。旁一人曰樊惱。問樊遲誰與取名，對以孔子所取。又問樊噲曰。爾誰取曰漢高所命。又揖樊惱曰，誰名汝。對曰，樊惱自取。

說圃識餘云。一伶人作不識字官。稱難做。吏曰。官不過判耳。每判日。當先書案上。但依書判之。從一日至三日。皆依書判去。至四日不能。至五六日擲筆下走。曰。做不成。一日難似一日矣。

陸務觀云。嘗記先人說紅鞋飾帶。始唐莊宗。施之優人。

一、三兩則說到雜班、雜劇。其他等則提到優令的舉止穿戴，戲文子弟習倡，進傀儡戲，女弟子歌，優伶服飾。其中餛飩不熟、饔人下大理寺，優人加以解救，以及韓用兵敗，優人設樊遲、樊噲，自取樊惱解憂，其黠靈機智，皆非常人能及，至於伶人作不識字官，亦令人激賞。又如：引子、煞尾、豔段、曲詞、傀儡百戲、小說雜書，也有數則可作爲憑據：

癸辛雜志云嘗聞梨園舊樂工云凡大燕集樂初作。必先奏引子。如大石調引子。則自始至終。凡絲竹歌舞。皆爲大石調。直至別奏引子。方隨以改爲耳。又云。凡燕集初作。或用上字。或用工字。然必須衆樂皆然。是謂諧和。或有一時煞尾。參差不齊。則謂之不和。必有口舌不樂等事。前後驗之。無不然者。以此推之。則樂之關乎治亂。爲不誣矣。

都城紀勝云。雜劇中先做熟事一段。名曰艷段。次做雜劇。或添二人。名曰裝孤老。凡影戲。乃京師人初以素紙雕鏃。後用裝色裝皮爲之。其話本與講史書者頗同。大抵眞假相半。公忠者雕以正貌。奸邪者與之醜貌。蓋亦寓褒貶于世俗之眼戲也。

輟耕錄云。稗官廢而傳奇作。傳奇作而戲曲繼。金季國初。樂府猶宋詞之流。傳奇猶宋戲曲之變。世謂之雜劇。金章宗時。董解元而編西廂記。世代未遠。尚罕有人能解之者。況金雜劇中曲詞之冗乎。

筆塵云。杜佑曰。窟儡子。亦曰傀儡子。本喪雅也。漢末始用之于嘉會。北齊高緯尤好之。今俗懸絲而戲。謂之偶人。亦傀儡之屬也。又有以手持其末。出之幃帳之上。則正謂之窟儡子矣。又云。漢有魚龍百戲。齊梁以來。謂之散樂。樂有舞盤伎、舞輪伎、長蹻伎、跳劍伎、擲倒伎。今教坊百戲。大率有之。惟擲倒不知何法。疑即翻金斗。翻金斗字義。起于趙簡子之殺中山王。以頭委地。而翻身跳過。謂之金斗。按。今之演劇者。以頭委地。用手代足。憑虛而行。或縱或跳。旋起旋側。其捷如猿。其疾如鳥。今見者目炫心驚。蓋即古人擲倒伎也。

樂郊私語云。海鹽州少年多善樂府。其傳多出于澉川楊氏。當康惠公存時。節俠風流。善音律。與武林阿里海涯之子雲石交善。雲石翩翩公子。無論所制樂府散套。駿逸爲當行之冠。即歌聲高引。上澈雲漢。而康惠獨得其傳。今雜戲中有豫讓吞炭、霍光鬼諫、敬德不伏老。皆康惠自製。第去其著作姓名。

水東日記云。今書坊相傳。射利之徒。僞爲小説雜書。南人喜談。如漢小王光武、楊六使文廣。北人喜談。如繼母、大賢、等事甚多。農工商販。抄寫繪畫。家畜而人有之。痴騃女婦。尤所酷好。好事者因目爲女通鑑。甚者呂文穆、王龜齡、諸名賢。百態誣　。作爲戲劇。以爲佐酒樂客之具。士大夫不以爲非。亦相率而推波助瀾。遂汎濫而莫之救。

楊用修云。漢郊社志。優人爲假飾伎女。蓋後世裝旦之始也。然未必如後世雜劇戲文之爲。緣其時郊祀皆奏樂章。未有歌曲耳。

西河詩話云。明玉照宮承應。有御前王留子雜劇。王留子見元曲。或云。天啓六年有鐘鼓司僉書王進朝。綽號王瘤子。善抹臉詼諧。如舊時優伶。留子即瘤子。

周挺齋論曲云。良家子弟所扮雜劇。謂之行家生活。倡優所扮謂之戾家把戲。蓋以雜劇出于鴻儒碩士。騷人墨客。所作皆良家也。彼倡優豈能辨此。故關漢卿以爲非是他當行本事。我家生活。他不過爲奴隸之役。供笑獻勤。以奉我輩耳。子弟所扮。是我一家風月。雖復戲言。甚合于理。又云。院本中有娼夫之詞。名曰綠巾詞。雖有絕佳者。不得並稱樂府。如黃幡綽、鏡新磨、雷海青輩。皆古名娼。止以樂名呼之。亘世無字。今趙明鏡譌傳趙文敬。張酷貧譌傳張國賓皆非也。

樂府雜錄云。咸通以來。有范傳康、上官唐卿、呂敬遷、等三人。弄假婦人。案此優人作旦之始。

明史紀事本末云。汪直用事久。勢傾中外。天下凜凜。有中官阿丑。善詼諧。恆于上前作院本。頗有譎諫風。一日。丑作醉者酗酒狀。前遣人佯曰。某官至。酗罵如故。又曰。駕至。酗亦如故。汪太監來。醉者驚迫帖然。旁一人曰。駕至不懼。而懼汪太監。何也。曰。吾知有汪太監。不知有天子。又一日。忽效直衣冠。持雙斧趨蹌而行。或問故。答曰。吾將丘惟仗此兩鉞耳。問鉞何名。曰。王越、陳越也。上微哂。

輟耕錄有邦老家門。（邦老疑即鮑老之譌聲。相傳有詩云。鮑老當年笑郭郎。笑他舞袖太郎當。若敎鮑老當筵舞。舞更郎當袖轉長。）一曰腳言腳語。一曰則是便是。賊孤下家門。一曰朕聞上古。一曰刀包待制。一曰絹兒來撅。一曰俫家門。一曰受胎成氣。都子家門。一曰後人收。一曰桃李子。一曰上一上。

假飾伎女，王留子抹臉詼諧，行家生活，弄假婦人，中官阿丑，邦老家門等，無不道出戲曲的詼諧個性與特出的風格，中官阿丑的戲劇效果，尤多行本事。其中又有一則言：「拘肆中戲盡出入之所，謂之鬼門道。」指戲內所扮之人，皆昔時之人，出入於拘肆，故稱之爲鬼門道，鬼門道聽來令人不適，將鼓置於其上，改稱鼓門道，或易名爲古門道，以圖吉祥。

至於戲曲之音律，卓柯月雜劇小引說：「作近體難於古詩，作詩餘難於近體，作南曲難於詩餘，作北曲難於南曲。總之。音調法律之間，愈嚴則愈苦。」才情並茂的劇作，討人歡喜，賺人眼淚也最多。把「木人」改爲「眞人」扮演的腳色，是由影戲，偶戲的表演變出。如金樓子的所記說：有優師能做木人，趨走俯仰如眞人，「鎖其頤則可語，捧其手則可舞。」周穆王與盛姬共觀，「木人瞋其目，招王左右侍者。王大怒，欲誅優師，優師大怖。乃剖木以示王，皆附會革木所爲，五臟完具。王大悅，乃廢其肝，則目不能瞋，廢其心，則口不能言，廢其脾，則手不能運。王厚賜之。」這種表演手法，有如當今的木偶戲布袋戲，但本人戲在周穆王時代就有的說法，近似玄虛。但是，灘戲在商代爲驅鬼逐疫郎有的一種祭祀儀式，儺祭的核心人物是身上蒙著熊皮，兩手分執矛與盾，戴著四隻眼睛猙獰的面具，帶著十二個假面獸形的十二神，以及追隨在後的一大群「侲子」自宫庭市井各處竄出鑼鼓喧天，歌舞震地，跳躍呼號巫覡咒語，以驅逐「疫鬼」，迎接吉祥。唐以後，方相氏與十二神仍在民間流行，但教場伶人所裝扮的門神，土地神，鍾馗，判官，黑白無常，六丁，六甲，逐漸代替了原有的儺舞，而進入了儺戲的層面。其中戲碼爲：「黃帝戰蚩尤」，「關公斬貂蟬」，「孟姜女千里尋夫」，「目連救母」，「二郎神」，「姜子牙」等有故事情節的戲碼，而有了生、旦、淨丑等的角色。灘戲與地方的雜劇如社火，賽戲合流，與歌舞小調穿梭，串連而成爲地方戲的川流，壯大了地方戲的氣勢。

前說「鬼門道」就是「勾（構）欄」中出入於戲房的場所，也就是戲房出入的門戶。勾欄一般言是倡家的別名，但在宋的瓦市中，勾欄是瓦舍中的小門戶，大的瓦舍中往往有幾十座勾欄，勾欄中演出雜劇，小說、講史、嘌唱、百戲以至諸宮調，淘眞，厓詞、合生，傀儡等節目。孟元老東京夢華錄：「東京搬載車，大者曰太平，上有箱無蓋，箱如構欄而平。」勾欄就是四面有木板圍者（也有用布簾隔著），開一門戶讓觀衆出入。上面無頂。門口懸一抬子，指名演出名目。杜仁傑（善夫）字仲梁，爲詞曲家，學宏子博，元好問：送仲梁出山詩云：「平生得意欽與京，青眼高歌望君久」。欽指李獻能，京指冀禹錫，此二人都是與杜善夫和元好問交好甚篤的益友。杜善夫有耍孩兒、「莊家不識勾欄」散曲，極通俗有味，描寫深刻，使讀者認識勾欄景象，最爲噲炙人口之作，下面就是「莊家不識勾欄」的原詞：

風調雨順民安樂，都不似俺莊家快活。桑蠶五穀十分收。官司無甚差科。當村許下還心願。來到城中買些紙火。正打街頭過。見吊個花綠綠紙榜。不似那答兒鬧穰穰人多。

（六煞）見一個人手撐著椽做的門。高聲叫請請。道遲來的滿了無處停坐。說道前截兒院本調風月。背後公末、敷演劉耍和。高聲叫。趕散易得。難得的粧哈。

（五）要了二百錢放過咱。入得門上箇木板。見層層疊疊圍圞坐。抬頭覷是個鍾樓模樣。往下覷卻是人旋窩。見幾箇婦女向臺兒上坐。又不是迎神賽社，不住的擂鼓篩鑼。

（四）一箇女孩兒轉了幾遭，不多時引出一夥。中間裡一箇央人貨。裹著枚皂頭巾頂門上插一管筆。滿臉石灰更著些黑道兒抹，知他待的是如何過。渾身上下。則穿領花巾直裰。

（三）念了會詩共詞。說了會賦與歌。無差錯，唇天口地無高下。巧悟花言記許多。臨絕末。道了低頭撮腳，礬罷將么撥。

（二）一箇妝做張太公，他改做小二哥。行行行說向城中過。見箇年少的婦女向簾兒下立。那老子用意鋪謀待娶做老婆。教小二哥相說合。但要的豆穀米麥。問甚布絹紗羅。

（一）教太公往前那不敢往後。抬左腳不敢抬右腳。翻來覆去由他一箇，太公心下實焦燥。把一箇皮棒槌則一下打做兩半箇。我則道腦袋天靈破。則道興詞告狀，剗地大笑呵呵。

（尾）則被一胞尿。燥得我沒奈何。剛捱剛悲更待看些兒箇。枉被這驢頹笑殺我。

莊家漢不識勾欄的村言俗語，憨厚木實，鄉下人看勾欄，見吊個花綠綠紙榜，花了二百錢進去看熱鬧，先坐上木板，看勾欄內的佈置，鐘樓模樣，說的是戲臺，一個表演的場地。人旋高是說觀席上人衆多，幾箇婦女臺兒上坐，是特別座位。不是迎神賽社，與鄉下鄉迎神賽社穿街走巷的情形不同，開場都是擂鼓篩鑼。然後述看戲的情況，角色的聲容動作，每叫他看的眞還假，新奇古怪。結尾是一胞尿，把他從勾欄逼了出來。杜善夫寫的勾欄與時下的戲棚子相似，雖然有簡陋的一面，也有熱鬧的氣象，使觀衆不在露天下看戲，恰如東京夢華錄說：「不以風雨寒暑，諸棚看人，日日如是」。勾欄一般是城市戲場的形式，在瓦舍裡的一角爲觀衆而存在。

宋代的諸色路歧藝人在市街空地上作場，吸引觀衆看戲，不過是臨時的表演場地。唐時代已有樂棚，教場和梨園均有表演場地，歌臺樂臺，舞臺在宮庭嬿飲錦筵上爲歡樂的場所。

宋代延用漢唐時已有的露臺爲藝人獻藝的建築，逐漸固定而爲戲臺。由城市而至鄉村。這些戲臺多半疊砌青石爲基礎，磚木爲結構，四邊豎立石柱，屋簷高聳，屋脊崇隆，頂樓巍峨，戲臺平實，架空而起的戲臺路人可穿行而過。有建築在寺廟內或面對寺廟的，有依山傍勢，建在要衝之地的，有建築在十字街口的，也有建築在莊寨及大戶人家庭院中的，較早的戲臺舞亭的記載，見於北京宋時建在山西萬榮縣古城橋上村后土聖母廟的舞亭，爲百牲迎神賽會之用。並爲雜戲扮演之所。據該處碑文指出，舞台應建立於天禧四年之前，距今約一千年。山西沁縣城內十字街西關聖廟建有舞樓，係元豐二年建成。山西平順縣北莊東河村九天聖母廟內建有戲臺，係元符三年所建。山西蒲縣東嶽廟現有四座戲臺於清初重建，但其初建何時已無可考證。山西陽城崦山白龍廟內戲臺在金明昌三年已有舞庭，可見，在宋時此戲台已有建立。山西臨汾東亢村聖母祠戲臺是金時代興定一年所建，山西寧武昌寧宮是個表演戲曲的場所。新絳縣玉皇廟有乾隆「舞台題壁」，其間記載了戲曲戲班。戲目與演員各門各路競爭與表演的情景，是一項寶貴的資料。宋元戲臺的部分記錄，只是神廟文化表現宋金時代，山西一地具有代表性的市集與鄉鎮農民於春秋兩季，以「社祭報賽，演劇爲樂」的民俗需求。山西是中國戲曲發展上，居於樞紐的重要地位。王灼「碧難漫志」說：「澤州孔三傳者，首創諸宮調古傳，士大夫皆能誦之」，而諸宮調乃是元劇體制完成的要素。諸宮調爲山西孔三傳所首創，可見山西與曲藝流行的關係密切。因此，山西舞亭，樂樓，戲台林立，不止上述者，無論其他縣鄉如代州，朔州，武州，絳州各地，無論晉北，晉中，晉南各地，戲台的建立，處處存在。何況，中國地理廣闊，全國各省寺院林總，戲臺之多，何可枚舉。至於宋元墓中雜劇雕刻據徐蘋芳文中提供：㈠河南滎縣北宋紹聖三年朱三翁石棺線刻雜劇夫婦觀於劇圖。㈡偃師酒流溝宋墓磚圖，㈢丁都賽雜雕礫，㈣溫縣宋墓腳色雕磚，㈤禹縣白沙宋雜劇雕傳。有關山西者爲：㈥山西稷山縣金墓雜劇雕磚，其間有馬村二號、四號、五號、八號、稷山二號、三號，稷山苗圃一號；化峪二號、三號；苗圃一號、雜劇腳色雕磚，㈦山西垣曲縣金墓雜劇雕磚，㈧山西侯馬董屺堅傣墓戲臺雜劇雕磚，㈨河南焦作馮村金墓雜劇雕磚，㈩山西芮城永樂宮潘德沖董石槨上縣戲臺雜劇圖，⑪山西新絳縣寨里村元墓雜劇雕磚，⑫山西運城縣西里莊元墓雜劇壁畫，⑬洪洞明應王殿（忠都秀）作場壁畫。以上「瓦舍衆伎」中最耐人尋味者一是潘德沖名槨上線刻戲台雜劇圖，三間亭樓，兩旁門柱，前有欄杆，中立一人戴展角幞頭，著圓領大袖袍，懷抱笏板，顯然是一個作官的，左右二人，頭著軟巾歪個花球，右手吹哨，左手撩衣襟，類屬打諢的僕人，另一人戴頂尖帽，長衫窄帶，敞腹掛袋有似差役，旁立一人戴卷腳幞頭，穿長袍，抱手於胸，似聽命行事的屬員。其可細看的是運城西里莊元墓壁畫繪有生、旦、淨、丑、末的腳色，各有表情動作。尤可珍寶的是洪洞明應王殿「忠都秀」作場壁畫，前排五人分作五個角色，自左至右爲引戲，副淨、裝孤、副吏、末泥，是戲曲不可少的五種必要人物，所謂「五味雜陳」雖然指飲食之好，但戲曲亦要五味俱全，這就是「五花爨弄」的故實（見本書封面）。關於一般家庭於吉慶飲宴聽唱戲曲，明朱有燉「呂洞賓花月神仙會」雜劇第二折：第一段「長壽仙獻香添壽」描寫路歧人、戲班子表演情況，正合此處所用，以說明雕磚壁畫的內容：

「末云」小生昨日街上閑行，見了四箇樂工，自山東瀛洲來到此處，打趁覓錢，小生邀他今日到大姐家，慶會小生之生辰，偌早晚尚不見來。……

「扮淨同捷譏、副末、末泥上。相見科。做院本《長壽仙獻香添壽》。」「院本上」

「捷云」歌聲纔住，「末泥云」絲竹暫停。「淨云」俺四人佳戲向前，「副末云」道甚清才仙樂。

「捷云」今日雙秀士的生日，您一人要一句添壽的詩。

「捷云」檜柏青松常四時，「副末云」仙鶴仙鹿獻靈芝，「末泥云」瑤池金母蟠桃宴，「副淨云」都活一千八百歲。

「副末打科，云」這言語不成文章，再說。「淨云」都活二千九百歲。「副末云」也不成文章。「淨云」有了有了，都活三萬三千三百歲，白了髭鬚白了眉。「副末云」好好，倒是箇壽星。

「捷云」我問您一人要一件祝壽的物。我有一幅畫兒，上面三箇人兒，兩箇是福祿星君，一箇是南極老兒。「副末云」我有一幅畫兒，上面四棵樹兒，兩棵是青松翠柏，兩棵是紫竹靈芝。「末泥云」我有一幅畫兒，上面兩般物兒，一箇是送酒黃鶴，一箇是啣花鹿兒。「淨趨搶云」我也有有，我有一幅畫兒，上面一箇靶兒，我也不識是甚物，人都道是春畫兒。「副末打云」這箇怎的將來獻壽。「淨云」我子願得歡會長生。

「淨趨搶云」俺一人要兩般樂器，一般是絲，一般是竹，與雙秀士添壽者。「捷云」我有一管玉笙，有一架銀箏，就有一箇小曲兒添壽，名是醉太平「唱」。

（醉太平）有一排玉笙，有一架銀箏，將來獻壽鳳鸞鳴。感天仙降庭，玉笙吹出悠然興，銀箏趨得新詞令。都撿添壽樂官星，祝千年壽寧。「末泥云」我也有一管龍笛，一張錦瑟，就有一箇兒添壽。「唱」（么）品龍笛鳳聲，彈錦瑟泉鳴，供筵前添壽老人星，慶千春百齡。瑟呵，水蠶吐出絲明淨，笛呵，紫筠調得音相應。我將這龍笛錦瑟賀昇平，飲香醪玉瓶。

「副末云」我也有一面琵琶，一管紫簫，就有一個曲兒添壽。「唱」

（么）撥琵琶韻美，吹簫管音齊，琵琶簫管慶樽席，向筵前奏只。琵琶彈出長生意，紫簫吹得天仙會，都來添壽笑嘻嘻，老人星賀喜。

「淨趨搶云」小子也有一條絃兒的一箇眼兒的絲竹，就有一箇曲兒添壽。「唱」

（么）彈綿花的木弓，吹柴草的火筒，這兩般絲竹不相同，是俺付淨色的受用。這木弓彈了綿花呵，一星溫暖衣衾重。這火筒吹著柴草呵，一生飽食憑他用。這兩般不受飢不受冷，過三冬，比您樂器的有功。

「副末打云」付淨的巧語能言。

「淨云」說遍這絲竹管弦。「副末云」藍采和手執檀板。「淨云」漢鍾離書捧眞笙。

「副末云」鐵拐李忙吹玉管。「淨云」白玉蟾舞袖翩翩。「副末云」韓湘子生花藏葉。

「淨云」張果老擊鼓喧闐。「副末云」曹國舅高歌大曲。「淨云」徐神翁慢撫琴絃。「副末云」東方朔學踏焰爨。「淨云」呂洞賓掌記詞篇。「副末云」總都是神仙作戲，「淨云」慶千秋福壽雙全。

「副末云」問你付淨的扮箇甚色。「淨云」哎哎哎哎，我扮箇富樂院裡樂探官員。

「副末收住云」勢財紅粉高樓酒，都是人間喜樂時。

「末云」深謝四位伶官，逢場作戲，果然是錦心繡口，弄月嘲風。

山頂戲臺和十字街口戲臺都是鄉農集會看戲的好去處，查樓多半是達官貴戚家中戲臺的室內劇場，有叫做仙樓的戲臺，是樓中樓，看戲的內眷在此看戲，不受外人的干擾。有露天劇場，多半是鄉紳爲農事節慶搭蓋的戲臺，在廣場上便於集合觀衆。茶樓酒館的戲臺則便於顧客欣賞雜戲。戲園子則是近代的建築。「陶菴夢憶」有「樓船」一條，引錄於下：

家大人造樓船之。造船樓之。故里中人謂船樓。顚倒之不置。是日落成。爲七月十五。自大父以下。男女老稚。靡不集焉。以木排數重搭臺演戲。城中村落來觀者。大小千餘艘。午後颶風起。巨浪磅礴。大雨如注。樓船孤危。風偪之幾覆。以木排爲戙索纜數千條。網網如織。風不能撼。少頃風定。完劇而散。越中舟如蠡殼。跼蹐篷底。看山如矮人觀場。僅見鞋靸而已。

樓船上演戲的盛況，已見於此。大小船舟千餘艘，群聚觀戲，可見木排數重搭臺演戲，樓船之大。颶風大浪中，以木排爲戙，索纜數千條，網船樓固定，使劇演完，亦是難得一見的場面。

元劇六百餘種，朱權約爲十二科，其內容於人間事無所不包。明代時曲小令，充塞市野。明沈德符「萬曆野獲編」說此等歌謠的流行：「不問南北，不問男女，不問老幼良賤，人人習之，亦人人喜聽之。」西調、東調、南曲、北曲，出傳奇之上，而爲戲曲納入唱傳各地，使戲曲的聲腔花式翻新。李斗「揚州畫舫錄」指說民間小曲加上引子、尾聲隨處演唱，或將元明戲曲加以短篇俗化，「綴白裘」劇本選收錄亂彈戲小曲如：銀紐絲、五更轉、燈歌、鳳陽花鼓，以及秦腔、梆子腔、崑山腔、弋陽腔等，顯明地爲地方戲鋪路加橋，使地方戲曲「似曲非曲，似腔非腔」的迎神賽會，杜火節慶，注入了藝術性的新血。而地方性的戲班子的興起，非僅係民間的需要，更是民族性喜愛的必然。地方戲方言的特色，構成其聲腔的運轉風格。聲腔的流行分佈，早先是元末明初崑山顧堅開創崑山腔，經魏良輔、張野塘，謝林泉的推敲合作，要表現「閒雅整肅，清俊溫潤」的情調，「魏良輔曲律」又經過鄭恩笠，唐小虞進一步改進，梁辰魚（伯龍）「浣紗記」的演出，奠定了崑腔的基礎，與餘姚腔、海鹽腔、弋陽腔並稱明代四大聲腔，崑曲傳入北京，遂成爲四大聲腔之首。其二是皮簧腔，是山西腔與二簧的匯流，清中葉隨徽班，漢班的流行演出，而盛行於安徽、湖北、湖南、江西、廣西、四川、浙江、陝西、山西、山東、江蘇、北京等地。其三爲弦索腔集合明代時曲而成，如耍弦兒、山坡羊、柳枝腔、羅羅腔、越調等爲基礎，而發展於山西、山東、河南、河北、陝西、江浙、湖北一帶。其四爲亂彈腔，流行於浙江，江西等地吸收其他腔調，以二凡、三五七俗令多種色素而展現了融合的現象。其中梆子、皮簧二腔的聲勢最大，流佈的地區也最廣。清代「花部與雅部」的爭勝，崑曲與弋陽腔的互爭短長，演變而爲魏長生進京以秦腔「大開蜀伶之風，歌樓一盛」（天漢浮槎散人：花間笑語）且使「六大班無人過問」（吳長元：燕蘭小譜）。魏長生被迫離京，南下於蘇州揚州靡觀衆，更擴大了秦腔的勢力。此後，就是四大徽班進京，雖然爲雅部取得局部的勝利，但亂彈、梆子，絃索，秦腔等戲，已流行四方，競相倣效。焦循「花部農譚」說：「花部原本於元劇，其事多忠，孝、節、義，足以動人，其詞眞質，雖婦孺亦能解，其言慷慨，血氣爲之動盪。」又說：「謂花部不及崑腔者，鄙夫之見也。」花部雅部之爭，其結果並不是優勝劣敗，適者生存的局面，而是採集衆長，爲地方戲的融合發展，開啓了百家爭鳴的大場面，廣視境。道光年間，徽、漢二調的相和並進，吸收地方戲的優長，而展放出來京戲的集大成的地位。

戲曲分而言之，是由戲和曲兩個部分組成，所謂戲，含有故事情節人物寫照，悲歡離合，單純複雜的內容與形式。所謂曲就是樂曲旋律的配合協調，其中引發聲歌音色，腔調旋律，鼓板絲弦，頓挫抑揚，悅耳動聽的美感效果。兩相互動的表情作爲，造成戲曲的藝術境界。地方戲因其方言的特殊聲調，而產生出來濃厚的鄉音質感，帶著當地方言的土腔與當時流行的樂曲歌謠結合而成一種原聲的腔調，演衍而結構爲一個系列的劇種，帶著這一地帶的聲腔形態，表演他們特有的與他地不同的地方風采格調。而其劇種分爲晉劇、秦腔、川劇、漢戲等名目，甚至予以定型。不過，在定型的格局裡有不斷創造的表演技能出現，遂能令人刮目相看。約述其要而舉隅如下：

## 地方戲舉偶

### 晉劇

劇幅龐大，稱中路戲，也叫中路梆子，初在太原及晉中地帶流行，因商業繁茂票號興旺，並與蒲州梆子匯合，專演大型的歷史劇，劇目有四百多種，經常演出的不下二百種。唱腔集合「亂彈、花腔和曲子」三個部分爲主體。「亂彈」的板式有：平板、夾板、二性、流等。「花腔」有二指腔、三倒腔、四不象腔，把秧歌的腔調也收羅在內。「曲子」指昆曲、羅羅腔、娃娃腔等。嗩吶、絲弦、笛子曲牌，加以二弦、三弦、四弦、胡琴、二胡等樂器爲文場，打擊樂器以梆子爲主配以鼓板、鐃鈸、鑼、鈴等，腳色三大門「鬚生、正旦、大花臉」加以三小門「小生、小旦、小花腔」，講究唱工、做工，遂能發展到山西以外地區如內蒙、陝西、河北等地。

**南路梆子** 就是蒲州梆子，在山西永濟縣一帶得名，蒲劇與民間歌謠、說唱、散曲結合而形成的「亂彈」演變爲梆子腔，蒲州與陝西同州隔河爲鄰，故有過河相互搭班演戲的習情，於是，山陝梆子的交流，流行於晉中、北與張家口，又與中路梆子發生親緣關係，至北路梆子，再與京梆子相通，變衍而爲河北梆子，因此他的劇目多劇五百餘種，且多屬長篇大戲，可以連演數日至半月不墜，如二十四本戲，分做上、中、下各八本如「紅梅閣」、「龍鳳配」等，皆以唱功的淋漓盡緻取勝，唱腔變化大，音域廣、旋律跳動起伏於激越淒楚之處，情緒跳盪於豪邁奔放之時，往往令人熱血沸騰，淚眼婆娑。因此，生旦高亢明亮，花臉雄勁剛強。武功加以特技如胡子功、翅子功、捎子功、鞭子功、椅子功、扇子功、彩轎功都是基礎紮實，利落矯健。

**北路梆子** 的戲齡與戲程約有三百年，百年以上的戲班有「三順園」、「五梨園」等數十家，戲臺名伶相與輝耀。如十三旦（候俊山）、雲選月（劉德榮）、十三紅（孫培亭）無不名傳遐邇。他的流派唱腔和冀化的山河奇絕、風土渾厚有密切關係。以忻代爲中心的「代州道」（邊關一帶），以大同爲中心的「雲州道」，以河北蔚縣爲中心的「蔚州道」，環環相扣，都使北路梆子，聲名大噪。他的劇目繁多，不勝枚舉，如「薛家將（薛仁貴絳州府龍門縣人）、狄家將（山西汾西縣人）、楊家將（楊老令公代守）等故事情節已不知凡幾。他的曲牌以鑼、鼓經爲主要部分，包括昆曲、吹腔、南羅、俗曲、歌謠體以哨吶、絲弦、笙管演奏，腳色三大門是生、旦、淨，三小門是小生、小旦、小丑，無論大門小門均側重唱唸作打的功夫爲表演，與生活相近則融爲一體，即使是歷史大戲，也力求合乎觀衆的感覺與口味。使得唱功與動作均能有藝術不離民之所好的氣息。

**上黨梆子** 是四大梆子之一。上黨在山西東南部，也曾叫做宮調，除梆子外，兼演昆戲，羅羅腔、卷戲及皮簧等五種聲腔，合稱「昆梆羅卷黃」。劇目更多到七百餘齣，海瑞的故事稱爲「徐公案」，「三關排宴」的三關就是「甯武關、邊關、雁門關」古來征戰之地的熱血故事是演也演不完，唱也唱不完。上黨梆子中最長的曲牌是「大板、四六和垛板」以及「中四六」，唱腔如「靠山吼」、「一串鈴」等，皆是男女腳色同腔、同度、同調，以徵調和宮調由大鑼、大鼓、弦索、巨琴、二把、胡胡來相伴奏，直線條的表演，痛快、熱烈，有若「黃河之水天上來」。上黨的皮簧、落子的加入，使得徽劇的西皮、二簧，武安落子的板腔流水、散板等腔調，也進入到上黨梆子裡面，使他的聲腔更有多種的層次與變化。除悅耳動聽外更增了醉人的魅力。晉劇四大梆子外，屬於他的範疇內的戲非常之多，略要而言，大致如下：

**山西皮影戲** 皮影人物是由小牛皮及驢皮泡制、刮削、打磨至半透明，根據「粉譜」印在皮面上鏤雕後敷色而成，其造型美，雕工細，手法的精緻，線條的秀麗，令人嘆爲觀止，挑簽人手持三枝小木棍操縱人物動作，影現於布幕及紗窗上，伴以說唱，念白演出戲曲故事情節。影戲班的組織，需七至九人，這就是「七緊八慢九消停」的說法。絳縣皮影尤爲著名。

**鑼鼓雜戲** 流行於晉南臨猗、萬榮、垣曲、運城各城鎮鄉村。開場儀式是走圈子，念七言詩如：「鑼鼓喧天進廟堂，敬天敬地敬娘娘，保佑保佑多保佑，保佑地方永安康。」戲情有三國志，水滸傳、血手印、六月雪等無所不包。

**萬榮清戲** 是晉南罕有的高腔即弋陽腔、初稱清戲，據言原係明代靑陽腔、後裔袁氏家族所獨有。而青陽腔的萬榮清戲又早於梆子腔，故民間有詩諺說：「一清二簧三羅羅，梆子亂彈摸不著。」清戲流布面漸廣，由家戲成爲衆民喜歡的戲曲，曲牌有〈駐雲飛〉、〈山坡羊〉、〈混江龍〉。〈一江風〉，另加〈滾調〉一唱衆和，幫腔：〈啊哎，咿呀哈〉，鑼鼓傢伙助其聲勢，聽衆無不擊節叫好。

**靈丘羅羅**　「羅羅腔」也叫「渾源羅羅」，是一種古老的腔調，一唱衆和，成爲靈丘、廣靈、渾縣、應縣、大同、繁峙及河北阜平、行唐一帶民衆之所愛。清末藝人來有旦唱作唸打及轎功，風靡一時，俗語說：「看罷來有旦，三天忘吃飯。」可見過人的魅力。曲調有：「數詞、娃子、流水、彩腔」等，聲音高拔勁秀，以板胡、曲笛、三弦、海笛、笙、二胡及打擊樂器以伴奏。

**眉戶**　流行於晉南解州蒲州，臨晉一帶，眉戶其實是「連胡」原也是一種「家戲」，是晉南一帶的民謠小調，是走江湖，歧路人或盲者的家戲。後來吸收梆子而有了大調、小調之分，大調有：〈金錢、背弓、黃龍派〉等，小調有〈月調、四平、扭絲〉等。

**平陸高調**　是盲藝人以絲弦伴奏，行走於黃河平陸一帶謀生小道，後來發展成生、旦、淨、丑的行當。

**左權小花戲**　左權古稱遼州，是「杜火」中的「小秧歌」轉變出來，以哨吶、竹笛、胡呼、京胡伴奏，內容有戲劇的情節故事如「懷杯」、「探情郎」、「打櫻桃」等。

**鳳台小戲**　由民歌轉變而來，在晉中一帶流行，用中路梆子的樂曲，常有「臘梅花、度林芙、八角鼓、盼五更、蓮花落、剪剪花、太平年、銀組絲、漁家樂、小煞尾」等套數，出之於「散板、慢板、中板、快板」的板式，故節奏明快，而富有情趣，如「送燈、賣胭脂、占花魁、鳳儀亭、撲蝴蝶、走娘家」等戲十分動人。伴奏用揚琴、笙、二胡、竹笛、小鼓、鑼、五音鑼、梆子、碰鈴等。

**雁北耍孩兒** 流行於懷仁、應縣一帶。元代盛行「般涉調 耍孩兒」又稱「一唱包頭、三咳嗽」的咳咳調，雁北郎神池、五寨（作者的故鄉）保德、河曲、苛嵐、甯武一帶。至包頭、豐鎮、集寧等地。耍孩兒以正曲爲主，一句一節，吸收了「吹腔、羅羅腔、梅花調」，以「喜拔子、若拔子、倒三板、牛拔子、梅花拔子、說拔子」，並用「分板、滾白」等板式，曲牌有「柳青娘、吊棒槌、黃鶯展翅」，哨吶用「出隊、黃風、拜場」等，伴奏三大件「大板胡正弦、大板胡反弦、笛子」聲音悠揚如鶴唳九天，歌腔高拔如崇山峻嶺之勢。用後腦共鳴，稱之爲「後嗓子」，演出史劇故事如「對聯珠、金木魚、三孝牌、獅子洞、千里送京娘搧攻」等戲，伴奏除三大件外又有三弦、笙、低胡、二胡、打琴，更添了藝術特色。

**樂樂腔** 流行於晉南陽城、沁水等地，是道家所用爲多。有「開臺戲、開場戲、敬神戲、還願戲、對台戲、祝壽戲、安臺戲」的分別，服裝道具規模小，攜帶方便，文場有小哨吶。龍笛、雙管、三弦，武場有祝、大神鼓、神鑼、噹噹、拍板、大鈸、小鼓、雲鑼、板胡、二胡等，武場板鼓、梆子、樂曲流暢顯明，唱腔悠揚動聽。鑼鼓經有「十三板、穿龍尾、十祥景」等，曲調有「悲蔓、喜蔓、樂樂蔓」等。

**弦兒戲** 屬小戲用六根弦伴奏，又叫六弦戲，演唱「白玉兔、珍珠衫、花柳林、燒骨記、回龍記、陰陽扇、小姑賢、張連賣布」，用「鬧調、五更、赴場、扭絲、介板、滾板、流水」演唱，纏綿悱惻，十分雅緻。

**弦子腔** 雁北應縣、渾源、靈丘、廣靈、大同、懷仁、山陰、陽高一帶流行，又叫「弦羅腔」，且多演廟會敬神戲，武打尤其結實，眞刀眞槍，氣氛剛烈。

**揚高戲** 也叫弦兒戲，以芮城爲中心，北至平陽，南到河南，西到陝西，戲碼豐富，蟒靠戲如：「反西唐、回龍閣、司馬莊」尤爲出名。唱腔相傳七十二大調，與蒲劇相近，而音調高昂，行腔優美，伴奏以「繁弦急管」爲其特長。

**蛤蟆嗡** 是晉西夏縣老山林的小劇。因其胡琴拉起來如蛤蟆叫而名。

**弦腔** 在晉中一帶流行，是由河北絲弦演變，到晉北叫羅羅腔（羅與囉相同）。也叫做「胡子戲」，以鬚生爲重，胡與鬍相通，鬍子指的是生戲爲重。

**賽戲** 民間稱爲「賽賽」，廟會社火，輪流由戲班子演出「調鬼、斬旱魃」及「三戰呂布、出幽州、孟良盜骨、探陰山、寶蓮燈」等戲。

**隊戲** 亦以迎神賽會爲主，在農曆春節前後，戲班子輪流在鄉鎭演出。

**曲沃碗碗腔** 由皮影戲傳變出來，演男女情戲，尤爲著名。也流行於孝義一帶。

**永濟道情戲** 與神池、洪洞、臨縣道情戲同爲清爽活潑，歌謠風味特濃，是由法曲轉變出來，結合梆子腔，唱腔以五聲音階構成的「七字調」爲多，用「道情文場四大件—胡呼、管子：梅笛、笙」爲主加上六弦、揚琴、四音，並用中路梆子爲打擊樂器伴奏。生活氣息濃厚，表演細膩逼眞，重視「三小門」小生、小旦、小丑」的劇碼，十分討人喜歡。

**秧歌** 沁源　汾孝　祁太　曲沃　太原　廣靈　繁峙　翼城　襄武　壺關　澤州　朔縣等地的秧歌大都是樸實自然，在生活中發展出來的戲曲，無論其稱呼爲何？曲調爲何，大同小異的是秧歌是所有戲曲發展的動力泉源，流布地帶之廣，黃河流域不能規範其熱火燎原者，便跨過黃河而到長江、淮湘之地。

秧歌是民間的傳說習俗，是大江南北兩岸的歌舞戲曲，也是全國歌舞戲曲的種流，以山川爲動脈，以日月爲光芒，以大地爲心臟，以民間百姓爲演員，上演的就是百姓的人情風貌，心靈與肢體合一的語言。

**二人臺** 是山西河曲、雁北、忻州地區的小戲，演出「走西口、拉毛驢、摘花椒、賣麻糖、打櫻桃、打後套、打金錢、十對花、月牙五更、五哥放羊、看花燈、鬧元宵」等戲目，唱腔自由運用，表演活潑佻達，山歌小調，說白唸唱無所不有，由內蒙到東北，叫二人轉，俗話說：「南靠浪，北靠唱，西講板頭，東要棒」，可說是唱唸做打十八般武藝件件精通，打太平鼓，打花鼓，耍扇子，耍手帕，耍花棒，唱詞中又穿插男女的愛情故事，一路唱來，不是迴峰路轉，便是水秀山明，不是淒涼悲苦，便是情意纏綿，將秧歌的熱鬧，化爲俏麗的形相，供人心怡鼓掌。

山西雁北小調「走西口」原來的歌詞是妹送哥：「送到大門口，不丟手，從走路、住店、睡覺、坐船、喝水到交朋友、用錢」都叮嚀了要小心，特別囑咐「惟有小妹妹我，天長又日久」。到了「二人臺」的「走西口」可就不是一下唱的完的。在晉劇中，我們不能採用大戲中的那一齣，只採用一男一女表演的「二人臺」來做一例證：

## 走西口

（二人台）

人物　孫玉蓮——女，十六歲
　　　太　春——男，二十歲

（孫玉蓮上。

孫玉蓮　（唱）家住在太原，
爹爹孫朋安。
生下我一枝花，
名叫孫玉蓮。
玉蓮一十六歲整，
剛和太春配了婚，
好比那蜜蜂見了花，
心中喜盈盈。
太春去探親，
叫妹妹挂在心，
眼看半前響，
不見回家中。
玉蓮出家門，
四下看分明；
東瞭瞭，西瞭瞭，
不見他轉回程。
從東來了個人，
遠看像太春；
正要上前問，

一看是過路人。
從西來了個人，
一定是太春；
走在面前看，
羞得我臉通紅。
〔又羞又氣，無精打采地走進家門。
低頭進了門，
心中好煩悶；
拿起一批麻，
用手搓繩繩。
〔搓繩納底，音樂不斷奏過門。
門外有人聲，
必定是太春；
開開門來看，
不見人影影。
〔無精打采地走進家門。

針錐手中拿，
我把大底納；
兩頭實納上，
當中打個花。
〔太春上。
太　春　（唱）咸豐整五年，
山西遭年限，
有錢的糧滿倉，
受苦人眞可憐。
二姑舅捎來信，
西口外好收成；
有心走西口，
恐怕玉蓮不依從。
孫玉蓮　（唱）聽見哥哥叫一聲，
玉蓮開門，快開門！
倒叫妹妹喜在心。
急忙放下底，

雙手開開門。

太　春　(唱)太春進了家，
心思亂如麻，
低頭暗思量，
不知該說啥？

孫玉蓮　(唱)往日笑滿面，
今日不喜歡；
莫非到外邊，
哥哥你受風寒。

太　春　哥哥十冬臘月，冰雪在地，也沒得過個病，如今春暖花開，陽騰騰天氣，還能拍著個人？

孫玉蓮　(唱)清早出外轉，
回來心不安。
莫非腹內飢？
妹妹去端飯。

太　春　不用端了，我在舅舅家吃了。

孫玉蓮　(唱)莫非你走路乏，
嘴乾口又渴；
我去滾點水，
給哥哥泡碗茶。

太　春　我也不渴，我也不喝。

孫玉蓮　(唱)莫非出外去，
和人家吵了嘴？
你受了人家氣，
妹妹我央給。

太　春　別人不知，你還不曉？哥哥從小就脾氣挺好，一說話滿臉帶笑，平白無故，哥哥和人家誰吵誰鬧？

孫玉蓮　(唱)左猜也不對，
右猜也不對；
莫非是小妹妹，
把你來得罪？

太　春　(唱)妹妹莫犯疑，

哥哥對你提：
我有心走口外，
問你願意不願意？

孫玉蓮 (唱)快不要逗人啦？
怎麼想起個走口外？

太　春 (唱)二姑舅捎來信，
西口外好收成；
刨鬧賺下錢，
回來過光景。

孫玉蓮 (唱)二人成了親，
恩愛似海深，
吞糠咽菜不嫌苦，
仔細過光景。

太　春 (唱)去年遭年饉，
寸草也不生，
沒打一顆糧，
活活餓死人。
官糧租稅重，
逼得跳火坑，
沒錢打害債，
不走西口怎能行？
去年遭荒旱，今年又成了婚，官害逼得緊，逼得活不成，地土賣了個淨，飢荒還沒打清，三害歸了一，
你說不走西口怎能行？

孫玉蓮 (唱)哥哥你主意差，
淨聽別人話。
怎樣的好出門，
不如侍在家。

太　春 (唱)家無生活計，
吃斷斗量金，
手中無有錢，
哪有不出門的人？

孫玉蓮 (唱)哥哥你要走，

玉蓮淚雙流。
丟下小妹妹，
叫人家誰收留。

太　春　（唱）哥哥走口外，
你不要挂心懷，
出外常來信，
秋後準回來。

孫玉蓮　你是一定要走？

太　春　我一定要走。

孫玉蓮　留也留不住？

太　春　留不住啦！

孫玉蓮　要不明天再走？

太　春　（唱）心去實難留，
留下也憂愁；
同行有伙伴，
今日定要走。
妹妹你不要難受，快給哥哥鋪蓋打包住，哥哥好走。

孫玉蓮　（唱）低頭暗思想，
兩眼淚汪汪；
我給你打包上，
鋪蓋和衣裳。
揭開小木箱，
打包起衣裳；
鋪蓋捆了個緊，
再給哥哥拿乾糧。
鋪蓋抱住懷，
掉下淚蛋蛋來，
咱本是恩愛夫妻，
怎能離別開！
哥哥你要走，
妹妹也難留。
懷抱鋪蓋卷，
遞在哥哥手裡頭。（欲給行李，

止)

哥你一定要走啦？

太　春　唉！哥哥一定要走。

孫玉蓮　要不明天再走哇？

太　春　唉！天氣晌午啦，人家還等的啦！

孫玉蓮　唉，哥哥！

(孫玉蓮欲給行李，又止。再次欲給，又止。最後把行李放在地下，太春拿起行李欲走，孫玉蓮上前拉住行李，起哭板。

孫玉蓮　(唱)哥哥走西口，
妹妹也難留，
止不住傷心淚，
一道一道往下流。
正月娶過門，
二月你西口外行；
早知道你走西口，
那如不成親！

太　春　(唱)妹妹莫傷心，
哥哥對你明：
口裡出口外，
不止哥哥一個人。

孫玉蓮　(唱)哥哥一定要走，
妹妹也不強留。
懷抱上梳頭匣，
我給哥哥梳梳頭。

太　春　快不要梳啦！走呀，梳甚咧？

孫玉蓮　給你梳一梳，出了門也像個有老婆的人。

太　春　快不要梳啦！

孫玉蓮　梳一梳哇！

太　春　噢，噢！梳，梳，梳！

孫玉蓮　(唱)放下梳頭匣，

大梳子手中拿，
長趟趟大辮子，
上手解開它。
大梳子梳了個通，
　梳刮了個勻，
再拿上小攏攏，
把頭發攏了個順。
先梳亂刮風，
後梳水卧雲，
編了個松三碼兒，
再給哥哥扎頭繩。
給哥哥梳住頭，
我送哥哥走；
手拉住小手手，
送在哥哥大門口。

太　春　（唱）送在哥哥大門口，
甩脫妹妹手，
你回到家裡頭，
　不要犯憂愁。

孫玉蓮　（唱）甩脫妹妹手，
　哥哥你慢點走；
有兩句知心話，
　牢牢記心頭。

太　春　天氣不早啦，人家等的啦，有話快點說哇！

孫玉蓮　（唱）走路走大路，
大路上人兒多，
　你不要走小路，
能給哥哥解憂愁。

太　春　（唱）走路走大路，
決不走小路，
大路上人兒多，
拉話解憂愁。

孫玉蓮　（唱）歇歇平地歇，

你不要靠崖頭，
恐怕崖頭倒，
壓你在崖裡頭。

太　春　(唱)歇歇平地歇，
絕不靠崖頭，
看見大崖頭，
我繞的遠遠走。

孫玉蓮　(唱)過河水長流，
不要獨自走，
不論水深淺，
跟人家手拉手。

太　春　放心哇，水深哥哥坐船呀！

孫玉蓮　(唱)坐船你坐船艙，
你不要坐船頭，
恐怕風擺浪，
擺在你河裡頭。

太　春　擺在河裡頭，哥哥會幾把水。

孫玉蓮　(唱)住店住大店，
你不要住小店，
大店人兒多，
茶水又方便。

太　春　(唱)妹子說一遍，
哥哥記心間，
走在中途路，
絕不住小店。

孫玉蓮　(唱)進了店家門，
叫給店主人，
喝上一碗白開水，
哥哥你暖暖心。
吃飯要吃熟，
生飯不美口；
你吃下頭疼腦熱，
叫人家誰侍侯？

太　春　妹妹你放心，哥哥掏錢雇上個人。

孫玉蓮　（唱）掏錢雇上人，
　誰和你一心；
　總不如小妹妹，
　挨心又接近。

太　春　妹子，哥哥記下了，這還能忘了？

孫玉蓮　（唱）睡覺當炕睡，
　你不要靠牆根；
　恐怕賊人來，
　挖牆掏窟窿。

太　春　（唱）在家靠爹娘，
　出門靠牆牆；
　若要當炕睡，
　衣服頭枕上。

孫玉蓮　（唱）一不要抽洋煙，
　二不要貪耍錢；
　學下賴毛病，
　恐怕你受可憐。

太　春　妹妹你不要把心操，哥哥耍錢、抽洋煙都不學。

孫玉蓮　（唱）哥哥你西口外行，
　不要貪花紅，
　恐怕你變了心，
　忘了妹妹好恩情。
　有錢是朋友，
　無錢下眼瞅，
　總不如小妹妹，
　年長日又久。

太　春　睡在炕頭，怕我燒人；睡在後炕，怕我冰人；睡在當炕，怕我擠人，誰也頂不住妹妹你和我一心，哥哥多會兒也忘不了你的恩情。

孫玉蓮　（唱）好話安頓夠，
　牢牢記心頭；
　早點打回信，

秋後往回走。　　我走呀！

太春(唱)妹妹安頓的話，　　(唱)哥哥我要走，

哥哥都記下，　　再不要把我留；

常常打回信，　　你回到家裡頭，

免得你牽挂。　　等歌轉回程。

太春　妹妹你放心吧，天氣不早啦，哥哥

## 秦腔

別名亂彈，山陝梆子，在山西、陝西、河南三界交接發展起來，由西北地帶至廣陽（北京），清初劉獻廷「廣陽雜記」說：「秦優新聲，名亂彈者，其聲散而哀。」俄而，由甘、寧、青、新足跡及全國各地，於雜劇與南戲的流通而有同州腔、醴泉腔、謂南腔、盩厔腔、隴州腔、隴西梆子腔於不同地區出現。乾隆年間，四川金堂人魏長生入都，使六大班無人過問，北京藝人不分秦、楚、滇、黔、燕、趙、湘、粵演員，紛紛向其學戲，遂觸怒當局，被迫離京赴揚州，又轟動江南，聲價十倍，成爲四大徽班進京前最成功的藝人。他改良舞台演出方式，創新化妝服裝技術，他的蹻功尤爲特出。弟子陳銀官、劉朗玉、蔣四兒皆有盛名，演出「鐵蓮花、背娃入府、香聯串、縫褡補、銷金帳、賣胭脂、鐵弓緣、烤火、別妻」等戲，聽衆無不熱烈歡迎。秦腔有歡音、苦音之別，悲喜之情，動人肺腑，唱腔板式有「慢

板、二六板、代板、光板、滾板、花腔，伴奏以管弦琴笛、哨吶二胡，鼓鈸鈴鑼爲助，腳色分爲四生、六旦、二淨、一丑十三門，呼爲「十三頭網子」。現存三十一種劇本有：「火燒綿山、老鼠告貓、鬧館、金釵記、古城聚義、取西川、祭江、趙顏求壽、秦瓊表功、刺鄭恩、五郎出家、宋江殺惜、審周倉、諸葛觀星、雪梅上墳、大報仇、柴桑關哭靈、二度梅、李彥貴賣水、觀春秋、諸葛祭風、放牛、秀才房、趙得勝帶劍、駮龍駒、拷鸞、墩臺擋將、日月圖、點化、牧羊卷、放飯、討荊州、三娘教子、斷橋亭」等。

我們看以「富春樓」爲名的「陳三兩」這齣戲的部分唱詞：

**富春樓**

（小鑼打旦上引）清晨起來倚梳妝，粉蝶兒亂撲紗窗，（白）紅顏薄命女嬌娘，不幸父母喪無常，苦命身落煙花巷，何日跳出是非牆，奴家，周翠屏，爹爹在世，官居五馬太守，不幸父母雙亡，多蒙姑母，恩養成人，是他改變心腸，將奴賣在煙花巷柳之中，多蒙世家公子台愛，贈名陳三兩，是我結拜一個兄弟，名叫陳魁，年長一十六歲，到是個志氣君子；昨日媽兒娘，壽誕之日，命他前去拜壽，這般時候，不見到來，正是，滿懷心腹事，盡在不言中，（小生上）走吓，可惱老淫婦，叫人氣斷腸；姊姊開門來，（旦）外面什麼人叫門，（生）爲弟到了，（旦）兄弟到了，待姊姊與你開門，兄弟請，（生）姊姊請，（旦）請坐，（生）有坐，可惱吓，可惱吓（旦）兄弟這般沉怒，與那個淘氣，（生）與你媽兒娘淘氣，（旦）與他淘的何氣，（生）昨日媽兒娘壽誕之日，爲弟前去拜壽，滿滿斟上一杯酒，跪在他的面前，叫他允承我一件大事，（旦）什麼大事，（生）不叫姊姊迎賓接客，（旦）他可曾允承，（生）他竟然不允，（旦）他不允就罷，（生）他罷我不罷，（旦）你不罷，心想怎樣，（生）我心想告他，（旦）你告他下何考語，（生）我告他買良爲娼，私買人口，大老爺聞聽此言。將他一頓板子打死，方消爲弟心頭之恨，（旦）兄弟這兩句話，還是你心中就有，還是傍人教導于你，（生）姊姊説那裡話來，爲弟長成一十六歲，這兩句話，不會講他，怎樣爲人，（旦）姊姊告便，（生）請便，（旦背白）觀看陳魁，雖則年幼，説兩句話，到是個志氣男子，我不免借他幾百兩銀子，叫他大小作個買賣，日後若有發達，好將奴家救出娼門，就這是個主意，（坐下）兄弟你與他呈訟到官，豈不被傍人恥笑，（生）依姊姊之見，（旦）大小作個買賣才好，（生）請問姊姊，爲弟要作什麼買賣才好，（旦）兄弟願意作臉朝裡的買賣，還是臉朝外的買賣，（生）臉朝裡的怎講，臉朝外的買賣怎説，（旦）臉朝裡的買賣，身背貨箱，東家門進，西家門出，（生）臉朝外的買賣呢，（旦）臉朝外的買賣，在這鄆城下，開一座絨線鋪面，這就是臉朝外的買賣，（生）臉朝外的買賣好作，也得三頭五百兩銀子，爲弟那有許多銀子，（旦）你就該在大户人家去借，（生）姊姊你又來了，爲弟來在這鄆城縣，靠親無親，靠故無故，那裡去尋，那裡去借（旦）也罷，你著肯滿滿斟上一盃酒，跪在我的面前，叫我三聲，親親姊姊，我就借與你五百兩銀子，（生）姊姊眞心，（旦）眞心，（生）實意，

（旦）實意，（生）好吓，（唱緊板）滿滿斟上一盃酒，雙膝跪在地留平，（白）親親姊姊，請來用酒，請來用酒，（旦白）兄弟，你這算何意，（生）弟賀的是五百兩銀子，（旦）咳，怎麼你就賀的那五百兩銀子麼，（唱滾板）我説兄弟吓，兄弟，想姊姊，那五百兩銀子，非從容易而來的吓，（慢板）一句話兒錯出唇，見兄弟跪在地埃塵，用手兒攙起結拜弟，（搖板）姊姊言來聽原音，五百銀子是小事，那知姊姊費盡心，前門接了有錢客，後門送出無錢人，命苦身落煙花巷，難得積存這五百銀，但願買賣多茂盛，我情愿將姊姊救出門，（旦）吓，（唱）救不救，全在你，此話在心莫出唇，（生唱）自古道路遙知馬壯，日久才見人的心，（旦唱）好一個路遙知馬壯，日久才見人的心，來來來，隨姊姊開箱櫃，（代羅唱）親手兒遞你五百銀，（生唱）一見銀兩放掉案，再叫姊姊聽原音，（銷板白）姊姊想爲弟，帶了許多銀兩，若被你媽兒娘看見，他説爲弟盜賣你的家財不成，（旦）也罷，待姊姊去到樓上，縫上一條搭摶，將銀兩帶出院去，瞞過媽兒娘，豈不是好，（生）但憑姊姊，（旦）隨姊姊上樓，上梯小梆子捻線，（旦唱搖板）上樓來，我這裡，打門針黹，覷兄弟，容貌兒，可算第一，縫搭摶，表一表，（行絃花梆子元板唱），叫兄弟，你醒來，細聽仔細，（旦）且住，兄弟蘇醒，兄弟醒來睡死你了？（旦）姊姊搭摶可曾縫完，（旦）還有幾針，未曾縫完，你我夥縫了罷，行絃上天梯咬線，（二六板旦唱）我將搭摶縫完畢，再叫兄弟聽仔細，來來來，你你把肩兒背，（斷板腔）大諒來，媽兒不曉得，（生唱）姊姊打開皇歷一看，看看黃道好吉日，（旦唱）初四，十五，二十七，俱都是，開市好吉日，（生）亂別姊姊下樓去，（下鑼）回家去稟告爺娘知，下，（旦唱元板）一見兄弟下樓門，背轉身來自想情，但願買賣多茂盛，（打送板）他將我陳三兩，救出火炕，（下）

## 川劇

川戲原來流行於四川及雲貴地區，由於亂彈戲的盛行，川戲也吸納了梆子腔、昆腔、高腔、皮簧腔而進入了開展壯大的階段，川昆、高腔、皮簧、梆子腔加上原有的燈戲，而成就了「昆、高、胡《皮簧》、彈、燈」五種聲腔，結構四條河道：「川西—溫江地區，資陽—自貢、內江地區，川北—南充、綿陽地區，川東—重慶地區」匯集而成川戲合四為一的結構。綿竹縣令詩：「山村社戲賽神幢，鐵撥檀槽柘作梆；一派秦聲渾不斷，有時低去說吹腔。」又有俗諺：「過罷元宵尚唱燈，胡琴拉得是淫聲；四門送妹皆堪賞，一折廣東人上京。」的竹枝詞。四川劇目之多有一兩千種，所謂：「唐三千，宋八百，數不完的是三列國」之說，眞是琳琅滿目，庫藏豐富。川劇有一唱衆和的習尙，叫做「幫、打、唱」，表演內容的麻辣、滾燙、火爆夸飾，趣味五味雜陳，又有秘不外傳的「變臉」特技，噴火、鑽火圈、托舉、藏刀，尤其令觀衆嘆爲奇觀，稱賞備至。錄「秋江」一戲於下：

# 秋江

（川劇）

人　物　陳妙常——十九歲的女尼

艄　翁——七十九歲的老漁翁

〔陳妙常上。

陳妙常　（唱）君去也，

我來遲，

兩下相思各自知。

見面好把衷腸叙，

忙到河下雇船只。

（看狀）來在秋江河下，追趕潘郎，但不知他雇何人的船只到臨安去了！

〔艄翁內作吼號子聲：『伙羅羅羅羅！』

〔音樂作水聲。

觀看下流頭有一只小小船兒，待我叫來！（作喊狀）艄翁，艄翁！打舟來！

〔艄翁內應：哪裡在喊我？

陳妙常　打舟來喲！

〔艄翁上。

艄　翁　來了！啊伙羅……（念『占占子』）秋江河下一只舟，呀么之鷗；兩旁撒下的釣魚鉤，呀么之鷗；釣得鮮魚沽美酒，這樣快活哪裡有！哈哈哈哈！（看狀）原來是刺笆林的斑鳩——

陳妙常　此話怎講？

艄　翁　是一個『姑姑』！

陳妙常　我道何人，原來籠內的金鸖——何人的船？

艄　翁　此話怎講？

陳妙常　你是一個『公公』！

艄　翁　噫，不錯，老漢是個艄公。姑姑叫老漢啥事？

陳妙常　請問公公，你是從早下河，是剛才下河？

艄　翁　老漢是從早下河來的。

陳妙常　那麼你可曾得見一位相公？

艄　翁　怎樣打扮？

陳妙常　此人頭戴青巾，身著藍衫，腰繫絲絛，後跟一個小小書童，身背琴劍書箱，趕何人的船只到臨安去了？

艄　翁　哦，我想起了！有一位相公，頭戴青巾，身著藍衫，腰繫絲絛，腰杆上還吊得一個稱砣砣。

陳妙常　那是讀書人的斯文砣，艄翁！他趕何人的船？

艄　翁　趕二娃子的船到臨安去了喲。

陳妙常　到臨安去了！公公，我有心要雇你的船，前去趕他，不知趕得上否？

艄　翁　雇別的船就怕趕不上，是老漢這只漁舟，好比那腳上擦清油——一溜就趕上了。

陳妙常　（拍手）好啊！

艄　翁　你與那位相公有親嗎？

陳妙常　無親。

艄　翁　有故？

陳妙常　無故。

艄　翁　非親非故，你趕他做甚？

陳妙常　（遲疑狀）我與他是朋……（羞狀）

艄　翁　船篷？

陳妙常　不是。

艄　翁　風篷？

陳妙常　不是啊！

艄　翁　啊！你看見天要下雨，叫老漢帶頂斗篷嗎？

陳妙常　啊呀，他與我是朋友啊！

艄　翁　（旁白）哦，才是一位多情的姑姑！等我來與她作作玩。嘿，姑姑，老漢活了七十九，哪見姑姑與男娃子交朋友？

陳妙常　管我朋友不朋友，我有銀錢交你手！

艄　翁　（旁白）哦，你有銀子，嗨嗨，好嘛，那我就要得多！

陳妙常　要好多？

艄　翁　我要孫猴兒打跟斗！

陳妙常　此話怎講？

艄　翁　十萬八千！

陳妙常　哎呀，那要得了這許多！

艄　翁　我漫天喊價。

陳妙常　那我就就地還錢。

艄　翁　那你給多少？

陳妙常　我給你大舜耕田。

艄　翁　一兩？

陳妙常　（搖頭）

艄　翁　一錢？

陳妙常　（擺手）

艄　翁　到底多少？

陳妙常　一厘呀！

艄　翁　哦，嗨嗨，虧你說得出口，還不夠老漢吃杯燒酒！

陳妙常　那就講個實價。

艄　翁　那麼，我要三錢銀子。

陳妙常　三錢！我就給你三錢銀子。艄翁，快快搭跳！

艄　翁　不忙！

陳妙常　搭跳來！
艄　翁　沒慌！（旁白）看她好著急，我還要與她作作玩——姑姑，三錢銀子去不到。
陳妙常　怎樣去不到？
艄　翁　我還約得有個生意，要裝兩百斤燈草。
陳妙常　你那小小船兒，怎能裝得下？裝二百斤燈草，我連站都沒有地方站了。
艄　翁　那才夠我的水腳錢。
陳妙常　要好多才夠嗎？
艄　翁　那我就要加成鴨公頭！
陳妙常　啥叫鴨公頭？
艄　翁　六錢！
陳妙常　六錢！趕得上嗎？
艄　翁　趕得上。
陳妙常　如此，我就給你六錢，搭跳！搭跳！
艄　翁　不忙，不忙，我還要搭個儎。
陳妙常　裝什麼？
艄　翁　我還要裝一個和尚。
陳妙常　哎呀，不好！
艄　翁　我要多進點錢。
陳妙常　你究竟要好多？
艄　翁　我要拉不伸！
陳妙常　啥叫拉不伸？
艄　翁　九錢。
陳妙常　這就是你的不是！要三錢，給三錢，要六錢，給六錢，而今又要九錢，你明明在訛我……
艄　翁　那個訛你！
陳妙常　那我就不去！
艄　翁　你不去呀，就趕不到你那位相公

陳妙常　喲?!撐開了——伙羅羅……（下）

陳妙常　爲著這三錢銀子，不得與潘郎見面，我不免給他九錢吧了。艄翁！

（艄翁內白：你又在喊啥喲？

陳妙常　給你九錢！

（艄翁上。

艄　翁　來了，姑姑站開點，纖繩來了！嗨嗨，姑姑，老漢有禮了。

陳妙常　稽首呀，稽首。

艄　翁　那我就起腳！

陳妙常　你怎麼要起腳啊？

艄　翁　你要起手，我就要起腳。

陳妙常　我們出家人稽首稽首，就如你們在俗人見禮一般。

艄　翁　我倒不懂，把你錯怪了，拿來，拿來！

陳妙常　拿什麼來？

艄　翁　船錢！

陳妙常　攏了我會給錢。

艄　翁　船錢，船錢，過後不言，攏了碼頭，你不給錢，你給老漢兩個羅連。

陳妙常　好，我與你取！

艄　翁　姑姑，你戴個花荷包？

陳妙常　呀，啐！

艄　翁　原來是貼翠的，我還當成繡花的，姑姑，你這銀子都給蟲打了好多眼眼。

陳妙常　十足紋銀是蜂窩底！

艄　翁　我退你六錢！

陳妙常　好銀子啊，爲啥不要？

艄　翁　我只收你三錢。

陳妙常　剛才你爲何要九錢？

艄　翁　噫，剛才你不是說你有錢嗎？
陳妙常　哎呀，公公，你看耽擱我好久哦！
艄　翁　沒來頭，趕得上！
陳妙常　請公公與我搭個扶手。
艄　翁　我把跳板給你搭起。
陳妙常　有勞了。
艄　翁　快上來！
陳妙常　穩不穩當？我沒有趕過船哦！
艄　翁　穩當哦！
陳妙常　哎呀！
艄　翁　不要看水，兩步就跨上來。
陳妙常　公公，快開船！
艄　翁　哦哦哦！（旁白）她好著急！我還要與她作作玩。姑姑，口渴嗎？瓦罐裡有水，老漢不陪你了。
陳妙常　你到哪裡去哦？
艄　翁　我回去吃飯。
陳妙常　有好遠哦？
艄　翁　沒得好遠，打雷都聽得到，只有四十里路。
陳妙常　要不得，要不得！
艄　翁　難道我餓倒肚皮來推你?!
陳妙常　你要吃多少？
艄　翁　嗨，我一頓就吃得多喃。
陳妙常　好多？
艄　翁　要吃五兩四錢三！
陳妙常　哪裡吃得到這麼多嗎？
艄　翁　不要把你嚇倒嘍！我是要吃五兩燒酒，四個錢的清油煎，三個錢的豆腐。
陳妙常　這一點算我的！
艄　翁　哦，你好大方，算你的我也不吃！我給你作玩的，我吃過飯嘍，我送你到臨安，只收銀三錢，不吃你的酒與飯，說到就開船。姑姑坐穩當，開船嘍！(撐船)伙喲伙，喲伙伙！這水退得眞快，把我的船都擱起來了。

陳妙常　那怎麼了？

艄　翁　我還要下水去抽一抽(推一推之意)

陳妙常　那就快點！

艄　翁　我把裹纏子解了。

陳妙常　快點！

艄　翁　不忙！(下水、抽船、喊號子，半天，船都抽不動)唉呀，纖繩都還沒有解呢！

陳妙常　公公，你在做啥？

艄　翁　你把我催得糊里糊塗。(又抽船)噫，你今天就生根啦！(用腳蹬開船，船溜脫，艄翁抓纖繩拉船)嗨，嗨，嗨！

陳妙常　哎呀，嚇死人啦！

艄　翁　不怕得，不怕得，我把船撞溜江了，纖繩還在我手裡，拉倒在，哎呀，衣服都打濕完了，好生點，老漢纖繩甩上船來了，不要怕，老漢上船來了！

陳妙常　哎呀，快開船，快開船！

艄　翁　小船追小船，只要幾篙竿，你不要催，我們秋江河開船還有個臭規。

陳妙常　敢莫是鄉規！

艄　翁　唔，不錯，要說個四言八句，姑姑你講！

陳妙常　貧尼素不占人之先。

艄　翁　老漢也不落人之後啊。

陳妙常　艄翁請講。

艄　翁　我來說啥來！哦，有了！適才下了一陣雨，吹了一陣風，我就來說風雨。雨打船篷風又來，順風擺浪把船開，白雲陣陣催黃葉，姑姑……

陳妙常　艄翁。

艄　翁　你好比江上芙蓉獨自開。

陳妙常　（唱『青鸞祅』）冷浸浸潘郎今何在？離情別緒繫心懷。

艄　翁　姑姑，我們來放放溜閑談談。（放溜）

陳妙常　艄翁，趕快推船哦！

艄　翁　你不要忙，趕得上。你看，這一節水很平，就是不推都要得，姑姑，你貴姓？

陳妙常　我姓陳。

艄　翁　（指陳）咳咳……說不得！

陳妙常　當眞姓陳。

艄　翁　我們青龍背上就忌諱這個。

陳妙常　忌諱這個陳嗎！

艄　翁　喲，你怎麼招呼不倒！

陳妙常　噢！我們這個姓你們喊什麼？

艄　翁　我們喊老淹。

陳妙常　怪不好聽！

艄　翁　管他好聽不好聽，只要避開這個字眼就對了叫，姑姑你是蹺脚嗎？還是耳東？

陳妙常　我是耳東。

艄　翁　那都還好，還有個耳朵管倒在。要不然這一下……

陳妙常　哎呀呀呀！

艄　翁　不怕，不怕！嗨！我們兩個是華宗。

陳妙常　公公，你也姓……

艄　翁　我不是你那個姓！我姓楚。

陳妙常　好道，你姓楚，我姓……

艄　翁　淹。

陳妙常　還怎麼是華宗喃？

艄　翁　喲，你沒有讀過《百家姓》嗎？馮淹楚衛，淹楚相連，豈不是華宗！

陳妙常　那怎麼是華宗？

艄　翁　華得！

陳妙常　華不得！

艄　翁　華不得就走！

陳妙常　(唱)無端惹下風流債，
　　恨老尼，將一對鳳凰兩分開；
　　郎去也，何日才來！
　　怕只怕，相思病兒離不開。

艄　翁　姑姑，今年好大貴庚？

陳妙常　一十九歲。

艄　翁　哦，才十九歲呀，嗨，你跟老漢打得倒個老庚！

陳妙常　公公，你今年有好大高壽？

艄　翁　我沒得好大，今年才七十九歲。

陳妙常　公公七十九，我才一十九，怎麼打得老庚？

艄　翁　嗨，我把六十歲的花甲丟到秋江河去寄到一下，就拿這十九歲來跟你兩個打個老庚。

陳妙常　打不得！

艄　翁　打不得又走！哎呀，軟皮浪，坐穩，不動啊！

陳妙常　(唱)潘郎做事大不該，
　　不該別我赴帝台；
　　昨夜禪堂就該講，
　　免我沿江追趕來。

艄　翁　姑姑，你這個人眞好，我要奉承你幾句。

陳妙常　你奉承我什麼？

艄　翁　姑姑生來一枝花，月裡嫦娥你比她，此去會著相公面，恭喜你明年要生……

陳妙常 生什麼？

艄　翁 生個胖娃娃。

陳妙常 嗨，你說些啥呀？

艄　翁 奉承你的話喲。

陳妙常 公公說話不正氣！

艄　翁 把那個『不』字叉了！

陳妙常 秋江河下把我戲。

艄　翁 把那個『戲』字圈了！

陳妙常 我不看你年紀老……

艄　翁 怎麼樣？

陳妙常 我一掌打你下河去！

艄　翁 噫，你把老漢打下河，哪個來幫你推船去趕那個相公？坐穩！

〔音樂作鳥聲。

陳妙常 公公，從空飛來什麼鳥？

艄　翁 鴛鴦鳥。

陳妙常 鴛——鴦——鳥！

艄　翁 白日並翅而飛，晚來交頸而眠，雌雄相伴好比人間夫妻一樣，親熱喲！

陳妙常 ……

艄　翁 按不倒，高得很哦！

陳妙常 哎……呀！

艄　翁 飛那麼高，她還說矮啊！浪子來了！

陳妙常 (唱前腔)你看那鴛鴦鳥兒，
成雙成對，
好一似和美夫妻；
白日裡並翅而飛，
到晚來交頸而眠。
奴與潘郎雖則是相親相愛，
怎效得鴛鴦鳥兒，
一雙雙，一對對，

飛入到波浪裡永不相離！

〔二人同下。

## 漢　劇

流行於長江漢水流域，由湖北而及於河南、湖南、陝西、四川、江西、福建、廣東、廣西等地帶，以二簧、西皮爲聲腔的主調，舊稱楚調、漢調。葉調元竹枝詞於道光年間游漢口詠楚調說：「月琴弦子與胡琴，三樣和成絕妙音。」「曲中反調最淒涼，急是西皮緩二簧。」提到前輩藝人說：「小金當日姓名香，喉似笙簫舌似簧：二十年來誰嗣響。風流不墜是胡郎。」名角既然倍出，表演自有特色。流行於襄河、荆河、漢水、府河四條路子，同時，與徽班文戲吹腔或戲撥子腔與崑笛伴奏的四平腔融會演衍成的二小簧、老二簧、二簧、反二簧，形成徽、漢合流，發展而成以唱西皮、二簧爲主的京戲。漢劇的唱腔板式西皮又分「慢西皮、中西皮、快西皮、反西皮」以及「慢眼、二流、散板」等。漢劇腳色十大行：一末、二淨、三生、四旦、五丑、六外、七小、八貼、九夫、十雜外，另有蹻旦、搖旦、二老生、四七郎、六六，以及陀螺帽、宗太保等輔助行當。周學藩（棄子）於「未埋庵短書」中談「漢戲大王余洪元」，在「楚謳憶語」一篇裡說及丑角大和尙、花旦牡丹花演「活捉三郎」一齣戲說：

梨園行向來有一種「絕活」的說法。那就是說某人某戲，不惟在一般的標準上登峰造極。並且必定有某一兩點「獨到」之處，別的角兒不惟是趕不上，並且根本上就辦不到。這樣就叫「絕活」。譬如說譚鑫培打棍出箱的踢鞋落頂；麒麟童四進士的隔鬚吹燈；都屬於絕活之一種。大和尚牡丹花的活捉，也有幾處是絕活。（一）張文遠（大和尚飾）開門後，閻婆惜陰魂（牡丹花飾）一衝而入，參拜家神，歧足引領，面向後台，背對台下，雙肩搖動，頭上掛的紙錢，隨之擺蕩。此一動作，立刻造成全場「鬼來了」的氣氛。膽小的人，無不失色，尤其小孩子們，多半被嚇得哭。（二）追捉張三時圍著桌子跑圓場，如疾風迅雨，而兩人都有準步數，準地方，不只是一絲不亂，而且聽不到腳步聲響。（三）活捉時張三被閻婆惜用一根帶子弔在頸子上，猛然一提，張三即離地數寸，飄蕩如一片落葉。這全看旦角的腕力和丑角的腰工。非苦練數十年，決辦不到的。

大和尚除此戲之外，還有一齣收癆蟲，在上海也出足了風頭。收癆蟲演的是濟顛僧降伏肺結核的故事，劇情荒誕不經。濟公的扮相，仍是老樣子。但大和尚有一絕活，即是出場時，場面上打「川鎖鎚」（一種鑼鼓牌子）。濟公所掛的一串念珠，能自動的圍著脖子轉，既不借重手撥，也不見他脖子動。念珠不惟自動，並且能夠應和樂器的快慢，若合符節。這在行家叫做「內工」；而台下看來，簡直像是魔術。他這齣戲號召力之大，也不下於活捉。

大和尚牡丹花是成功了，但當時的觀眾，多半是滿足好奇心，未必能認識到劇藝上的眞價値。並且，他們兩人本來自認劇藝是在余洪元之下，如今看上海人把余洪元那麼冷落，而把他們兩人捧上了天。所以，他們不惟不自喜，而且頗爲不平。後來回到漢口，大和尚一次對我說及，還不免有「劉黃下第我輩登科」的感慨。

對於金大王更是讚不絕口：

余洪元，號丹甫，湖北省咸寧縣人。病故於民國二十六年冬季，約得年六十三四歲。咸寧本係山僻之區，風氣閉塞。而且方言詰屈，向來很少有人學戲。余洪元幼年，是在漢口一家紙行當學徒。酷好漢劇，朝夕沉迷於梨園中。後來生意沒有學好，戲倒學會了不少，並且常常參加堂會清唱或者彩串。由於自己的興趣以及旁人的慫恿，竟然棄去本業而下海，這時大約是光緒末季。下海不久，即享盛名。以後藝隨日進，不惟執末角一行之牛耳，即整個漢劇界，也奉若泰山北斗，贏得「大王」的徽號。

一技成名，離不開天才與學力。余洪元的天賦，嗓音可謂絕佳。吃調高而水音寬，開口即有蒼涼之味。行腔吐字，堅實不浮。這都由於口齒清，丹田足，廣義的說，還是天賦方面。而他的獨擅之處，則在能將劇中人的性格、身份、情緒等，統統貫注於戲詞之中，而從腔調的韻味中充份發揮出來。其他唱得很好的人，不過是多變化，少重複，可悅耳而未必可以動心。他則似乎無意求工，而動中規矩。使人一聽，就覺得此劇中此句此字，非如此唱如此念不可。入耳之際，必然移情。悲歡哀樂，完全被其左右，無異催眠作用。「聲音之道，足以感人」。我在余洪元的唱與念中間，確實找到了

「感」字的註腳。

其次說到做工方面，則余洪元的先天條件，似欠充足。我們知道，所謂做工，不外表情與動作。表情出於面部，動作出於全身。余洪元是個矮胖個兒，面型圓略帶扁，湖北土話叫「炖缽臉」。雅片煙以及燕窩銀耳之類，吃得太多，望去總是有點浮腫。通體癡肥，行步蹣跚，日常見面，實在容易引起「可憎」的印象。但是他對於扮戲做戲，眞正下過苦工。網巾一戴，水紗一紮，稍施粉彩，馬上就換了一副面孔。（包緝庭先生說錢金福勾臉，把瘦削勾成寬大，其神妙也正是如此）。等到一出台，那就臉上、身上、手上，無一處地方不是戲，無一秒鐘時間沒有戲。配合上臻於化境的唱工和念白，使你簡直要忘記了是在聽戲或看戲，只覺得在你面前的是一件毫髮無遺憾的藝術品。這種境界，老實說，是並非文字所易於形容的。

他特別舉「興漢圖」進一層說明余大王的成就比做是王羲之的蘭亭序，獨絕千古：

興漢圖演的是「曹丕篡漢劉備稱帝」的一段故事。主角劉備，配角諸葛亮。前段登殿唱的西皮，後段探病改爲二簧。做工則貫穿全劇，小骨節眼兒尤其多。余洪元這個戲，就是在唱的方面，把漢戲唱工所有的字法、腔法、氣象、神韻、擷菁鉤秘，全部融入此一戲。在做的方面，所謂手、眼、身、法、步，也是應有盡有。

我曾經詳細研究漢劇十大角的每一齣戲。肯定的認爲任何一齣戲的唱工與做工，無不統攝於余洪元興漢圖一戲之中。甚至青衣花面的戲，亦復如是。因此，儘管余洪元的興漢圖難學，而凡愛漢調者無不學余洪元的興漢圖。只要稍得皮毛，學其他的戲必然是特別省力。這決非是故神其説，我本身就有這種經驗。余洪元曾經有一次，碰到高興，把此戲前半大段西皮，爲我簡略的説過一説。從此之後，我每逢西皮戲，無不迎刃而解。有許多内行誇揚我的天才，實際仍是余洪元的殘膏剩馥。沾溉及我而已。凡是一個大名角，演他所獨擅的大名劇。必定是千變萬化之後，凝鍊成一種典型。他能把這個戲演上千百次，毫不走樣。有如絕代佳人，施朱太赤，施粉太白，增一分太長，減一分太短。戲演到這個境界，即内行所謂「有準」。余洪元的興漢圖，確係如此。

## 豫劇

叫河南梆子，也叫高調，出河南流行於山陝甘寧，魯冀皖鄂之地。汴梁原爲京華盛都，明末清初秦腔與山西蒲州梆子進入河南，與當時地方歌謠結合，產生出來四種新腔，在開封一帶叫祥符調，在商丘一帶的叫豫東調，在洛陽一帶的叫豫西調，在漯河一帶的叫沙河調。祥符與豫東調發聲高亢激昂，豫西與沙河調音色柔婉悲涼，兩者各表現其特有的風格。祥符調早期藝人徐老六貢獻很大，他調教出來的女角李劍雲出新腔「對花腔、勸夫」，由於唱作酣暢細膩，把豫劇帶上了高峰。又因旦角陳素眞進一步提升劇情內容，更是流轉生動，人稱豫劇皇后，後有常香玉出豫西調而與豫東，祥符調容長補短，把墜子、曲子、大鼓等曲調加入表演，不僅充實了內容，也豐富了唱腔，形成了清新剛健，細膩俊爽的風格。豫劇唱工特殊，感情濃厚，行當分大紅臉、二紅臉、小生、邊生、正旦、小旦、草旦、黑頭、大花臉、二花臉、三花臉，俗稱「四生四旦四花腔」。唱詞說白的中州音，通俗淺顯，家常話出入流動，受到觀衆激賞。音末結構分漫板、流水、二八、飛板四大類而多有變化，伴奏文場以二弦、三弦、月琴稱爲老三手，板胡之外，並有加入中西管弦樂器的，尤其使氣氛提昇，曲調活潑，表現了熱烈大方的另一面。現在錄用「寇準背靴」一劇於後：

## 寇準背靴

柴：我哭哇！我哭了聲郡馬，我再叫聲夫君哪！自從你充軍汝州境，俺淚灑枕畔濕紅綾。天天盼來夜夜等，誰知道盼回來白裝棺木一口靈，破鏡難圓大廈傾。咱楊家一片丹心爲大宋，寸寸山河血染紅！沙場上經百戰你未曾殞命，哪料想奸臣手下卻喪生。郡馬爺你再睜眼看一看，老的老、小的小，老少寡婦八九名，咱家破人亡還擔著罪名，千古奇冤恨無窮。蓋世忠良遭殘害，誤國奸佞受皇封。乾坤朗朗無公正，天網恢恢咋無報應。我呼天叫地誰應聲？咱楊家保國卻有罪，王欽若害人倒有功。恨上來賊府去拼命！

佘：兒媳哪裡去？

柴：找王賊到御前把理評！

八姐、九妹：俺和嫂嫂一同前往。

柴：婆母！
佘：兒媳呀！兒媳你氣不平情理俱在，爲娘我歿了兒一樣悲哀。王欽若施奸計忠良被害，就把他千刀萬剮也應該。
八姐、九妹：那就該殺進賊城，除奸報仇！
佘：恁沒見強敵逼到大門外，咱怎能不顧外患把內亂開？勸兒媳忍耐再忍耐，（白略）待我兒出殯後由娘安排。（白略）
延昭：（白略）母親啊！我死裡逃生得活命，兒是延昭娘莫驚。
佘：當眞你是兒延昭？
柴：果然你是郡馬公？
延昭：母親、郡主請安定，我有驚無傷回家中。
柴：莫非我在做好夢，難道我兩眼沒看淸，只當你在汝州喪了命，白叫俺婆媳受虛驚。既然郡馬你還在，哪裡來的這口靈？
延昭：棺材裡裝殮的是任炳，他在汝州一命終，用了個抽樑換柱計，我一路冒充他的名。
柴：快把宗保來喚醒，再別叫孩子他爹呀爹的哭別人靈。
延昭：我罪行未滿逃回京，千萬不敢走了風，萬一不愼傳出去，欺君藐法罪不輕。
柴：哎呀，凜凜七軀男子漢，南征北戰你帶領兵，刀叢劍樹都敢闖，今天變成個窩囊蟲。回來就是回來了，害什麼怕來你擔什麼驚！

延昭：（白略）母親哪！曾記得三年前敵兵進犯，王欽若爲使臣和約去簽，三關上我義正辭嚴極力阻攔，莽焦贊打老賊惹下了禍端。賊上殿奏咱家擁兵作亂，我充軍汝州地含恨銜冤。任堂惠暗保我歷盡艱險，同生死共患難心心相連。王欽若老賊太毒短，買通汝州地方官。他要害孩兒一命斷，除盡忠良謀江山。任賢弟得下了瘟疫病，三天未過離人間。俺二人面貌多相似，年歲也一般，老管營訂下了抽換計，假說兒死報上官。任炳賢弟棺中殮，兒冒名頂替潛回還。見靈柩我更把賢弟思念，願恩人英靈永存在九天。

佘：任賢姪他一死令人感嘆，恁都來隨爲娘同把靈參。任炳，堂惠！賢姪呀！任賢姪待楊家恩德非淺，我把你當作個親生兒男，你一無家來二無產，埋在俺楊家墳塋永受香煙。

（白略）

寇准：下朝來一邊走一邊長嘆，（白略）忘不了朝閣事愁鎖眉尖，北國又把邊疆犯，難壞了宋王天子文武衆百官。王欽若主和議膽怯氣軟，一心要送銀米且顧眼前。我與奸賊苦爭辯，定要興兵定邊關。他主和我主戰，衆文武議論紛紛不一般。天明五鼓上金殿，吵吵嚷嚷老半天。宋王爺一怒回宮院，衆文武垂頭喪氣離朝班。寇準我下朝來一路盤算，和與戰於國家的存亡都有關。邊關上告急表章如雪片，大宋朝優柔寡斷因循苟安。大好的山河被人佔，黎民百姓受摧殘。國有難我若是袖手不管，白吃俸祿我做的什麼官，我寇准拍拍良心對不起天。我主張發動人馬去平亂，他們說無人掛帥實在難，我有心再去賣賣老，看一看鬢髮銀白腰腿彎，怎比得當年在澶淵！王欽若與楊家結下了私怨，苦害了楊延昭死在汝南。一代忠良含冤死，大宋朝塌陷了半拉天。我眼前若有楊元帥，哪怕邊塞起狼煙。南清宮去把千歲見，一心要抗北番，保衛大宋錦繡江山。（白略）番敵年年犯北塞，苟安求和是下策，那北國貪婪性難改，咱必須兵發邊關抗外來。

趙德芳：老愛卿保國家忠心常在，可咱朝兵少缺將才，縱然出兵誰掛帥？我的老愛卿 啊，難道你能不明白？

寇：千歲！因此上想起了楊家將，楊家代代出忠良。父子們多死在戰場以上，單剩下一個楊六郎。實可恨王欽若狗奸黨，定要害他一命亡。充軍發配汝州往，以此北國更猖狂。他欺咱無人能抵擋，他欺咱國弱兵不強，他欺咱大臣們不和睦，他欺咱朝廷無主張。到處燒殺到處搶，雞犬不寧民遭殃。老百姓慘死在刀刃上，王欽若他偏要屈膝去投降。爲臣晝夜苦思想，想起來楊家更慘傷。咱朝不少忠良將，赤心耿耿保家邦，朝廷從來也少封賞，保國的忠良淡心腸。邊關有一個呼延贊，岳勝屯兵在太行。焦贊充軍廈門島，黃花山馬家當大王。只要有楊門之後掛帥印，就管保四路人馬到邊疆。可惜延照身早喪，楊宗保還是一個小兒郎。千般思來萬般想，千歲呀，俺離了楊家可仗著何人保家邦！

趙：朝廷做事理不當，本卿想來也心傷，如今若有郡馬在，何懼北國再猖狂！（白略）老愛卿智謀多善於辭令，吊罷孝對太君談國情。佘太君年雖老忠心耿耿，她楊家還有不少兵。勸說太君掛帥印，招回四路衆英雄。家事看輕國事重，奮力齊起把賊平。單等抗敵得了勝，高官厚祿大加封。

寇：老臣謹遵千歲命，到楊府咱君臣相機而行。（白略）
寇：小宗保年紀幼頑皮成性，見此情不由人更加心疼，老的老少的少心灰意冷，見靈柩不由人大放悲聲。
寇：元帥！
趙：妹丈！
寇、趙：總戎啊！見此情不由人心中悲痛，哭了聲御妹丈叫聲總戎，千呼萬喊無人應，從此斷了君臣情。元帥你遭殘害汝州喪命，大宋朝倒塌了萬里長城。如今邊塞不平靜，仗何人保國抗敵兵。
寇：元帥！你充軍到汝州含冤命喪，好似船折舵大廈斷樑，大宋朝失去了忠良將，從此北國更猖狂。外患侵來誰抵擋，仗何人保國鎮邊彊。元帥的儀容猶在望，功德永存天地長，文武百官把你想，萬兩金也難買元帥還陽。
趙：老愛卿拭淚禮擺上，祭祭英魂表表衷腸。（白略）
佘：上前來先謝八千歲，輕身再謝寇萊公，盛情厚意我承領，另有一事要說明。老令公北國喪了命，衆兒郎陣前喪殘生，六郎兒充軍汝州去，活人換回一口靈。楊家不剩人幾個，孤兒寡婦太淒零，請千歲替俺把旨請，讓俺舉家回河東。山野田園去耕種，茅屋蔬食過幾冬，單等小宗保成人長大，再保國家再盡忠。
趙：太君！誰不知恁楊家功勞重，理應加賞和恩封，太君年老人人敬，怎忍叫你離汴京。

柴：兄王啊！官爵祿位心已冷，多受皇恩多擔驚。情願還鄉做百姓，要學無官一身輕。

趙：如今北國又犯境，平賊全靠你楊家兵，御妹應以國爲重，怎能說無官一身輕。

柴：你算了吧！你把你趙家看得重，你把俺楊家看得輕，用著人時拉一把，儹用不著時候一腳蹬。楊家效命戰場死，而今反倒落罪名。郡馬汝州也喪命，撇下宗保小頑童。太君年邁難行動，你說說這還有哪個能帶兵？你要看他能使用，就讓他替儹賣命去出征！難道你叫俺一家都死個淨？難道你叫俺斷根俺絕了宗？

趙：御妹呀！你還是以往烈火性，講出話來不留情，是非曲直有公論，宋王爺忘不了你楊家的功。

寇：郡主講的理公正，太君年老是實情，水流千里歸大海，葉落歸根是正宗。

趙：好！好！好！我就進宮把旨請，早讓她全家回河東。走！走！走，愛卿隨我一同去。

寇：慢！慢！慢！有話稟與千歲聽，楊元帥雖死人情在，理應當在此守守靈。

趙：老愛卿一句話把我提醒，守守靈盡一盡君臣之情。

佘：千歲啊！這樣的盛情俺不敢領，折煞俺婆媳頂罪名。

柴：楊延昭不過是草木百姓，兄王你乃是個大歲主公。郡馬再大難比你，你是長者老親翁。前來把孝弔，俺感激又涕零，再要守靈可是理不通。

寇：郡主講話言太重，說什麼百姓與主公。老主爺他與你父曾結拜，八千歲理應與你兄妹稱，他與妹丈守守靈，既爲私又爲公，既合理又近情，老臣伴駕應陪同。婚喪大事你不懂，人情世故你不明，元帥靈柩要入土，論大理也就該送送行。

柴：哎呀你聽我說！別說是活人擔不起，就是死者也不寧。我夫冤枉被害死，別叫他陰靈不安身。（白略）

寇：千歲今夜守守靈，五鼓待漏上朝中，他上金殿把旨請，好讓你早早回河東。（白略）

寇：楊元帥死不死還不一定，據臣看有許多玄虛之情。三月前曾派人到在那汝州探省，回來說楊元帥身體康寧，也不知得的是什麼病症？卻把那一口棺運回汴梁。今日裡咱君臣前來吊祭，許多事既不合理又不近情，仔細一看，千歲啊！盡是窟窿。八千歲為人忠厚容易哄，聽為臣一樁樁一件件，樁樁件件說與你聽。佘太君柴郡主惶惶不定，還有個冒冒失失亂使眼色假裝正經的老楊洪。靈堂裡陳設歪三扭四亂七八糟多不齊整，八姐九妹孝帶不正，兩個腊燭一個滅來一個明。郡主她乾嚎裝得怪像眼裡沒淚，可就是不悲痛。小宗保裝哭假哼哼，他那裡東張西望多不寧靜，郡主她又惱又氣又擔驚，只是拿眼瞪，可不敢吭出聲，用手拉他不聽，急得個郡主用腳蹬，蹬，蹬了好幾蹬，千歲呀，難道說靈堂以內你就沒看清？佘太君平時裡國事為重，今日裡趁謝孝一反常情，匆忙把旨請，辭朝回河東，宗保見面笑，太君把眼瞪，一笑一瞪其中他有隱情，年老人死了兒沒見她哭聲。咱來吊孝楊洪要傳稟，咱要往裡進他要往外嗡，推又推，嗡又嗡，推推嗡嗡不讓行。又說眼哭腫，又說啞了聲，見面後嗓門洪亮兩眼圓瞪瞪，為臣還抓住一個小小的把柄，柴郡主外穿孝衣內套大紅。看起來她們有意把咱來哄，我定要追根究底弄個清。

趙：想想情看看景如夢方醒，她婆媳是有意把咱瞞哄。走走走咱君臣一同去，找出了楊元帥好退敵兵。

寇：千歲莫要太急性，此事還須巧計行，叫她妙計成畫餅，疑兵疑陣全落空。

柴：手提竹籃把飯送，擔心餓壞俺的郡馬公。常言說爲人莫做瞞人的事，只覺得膽怯心不寧。（白略）

寇：寇萊公，暗跟蹤，郡主跑得一溜風，我年老，她年輕，她路熟，我路生，高高低低路不平。離遠了我怕攆不上，離近了又怕露了形。靴子底厚又板硬，踢踢踏踏有響聲，路滑扭得我腳脖疼。

柴：那一口午飯晚飯全沒有用，從中午餓到那夜三更。他怎知千歲來吊孝，外帶個討人厭的寇萊公。吊罷孝還不走，多添麻煩他要守靈。我著急，他苦等，這一回餓得他可是不輕。寇准呀，要說你精能我比你更精能，我心明來你不明。想守你就守，願等你就等，哪怕你守上它三天四夜又黃昏，七晝八晚九五更，十春十夏十秋冬，枉費心機你落場空。

寇：她提籃給誰把飯送？喪未滿脫去孝衫露大紅，楊元帥如果眞喪命，她此行太不近人情。我不能，又不精，更難比郡主你聰明，我糟老頭子不中用，楊元帥死活我料八成。我一沒逼，二沒問，是你親口漏了風。說什麼你心明來我不明，我好比豆腐拌小蔥，你拐彎抹角只管走，咱今夜來一個跑馬燈！

柴：哎呀！進花園急忙把門封，這一回我再不怕你個寇萊公。
寇：柴郡主如做南柯夢，怎知道老寇准我在後邊，一步一步緊跟蹤。
柴：柴郡主我走個流星比月，
寇：老寇准我走個月趕流星。
柴：我好比諸葛亮出奇制勝，
寇：我看你比周郎還差幾成。
柴：我只怕樹枝掛住青絲髮，又害怕腳下路滑絆得硌疼，還害怕碰壞籃子撒了飯，我更害怕被人看見走了風。
寇：柴郡主她只知沒人見，怎知道隔牆有耳聽。看起來楊元帥是眞未喪命，十有八九是假設靈棚？
延昭：一天不見把飯送，莫非漏風出事情？郡主粗心又傲性，眞叫人坐卧不安寧。
柴：郡馬膽小不中用，怎知我金蟬脫殼佈疑兵，神不知鬼不覺……
延昭：你小心，小心……
柴：瞞了天，過了海，
寇：你自作聰明。
柴：我兄王正做南柯夢，老寇准客廳裡會周公。

寇：柴郡主做的是夢中夢，破疑陣須揭開你迷霧一層。

柴：花園本是走熟的路，心急只嫌路不平。一腳高來一腳低。又是高崗又是坑。（白略）一瘸一拐難行動，撲棱棱驚動宿鳥亂飛騰。前面好像有人影……原來是一陣風吹得那樹梢亂撲棱，從來不信鬼和怪，天黑夜靜也有些驚，站穩身子看動靜，撲撲通通是什麼聲？我心裡咚咚跳，腦袋蒙又蒙，頭髮梢支棱，支棱，支支棱棱兒支棱。（白略）

寇：背著朝靴光腳走，深秋夜累得我熱汗流，又當蠹賊又當狗，爲國勤勞爲民憂。只要能訪出一個楊元帥，哪怕再挨兩磚頭！

延昭：從中午等到夜三更，不來送飯爲何情，坐不安立不寧心緒煩悶。

柴：你是誰？你是誰還不快吭聲？（白略）

寇：頭碰疙瘩不嫌疼，這一回我可眞看清，如今有了楊元帥，不愁北國發來兵。進房請他掛帥印……還怕郡主不應承。急忙我把千歲請，當面鼓對面鑼敲響說明。（白略）

柴：今日這日子實在是不好受，想起來心裡跳直想把筋抽。八千歲來吊孝他說來就到，還有那個寇老頭。楊洪一稟報，可把人慌死了呀，急的我熱汗流，他二人進了府，俺都沒穿孝衣呀，亂成了一鍋粥。宗保不聽話，他就是不哭，我給了他一拳頭。吊罷孝還不走，他們要守靈，俺婆媳只得假應酬。請他們客廳裡坐，讓楊洪去侍候。我想悄悄給你把飯送，一想不行，只怕那風聲漏。坐也坐不寧，我想走也不敢走，在靈堂直等到那二更起譙樓。這時楊洪來送信，說他們不來啦，在客廳坐守。急忙忙進廚房我又不敢多停留，拿了幾個冷蒸饃，來不及熱了，炒了一碗熱豆腐，心裡慌手忙亂哎呀忘了放油。提飯籃走進了花園門口，黑洞洞的冷情清，受驚我又擔憂。害怕人追趕，你說怪不怪，總覺有人在後頭。回頭我往後看，哎呀一團白，嚇得我不敢走，咱家裡辦喪事，人都忙著哩，莫非是那賊來偷。我定睛仔細瞅，你猜是啥？是咱那條老白狗，買它心我賞了它一個大饅頭。（白略）勸郡馬展愁顏莫把眉皺，辭了朝再莫去南征北戰，東蕩西殺，受驚擔憂。咱等咱們回到河東之後，合家歡聚樂悠悠，農舍茅屋無拘無束，男耕女織，歡度春秋。咱養上一頭豬，再喂上兩頭牛，雞子院裡飛，鵝鴨池中游，山上山下花木秀，清淩淩的泉水繞房流，收稻菽，釀新酒，摘罷那個葡萄摘石榴，哎呀呀我的郡馬呀，咱們夫妻橋頭賞月，岸邊垂釣，清清閑閑，自自在在，恩恩愛愛到白頭。

延昭：郡主休做平安夢，國不寧豈能家安寧？我困守林泉心未冷，報國無門意難平。（白略）

## 越　劇

浙江爲古越之地，嵊縣有一種說唱藝術叫做「落地唱書」，腔調叫做吟哦調，因爲用篤鼓和檀板爲伴奏，而說唱的多爲短書，所以又叫做「的篤班」和「小歌班」。不久在桐廬、富陽、海寧、杭州一帶也流行起來。且又進入了錦繡繁華的上海，因應時代的要求小歌變成唱大書，且以「紹興大班」和「紹興文戲」名義演出戲曲。藝人魏梅朵從京劇的內容形式上進行改革，出現男班的黃金期。又因藝人金榮水受京劇「髦兒戲」的影響，成立了女子科班，興起了女班超過男班的現象，新人輩施銀花、趙瑞花、王杏花、屠杏花、姚水娟、筱丹桂、馬樟花，集一時盛成爲戲曲界的寵兒。紹興文戲於二十七年改稱越劇，於是佳人才子的戲如「雙蝴蝶—梁山伯與祝英臺、龍鳳鎖、碧玉簪、三看御妹、紅粉金戈、悽涼遼宮月、孟姜女、石達開、葛嫩娘、浪蕩子、天涯夢、長陵怨、孔雀東南飛、紅娘子、西廂記、紅樓夢、柳毅傳書、情探、胭脂」等纏綿悱惻，婉轉悽涼的情戲都上了舞台，並且有了「尹桂芳、袁雪芬、筱丹桂、范瑞娟、傅全香、徐玉蘭、竺水招、張桂鳳、徐天紅、吳筱樓十姐妹的稱呼。在劇團的組成上也有了「雪聲、芳華、東山、玉蘭、少壯」五大劇團，更且有了尹派、袁派、范派、傅派、戚派之分。可見熱鬧滚滚，迷死了紅塵中的癡男蕩女魂。越劇最擅男女對子戲，刻劃人物細膩，表情木三分。尤其男女演員不能表達的情戲，女扮男裝的小生與小旦，卻能表演的淋漓盡緻。在唱腔上的曲調從尺調、四工調、弦大調到二簧、反二簧亦能運用自如，使韻味醇厚華美。並且以絲弦聲管伴奏，更添了無限纏綿的情景。

## 婺劇

在浙江金華、杭州地區建德、淳安及江西東北部流行，是以亂彈、徽戲、灘簧、時調、高腔、昆腔而又富於濃郁地方色彩的劇曲。金華古稱婺州，其劇名遂稱之爲婺劇。依據他的聲腔唱法，有三合班、兩合半、亂彈班與徽班的組織。三合班必需能演唱高腔、昆腔、亂彈各十八本，衢州三合唱西安高腔，金華三合唱西吳、高腔，東陽三合唱侯陽高腔。兩合半除唱昆腔、亂彈二合外，代演七本徽戲稱半合。蒲江班，能演三十六本亂彈，故稱辭彈班。徽班則叫金華班，必須演七十二本徽戲的本功戲，還需能演灘簧，時調小戲。所謂十八般武藝件件精通，才能稱班組戲團巡迴演出，昆曲中金華支流叫做草昆文、武戲目甚多。高腔中又分西安、西吳、侯陽三種，源出弋陽腔以鼓板爲節奏笛子伴奏，有幫腔，同時，也有西樂加入。亂彈曲調分爲三五七、二凡、蘆花調，由早期吹腔變化出來，唱腔豐富。徽劇的西皮二簧在婺劇也能發揮到極高的水準，因有時曲，小調的配合，所以，活潑逗趣，能討得觀衆歡心。但是，婺劇中的徽戲多半是大戲，主要曲調是二簧、西皮、蘆花（吹腔）和拔子。

## 對課（婺劇）

人物　白牡丹
　　　呂洞賓
　　　道童
　　　白禮文

（幕啓。白禮文上。）

白禮文（念）神農嘗百草
造福後世人。

老漢，白禮文，祖居杭州鐵板橋，膝下一女，名喚白牡丹，生得聰明伶俐，手勤腳快，父女二人開此小小藥鋪，不想招財，只望積德。看天色不早，待我將店堂收拾一番。

(唱)日上東山，萬象更生，

老漢我，精選百草，妙藥回春。

開店不求萬貫富，

除病消災濟世人。

招牌高挂店堂內，

上寫著：『萬藥俱全』治百病。

理好店堂候顧客，

殷勤接待贖藥人。

(呂洞賓內聲：童兒帶路！

(道童背藥箱引呂洞賓上。

呂洞賓　(唱)仙家閑散游凡塵，

誰能識我呂洞賓？

邁步鐵板橋上過，(見招牌，止步)

啊！

(接唱)招牌上：『萬藥俱全』治百病。

凡間藥店誇海口，

待我前去戲弄他一陣。

道　童　師父，你進藥店做什麼？

呂洞賓　去買藥。

道　童　你我無病無痛，買什麼藥？

呂洞賓　你看這招牌上寫的什麼？

道　童　萬藥俱全。

呂洞賓　凡間小小藥店，竟敢誇此海口，待我進去戲弄他一番。

道　童　師父，人家開藥店，總不能在招牌上寫『萬藥不全』呀！

呂洞賓　你懂什麼？隨爲師進店。

道　童　是。

呂洞賓　唔呸！(進店)

白禮文　原來是二位道長，老漢這廂有禮。

呂洞賓　貧道稽首。

白禮文　請坐。

呂洞賓　坐。(昂然上坐)

白禮文　請問道長，光臨小店有何見教？

呂洞賓　特來寶號買藥四味，不知可有？

白禮文　川、廣、黔、桂，浙、皖、贛、閩，九州各府，道地藥材，應有盡有。

呂洞賓　啊！好大的口氣。

白禮文　道長不信，請交單方，老漢即便付藥。

呂洞賓　不用單方，口報四味。

白禮文　如此請報。

呂洞賓　聽了！

(唱)一要買，稱心丸，

二要買，如意丹，

三要買，煩惱膏，

四要買，怨氣散。

白禮文　(旁白)啊呀！這四味 藥材我聽也未曾聽到過，如何是好？……(對呂洞賓)啊，道長，你早來三天也好，遲來三天也妙。

呂洞賓　今天不遲不早，剛剛湊巧，拿藥來。

白禮文　道長有所不知，這四味藥材存貨賣完，新藥未到，請道長到別家去買。

嚮洞賓　嘿！我來問你，你這招牌上寫的什麼？

白禮文　萬藥俱全。

嚮洞賓　連這四味常用藥材都沒有，還稱什麼『萬藥俱全』？童兒，去把招牌打碎！

白禮文　且慢！待老漢去到內棧，看看有無存貨，少刻付藥便是。

呂洞賓　好。經商買賣？

白禮文　(勉強地)信用爲先。

呂洞賓　好個『信用爲先』。童兒，走！哈哈……

道　童　師父爲何發笑？

呂洞賓　爲師點這四味藥材，乃是有名無藥的，諒他付不出來。你我且到前面酒店稍坐，少刻再來戲弄於他。哈哈哈哈……

〔呂洞賓與道童下。

白禮文　(翻藥書)唉，煩惱啊！

(唱)野老道不知哪裡來，
口點四味怪藥材，
翻遍『本草』無此藥，
眼看難保這招牌。
百年老店名聲要毀——

〔白牡丹送茶上。

白牡丹　(唱)但只見，老爹爹，緊鎖雙眉。
爹爹請用茶。

白禮文　不用了。

白牡丹　爹爹清早起來，爲何悶悶不樂？

白禮文　我兒有所不知，方才店中來了一位道長，口點四味古怪藥材，爲父付藥不出，他就要把招牌打碎，故而愁悶。

白牡丹　不知他點的哪四味藥材？

白禮文　兒呀！

(唱)一味藥要買稱心丸，
二味藥要買如意丹，
三味四味更古怪，
要買那，煩惱膏和怨氣散。

白牡丹　爹爹，這四味乃是有名無藥的藥材

　　　呀。
白禮文　是有名無藥的藥材？
白牡丹　是呀，我看那道長不是眞心買藥，
　　　待女兒三言兩語打發他去便了。
白禮文　兒呀，江湖道士來到店中，無事生
　　　非，恐非善良之輩啊！
白牡丹　爹爹放心！
　　　（唱）請爹爹後堂去安憩。
　　　　女兒自有好主意。
白禮文　兒呀，你要小心。（下）
白牡丹　曉得。
　　　（唱）轉身就在店堂坐，
　　　　看道長怎來把話提。
　　　［呂洞賓內聲：童兒帶路！
　　　［呂洞賓與道童上。
呂洞賓　（唱）我口報怪藥出難題，
　　　　略動唇舌把凡夫戲。
　　　　二次進店來討藥，
　　　呀！
　　　（接唱）見一個，小姑娘，端坐店堂
　　　裡。唔呸！（進店）
白牡丹　道長請坐。
呂洞賓　告坐。小姑娘，貧道一來就要動
　　　問。
白牡丹　請講。
呂洞賓　店中那位老丈哪裡去了？
白牡丹　我爹爹麼，他與人看病去了。
呂洞賓　這就要怪他不是了。
白牡丹　怪他何來？
呂洞賓　我先前要買四味藥材，他未曾付藥
　　　怎麼顧自走了。
白牡丹　你要那四味藥材麼，我早早與你準
　　　備好了。
呂洞賓　啊？如此拿來。

白牡丹　在哪裡？

白牡丹　在你手上啦。

呂洞賓　貧道兩手空空，何曾拿過你的藥材？

白牡丹　我說一句『你拿去』這藥就算付給你啦。

呂洞賓　這豈不是一句空話？

白牡丹　道長點的四味藥材，有名無藥，它不也是一句空話麼？

呂洞賓　哦？你既然知道有名無藥，可還對得出來？

白牡丹　對得出來便怎樣？

呂洞賓　不打你的招牌。

白牡丹　好，你就聽了！

(唱)殷勤待客稱心丸，
有問有答如意丹，
尋事生非煩惱膏，
與人爲善怨氣散。

道　童　師父，四味藥被她對出來了。

呂洞賓　不要急，爲師自有道理。小姑娘，貧道還要另點四味。

白牡丹　如此請交單方。

呂洞賓　還是口報。

白牡丹　請報。

呂洞賓　你聽了！

(唱)一要買，遊子思親一錢七，
二要買，舉目無親七錢一，
三要買，夫妻相親做藥引，
四要買，兒無娘親兩三厘。

白牡丹　(一一把藥撮好)拿去。

呂洞賓　這是什麼？

白牡丹　茴香、生地、蜂蜜、黃連。

呂洞賓　你怎知道我要這些藥材？

白牡丹　你聽了！

道　童　(唱)有道是遊子思親當回鄉。
　　　　茴香。
白牡丹　(唱)舉目無親在生地。
道　童　生地。
白牡丹　(唱)夫妻相親甜如蜜。
道　童　蜂蜜。
白牡丹　(唱)兒無娘親黃連苦。
道　童　黃連。啊哈，樣樣對出來，招牌打不成了。
呂洞賓　這四味藥貧道不要了，還要另點四味。
白牡丹　請講。
呂洞賓　(唱)一要買藥材三分白，
　　　　二要買藥材一片鮮紅，
　　　　三要買藥材顛倒挂，
　　　　四要買藥材巧玲瓏。
白牡丹　(唱)茯苓切片三分白，
　　　　朱砂研粉一片鮮紅，
　　　　王爪佛手顛倒挂，
　　　　小小葫蘆巧玲瓏。
呂洞賓　哈哈哈這就不對了。
白牡丹　怎麼不對呀？
呂洞賓　葫蘆雖是小巧玲瓏，怎奈它不是藥材。
白牡丹　請問道長，葫蘆裡裝的是什麼？
呂洞賓　(脫口而出)裝的是藥——
白牡丹　既然裝的是藥，怎麼不算藥材？
呂洞賓　這——那小小葫蘆裝的是什麼藥？
白牡丹　葫蘆雖小，萬藥俱全。
呂洞賓　好啊，那我就在這小小的葫蘆裡要幾樣天上的藥。
白牡丹　這……
呂洞賓　啊？
白牡丹　請報。

呂洞賓　聽了！

(唱)一要買天上三分白，
二要買天上一片鮮紅，
三要買天上顛倒挂，
四要買天上巧玲瓏。

白牡丹　(唱)寒天下雪三分白，
日出東方一片鮮紅，
北斗七星顛倒挂，
五色彩霞巧玲瓏。

呂洞賓　(唱)一要買樹上三分白，
二要買樹上一片鮮紅，
三要買樹上顛倒挂，
四要買樹上巧玲瓏。

白牡丹　(唱)梨花開放三分白，
楊梅成熟一片鮮紅，
葡萄連串顛倒挂，
石榴結子巧玲瓏。

道　童　師父，你說天，她對天，你說地，她對地，難她不倒，說她不過，看風勢還是早點收艄好。

呂洞賓　哎！對不過黃毛丫頭，還算什麼八洞神仙……待我再點四味，叫她有口難張。

道　童　黃鼠狼放救命屁，就看這一下啦。

呂洞賓　小姑娘，貧道再點四味。

白牡丹　請報。

呂洞賓　你仔細聽了！

(唱)一要買姑娘的三分白，
二要買姑娘的一點鮮紅，
三要買姑娘的顛倒挂，
四要買姑娘的巧玲瓏。

白牡丹　(唱)臉不敷粉三分白，
口不塗脂一點鮮紅，
八寶耳環顛倒挂，一雙手，能

織能繡，會寫會算。
可算得巧玲瓏。

呂洞賓　這……

白牡丹　可還要再點？

呂洞賓　嗯……（苦思）

道　童　師父，我來幫你點四味。

呂洞賓　你點？

道　童　嗯，我來點。姑娘，我來點四味。

白牡丹　好，請點。

道　童　你聽了！
（唱）一要買師父的三分白，
二要買師父的一片鮮紅，
三要買師父的顛倒挂，
四要買師父的巧玲瓏。

白牡丹　這……

道　童　對來。

白牡丹　不對也罷。

道　童　要對，師父，她對不出，要她對。

呂洞賓　一定要對。

白牡丹　一定要對？

呂洞賓　一定要對！

白牡丹　如此請聽！
（唱）你面無人色三分白，
口吐鮮血一片鮮紅；
哭喪棒兒顛倒挂，（指拂塵）
小小棺材可算得巧玲瓏。（指藥箱）

道　童　啊呀，罵來了，快走快走。

白牡丹　道長，你怎麼不點藥了？

呂洞賓　這個麼……

白牡丹　你點不出好藥，我這裡倒有一味相贈。

呂洞賓　啊？

白牡丹　（唱）一不送仙家靈芝草，

二不送長生不老丹。
我治病妙藥是祖傳，
專送道長醫狂癲。
自古道，山外有山天外有天，
我勸你，以後莫把人輕看。

呂洞賓　嘿！
(唱)人上有神仙上仙，
出家人超群不同凡。

白牡丹　(唱)自誇超群不同凡，
我看你遊手好閑無所長。

呂洞賓　(唱)我丹爐妙藥世上少，
你凡夫庸碌總尋常。

白牡丹　(唱)亂誇海口說大話，
你眞是道地的牛皮匠。

呂洞賓　禿禿禿！
(唱)出口傷人罵道長，
你要爛斷舌根短命亡。

白牡丹　(唱)出家人短命絕了後，
斷子斷孫斷了香。
凡人有兒承遺志，
縱然短命有何妨。

呂洞賓　(唱)你說有兒承遺志，
問姑娘，你養了幾個小兒郎？

白牡丹　這……

呂洞賓　啊！請講。

白牡丹　……(欲走)

呂洞賓　哈哈哈，童兒，把招牌打碎。

白牡丹　且慢！

呂洞賓　那你說，你養了幾個兒子？

白牡丹　(唱)若問兒子有三個。

呂洞賓　啊，現在哪裡，請出來一看。

白牡丹　(唱)個個不在娘身旁。

呂洞賓　大兒子？

白牡丹　(唱)大兒子出家做和尚，

呂洞賓　二兒子？

白牡丹　(唱)二兒子……

道　童　哎，二兒子呢？

白牡丹　(接唱)幫人背藥箱。

道　童　啊咦，被她取笑去了。

呂洞賓　還有第三個。

白牡丹　(唱)第三個兒子不賢孝，

呂洞賓　他怎麼不孝？

白牡丹　(唱)他，他，他……

呂洞賓　嗯？

白牡丹　道長，得罪了。

呂洞賓　你講。

白牡丹　(接唱)他店堂來取鬥戲親娘。

(白牡丹掩笑下。)

呂洞賓　啊？禿禿禿……

道　童　啊咦！

呂洞賓　唉！

(唱)我只道凡塵皆俗子，

道　童　(唱)又誰知，神仙鬥不過小姑娘。

(道童做鬼臉逃下，呂洞賓滿面慚羞地下。)

## 粵劇

流行於廣東、廣西、香港、澳門及海外檀香山、東南亞大洋洲、海外廣東人聚集之地。明末清初弋陽腔崑腔傳入廣東，外江班旋而轉變而爲內江班，名爲廣腔。遂漸以梆子腔與二簧爲主唱，且把廣東時調，山歌也吸納爲用，經過李文茂的創新，乃有了粵劇自己的面目。

不久，因太平天國之變而停止活動。事隔十五年後，始有新戲如「梁天來告狀、王大儒供狀、蛋家妹賣馬蹄」於「戲棚官話」中演出，所謂官話就是中原音的普通話，不過，也免不了間有廣東話。清末有春柳社之新劇組織，嚮應辛亥革命演出「文天祥殉國、戒洋煙、虐婢報、秋瑾、溫生才刺孚琦」等愛國思想的戲曲。也吸收了話劇、歌劇、電影的藝術成份，而使戲曲有多變化的內容。早期粵劇傳統劇目有「一棒雪、二度梅、三官堂、四進士、五登科、六月雪、七星梅、八蜡廟、九更天」等的「江湖十八本」。與黃花山、西河會、雙結緣、雪重冤」等新江湖十八本，以及「仕林祭塔、蘇武牧羊、黛玉葬花」等大排場十八本。而三國戲、隋唐戲之多，亦無法列舉。德國文學家哥德、席勒十分愛好中國戲曲。至赫爾曼・赫塞（一八七七—一九九二）獲一九四六年諾貝爾文學獎。其小說多以中國文化做背景。一九一一年隨其外祖父返回印度傳敎，經過檀香山看廣東戲，見音樂與演員唱腔優美，配合動作和諧，認爲德國的歌劇也望塵莫及。粵劇演員多習南派武功，少林拳剛勁，把子功、手橋、椅子功、高台功、單腳、筋斗、踩蹻、跳架、轉眼、甩髮、髯口等各有「絕活」。男常小跳、女多拗腰，在做功表情上細膩生動，熱烈濃艷。三十年代有「薛（覺先）馬（師曾）爭雄」，小生白駒榮、武生桂名揚與薛、馬二人合稱四大家，加上丑角廖俠懷又叫五大流派，另如新馬師曾、羅品超、文覺非、陳笑風、何非凡、林家聲及女角紅線女都是粵劇的佼佼者。

## 歌仔戲

齊如山氏說：「崑腔、弋腔、梆子腔、皮簧都是大戲」。又說：「例如梆子腔，在明清兩代，可以說彌漫全國。」歐陽予倩氏說「西皮的慢板、快板、搖板等，和山西梆子的結構一樣，行腔亦甚相似，只韻味不同。」

對台灣地方戲有研究的呂訴上，綜合齊氏與歐陽氏二人的說法，把臺灣歌仔戲歸納成為四種。一是由梆子腔轉變而來，這種大致來的早，所以，這種戲班也相當多。雖然各班有各班的不同，但梆子腔的意味，存留著的還很多，個中一聽便知。二是由皮簧演變而來，歌唱都含皮簧意味；然而亦夾有從前規矩的老師教導，二則還合觀衆的心理，所以慢慢改成本地話，又改了許多寫實的動作，於是就變成地方戲了。這與梆子腔到了廣州、福建變成了小戲的情形沒什麼分別。三是完全小調，自然是本地小調較多，可是內地的小調也不少。如五更嘆、送情郎、孟姜女的小調都有的。也間有目下學堂中唱的歌曲，如進行曲等等都有。這當然後來爲摩登添上的。這一種可以說完全是地方戲。四是完全皮簧。這種成立較晚，不祇腔調未太改，本地呼之爲亂台或亂塌，（談陽平聲）這當然是亂彈。就如同浙江紹興一帶所有的一種。本地人以爲最高尚的戲，即是皮簧。但名爲亂彈，而本地土音則爲反鸞台。這與此地的亂台二字，同一性質。按臺灣戲種類雖很複雜，但我所見過的大致不過如此。

鄭延平王東渡，引進了閩南漳州的錦歌，同安的車鼓弄，安溪的採茶歌。錦歌的唱腔七字仔調改變原有四字仔調，五空仔則爲倍思大調取代，人們統稱之爲歌仔調，拉場子落地掃，成爲一時的風氣，四平戲中的高甲戲，潮州的白字戲，京戲中的西皮二簧，湖北的黃梅調都進入了歌仔戲的陣容，「陳三五娘，梁山伯與祝英台，孟姜女，鄭元和」便風靡了群衆。七字仔調中的碎調，一般稱之爲都馬調，其調門之分，可說時歌小曲無款不收。新調的創作也是歌仔戲的一大進步，早先的山歌，採茶歌、錦歌、高甲戲中的慢頭、四平調、湖調、青春調、鳳凰調、送別調、望春風、鬧市燈；晚近的留書調、霜雪調、白水仙、破窰調、愛妝調；更添加了黃梅調、紹興調、時曲，與新編的曲調，五花八門無一不有。在伴奏上樂器殼子弦（椰殼製成，類如板胡），大廣弦（龍舌蘭木製成），臺灣笛、月琴之外，時有西樂加入，絲竹管弦，足以動聽。臺灣光復後政治安定，經濟富裕，民衆要求娛樂的水準不斷提高，加以廣播電視媒體的拍攝播演，更助長其發展，佈景服裝的豪華美觀，特技表演的光怪陸離，已使歌仔戲進入多采多姿的境地，劇團之多，何止數百，演員之衆，少說也有數千。小生如楊麗花、葉青等，劇團前者如拱樂社、寶銀社、日光社等，近爲明華園，陳美雲歌劇團無不獨特出衆，爲文化藝術所重。一般劇社，依附廟會慶典，喜筵酬親的演出日有所見，不及細述。茲以福建高甲戲、桃花搭渡爲本集之結束，看紙上劇本，恍如聽歌聲悠揚；深入戲味，足可一樂：

## 桃花搭渡

（福建高甲戲）

人物　桃花　渡伯

渡伯　（唱）深山種好茶，
東海產龍蝦，
江中出渡伯，
搖船載客家。
老漢楊福才，搖船做生涯，今年歲數六十二，人人叫我老渡伯。老是老，只有鬚眉老，身體倒很健康。（看天）看天色還未明亮，沒有過渡客人，不免把船搖到前面楊柳樹下，再去困覺養神一番。

（桃花上。）

桃花　（唱）更深夜靜出門庭，
身懷書信趕路程，
踏過小溪喜水淺，
行到荒山怕蟲聲。
小婢桃花，奉阿娘之命，帶書一封，要去西爐交與一官，一路走來，已到潮陽地界。（望前）哦！前面就是炮台市的大江了！過江去，有條大路直往西爐，我須當再走幾步。
（唱）一見江水心喜歡，
待我搭渡找一官；
忙將腰巾來揹起，
三步兩伐到江幹。（發現有船，喜悅地）
楊柳樹下停渡船，
貪睡渡伯船上眠。（叫船）
過渡啊，過渡啊！（沒反應）喂，把船搖過來！（又沒反應）爲何任我叫喚，還不醒來？（想，看地面）待我取個石子給……（拾起石子，望船上扔過去，隨口喊）搭渡啊！

渡伯　（醒來）是誰扔石子，水花濺得我滿

面是。（起身探望，發現桃花）
（唱）五更時，天未明，
大呼細說吵鬧聲，
水花濺得滿面是，
好夢被你來吵醒，
到底你爲啥事情？

桃花　渡伯！我要過渡。

渡伯　哦，你是要過路，這條是江，不是路。

桃花　要過渡啊！

渡伯　小娘子眞羅蘇，同你說是江不是路，還要問！

渡伯　（唱）你是要問『洛陽橋』？

桃花　（唱）心急偏遇耳聾翁，

渡伯　（唱）要到洛陽找『阿公』？

桃花　煞，你都聽錯了，我是要搭渡過江！

渡伯　是要搭渡過江！

桃花　正是，趕緊把船搖過來。

渡伯　且慢！船價還未講啦！

桃花　講什麼船價，按照規定的船價給你。

渡伯　天未亮，又是單身一人，不夠載，不加價錢我不渡。

桃花　你要多少？

渡伯　（唱）上大人，孔乙己，
花三千，價不二，
價錢若照付，
渡伯就載你。

桃花　羅哩羅蘇一大套，一句都聽不懂，什麼『上大人，孔乙己』啊？

渡伯　上大人，孔乙己，花三千，就是說你花了三千錢，
（唱）渡伯就載你。

桃　花　渡伯心肝大，一開口就是三千錢，
　　　　我給你二十錢。
渡　伯　不，至少一百錢。
桃　花　三十錢？
渡　伯　五十錢，你不要，我再去睡個覺。
桃　花　（旁白）今日出來送信，一定要趕回
　　　　家，路途遙遠，不得多耽擱，五十
　　　　錢就給他好了。（向渡伯），搖船過
　　　　來！
渡　伯　小娘子要了，我搖。
桃　花　事已如此，五十錢就聽從你了。
渡　伯　（笑）看你還爽快，渡伯就收你三十
　　　　錢。
桃　花　落了價嗎？
渡　伯　不是落價，三十錢公道。出多少
　　　　力，得多少錢，渡伯一生不亂取
　　　　人家的錢。適才是看你小娘子伶
　　　　俐，故意同你開開玩笑。
桃　花　渡伯你眞是好人，趕緊把船搖靠岸
　　　　來。
渡　伯　好吧，我搖。（船搖靠岸）
桃　花　渡伯！你先給我接包袱、雨傘。
渡　伯　是呀，包袱先來。
桃　花　渡伯接好！
　　　　（桃花扔包袱，渡伯接住。）
渡　伯　雨傘再來
桃　花　好，雨傘來了。
渡　伯　且慢，輕輕扔來，別打傷渡伯的下
　　　　頦。
桃　花　曉得。
　　　　（桃花扔雨傘，渡伯接住，桃
　　　　花藏身後。
渡　伯　哎，沒有吧！
桃　花　有！

渡伯　明明沒有！

桃花　明明有！(稍停)莫非是沉下水去？

渡伯　渡伯歲數六十幾，未見雨傘沉下水。你雨傘內灌鉛嗎？

桃花　哎，雨傘在你手中。(指傘)

渡伯　給你看見了。(笑)

桃花　渡伯！我要落船了。

渡伯　你得走好，不要跌倒。

桃花　曉得。(上船，船搖蕩，害怕)哎唷，渡伯死了！

渡伯　渡伯好好在船上，怎說死了？

桃花　渡伯，船要沉了。

渡伯　不會，是頭重尾輕，不要怕，你站定，我要開船了。(開船)

渡伯　小娘子，我們話講一大堆，還未請問你的大名哩！

桃花　問名做甚？

渡伯　今後相遇，也好招呼動問。

桃花　既是如此，我的名就給渡伯來猜！

渡伯　你叫渡伯海底摸針，千名萬名，要從何猜起，你到底叫什麼名？

桃花　我的名是屬花，你就照花名來猜！

渡伯　既是花名，渡伯就來猜。看你臉兒白白，敢是茉莉花？

桃花　不是。

渡伯　看你唇兒紅紅，敢是胭脂花？

桃花　也不是。

渡伯　這不是，那不是，莫非是：(唱)臘梅花？

桃花　(唱)更不是。

渡伯　(唱)指甲花？

桃花　(唱)不希奇。

渡伯　(唱)菊花？

桃花　(唱)少香味。

渡　伯　(唱)百合花？
桃　花　(唱)酸微微。
渡　伯　(唱)送娘花？
桃　花　(唱)未到時。
渡　伯　(唱)五爪蘭。
桃　花　(唱)沖破鼻。
渡　伯　(唱)月來香？
桃　花　(唱)冷淒淒。
渡　伯　(唱)管蘭？
桃　花　(唱)太貴氣。
渡　伯　(唱)喔！可是蔓陀花？
桃　花　(唱)味道臭半死。
渡　伯　(唱)還是玫瑰花？
桃　花　(唱)玫瑰有利刺。
渡　伯　(唱)田中的番薯花？
桃　花　(唱)此花沒人理。
渡　伯　(唱)粗糠花，韭菜花，芹菜花，花

桃　花　煞，你都猜不出，我的名正好是正月開的……
渡　伯　正月開的……(點頭)桃花對了。
桃　花　正是，我的名叫做桃花。
渡　伯　桃花姐！你家住何處？
桃　花　我原藉西爐，住在離浦。
渡　伯　離浦人嗎？離浦人頂會唱歌，機會難得，你得唱一支給渡伯聽聽。
桃　花　我不會唱。
渡　伯　離浦的三歲孩兒都會唱，你不會？
桃　花　不會。
渡　伯　俗語說『裝旦惜曲，補籃惜竹』，你也惜歌了。
桃　花　不瞞你渡伯，歌我會唱，但是此時急著過渡，沒有心情唱呀！
渡　伯　(念)你沒心情把歌唱，

我沒力氣把船搖，
日出搖到日沈西，
船在江心漂又漂。

桃花　此話怎說？

渡伯　桃花姐！你不曉得我們船人的癖性。

桃花　什麼癖性？

渡伯　（唱）不怕江流急又彎，
只怕搖船人孤單，
歌聲聽來好搖槳，
東南西北任往還。

桃花　（旁白）渡伯說得有理，我就唱一支，助他搖船。（向渡伯）渡伯！我就來唱。

渡伯　妙呀！桃花姐要唱了，唱哪一支？

桃花　我有一支『燈紅歌』！

渡伯　『燈紅歌』好聽，你唱我和，更是有趣。

桃花　渡伯請聽：
（唱）正月點燈紅，（衆和）
頂爐燒香下爐香，
君今燒香娘點燭（衆和）
保庇二人結成雙。

渡伯　順便替渡伯祈求一番！

桃花　（唱）保庇渡伯喂海魴！

渡伯　什麼保庇渡伯喂海魴？

桃花　（唱）保庇渡伯喂山蟲！

渡伯　（唱）頭喂海魴，尾喂山蟲；
你爲何開口傷人？

桃花　渡伯聽錯了，我是唱：
（唱）保庇渡伯手足鬆。

渡伯　這就對了。
（唱）手也輕鬆，

桃花　（唱）足也輕鬆。

渡　伯（唱）輕鬆又輕鬆。

桃　花（唱）渡伯保平安。

（渡伯笑。）

桃　花　渡伯搖槳吧！

渡　伯　好，我搖槳，你唱歌。

桃　花（唱）二月君行舟，（衆和）
娘子替君買香油，
是多是少共我買，（衆和）
是好是壞爲君收。

渡　伯（唱）嗨啊嗨羅蘇。

桃　花（唱）三月君行山，（衆和）
君你行緊娘行寬。
君衫長來娘衫短，（衆和）
放落手袖把君挽。

渡　伯（唱）嗨啊嗨羅蘇。

桃　花（唱）四月簪花兩頭垂，
無緣兄哥花憔悴，
有緣兄哥花含輝。

渡　伯（唱）嗨啊嗨羅蘇。

桃　花（唱）五月賽龍船，（衆和）
江中鑼鼓鬧紛紛，
船尾掌舵別人婿，（衆和）
船頭打鼓好郎君。

渡　伯（唱）嗨啊嗨羅蘇。

桃　花（唱）六月暑天時，（衆和）
五娘樓上賞荔枝，
陳三騎馬樓前過，（衆和）
五娘荔枝抛與伊。

渡　伯（唱）嗨啊嗨羅蘇。
七月再唱下去！

桃　花　沒有了，我們只唱到六月抛荔枝。

渡　伯　荔枝，荔枝唱完……（看岸上果林）
還有吧！

桃　花　還有什麼？

渡伯　還有紅桔，紅柑。

桃花　紅桔紅柑在何處？

渡伯　你看岸上果林便知。

桃花　哦！岸上果林，一片青葱，也有紅桔，也有紅柑，紅綠相間，是啊好景！

渡伯　正是好景。

(唱)紅桔粒粒紅，

桃花　(唱)紅柑簇簇紅，

渡伯　(唱)紅桔橙橙紅，

桃花　(唱)樹梢掛燈籠。

渡伯　(唱)要吃果子不容易，

栽樹下肥，開花結果，

渡伯
桃花　(合唱)要費一番功。

渡伯　桃花姐，我再問你，你在離浦做甚？

桃花　嫺婢。

渡伯　哦！嫺婢。今日你要西爐何事？

桃花　到西爐找人。

渡伯　莫非找親？

桃花　非親。

渡伯　找戚？

桃花　非戚。

渡伯　非親非戚，要找誰人？

桃花　非親非戚，要找官人。

渡伯　什麼官？

桃花　一官。

渡伯　哦！我知道了，一官是你的……

桃花　煞，一官是我家阿娘的……

渡伯　你家阿娘……你家阿娘與官何干？

桃花　我家阿娘與一官，他們是兩相……

(搖手)不，沒干，沒干。

渡伯　話說一半又呑下去，你怕什麼，快

桃　花　說吧！
　　　（旁白）看渡伯做人慈善，與他言明，也是無妨。（向度伯）渡伯聽我說吧！

渡　伯　好，你說。

桃　花　渡伯請聽！
　　　（唱）春暖花開百鳥啼，
　　　阿娘效外踏青時，
　　　遇見一官陌頭上，
　　　歸來日夜苦相思。

渡　伯　（唱）嗨啊嗨羅蘇。

桃　花　（唱）夏天荷花開滿塘，
　　　荷花底下戲鴛鴦，
　　　鴛鴦有偶娘無伴，
　　　郎在潮陽西爐鄉。

渡　伯　（唱）嗨啊嗨羅蘇。

桃　花　（唱）秋風一起白雲飛，
　　　阿娘難守深閨幃，
　　　春來夏去秋將盡，
　　　不見一官淚暗垂。

渡　伯　（唱）嗨啊嗨羅蘇。

桃　花　（唱）冬季梅花紅滿枝，
　　　阿娘私自計佳期；
　　　今日遺嫻傳書信，
　　　願與一官訂親誼。

渡　伯　哦！原來你是要給阿娘送信，嗨嗨嗨，桃花姐，你眞乖巧！正是：
　　　（唱）鴻雁傳書飛千里，

桃　花　（唱）桃花送信走西爐，

渡　伯　（唱）你幫阿娘我幫你，

渡　伯
桃　花　（合唱）成人美事笑呵呵。

渡　伯　桃花姐，船快到對岸了。

桃　花　是，快到對岸了，我幫你搖。

渡　伯　免，我用力再搖幾下就到了。　〔渡伯急搖槳，駛向對岸〕。

地方戲的戲目及其內容，皆是表演人間故事，其思想，感情，想像與表現，無不含蘊著人間的普遍性，歷史文化的智慧，生活習慣的契結，抒發喜怒哀樂愛惡欲的情愫，色聲香味觸念慮的感受，綜合一體，緊密不分。所謂地方的特色，只是突顯其習性的趣味，地理的風采。頻添了無限的華美與純樸，豐富了表演的技巧，而使地方藝術水準提高。在戲曲的天地裡，把人情發揮到顛峰。如以劇情而言，京劇的「斷橋」與各地方戲的劇情並無不同，皆謂：「兒女悲歡，情緣難斷。」其詞意則不分地界，人人能沁入心脾，加以體會——如白蛇的一段唱詞：

小青妹且慢舉龍泉寶劍
妻把眞情對你言
你妻不是凡間女
妻本是峨嵋—蛇仙
只是思凡把山下
與青兒來到西湖邊
風雨湖中識郎面
我愛你情深繾綣風度翩翩
我愛你長把娘親念
我愛你自食其力不受人憐
紅樓交頸春無限
怎知良緣是孽緣
到鎮江你離家遠
我助你賣藥學前賢
端陽酒後你命懸一線
我爲你仙山盜草受盡了顚連

縱然是異類我待你的恩情非淺　可憐我鴛鴦夢醒只把愁添
腹中還有你許門的香煙　尋你來到金山寺院
你不該病好把良心變　只爲夫妻再團圓
上了法海無底船　若非青兒她拚死戰
妻盼你回家你不歸　我腹中的嬌兒難命全
哪一夜不等你到五更天　莫怪青兒變了臉
可憐我忱上的淚珠都濕遍　誰的是誰的非你問問心間

又如，京劇的「春草闖堂」，漢劇的「徐九經升官記」，豫劇的「七品芝痲官」其劇情都在說明做官的兩難之處，烘托一些啼笑皆非，而又十分奇妙的人情世態，把人間的喜劇幻化出悲劇的效果，把人生的坎坷指引出坦蕩的境界，淘治性情，淨化人心。而在格調聲腔、方言俗語的運用上，又把握住鄉音無改的獨有門徑，充分擴散出迷人的魅力，以達到戲曲的旨向，說人生是戲、戲就是人生，人情的冷暖厚薄，是在一片歌吹鼓板，著色絢灛，俳諧戲幻中，昇華出本色的淳美眞實與愛的凝結。

地方戲舉隅，未能及於滬劇、揚劇、錫劇、淮劇、贛劇、楚劇、湘劇、桂劇、柳劇、僮劇、黔劇、滇劇、白劇等等，掛一漏萬，遺珠之撼，實限於篇幅。祈方家指教原諒。